Ostsee
Königsberg
Hinterpommern
Kurmark
Berlin
Oder
Posen
Weichsel
Warschau
KGR. POLEN
Kfsm.
Sachsen
Leipzig
Dresden
Schlesien
Breslau
Oder
Elbe
Prag
Kgr. Böhmen
Mgft.
Mähren
Brünn
Kgr.
Galizien
und Lodomerien
Ehzm.
Österreich
Wien
Preßburg
Salzburg
Ebm.
Salzburg
Hzm. Steiermark
Graz
Hzm. Kärnten
Klagenfurt
Hzm. Krain
Triest
Österreichisch-Ungarn
Debreczin
Pest
Ofen
Donau
Kgr. Ungarn
Türkisch Ungarn
Drau
VENEDIG
OSMANISCHES REICH
W0004437

Gerhard Herm

Glanz und Niedergang des Hauses Habsburg

ECON Verlag
Düsseldorf · Wien · New York

Bildquellennachweis: Alle Abbildungen wurden gestellt vom »Archiv für Kunst und Geschichte«, Berlin.

CIP-Titelaufnahme der Deutschen Bibliothek

Herm, Gerhard:
Glanz und Niedergang des Hauses Habsburg / Gerhard Herm. –
4. Aufl. – Düsseldorf; Wien; New York: ECON Verl., 1992
ISBN 3-430-14449-3

4. Auflage 1992
Copyright © 1989 by ECON Verlag GmbH, Düsseldorf,
Wien und New York.
Alle Rechte der Verbreitung, auch durch Film,
Funk und Fernsehen, fotomechanische Wiedergabe,
Tonträger jeder Art, auszugsweisen Nachdruck oder
Einspeicherung und Rückgewinnung in
Datenverarbeitungsanlagen aller Art, sind
vorbehalten.
Lektorat: H. Dieter Wirtz, Mönchengladbach
Gesetzt aus der Garamond der Fa. Berthold
Satz: Dörlemann-Satz, Lemförde
Druck und Bindearbeiten: Bercker, Kevelaer
Printed in Germany
ISBN 3-430-14449-3

Inhalt

I.

Die Nacht auf dem Kahlenberg

Sie verbrachten die Nacht unter freiem Himmel; schlafen konnten nur die wenigsten. Am Abend hatten sie tief unter sich die Stadt liegen sehen, die sie befreien sollten, den Zackenkranz der Befestigungsanlagen, die hohe, steile Kirche, von deren Turm Signalraketen sprühten, aber auch das riesenhafte feindliche Lager mit seinen unzähligen Zelten und die Laufgräben, die sich gegen Wien vorschoben. Mehr als hunderttausend Mann, so hieß es, erwarteten sie dort unten, erprobte, fanatische Glaubenskämpfer, ausgerüstet mit den modernsten Vernichtungswaffen.

Doch war auch ihre eigene Armee keine Streitmacht, wie man sie alle Tage sieht. Mehr als fünfundsechzigtausend Soldaten hatten sich auf den Höhen des Wienerwaldes versammelt, Baiern, Sachsen, Schwaben, Franken, Westfalen, Hessen, Holsteiner, Tiroler, Kärntner, Steirer, Niederösterreicher, Oberösterreicher und nicht zuletzt rund fünfzehntausend Polen. Zum Offizierskorps der Befreiungsarmee gehörten ein König, zwei Kurfürsten, eine ganze Schar von regierenden Fürsten, Prinzen, Markgrafen, Grafen – die geringeren Adeligen gar nicht zu erwähnen, noch die Feldmarschälle, Generale und sonstigen »Officiers«.

Fürst Georg Friedrich verkörperte in dieser Auslese der Reichsaristokratie einen achtbaren, mittleren Rang – vor wenigen Jahren war er noch gewöhnlicher Graf gewesen; seinem militärischen Dienstgrad nach gehörte er zur Führungsspitze. Er trug den Titel Reichsfeldmarschall und kommandierte neuntausend Schwaben, Rheinländer und Franken. An jenem 11. und 12. September 1683 war Georg Friedrich dreiundsechzig Jahre alt, ein kriegserfahrener, von Strapazen aller Art gezeichneter Haudegen. Daß er dies jemals sein würde, hätte er freilich am Beginn seiner Laufbahn selbst nicht geglaubt. Und die Vorstellung gar, er könne jemals für den Kaiser in Wien zu Felde ziehen, wäre ihm absurd, wenn nicht sogar blasphemisch erschienen. Einen erbitterteren Gegner als den jungen Georg Friedrich dürfte das Haus Habsburg kaum je gehabt haben. Nun gehörte er zu seinen aktivsten Parteigängern.

Georg Friedrich besaß im Einzugsgebiet der oberen Weser die etwa tausend Quadratkilometer große Grafschaft Waldeck, ein kleines, einigermaßen prosperierendes Ländchen mit der Hauptstadt Arolsen. Er war überzeugter Protestant und ein Produkt des Dreißigjährigen Krieges. Obwohl Georg Friedrich unter den Wirren dieser Auseinandersetzung persönlich wenig gelitten hatte – auf ihrem Höhepunkt war er von seinem Vater sogar auf die obligate »Kavalierstour« nach Paris geschickt worden –, glaubte er damals doch zu wissen, daß Deutschland, wenn es jemals wieder Frieden finden sollte, sich völlig neu formieren und vor allem dem Haus Habsburg die Kaiserkrone entwinden müsse.

Das römisch-deutsche Reich war in Waldecks Augen eine von Aristokraten regierte Republik. Deren Wahlmänner statteten das erkorene Staatsoberhaupt mit dem Titel »Kaiser« aus. Sie erlaubten ihm aber keineswegs, straff oder gar mit eiserner Hand zu regieren. Ein Kaiser hatte das Reich zu verkörpern, die Interessen seiner Mitglieder auf den Reichstagen zu koordinieren und die auswärtigen Angelegenheiten des Staates zu regeln. Wenn er diesen Aufgaben nicht gerecht wurde, konnte das »parlamentum« ihn auch wieder abwählen.

Gegen alle diese Grundsätze nun hatte das Haus Habsburg auf eklatante Weise verstoßen. Habsburg betrachtete die Krone Karls des Großen längst als seinen Erb- und Privatbesitz. Seit 1440 waren nur noch Männer aus dieser Familie auf den Kaiserthron gelangt, und die Deutschen waren dadurch völlig in ihre Abhängigkeit geraten.

Rudolf, der erste habsburgische König im Reich, ursprünglich ein mittelgroßer Graf mit Grundbesitz in der späteren Schweiz und im Elsaß, hatte seinem Haus das Herzogtum Österreich gesichert und ihm damit ein politisches Gewicht verschafft, das nahezu kein anderer Reichsfürst mehr austarieren konnte. Diesen gewaltigen Besitz im Südosten erweiterten Rudolfs Nachfahren – von gelegentlichen Niederlagen unbeirrt – dann mit einer derartigen Zielstrebigkeit, daß er schon im 15. Jahrhundert vom Böhmerwald bis an die obere Adria reichte und später noch Böhmen selbst sowie einen Teil Ungarns mit einschloß. Waren bereits dadurch die Machtverhältnisse in der deutschen Fürstenrepublik von Grund auf verändert worden, so kehrten sie sich endgültig zu Habsburgs Gunsten um, als Kaiser Maximilian I. Burgund erheiratete, einen der reichsten Staaten Europas, und als seinen Nachfolgern auch noch das riesige spanische Weltreich zufiel. Karl V., Maximilians Enkel, war bereits der mächtigste Herrscher Europas gewesen. Er konnte nahezu alle seine königlichen Zeitgenossen in Schach halten, sogar den mächtigen Sultan der Türken. Das Wahlgremium hatte ihm die Kaiserkrone geben müssen, weil keiner seiner sieben Mitglieder in der Lage war, Karls wichtigste Waffe zu parieren: das spanische Gold aus Amerika, mit dem er sie bestach. Daß in Karls Amtszeit die Reformation ausbrach, die das Reich zu zerreißen drohte, mutete fast wie ein Aufbegehren des Volkes gegen die von der römischen Kirche mit abgesicherte habsburgische Übermacht an (vom Standpunkt des jungen Grafen Waldeck aus gesehen, war die Reformation, in politischer Hinsicht, ein völlig nutzloses Unternehmen gewesen).

Selbst nach Karls V. freiwilligem Rücktritt – dem Eingeständnis, am Konfessionsstreit gescheitert zu sein – blieb Habsburg im unangefochtenen Besitz der kaiserlichen Insignien und der kaiserlichen Würde. Es hatte sich als eine vom Reich völlig unabhängige Größe etabliert, als eine Instanz über allen Instanzen, ja nahezu als eine Art von weltlicher Kirche, unantastbar, unerschütterlich, schimmernd in einem schon beinahe überirdischen Glanz. Ein als Kaiser amtierender Habsburg konnte unbedeutend, ja sogar unfähig sein: Es schadete nicht im geringsten, denn er stand auf der Spitze einer mächtigen, prunkvollen Pyramide, die ihn gewöhnlicher Kritik fast völlig entrückte. Diese Pyramide geschaffen zu haben war allerdings die wohl bedeutendste Leistung der Familie Habsburg.

Schon frühzeitig hatte sie sich in einen märchenhaften Kokon aus selbstgefertigten Mythen und erfundenen Überlieferungen eingesponnen, hatte Propheten, Heilige Märtyrer, Karl den Großen, König Artus von Britannien, Iulius Caesar und sogar Christus selbst in die Schar ihrer leiblichen Vorfahren aufgenommen, hatte auch kraft kaiserlicher Gewalt verfügt, daß sie keine gewöhnliche Dynastie, sondern das »Erzhaus« und ihre Abkömmlinge Erzherzöge oder Erzherzoginnen seien. Es war eine Rangerhöhung, wie sie kein anderes Herrscherhaus jemals für sich gefordert hatte – seit den römischen Kaisern, die beanspruchten, Götter zu sein. Habsburg begriff sich als so etwas wie den Inbegriff der Menschheit und feierte seine Einzigartigkeit mit jenen in Burgund entwickelten höfischen Ritualen, die man als »Spanisches Hofzeremoniell« bezeichnete.

Aber dann hatte dieses Habsburg es zugelassen – oder zumindest nicht verhindert –, daß sich ein Streit um das von Wien als erblicher Besitz beanspruchte Wahlkönigreich Böhmen zu einem auch konfessionell eingefärbten Zwist auswuchs und daß sich daraus schließlich der Dreißigjährige Krieg entwickelte. Wie jeder, der die zeitgenössische Literatur studiert hatte, hielt auch der junge Graf Waldeck diese Auseinandersetzung für ein im Grunde sinnloses Gemetzel. Lange Zeit war es dabei nur darum gegangen, ob Habsburg sich an der Macht halten könne oder ob es den Deutschen endlich gelingen würde, die Vorherrschaft des Erzhauses abzuschütteln und wieder zu einem republikähnlichen Zustand zurückzufinden.

Wie es dann schien, hatten die Deutschen dieses Ziel am Ende durchaus erreicht. Der Westfälische Friede von 1648 verwandelte das Reich in eine lose Föderation aus ungezählten, mehr oder weniger souveränen Klein- und Kleinststaaten. Es war ein Gebilde, das einige Staatstheoretiker für ein »Monstrum« hielten, andere aber so ungeraten nicht fanden. Das neugeordnete Reich besaß eine Verfassung, hatte Staatsorgane und sogar einigermaßen funktionierende Verwaltungseinrichtungen, es mochte sich als zäher, elastischer Block den Forderungen der Realität sogar problemloser anpassen als ein mächtiger, aber unbeweglicher Zentralstaat. Nach außen hin allerdings, soviel stand fest, ließ sich nicht viel Staat mit ihm machen. Im Verband der europäischen Großmächte – zu denen vergleichsweise selbst das aufstrebende Holland gehörte – war das Reich sogar ein reines Nullum. Jedoch – und das vor allem zählte für Männer wie Waldeck: In dieser Föderation hatte das »Erzhaus« kaum noch etwas zu melden. Ein Habsburg trug zwar noch immer die Kaiserkrone, aber sein Einfluß und seine Wirkungsmöglichkeiten waren fast ausschließlich auf den – freilich riesigen – Familienbesitz im Südosten beschränkt. Nicht einmal ihren Verwandten in Madrid konnten die Wiener Habsburgs zu Hilfe kommen.

Für Frankreich und Spanien war der Dreißigjährige Krieg mit dem Westfälischen Frieden keineswegs zu Ende gegangen; die Truppen beider Staaten standen noch immer gegeneinander im Feld. Und die eine Hälfte der durch Karl V. aufgeteilten »Casa de Austria« war von der anderen völlig isoliert. Um etwa von Österreich aus in die Spanischen Niederlande zu gelangen (das heutige Belgien mit Luxemburg), hätten die Soldaten der Wiener Habsburgs Deutschland durchqueren müssen. Doch dies verwehrte ihnen der Westfälische Friedensvertrag. Trotzdem fürchtete der junge Georg Friedrich von Waldeck, Wien würde diese Vertragsklausel eines Tages einfach ignorieren, würde doch zum Marsch nach Flandern aufbrechen, um endlich, wenn es gemeinsam mit Spanien Frankreich würde geschlagen haben, auch das Reich wieder seiner Macht zu unterwerfen.

Daß er damit das Erzhaus beträchtlich überschätzte, konnte der junge Graf in den ersten Nachkriegsjahren noch nicht ahnen; mittlerweile wußte er es. Aber keineswegs die unerwartet zur Schau gestellte Friedfertigkeit der Wiener hatte ihn damals bewogen, seine Meinung über Habsburg derart zu ändern, daß er sogar in seine Dienste trat, sondern Erkenntnisse von gänzlich anderer Art. In seinen frühen Jahren hatte der Waldeck Habsburg nicht nur deswegen bekämpft, weil er es für ein Krebsgeschwür am Körper des Reiches hielt, sondern weil er auch glaubte, der von ihm verkörperten Ordnung eine bessere Ordnung entgegenstellen zu können. Georg Friedrich war nicht nur ein scharfer, fast radikaler Denker, er besaß durchaus das Zeug, ein bedeutender Staatsmann zu werden. Das eigene, kleine Ländchen bot ihm keine Aufgabe, die seinen Ehrgeiz gereizt hätte. Nach einigen Lehr- und Wanderjahren suchte er deshalb ein größeres Betätigungsfeld.

Im Juni 1653 sieht man Georg Friedrich von Waldeck auf einer Bühne agieren, die den politischen Stars jener Zeit vorbehalten ist: Er gehört zu den Mitgliedern des Regensburger Reichstages. In ernsten Beratungen sollen diese Männer festlegen, welches Gewicht und welche Bedeutung dem habsburgischen Kaiser fortan noch zukommen sollen. Ferdinand III., in dessen Amtszeit der Dreißigjährige Krieg zu Ende ging, hegt große, zum Teil freilich längst nicht mehr originelle Pläne. Er will das Justizwesen des Reiches ordnen, das Parlament selbst neu formieren, vor allem aber darauf dringen, daß ihm, dem Kaiser, ein sicheres Einkommen aus Steuermitteln zugesagt werde. Ferdinand ist auch guter Hoffnung, sich durchsetzen zu können. Einen Monat zuvor war es dem Habsburg gelungen, seinen zwanzigjährigen Sohn als Ferdinand IV. zum römisch-deutschen König erheben zu lassen.

Zu den Männern, die nahezu alle weiteren Vorhaben Ferdinands III. vereiteln, gehört vor allem der damals dreiunddreißigjährige Graf Waldeck. Er vertritt Kurfürst Friedrich Wilhelm von Brandenburg, und er attackiert den Kaiser auf mindestens zwei verschiedenen Ebenen. Im Plenum fordert er für den Berliner Regenten das schlesische Herzogtum Jägerndorf, das Habsburg einst einem Hohenzollern abnahm und an die Fürsten Liechtenstein übertrug. Hinter den Kulissen wirbt er für sein sogenanntes »großes Dessein«. Eine antihabsburgische Fürstenunion unter brandenburgischer Führung will er zustande bringen, um solcherart der im Südosten zentrierten, katholisch geprägten Macht des Kaiserhauses ein überwiegend norddeutsches, protestantisch eingefärbtes Potential entgegenstellen zu können.

Waldeck war 1651 aus verschiedenen Gründen in die Dienste jenes Hohenzollern getreten, der noch zu Lebzeiten »Großer Kurfürst« genannt werden sollte. Friedrich Wilhelm war so alt wie er selbst, ein Mann von heftigem, unbeständigem Wesen, jedoch ungemein tatkräftig, zupackend, wagemutig und, wenn es sein mußte, absolut rücksichtslos. Oberstes Ziel des Brandenburgers war es, das eigene zerrissene Besitztum abzurunden, zu vergrößern und zu stabilisieren; er hätte dafür keinen besseren Helfer finden können als Georg Friedrich. Graf Waldeck baute das arme Kurfürstentum zu einem straff zentralisierten Staatswesen aus; vor allem reformierte er dessen Finanzverwaltung, seinem Dienstherrn damit die Mittel zum Aufbau eines stehenden Heeres verschaffend. Es gab jedoch zwei weitere Gründe, aus denen Waldeck die karge Mark gegen sein freundliches hessisches Ländchen vertauscht hatte. Friedrich Wilhelm war noch ungefestigt genug, um sich von ihm beeinflussen, ja geradezu anleiten zu lassen. Und: Der Hohenzoller war von Polen mit dem ehemaligen Deutschordensbesitz Preußen, dem späteren Ostpreußen, belehnt worden. Wenn es Friedrich Wilhelm nun gelang, dieses Herzogtum in seinen Eigenbesitz zu bringen, dann war er mehr als nur gewöhnlicher Reichsfürst, dann konnte er allen seinen Zeitgenossen, vor allem dem Kaiser, als Herr eines eigenen, außerhalb Deutschlands gelegenen Staatswesens entgegentreten, dann war er ein Souverän neben allen anderen Souveränen Europas. Diese, zunächst freilich erst angestrebte, Stellung befähigte Friedrich Wilhelm in Waldecks Augen auch zur Führung der von ihm projektierten antihabsburgischen Fürstenunion. Wenn er einmal an ihrer Spitze stand, mochte sie sogar zur Keimzelle eines Reiches werden, in dem das jetzige Kaiserhaus nichts mehr zu bestellen hatte – zumindest kann man dem Hessen solche Überlegungen unterstellen. Auf dem Regensburger Reichstag versucht er zum ersten Mal, sie an den Mann zu bringen.

Ob er damit Erfolg haben wird, erfährt Georg Friedrich freilich nicht mehr. Ferdinand III. löst den Reichstag überraschend auf, als er erkennt, daß er seine weitreichenden Pläne nicht nur nicht durchsetzen kann, sondern wahrscheinlich sogar eine blamable parlamentarische Niederlage einstecken muß. Außerdem hört Waldeck noch vor der letzten Sitzung des Parlaments, daß Karl X. Gustav, König von Schweden, überraschend in Polen eingefallen ist. Das zwingt ihn, sofort nach Berlin zurückzukehren, denn das Unternehmen des in Stockholm regierenden pfälzischen Wittelsbachers kann zu einer für Brandenburg höchst folgenreichen Entwicklung führen. Als Vasall des polnischen Herrschers ist Friedrich Wilhelm verpflichtet, den schwedischen Angreifern auf polnischer Seite entgegenzutreten. Aber muß man derlei Vereinbarungen wörtlich nehmen? Wenn Karl X., genannt »Alexander des Nordens«, siegt – und dafür, daß es so sein wird, spricht eigentlich alles –, wie steht es dann am Ende des Krieges mit den Ansprüchen Brandenburgs auf Preußen? Werden sie nicht endgültig verloren sein? Tritt man hingegen gleich zu Beginn der Auseinandersetzung auf schwedische Seite über, dann mag der Traum, das alte Ordensland als Eigentum zu erhalten, sich sogar unerwartet rasch verwirklichen.

Alle diese Überlegungen unterbreitet Waldeck seinem kurfürstlichen Freund, kaum daß er in Berlin eingetroffen ist. Kurz darauf sieht er sich veranlaßt, den Rock des Staatsbeamten mit dem Brustpanzer des Reiteroffiziers zu vertauschen. Friedrich Wilhelm ist tatsächlich bedenkenlos von der polnischen auf die schwedische Seite übergetreten, und Georg Friedrich beweist, daß er nicht nur ein fähiger Verwaltungsfachmann, sondern auch ein guter Soldat ist. In der Schlacht von Warschau – sie dauert vom 28. bis zum 30. Juli 1656 – zeigt es sich zum ersten Mal, daß Brandenburg eine ungemein schlagkräftige Armee besitzt und daß sie hervorragend geführt wird – etwa von Männern wie Graf Waldeck.

Seit dieser Zeit findet sich Georg Friedrich immer öfter auf dem Exerziergelände und auf Schlachtfeldern wieder. Siebenundzwanzig Jahre nach Warschau steht er sogar an der Spitze einer von ihm selbst geschaffenen Armee.

Die auf dem Kahlenberg über Wien verbrachte Nacht war lang und kühl. Jeder der schlaflosen Männer vertrieb sich die Zeit auf seine Weise. Karl von Lothringen, der Kommandeur der kaiserlichen Truppen, ritt rastlos von einem Wachtfeuer zum anderen. König Johann Sobieski von Polen, Oberbefehlshaber der gesamten Streitmacht, saß unter einer Eiche und schrieb an seine Frau Maria Kasimira. Georg Friedrich von Waldeck aber mag in Gedanken noch einmal den Weg abgeschritten sein, der ihn von den Schlachtfeldern in Polen dorthin geführt hatte, wo er jetzt stand.

Es hatte damit begonnen, daß er sich auf dem Höhepunkt des schwedisch-polnischen Krieges von Friedrich Wilhelm trennte. Der Brandenburger war, nachdem Karl X. überraschend aus dem Konflikt ausschied, sofort wieder auf die polnische Seite übergetreten, ein Schritt, den Waldeck schon deshalb nicht mitmachen wollte, weil zu den Verbündeten des Polenkönigs der habsburgische Kaiser gehörte. Außerdem muß Georg Friedrich damals erkannt haben, daß Friedrich Wilhelm sich für sein »großes Dessein« gar nicht so sehr interessierte. Der Hohenzoller dachte viel zu realistisch, um sich an einem Unternehmen, wie dem der Erneuerung des Reiches von Norden her, wirklich engagieren zu wollen. Kleinerer, aber erreichbarer Ziele wegen sollte er von nun an jede Koalition eingehen, die seinen Zwecken dienlich zu sein schien, und zwar derart bedenkenlos, daß Zeitgenossen bald vom »brandenburgischen Wechselfieber« sprachen.

Waldeck ging zunächst nach Schweden, kehrte jedoch bald wieder in seine ererbte Grafschaft zurück, um eine Zeitlang nichts anderes als ein kleiner deutscher Landesherr zu sein. Sehr lange indessen hielt es ihn nicht auf dem Schloß seiner Väter. Die große Politik faszinierte Georg Friedrich viel zu sehr, als daß er nicht immer wieder aufgebrochen wäre, um sich umzusehen, alte Kontakte zu pflegen – etwa den zu Wilhelm III. von Oranien, Erbstatthalter der Niederlande – und neue anzuknüpfen. Im Lauf dieser Zeit – sie begann etwa 1660 – veränderte sich seine ehemalige Meinung über das Haus Habsburg mehr und mehr, bis sie sich schließlich in ihr völliges Gegenteil verkehrt hatte.

Georg Friedrich sah ein, daß an Habsburg kein Weg vorbeiführte – für niemanden in Deutschland. Als der junge König Ferdinand IV. noch während des schwedisch-polnischen Krieges und kurz darauf auch sein Vater Ferdinand III. gestorben waren, hatte das Haus Habsburg aus der scheinbar unerschöpflichen Schar seiner Erzherzöge sofort einen nächsten nach vorne gerufen, hatte ihn zum König von Böhmen und Ungarn erhoben und damit signalisiert, daß es auch die deutsche Königskrone sowie die Kaiserkrone für ihn begehre. Dieses Ansinnen war auf den Protest nicht nur vieler deutscher Fürsten, sondern auch Schwedens und Frankreichs gestoßen. Eine ganze Reihe anderer Kandidaten, unter ihnen der Kurfürst von Baiern, wurden dem erst siebzehnjährigen Leopold Ignatius entgegengestellt. Fünfzehn Monate lang tobte eine diplomatische Schlacht, in der die abenteuerlichsten Koalitionen zustande kamen und wieder zerbrachen. Aber als die antihabsburgischen Parteien ihre Trümpfe ausgereizt hatten – wer stand als Sieger auf der von zerrissenen Streitschriften, wertlos gewordenen Vertragsangeboten und eingelösten französischen Wechseln übersäten Walstatt? Leopold Ignatius von Habsburg. Um als Kaiser Leopold I. inthronisiert zu werden, sollte er am Ende in die »Wahlkapitulation«, sein verbindliches Regierungsprogramm, nur noch einen kleinen »Assistenzartikel« einfügen, des Inhalts: Wien verpflichte sich, den spanischen Habsburgern in ihrem Krieg mit Frankreich auf keinen Fall zu Hilfe zu kommen. Leopold tat's nach einigem Sträuben und wurde im Juli 1658 einstimmig gewählt.

Georg Friedrich aber schloß aus diesem Vorgang: So viele Neider, Feinde, ja Todfeinde das Erzhaus auch in Deutschland haben mochte, man konnte ihm die Krone Karls des Großen offenbar nicht vorenthalten, sie schien einfach auf ein habsburgisches Haupt zu gehören. Auch sah der damals gerade von Brandenburg scheidende Graf, daß der neue Kaiser tatsächlich weder eine strahlende Erscheinung noch ein bedeutender Mann sein mußte, um die beherrschende Gestalt im Reich zu sein. Habsburgs Glanz allein reichte schon aus, ihn vor der Welt zu erhöhen. Und zu allem Überfluß bewirkten selbst die Aktivitäten seiner Feinde, daß Leopolds Stellung sich mehr und mehr festigte.

Frankreich zeigte damals deutlicher denn je, wie es seine von den regierenden Kardinälen Richelieu und Mazarin geschaffene kompakte Macht zu nutzen gedachte. Es wollte keineswegs, wie es vorgab, die »Libertät« der deutschen Fürsten sichern, also ihre Selbständigkeit gegenüber dem Kaiser, es strebte vielmehr selbst nach der Hegemonie in Europa. Diese Politik aber mußte notwendigerweise dem jungen Kaiser in Wien nützlich sein, denn sie machte ihn – was die letzten drei regierenden Habsburgs keineswegs immer gewesen waren – auch zu einem Repräsentanten der bedrohten deutschen Nation.

Noch größere Zuwendungen und Sympathien brachten Leopold die Aktivitäten eines anderen gefährlichen Gegners ein. Die Türken, die lange Jahre stillgehalten hatten, unternahmen plötzlich wieder Vorstöße gegen Siebenbürgen, Polen und Ungarn. Die Stadt Wien lief Gefahr, noch einmal, wie schon zu Zeiten Karls V., von osmanischen Heeren angegriffen und eingeschlossen zu werden. Dadurch rückte es von einem für die meisten Deutschen sehr abgelegenen Ort zur Grenzfestung des Reiches auf und wurde viel deutlicher wahrgenommen als in friedlichen Zeiten – mit ihr der dort residierende Kaiser.

Graf Waldeck dürfte sich dieser seit dem Regensburger Reichstag beträchtlich veränderten Situation am deutlichsten bewußt geworden sein, als er wieder einmal nach Paris kam. Frankreich, das war dort fast mit Händen zu greifen, machte wirklich Anstalten, seine Grenzen nach allen Seiten, vor allem nach Osten und Norden, hin auszuweiten. Was es seit 1648 im Elsaß besaß, genügte ihm bereits nicht mehr; es wollte die ganze Rheingrenze, von Straßburg bis zur Mündung des Stromes.

Als Georg Friedrich 1661, im Jahr des Regierungsantritts von Ludwig XIV., aus Frankreich zurückkehrte, hatte er sich denn auch auf Grund solcher Eindrücke von einem Gegner Habsburgs endgültig zum Reichspatrioten gewandelt, womit er bei weitem nicht alleine stand. Je aggressiver Frankreich auftrat, je weiter sich die Türken nach Westen vorarbeiteten, desto mehr begannen sich die Deutschen nach Wien hin auszurichten – und nicht nur Deutsche allein.

Auch Spanier, Italiener, sogar Franzosen, die ihren neuen Herrscher für skrupellos und gefährlich hielten, scharten sich um Leopolds Hof. Einige der bedeutendsten Wirtschaftswissenschaftler, Juristen, Theologen, politischen Publizisten ihrer Zeit gehörten dieser Phalanx an. Deutschlands größter lebender Denker, Gottfried Wilhelm Leibniz, war sogar so etwas wie ihr heimlicher Bannerträger. »Als das Reich zu sinken begann«, schrieb er, »hat Gott an Österreich eine neue Macht erweckt.« Die diesen Satz ergänzend andere These lautete: »Wenn Europa zu dienen bereit ist, ist Ludwig [XIV.] bereit, ihm Ketten anzulegen.« Formuliert hatte sie der in Frankreich geborene und aufgewachsene Italiener Franz Paul de Lisola. Und er war der keineswegs heimliche, sondern durchaus offen auftretende Bannerträger einer immer stärker anschwellenden antifranzösischen Bewegung im Reich und in Europa.

Waldeck hatte de Lisola kennengelernt, als sich beide gerade in Berlin aufhielten. Lisola, damals kaiserlicher Gesandter am brandenburgischen Hof, forderte den Grafen auf, in österreichische Dienste zu treten, für Waldeck eine schlichte Zumutung. Jetzt, nach seiner Rückkehr aus Paris, dachte er auch darüber völlig anders. Und nochmals drei Jahre später marschierte Georg Friedrich als kaiserlicher Offizier zum ersten Mal gegen die Türken. Von da an war der Weg festgelegt, der ihn schließlich auf den Kahlenberg, in die Angriffsstellung einer von ihm kommandierten Armee-Einheit, führen sollte.

In den Jahren zwischen 1664 und 1683 war Waldeck so aktiv gewesen wie kaum je zuvor. Dem Erbstatthalter der Niederlande, Wilhelm III. von Oranien, half er beim Zusammenfügen einer antifranzösischen Koalition, der Herzog von Braunschweig übertrug ihm die Neuordnung seines Heeres. Schließlich – und das sollte Waldecks bedeutendste Leistung werden – brachte er mehr als ein Dutzend kleiner und größerer deutscher Landesherrn, Reichsfürsten und Reichsstädte zwischen Westerwald und Main dazu, gegen Frankreich ein Militärbündnis abzuschließen.

Dieser »Frankfurter Allianz« trat 1682 auch Kaiser Leopold bei. Weil es in Schloß Laxenburg, nahe Wien, geschah, hieß die Vereinigung von da an »Laxenburger Allianz«. Georg Friedrich wurde dabei zum Reichsfürsten erhoben und gleichzeitig zum Reichsfeldmarschall ernannt; der ehemalige brandenburgische Staatsrat mag es als seltsame Fügung betrachtet haben.

Am Beginn seiner Laufbahn hatte er eine antihabsburgische Union auf die Beine stellen wollen ... er war erfolglos geblieben. Als sechzigjähriger Mann versuchte er sich am Aufbau eines prohabsburgischen Bündnisses, und dies gelang vergleichsweise mühelos. Es schien wirklich so zu sein, daß der Wind der Zeit die Segel Habsburgs blähte, allen anderen jedoch ins Gesicht blies. Georg Friedrich von Waldeck, ein kluger und leidenschaftlicher, aber auch nüchtern denkender Mann, muß den Eindruck gewonnen haben, er habe in seinen früheren Jahren versucht, gegen das Schicksal selbst zu kämpfen. Gott, das stand nun für ihn fest, war einfach mit dem Erzhaus.

Unwahrscheinlich ist es indessen, daß Waldeck auch nur ahnte, welchen Platz er einst in der deutschen Geschichte einnehmen würde. Er gehörte ja zu den ersten, die bereits so etwas wie das künftige Preußen anstrebten. Ja mehr noch, er sah dieses von ihm projektierte

Staatswesen auch schon als die Kernzelle eines norddeutsch-protestantisch geprägten Bundes, der Österreich seiner Vorrangstellung im Reich berauben sollte. Rund zweihundert Jahre nach Waldeck hat ein dann preußischer Politiker genau diesen übermächtigen Gegenstaat zustande gebracht und Habsburg an die Wand gedrückt, weshalb man sagen könnte, der junge Graf Waldeck sei ein früher Vorgänger Otto von Bismarcks gewesen. Da er eine Idee in die Welt setzte, welche nie mehr ganz verblaßte und noch Bismarck beeinflußt haben könnte, hieße das freilich auch, daß der alte Fürst Waldeck bereits Habsburgs beginnenden Niedergang mitverkörperte, obwohl er habsburgisch gesinnt war.

Am Morgen des 12. September 1683 dürfte er sich dessen jedoch ebensowenig bewußt gewesen sein, wie er wußte, ob er den beginnenden Tag überleben würde.

Und noch etwas blieb ihm verborgen: Aus der Nähe betrachtet, war das Haus Habsburg eine Erscheinung, die sich von dem, was ein Außenstehender wie Waldeck zu Gesicht bekam, beträchtlich unterschied. Man konnte es nicht einfach mit dem Reich gleichsetzen, denn es war eine Nation für sich. Man konnte es auch nicht so ohne weiteres als den natürlichen Feind Ludwigs XIV. von Frankreich betrachten, denn es war eine Art Hydra mit vielen Köpfen. Und einer dieser vielen Köpfe trug das Gesicht Ludwigs XIV.

II.
Das Duell der Vettern

»Anna von Österreich zählte damals sechsundzwanzig oder siebenundzwanzig Jahre und stand auf dem Gipfel ihrer Schönheit. Ihr Gang war der einer Göttin; ihre Smaragdaugen waren unvergleichlich sanft und majestätisch zugleich. Der kleine und rote Mund war, wenn er lächelte, trotz der etwas vorstehenden Unterlippe, die der Familie von Österreich eignete, überaus anmutig, dagegen aber höchst verächtlich, wenn die Königin mißlaunig war. Ihre Haut war wegen ihrer Zartheit und Sanftheit berühmt. Die Dichter jener Zeit nannten ihre Arme unvergleichlich. Als Kind hatte sie blonde Haare gehabt, die indessen bis zum Braun der Kastanien nachgedunkelt waren.«

Sie muß in der Tat eine schöne Frau gewesen sein, die Tochter König Philipps III. von Spanien und der Erzherzogin Margarete von Habsburg. Obwohl Anna aus Spanien kam, dachte kein Mensch in Paris daran, ihr etwa den Namen Anne d'Éspagne zu geben. Von Anfang an war sie Anne d'Autriche gewesen, eine Tochter nicht des Landes, sondern des Hauses Österreich. Alles, was sie sonst noch sein mochte, besaß demgegenüber fast keine Bedeutung.

Alexandre Dumas der Ältere, der Anna in seinem Roman »Die drei Musketiere« auftreten läßt, hat ihretwegen einige Quellenstudien betrieben. So, wie er sie beschreibt, dürfte die Habsburgerin in ihren besten Jahren tatsächlich ausgesehen haben. Und die Affäre mit George Villiers, Herzog von Buckingham, aus der die Helden von Dumas' Roman sie herauspauken, hat Anna durchaus gehabt. Es muß eine abenteuerliche Angelegenheit gewesen sein, mit heimlichen Treffen im Schloßpark von Amiens, mit diamantenen Liebesgeschenken, die als Beweisstücke eine Rolle gespielt hätten, wären sie aufzufinden gewesen, mit tollen nächtlichen Ritten von Paris nach Boulogne und mit dem gefährlichen, im Dunkeln lauernden Gegner, der Ränke spann, Fallen stellte, Heere von Spitzeln und Spionen unterhielt: Jean-Armand du Plessis, Kardinal Richelieu. Er war ein erbitterter Feind der schönen armen Anna von Österreich.

Anna ist, wie viele Habsburgerinnen vor und nach ihr, ein wirklich bedauernswertes Geschöpf gewesen. 1615 hatte man das damals vierzehnjährige Mädchen in einer Art von dynastischem Tauschhandel nach Frankreich verfrachtet. Sie selbst ging über den Bidassoa nach Norden, um den gleichaltrigen Ludwig XIII., König von Frankreich, zu heiraten; Ludwigs Schwester Elisabeth überschritt zur gleichen Zeit den Grenzfluß nach Süden hin, um in Madrid Annas Bruder, den späteren Philipp IV. von Spanien, zu ehelichen. Gefragt hatte man vorher keines der beiden Mädchen; weder das eine noch das andere machte eine besonders gute Partie.

Annas Ehe war sogar von Anfang an eine Katastrophe. Ihr Mann interessierte sich noch kaum für das weibliche Geschlecht, was angesichts seines jugendlichen Alters einigermaßen verständlich anmutete. Als ihm dann der Bart zu wachsen begann, wurde jedoch der Grund für sein früheres Verhalten schnell erkennbar: Ludwig XIII. war ohne Wenn und Aber homosexuell. Daß der Hof ihm das nicht durchgehen ließ, weil sein königlicher Beruf ja unter anderem darin bestand, die Dynastie zu erhalten, nützte Anna herzlich wenig: Man sperrte beide unter Bewachung ins Schlafzimmer ein, aber die observierende Kammerfrau konnte hinterher nur wenig Nennenswertes berichten. Dabei blieb es auch während der nächsten zwanzig Jahre. Wenig überraschend deshalb, daß Anna dem Charme von Buckingham, einem der bestaussehenden Männer seiner Zeit, erlag und ihm jene brillantenbesetzten Schmuckstücke schenkte, die Richelieu in die Hände bekommen wollte, um die Habsburgerin bei Hof in Mißkredit zu bringen. Freilich hatte es auch damit zu tun, daß der regierende Kardinal allen Habsburgern zutiefst mißtraute. Es war keineswegs nur seine persönliche Einstellung, sondern der Ausdruck eines französischen Traumas.

Seit dem Ende der Stauferzeit, der Mitte des 13. Jahrhunderts, hatte Frankreich versucht, aus dem Schatten des römisch-deutschen Reiches herauszutreten, jenes halb weltlichen, halb geistlichen Staatswesens, das den größten Teil Europas überragte und bis zur Provence hinabreichte. Kaum war jedoch das letzte bedeutende Kaiserhaus des Mittelalters ausgestorben, da hatte sich östlich der Vogesen schon eine neue für die Franzosen bedrohliche Entwicklung angebahnt. Zwei Herrschergeschlechtern gelang es, dem Reich durch reine Hausmachtpolitik wieder Geltung zu verschaffen: den Familien Luxemburg und Habsburg. Die Habsburgs beerbten Luxemburg, nachdem bereits drei aus ihren Reihen deutsche Könige gewesen waren. Der härteste Schlag traf die Franzosen indessen, als Habsburg dann auch in Burgund Fuß faßte und sogar Spanien gewann: Ihr eigenes Land war plötzlich auf drei Seiten vom Familienbesitz des Erzhauses umklammert. Habsburg saß in den Niederlanden, im Elsaß, in der Franche Comté, im Herzogtum Mailand, auf den Pyrenäen und jenseits davon. Es verkörperte einen veritablen Einkreisungsring, den zu sprengen sich französische Herrscher fast ein Jahrhundert lang vergeblich bemüht hatten. Richelieu nun war entschlossen, ihr Vorhaben mit allen Mitteln zu vollenden.

Der Kardinal baute das Königreich, dem er als eine Art leitender Minister vorstand, zum stärksten Zentralstaat Europas aus. Er entmachtete den Hochadel und die einflußreiche nichtkatholische Minderheit der Hugenotten, straffte die Verwaltung in einem bis dahin unbekannten Ausmaß und verbündete sich während des Dreißigjährigen Krieges mit allen Feinden Habsburgs – den protestantischen deutschen Fürsten ebenso wie dem König von Schweden, Gustav II. Adolf. Schließlich, als der Kaiser in Wien und sein Verbündeter, der spanische Herrscher, sich dennoch gegen ihre Widersacher durchzusetzen schienen, trat er selbst aktiv in die Auseinandersetzung ein.

Als dies 1635 geschah, war Anna immer noch kinderlos, Frau eines von männlichen Liebhabern umgebenen Königs und praktisch Gefangene im eigenen Haus. Richelieu hatte sie mehrmals beschuldigt, mit ihrem Bruder, dem mittlerweile in Madrid regierenden Philipp IV., gegen Frankreich zu konspirieren. Und Ludwig XIII.? Er machte keine Anstalten, sich vor seine Frau zu stellen.

Erst in ihrem sechsunddreißigsten Lebensjahr geschah es dann, daß der König eines Unwetters wegen im Louvre, der Residenz seiner Gemahlin, Unterschlupf suchen mußte und dort, nolens volens, auch das Schlafzimmer mit ihr teilte. Genau neun Monate später, am 5. September 1638, brachte Anna ihr erstes Kind zur Welt. Der Vater war derartig überwältigt, daß er den Jungen Louis-Dieudonné taufen ließ, Ludwig die Gottesgabe. Von da an begannen sich für Anna die Dinge langsam zum Besseren zu wenden.

1642 starb ihr Gegenspieler Richelieu, einige Monate später Ludwig XIII. Die Habsburgerin war vom König noch auf dem Totenbett zur Regentin für den minderjährigen Sohn bestimmt worden. Alle Welt glaubte, daß dies auch das Ende des Krieges in Deutschland bedeutete; er ging damals in sein vierundzwanzigstes Jahr. Konnte eine Tochter der Casa de Austria weiterhin den eigenen Bruder und ihren Vetter, Kaiser Ferdinand III., bekämpfen? Anna von Österreich konnte. Sie berief einen engen Mitarbeiter Richelieus an die Spitze des Kronrates, den Kardinal Giulio Mazzarini, in Frankreich Jules Mazarin genannt. Durch dessen Mund ließ die Regentin verkünden, an der allgemeinen politischen Lage habe sich durch ihre Machtübernahme nicht das mindeste geändert. Französische Truppen würden auch weiterhin an der Seite aller Habsburg-Feinde kämpfen, französisches Geld würde auch ferner den Schweden, den Niederländern und den mit ihnen verbündeten deutschen Fürsten zur Verfügung stehen. Ja, sie forderte sogar das Elsaß für die Krone von Frankreich, obwohl sie wissen mußte, daß dieses Gebiet zu den ältesten Hausgütern der Habsburger gehörte; es war bereits im Besitz der Vorfahren von Rudolf I. gewesen.

Verrat einer Abtrünnigen an der eigenen Familie? Man könnte es so sehen. Doch wäre für Anna jede andere Politik Verrat am eigenen Sohn gewesen. Ludwig die Gottesgabe sollte, wenn er einmal den Thron bestieg, den übermächtigen Habsburgs in Deutschland und Spanien zumindest ebenbürtig sein und mit ihnen – Vetter unter Vettern – auf gleicher Ebene verhandeln können. Dafür gedachte Anna zu kämpfen. Fürs erste freilich mußte sie für sich und ihren Sohn um den Thron fürchten. Kriegsmüde Bürger und unzufriedene Adelige schlossen sich in der sogenannten »Fronde« zusammen. Sie versuchten, das regierende Paar Anna-Mazarin zu stürzen – daß beide mehr als nur Partner im politischen Geschäft waren, bezweifelte niemand.

Schon erklärte Kaiser Ferdinand: »Wenn die Königin mit ihrem Sohn Frankreich verlassen muß, wird sie in meinen Ländern nicht empfangen werden«, da gelang es Mazarin, die Führer der Fronde durch Bestechung zu entzweien. Die Revolte brach zusammen, noch ehe sie sich zur Revolution ausweiten konnte. Auf den jungen Ludwig machte der Aufstand dennoch einen unauslöschlichen Eindruck. Es könnte sogar sein, daß er sich bereits damals schwor, den Adel Frankreichs für immer an die Kette zu legen und das Bürgertum niederzuhalten, sobald er die Macht dazu haben würde.

Am 5. September 1651 bestieg Ludwig als Dreizehnjähriger den Thron. Neun Jahre später mußte er begreifen, daß seine königliche Macht nicht einmal ausreichte, sich die Lebensgefährtin zu nehmen, die er haben wollte. Der junge König war über beide Ohren in Maria Mancini verschossen, eine Nichte Mazarins. Da aber der Kardinal 1659 mit Spanien den sogenannten »Pyrenäenfrieden« abgeschlossen hatte, erklärte man ihm, er habe dieses Abkommen durch ein persönliches Opfer abzusichern. Ludwig sollte wohl heiraten, jedoch keineswegs die hübsche Italienerin, sondern – eine Habsburg. Maria Teresa, Tochter seines Onkels Philipps IV. von Spanien, hieß die Frau, die er von Staats wegen nehmen mußte. Es bedeutete unter anderem auch, daß das Haus Österreich sich noch mehr als bisher in Frankreich etablierte.

Bereits Ludwigs Großmutter Maria von Medici war eine halbe Habsburgerin gewesen: Ihre Mutter hatte Kaiser Ferdinand I. zum Großvater gehabt, und deren Schwester war die Mutter Annas von Österreich gewesen. Anna selbst hatte also mit Ludwig XIII. nicht nur ihren eigenen Neffen geheiratet, sie war auch die Großtante des eigenen Sohnes – was diesen selbst zum beinahe vollbürtigen Mitglied der Casa de Austria machte.

Wenn Ludwig aber nun eine Spanierin heiratete, die ihrerseits wieder einen habsburgischen Vater und eine französische Mutter besaß – Philipp IV. war ja in erster Ehe mit Elisabeth von Frankreich verheiratet gewesen –, was würden dann seine Kinder sein? Bourbonen oder noch reinblütigere Habsburger als er? Die sozusagen rechnerische Antwort lautet: Da nicht nur Ludwigs Mutter und der Vater seiner Braut, sondern auch Ludwigs Vater und die Mutter von Maria Teresa Geschwister waren, standen die beiden Königskinder im selben verwandtschaftlichen Verhältnis zueinander wie Bruder und Schwester. Ein normales Ehepaar hat gemeinsam vier Großväter und vier Großmütter, sie besaßen lediglich jeweils zwei. Und weil so etwas gewöhnlich nur von den Abkömmlingen eines Ehepaares gesagt werden kann, darf man, mit Blick auf die durch Mazarin gestiftete Ehe, von vollendeter Inzucht sprechen. Außerdem darf man Ludwig XIV., den späteren »Sonnenkönig«, als ein Glied der Familie Habsburg bezeichnen. Mit Kaiser Karl V. war Frankreichs Herrscher auf alle Fälle mindestens ebenso nahe verwandt wie sein Vetter Kaiser Leopold I. in Wien oder dessen Vetter Philipp IV. in Madrid.

Wollte man nun aber auch noch fragen, was denn dann an Louis

Quatorze überhaupt französisch gewesen sei, ließe sich darauf eigentlich nur mit der Gegenfrage erwidern, ob man die spanischen Habsburger als Spanier, die deutschen als Deutsche bezeichnen könne. Die eigentliche Antwort lautet: Habsburg war längst eine übernationale Institution, und zwar eine derart mächtige, daß benachbarte Königshäuser, speziell katholische, einfach an ihm Maß nehmen mußten, wenn sie neben dem Erzhaus bestehen wollten. Frankreichs Herrscherfamilie hatte das Problem gelöst, indem sie der Dynastie Habsburg gewissermaßen beitrat. Erst nachdem dies geschehen war, fühlte sich das Haus Bourbon dem Haus Habsburg ebenbürtig genug, um fortan auf einer Ebene mit ihm rivalisieren zu können. Von Ludwig XIV. ließe sich sogar sagen, er habe Habsburg regelrecht imitiert.

Der bekannteste Ausspruch des jungen Königs – »l'état c'est moi« (er soll ihn bereits im Alter von siebzehn Jahren getan haben) – gilt allgemein als die Proklamation des französischen Absolutismus.

Einer ganz ähnlich klingenden Wendung indessen hatte man sich auch im mittelalterlichen Deutschland bedient, wenn von den Kaisern die Rede war. Über einen Inhaber der Karlskrone sagte man nicht, er regiert das Reich, er führt oder repräsentiert es, von ihm hieß es vielmehr, er »*ist* das rîche«. Damit schien man zu meinen, er verkörpere es als lebendes Symbol, sei seine Macht, sein Glanz, sein Schicksal und sein Ruhm, ein Mittler zwischen Volk und Gott. Daß Ludwig diese ehrwürdige Formel kannte, läßt sich nicht nachweisen. Dennoch könnte sein Anspruch, Frankreich zu *sein*, auf ähnlichen Vorstellungen beruht haben wie der von einer »Unio mystica« zwischen Kaiser und Reich, von einem gottgewollten Herrscher, der jedes menschliche Maß sprenge und sich unter den Erzengeln und den Gestirnen bewege.

Das Reich jedenfalls, dieses von seinen Wiener Verwandten verkörperte Gemeinwesen, als Realität nicht völlig und als Idee nur mit Mühe zu fassen, einerseits republikähnlich geordnet, andererseits eine Art Gottesstaat, hat Ludwig als Modell für den von ihm konzipierten Staat genommen. Viele seiner Vorgänger, von Philipp dem Schönen im 14. Jahrhundert bis zu Franz I. im 16., hatten versucht, den Kaisern das »Imperium«, die höchste weltliche Macht auf Erden, zu entreißen; sie waren gescheitert. Ludwig entschloß sich, aus seinem Land einen dem Reich gleichen, das Reich aber überstrahlenden Staat zu machen. Steinernes Dokument seiner Absicht ist Versailles.

Das berühmte Schloß vor den Toren von Paris verdeutlicht, was dabei herauskommt, wenn eine zwar erhabene und poetische, aber reichlich unklare Staatsidee überwiegend deutscher Provenienz mit französischer Logik zu Ende gedacht wird. Alle Magie, die ihr anhaftet, verflüchtigt sich dann. Was übrigbleibt, ist ein entzaubertes Reich, ein Gebilde von hoher Eleganz und etwas kalter Pracht. Versailles ist, als Bauwerk wie auch als Regierungsprogramm, solch ein Gebilde. Bedeutungsschwer kreuzen sich seine Hauptachsen im Schlafzimmer des Königs. Deutlich wird der Schloßkirche ein zwar herausragender, jedoch zweitrangiger Platz eingeräumt. Und geradezu überdeutlich ist der ganze Bau fast seitengleich an einer Mittellinie ausgerichtet, die als königliche Triumphstraße auch den riesenhaften Park durchschneidet, um schnurgerade auf den fernen Horizont zuzulaufen. Das alles besagt: Hier verkörpert ein einziger Mann die Macht, er ist der Staat, er wird den Staat, vor allem durch die Kraft seiner Lenden, erhalten. Und die von Statuen gesäumte, von Wasserbecken markierte »Via triumphalis« ist der Weg, auf dem er seinem Ruhm entgegenreitet. Der »Gloire« nämlich, seiner eigenen wie jener Frankreichs, dient alles, was er tut. Sie ist das Äquivalent zur Reichsmagie. Indem das Land ihn verherrlicht, verherrlicht er das Land. Deswegen hat sich jedermann dem Willen des Königs zu beugen.

Verglichen mit der prunkenden, dennoch steif wirkenden gewaltigen Anlage in den Wäldern der Île de France war die Wiener Hofburg ein geradezu unscheinbarer Bau, zwar organisch gewachsen, aber kaum geeignet, einen Mittelpunkt festzulegen, ein Programm zu verkünden oder eine Idee auszustrahlen. Der ihr anhaftende ehrwürdige Schimmer bewirkte dennoch, daß Versailles im Vergleich mit der habsburgischen Residenz neureich anmutete. Ludwigs riesiges Schloß konnte nicht verhehlen, daß es nur Struktur war, das nackte Gerippe seiner Vorstellung von einem dem Reich ähnlichen Staatswesen. Und für Frankreichs Adel war Versailles, entsprechend dem allem, ein Gefängnis mit goldenen Gittern.

Hier am Hof, fern ihren eigenen Besitzungen und den Gefolgsleuten, die sie dort gefunden hätten, wenn ihnen der Sinn wieder einmal nach Putsch gestanden hätte, mußten Herzöge, Grafen, Barone als Chargen oder Statisten in einem immerwährenden Schauspiel dienen. Zeremoniöse Auftritte beim Lever, im Thronrat, an der Tafel, im Ballsaal, auf der Jagd: alles streng durchstilisiert und choreographiert, aber immer nur eine ganz einfache Handlung. Die Sonne geht auf, wenn sich der Herrscher erhebt, strahlt einen glänzenden Tag lang und geht wieder unter, wenn die Vorhänge am königlichen Bett herabfallen.

Ludwigs Gedanke, sich »Roi soleil«, Sonnenkönig, zu nennen, stammt eigentlich auch aus dem habsburgischen Arsenal. »Duc soleil« hatten sich bereits die Herzöge von Burgund genannt, die Vorfahren sowohl Leopolds I. als auch Philipps IV. Weder in Wien noch in Madrid hatte man indessen eine solche oder ähnliche Titulierung jemals benutzt, vermutlich, weil sie für gute Christen zu heidnisch klang. Man war Kaiser, man war »Katholischer König« von Spanien – hatte man es da nötig, sich noch zum Sonnengott zu erklären? Ludwig, vergleichsweise ein Emporkömmling und auch kaum kirchenfromm genug, um seine Vorstellungen denen des Klerus anzupassen, sah hingegen keinen Grund, sich nicht auch antiker Posen und Kostüme zu bedienen. Latinität kennzeichnete sein Denken, römische Caesaren schienen ihm geeignete Vorbilder zu sein. Und daß er mit allen diesen einfallsreichen, teils kühnen, teils nur kecken Manipulationen Erfolg hatte, trat schon bald zutage. Sein Staat ragte, als politische Erscheinung wie als Kunstwerk, mächtig über Europa empor. Habsburg blieb gar nichts anderes übrig, als sich nun seinerseits nach ihm auszurichten.

Das ganze Zeitalter nahm, mehr denn je seit dem Ende des Dreißigjährigen Krieges, eine französische Färbung an. Das galt für das Militärwesen, das galt für die Art, den Staat zu organisieren, das galt für die Mode, wobei ehemals Nebensächliches zur zwingenden Notwendigkeit gedieh: Da Ludwig XIII. sich immer geweigert hatte, sein schulterlanges Haar zu schneiden, soll er die Allongeperücke ins Leben gerufen haben – und die gehörte fortan zur Ausstattung eines jeden Mannes von Welt. Doch nicht nur in der Mode setzte Frankreich Maßstäbe. So galt die französische Armee als die modernste ihrer Zeit, weshalb Militärs in allen anderen Ländern daran Maß zu nehmen versuchten. So hatte das von dem französischen Finanzminister Colbert entwikkelte System des Merkantilismus Frankreichs Wirtschaft derart gestärkt, daß man seine Methoden fast überall auf dem Kontinent übernahm, vor allem in den Ländern der deutschen Habsburgs. Diese Entwicklung insgesamt inthronisierte endlich auch noch die französische Sprache als »lingua franca« der Diplomaten, der Gelehrten, der gebildeten Stände und der Höfe, in Berlin genauso wie in Wien.

Aber natürlich hatte Ludwig das glänzende Gehäuse seiner Macht nicht errichtet, um sich friedlich daran zu erfreuen. Wer nach »Gloire«

strebte, mußte aktiv werden, mußte sein Land vergrößern und deswegen Kriege führen. Mit einer gewissen Naivität hielt der Sonnenkönig das für sein gutes Recht, ja in gewisser Weise sogar für ein Spiel, wie es Könige miteinander spielen. Europa war eine offene Kampfbahn, und die übliche Art, einen Gegner herauszufordern, bestand darin, ihm wohlbegründete Ansprüche zu präsentieren, erst auf dem Papier, dann mit der Waffe in der Hand. Ansprüche aber galten Ludwig als politisches Kleingeld; es ließ sich fast mühelos prägen – vor allem, wenn man, wie er, dem riesigen, etwas ungeordneten Familienbetrieb Habsburg angehörte.

So etwa interpretierte auch Franz Paul de Lisola die Lage, nachdem er ein paar Jahre von Polen und Spanien aus mit angesehen hatte, wie der junge König nach seinem Regierungsantritt im Jahr 1661 zu manövrieren begann. Daß er davon den Grafen Waldeck vorerst noch nicht überzeugen konnte, mag Lisola bekümmert haben, beirrt hat es ihn nicht. Er, der als Gesandter an den verschiedensten Höfen einen Sinn für die Machtkonstellationen in Europa entwickelt hatte, spürte einfach, daß Ludwig eines Tages aus seinem festgefügten Staat hervorbrechen und auf Beute ausgehen würde. Spätestens 1667 war ihm dieser Verdacht dann zur Gewißheit geworden. In diesem Jahr wurde das Spiel um die spanische Hinterlassenschaft Kaiser Karls V. eröffnet. Es begann mit einem sehr prunkvollen Ereignis in Wien.

Eine Schwadron wurde von den »Rittern der Luft« gestellt; sie waren in »aurorafarbenen Samt« gehüllt und zogen einen von Greifen und anderen Vögeln umgebenen »erschrecklichen Drachen« hinter sich her. Die drei anderen Schwadronen nannten sich »Ritter des Feuers«, rot und silbern gekleidet, »Ritter des Wassers«, blau und silbern, sowie »Ritter der Erde«. Diese letzteren begleiteten einen auf Räder gesetzten Garten, »an dem man inn- und außerhalb unterschiedliche künstliche Springbrunnen sah und in welchem zwischen den Cypreß-Bäumen auf marmelsteinernen Säulen ein hoher Lust-Thron stund«. Alle vier Einheiten postierten sich vor der Zuschauertribüne, um die Handlung des Stücks in Gang zu bringen. Zur Debatte stand die Frage, welches der von ihnen verkörperten vier Elemente in der Lage sei, die schönste Perle hervorzubringen: Erde, Wasser, Feuer oder Luft? Vierundzwanzig Trompeten und »zwey Paar Heer-Paucken« untermalten die jeweiligen Plädoyers, dann zogen die Reiter ihre Degen. Sie führten alle

Lektionen der Spanischen Reitschule vor, von der Piaffe über die Levade bis zur Kapriole, ritten Scheinangriffe, lieferten einander Einzelduelle und Gruppengefechte, bis sich plötzlich von oben eine Wolke auf sie herabsenkte, preisgebend einen Tempel mit den fünfzehn Genien »der bereits gelebten« habsburgischen Kaiser sowie das Bild der derzeitigen Kaiserin. Noch einmal schmetterten die Trompeten, dröhnten die Pauken. Leopold I., nach eigener Rechnung sechzehnter, nicht, wie es korrekt gewesen wäre, erst zehnter kaiserlicher Repräsentant seines Hauses, liebte die Musik und sparte auch nicht mit Geld, wenn es darum ging, sich selbst und dieses Haus in Szene zu setzen. Dem Urheber des »famösen Roßballetts« verlieh er den Freiherrntitel und zahlte ihm 20000 Gulden sowie ein Gehalt von 1000 Gulden jährlich auf Lebenszeit.

Die Frage, wer nun der beste Perlenmacher sei, Luft, Feuer, Wasser oder Erde, wurde im aufwendigsten Spektakel des Jahrhunderts gar nicht erst entschieden; ein Deus ex machina verkündete vielmehr, alle vier Elemente hätten sich zusammengetan, um jene Perle hervorzubringen, derentwegen das Spiel überhaupt veranstaltet würde. Margarita Teresa hieß das Schmuckstück – das lateinische »margarita« bedeutet »Perle«. Sie war eine Tochter Philipps IV. von Spanien und seiner zweiten Frau Maria Anna von Österreich. Da aber diese wieder eine Schwester ihres jetzigen Mannes war, lag es für Margarita nahe, Leopold »Onkel« zu nennen – zeitlebens hat sie es so gehalten, einfachheitshalber. Wäre nämlich jemand auf den Gedanken gekommen, den Verwandtschaftsgrad der beiden noch genauer zu definieren, hätte er berücksichtigen müssen, daß nicht nur Margaritas beide Großelternpaare, sondern auch die Großeltern ihres Vaters reine Habsburger waren, sie selbst eine Ur-ur-Enkelin Karls V., Leopold dessen Ur-ur-ur-Enkel. Noch habsburgerischere Habsburger, als die beiden es gewesen sind, konnte man sich überhaupt nicht vorstellen. Dabei dürfte es nicht das gewesen sein, was der sechsundzwanzigjährige Kaiser mit dem »famösen Roßballett«, mit Feuerwerken, Jagdpartien auf der Praterinsel und auf der Donau, mit Schlittenfahrten sowie einer Lotterie geschlagene drei Monate lang feierte. Es war vielmehr der Umstand, daß die Ehe zwischen ihm und der fünfzehnjährigen, hellblonden Spanierin auch als ein gelungener politischer Schachzug galt. Österreich meinte, Frankreich in dem für unausbleiblich gehaltenen Streit um das Erbe Philipps IV. ausgestochen zu haben.

Damit der Besitz der Häuser Madrid und Wien eines Tages wieder in einer Hand vereint werde, war es zwischen beiden eigentlich abgesprochen gewesen, daß Leopold Maria Teresa heiraten sollte, Philipps Tochter aus dessen erster Ehe mit Elisabeth von Frankreich. Durch den Tod ihrer sechs Geschwister war Maria Teresa 1646 spanische Erbprinzessin geworden. Eben das hatte es jedoch für Mazarin interessant gemacht, die Infantin für Ludwig XIV. zu begehren. Madrid hatte damals nachgeben und die Wiener Verwandten enttäuschen müssen. Als Maria dann wirklich nach Paris ging, verkörperte sie jedoch nicht mehr den Wert, den sie zwei Jahre früher gehabt hatte. Ein Sohn war mittlerweile ihrem Vater und seiner zweiten Frau Maria Anna geboren worden. Und Maria Teresa hatte, um dessen Rechte nicht zu schmälern, feierlich auf den spanischen Thron verzichtet.

Diese Situation änderte sich erneut, als Maria Teresas Halbschwester Margarita Teresa auf die Welt kam. Da lag der kleine Infant bereits unter der Erde, wodurch Margarita nun ihrerseits in den Rang einer Erbprinzessin aufrückte. Somit aber war auch den beiden Häusern Habsburg unvermutet die Möglichkeit geboten, an ihren ursprünglichen Plan wieder anzuknüpfen. Statt Maria Teresa würde jetzt eben deren jüngere Halbschwester nach Wien gehen. Und natürlich wäre es der inneren Logik des ganzen Unternehmens zuwidergelaufen, wenn Margarita ebenfalls auf ihre Erbansprüche verzichtet hätte. Aber noch nicht genug der schicksalhaften Fügungen: Kaum war dies vereinbart, da hatte die Infantin noch einen Bruder bekommen. Schlecht für Wien? Nicht ganz so schlecht. Einmal nämlich sah es so aus, als ob der kleine Carlos ebenfalls jung sterben würde; er hatte nicht nur einen Herzfehler, sondern war auch geistig stark zurückgeblieben. Zum anderen verschied ein Jahr vor der Hochzeit in Wien Margaritas Vater, ein Testament hinterlassend, in dem er seine jüngere Tochter ausdrücklich als Erbin einsetzte für den Fall, daß Carlos kinderlos dahinginge.

Dies alles nun, den erheirateten Anspruch auf Spaniens Thron und die heimlichen Hoffnungen, welche sich auf die schwache Gesundheit des Kronprinzen stützten, feierte Leopold mit der pompösen Veranstaltung, die seine ganze Hauptstadt in Atem hielt und auch den Wienern einiges einbrachte – als man am Ende der Veranstaltung das kaiserliche Silbergeschirr zählte, fehlten Platten, Kannen und Teller im Wert von 6000 Talern.

Aber plötzlich sah es dann so aus, als hätte man doch zu früh triumphiert. Ludwig XIV. dachte nicht daran, sich so einfach geschlagen zu geben. Auch der junge Sonnenkönig konnte, wie sich erwies, auf einen Vertrag mit seinem toten Schwiegervater hinweisen. Darin stand klipp und klar, daß ihm der Verzicht seiner Frau auf den spanischen Thron durch eine Mitgift in Höhe von 500 000 Goldkronen versüßt werden würde. Mazarin hatte die Klausel vermutlich deshalb akzeptiert, weil ihm klar war, daß ein König, der sich, seiner knappen Kasse wegen, oft wochenlang von Tortillas ernährte, diese ungeheure Summe nie würde aufbringen können, nicht einmal, wie es abgesprochen war, in Raten. Bliebe aber Madrid die halbe Million schuldig, dann durfte Frankreich versuchen, seine Ansprüche anderweitig abzusichern. Madrid hatte bei Philipps Tod noch nicht gezahlt. Nun, im Jahr der Wiener Hochzeit, ließ Ludwig die Öffentlichkeit wissen, daß er sich geschädigt fühle. Und kurz darauf präsentierte er zum ersten Mal einen daraus abgeleiteten rechtlichen Anspruch.

In Teilen der Spanischen Niederlande, den brabantischen Fürstentümern, galt, so hatten seine Hofjuristen herausgefunden, das sogenannte »Devolutionsrecht«. Es besagte, daß die Töchter aus erster Ehe gegenüber den Söhnen aus zweiter Ehe im Erbfall bevorrechtigt seien. Ludwigs Frau entstammte der ersten Ehe Philipps, Carlos der zweiten. Ergo, so schloß der Franzose, habe er zumindest auf Brabant einen sicheren Anspruch. Die Erklärung war kaum veröffentlicht, da standen, ebenfalls noch im Hochzeitsjahr Leopolds, schon französische Truppen auf flandrischem Boden. Das Unternehmen war diplomatisch hervorragend abgesichert. Mit Portugal bestand ein Angriffspakt gegen Spanien. Mit Mainz, Köln, Münster und Pfalz-Neuburg war Ludwig schon 1658 die »Alliance du Rhin« eingegangen, den sogenannten »Ersten Rheinbund«, dessen Hauptzweck vorgeblich darin bestand, Wien daran zu hindern, daß es Spanien militärisch zu Hilfe kam. Und so sah, noch im Jahr der prunkvollen Hochzeit, Leopold seinen Erfolg bereits wieder gefährdet. Es war der fast spielerische Auftakt zu einer ganzen Serie von österreichisch-französischen Auseinandersetzungen. Sie sollten von Mal zu Mal härter werden, sollten sich bis zum Jahr 1714 hinziehen und endlich in einem veritablen Weltkrieg ausklingen.

Begonnen aber hatte es tatsächlich fast wie ein Duell zwischen Vettern. Ludwig warf scheinbar dem noch unmündigen Carlos in Madrid, in Wirklichkeit jedoch Leopold den Handschuh hin, um fast im gleichen Moment blankzuziehen. Man kann sich nur schwer des Eindrucks erwehren, er habe selbst mit Spannung erwartet, wie das Unternehmen wohl ausgehen würde. Zumindest machte der neunundzwanzigjährige Bourbone mit dem blonden Haar der spanischen Habsburger bei diesem Gang eine bessere Figur als sein Kontrahent, obwohl er sich verschätzt hatte.

Paul de Lisola trat nun in Aktion. Er jagte seine Flugschriften hinaus, in denen Frankreich als Rechtsbrecher gebrandmarkt und Ludwig unterstellt wurde, er wolle ganz Europa an sich reißen. Die direkt bedrohten Holländer taten sich daraufhin mit England und Schweden zur antifranzösischen »Tripelallianz« zusammen, und selbst die Rheinbund-Mitglieder zweifelten, ob es noch angemessen sei, den offensichtlich völlig gewissenlosen Ludwig zu unterstützen; die »Alliance« löste sich wenig später auf. Der Kaiser aber, was tat er?

Beraten von seinem ehemaligen Erzieher, Johann Weikhart von Auersperg, dem ohnehin mächtigsten Mann am Hof in Wien, versuchte Leopold, sich unter der Hand mit dem Vetter in Paris zu einigen. In einem geheimen Teilungsvertrag legten beide fest, Österreich solle, falls der zum König Karl II. gekrönte Carlos ohne Erben dahingehe, Spanien, seine Kolonien, Mailand und alle spanischen Häfen in Italien nördlich von Neapel erhalten; Frankreich aber solle Neapel-Sizilien bekommen, dazu das ganze von Maximilian I. erheiratete burgundische Erbe, vor allem die Spanischen Niederlande. Und kaum hatte Ludwig diese Zusagen gesiegelt und verbrieft erhalten, da ließ er, achselzuckend fast, den größten Teil seiner flandrischen Beute wieder fahren. Im Frieden von Aachen sicherte er sich lediglich einige wichtige Grenzorte wie Oudenaarde, Tournai und Lille. Für ein so kurzes und müheloses Unternehmen wie diesen sogenannten »Devolutionskrieg«, mag er sich gesagt haben, war es kein schlechter Ertrag. Trotzdem hatte ihm das Spiel noch mehr Appetit gemacht.

Zu Leopolds Gunsten indessen muß man anmerken, daß er bei weitem nicht das Format Ludwigs XIV. besaß, weder in geistiger Hinsicht noch in seiner äußeren Erscheinung. »Er ist«, so heißt es in einer zeitgenössischen Beschreibung, »ein junger Mann von mittlerer Größe, ohne Kinnbart, mit schmalen Hüften, nicht gerade fett und beleibt ... Seine Lippen sind wulstig wie die eines Kamels. Immer, wenn er spricht, trieft ihm der Speichel aus dem Mund und von seinen Kamellippen ... Die strahlend schönen Pagen, die ihm zur Seite stehen, wischen mit riesigen roten Tüchern ständig den Geifer ab. Er selbst kämmt seine Locken und Kringel dauernd mit einem Kamm. Seine Finger sehen aus wie Gurken.« Der das schrieb, war ein Osmane. Evliya Tschelebi kam aus der türkischen Hauptstadt Konstantinopel. Dennoch scheint er kein reines Zerrbild geliefert zu haben. Daß Leopold eine eher häßliche Erscheinung war, verhehlen nicht einmal die offiziösen Kupferstecher, von denen er zu Lebzeiten abkonterfeit wurde. Wie sollte da ein Erzfeind Habsburgs generöser sein?

Der Gentleman aus dem Osmanenreich – Tschelebi läßt sich etwa so übersetzen – war 1665 mit Mehmet Pascha nach Wien gekommen, um Material für ein Buch zu sammeln, und wohl auch, um ein bißchen zu spionieren. Über die habsburgische Residenzstadt schrieb er, sie sei »ein starkes Bollwerk, eine mächtige Schutzwehr mit hochragenden Mauern und weitreichendem Ruhme«, wenn auch nicht völlig unversehrt. »Die Breschen, die Sultan Sulaiman geschossen hat, als er diese Festung von der Westseite her bombardieren ließ, liegen noch heute in Schutt und Trümmern.«

Seit Sulaimans Attacke und Belagerung waren rund hundertfünfzig Jahre verstrichen; Kaiser Karl V. selbst hatte damals den Sultan noch abgewiesen. Trotzdem drohte Wien von Osten her nach wie vor die einzige Gefahr, die es wirklich fürchten mußte – im Streit mit Ludwig ging es ja nur um das irgendwann einmal anfallende spanische Erbe, also vorerst noch um des Kaisers Bart. Um hingegen von den Türken nicht überrascht zu werden, hatten Leopolds Berater eine Front zu überblicken, welche von der Ostsee bis zur Adria reichte – für diejenigen, die sich solcher Mühe überhaupt unterzogen, ein saures Geschäft. Leopold selbst gehörte der an seinem Hof übermächtigen »spanischen Partei« an, und nur deren Pläne, Projekte, Absichten interessierten ihn wirklich.

Immerhin, dem glänzendsten Kopf im österreichischen auswärtigen Dienst, Paul de Lisola, war es gelungen, den Kaiser wenigstens für die Sache des Polenkönigs zu interessieren, als dieser 1654 von Karl X. von Schweden angegriffen worden war. Ein österreichisches Militärkontingent eilte Johann II. Kasimir zu Hilfe. Es brachte dem Kaiser am Ende zwar nicht viel mehr als Polens Dankbarkeit, aber die sollte Jahre später auf erfreuliche Weise zu Buche schlagen.

Was indessen auch Lisola nicht völlig hatte voraussehen können:

Das habsburgische Engagement für Polen mußte den Türken mißfallen, die Johann Kasimir in ihrem Teil Ungarns – es war der größere – zum Nachbarn hatten. Und was ihm ebenfalls nicht bewußt gewesen sein mag: Am Bosporus regierte damals unter dem an Politik völlig uninteressierten Mehmet IV. ein überaus machtbewußter Großwesir namens Mehmet Köprülü.

1660 steckte der vom Küchenjungen zum Kabinettschef aufgestiegene Albaner Köprülü in Edirne die Roßschweife auf, jenes Zeichen, welches signalisierte, daß die osmanischen Heerscharen zum Krieg aufbrechen würden. Köprülü zog jedoch nicht gegen Habsburg, sondern zunächst gegen den ungarischen Magnaten Georg I. Rakóczi, einen politischen Abenteurer, der immer wieder Anstalten machte, sich in Siebenbürgen, in Polen sowie dem heutigen Rumänien ein eigenes Reich zusammenzuerobern – auch in diesem Jahr war er aktiv geworden. Der Großwesir schlug Rakóczi beinahe mühelos nahe Klausenburg. Das endlich beschwor den Konflikt mit Österreich herauf.

Wäre das christliche Siebenbürgen der osmanischen Herrschaft unterworfen worden, hätte Habsburg auch um seinen Teil Ungarns fürchten müssen, einen schmalen Landstreifen, der sich vom großen Donauknie bis zur Adria herabzog. Köprülü war es durchaus zuzutrauen, daß er sogar Wien selbst wieder als Angriffsziel ins Auge faßte. Von allen Seiten auf diese Möglichkeit hingewiesen, rang Leopold sich unlustig zu einer Entscheidung durch. Er schickte Raimund Montecuccoli mit geringen Kräften nach Siebenbürgen. Dort stießen die Österreicher sofort auf ein anderes Problem. Viele Ungarn und nahezu alle Siebenbürger wollten von Habsburg sowenig wissen wie von den Türken. Der Grund: Sie waren überwiegend Protestanten. Leopold aber ging der Ruf voraus, ein entschiedener Vertreter der Gegenreformation zu sein (wäre sein Bruder Ferdinand IV. nicht so überraschend gestorben, hätte er ohnehin das Priestergewand angezogen).

Der aus Modena stammende kaiserliche Feldmarschalleutnant, einer der großen Kriegsführer und Kriegstheoretiker seiner Zeit, mußte denn auch eine schmähliche Quasi-Niederlage hinnehmen. Es gelang ihm zwar, etliche wichtige siebenbürgische Festungen zu besetzen, sobald seine Leute jedoch zum Fouragieren ausschwärmten, wurden sie von Einheimischen aus dem Hinterhalt überfallen und erbarmungslos totgeschlagen. Mit einem Haufen, der »spitalsreif« war, mußte

Montecuccoli sich schließlich nach Oberungarn ins Winterquartier zurückziehen. Trotzdem war nach seinem Vorstoß der Krieg mit den Türken endgültig unvermeidbar geworden.

»Ihr ungläubigen Hunde«, brüllte Mehmet Köprülü noch im Jahr 1660 einen Gesandten Leopolds in Konstantinopel an, »was habt ihr in dem Land des Padischahs zu schaffen?« Drei Jahre später zog Achmed, sein zum »Serasker«, zum Oberbefehlshaber, ernannter Sohn, an der Spitze einer riesenhaften Armee in Belgrad ein.

Leopold glaubte, die Welt gehe unter, als er davon erfuhr. Seine Berater sahen sich mit erschrockenen Blicken nach Möglichkeiten um, dem nun deutlich sichtbar gewordenen Unheil zu wehren. Wer sollte ihnen gegen die osmanische Übermacht zu Hilfe kommen? Das Reich etwa? Oder vielleicht eine außerdeutsche Macht, Venedig, Spanien, Frankreich, der Papst? Die Berater konnten es nicht ahnen, aber sie hatten guten Gewissens auf einen viel besseren Verbündeten setzen können: den Mythos Habsburg.

Damals geschah es nämlich, daß viele Habsburg-Gegner das Erzhaus plötzlich mit anderen Augen zu sehen begannen. Es war auf einmal kein vielarmiges, krakenähnliches Gebilde mehr, welches halb Europa im Griff hielt, sondern in erster Linie eine Vormacht der Christenheit und nunmehr die bedrohte Schutzmacht des Reiches. Nicht nur Georg Friedrich von Waldeck erging es so, viele andere kamen zum selben Schluß, vor allem die überlebenden Haudegen des Dreißigjährigen Krieges. Wer von ihnen noch rüstig genug war, wartete ohnehin nur darauf, sich wieder einmal für eine große Sache und einen großen Namen schlagen zu können, zum Beispiel Johann von Sporck aus Westfalen. »Sein langes Haar hat den Glanz des Eisens«, sollte Rilke noch von ihm schwärmen.

Sporck war vom einfachen Soldaten zum Regimentsinhaber aufgestiegen und hatte als habsburgischer Feldmarschalleutnant auch am schwedisch-polnischen Krieg teilgenommen. Jetzt konnte sein alter Kumpan Montecuccoli, mittlerweile Hofkriegsrat, ihm bedenkenlos eine Reitereinheit anvertrauen. Das gleiche galt für Louis de Souches. Der Sproß einer hugenottischen Familie aus La Rochelle hatte sich, von religiösen Bedenken nicht angekränkelt, als blutjunger Leutnant dem katholischen Kaiserhaus verschrieben, hatte im Dreißigjährigen Krieg rasche Karriere gemacht und später ebenfalls am schwedisch-polnischen Krieg teilgenommen. Nun stand er sofort zur Verfügung, ein Querkopf zwar, aber im Ernstfall zuverlässig. Aus anderen Teilen des Reiches schließlich kamen Norddeutsche wie Ulrich Graf Kielmannsegg, Adelssprossen ohne Erbanspruch wie Graf Nassau, der ehemalige brandenburgische Staatsrat und Habsburger-Feind, Georg Friedrich von Waldeck, oder erprobte Regimentskommandeure, die einfach Schmid hießen.

Und zu ihnen gesellten sich Männer mit höchst erlauchten Namen: Leopold Wilhelm Markgraf von Baden, Nikolaus Graf Zriny, Urenkel eines Helden aus früheren Türkenkriegen. Schließlich, als Achmed Köprülü im Frühjahr 1664 sein Winterquartier Belgrad verließ, besann sich auch der Mainzer Erzbischof und Reichserzkanzler Johann Philipp von Schönborn, Anführer einer mächtigen antihabsburgischen Front, Mitbegründer des »Ersten Rheinbundes«, auf seine Pflicht gegenüber dem Kaiserhaus. Er entsandte ein Kontingent von neunzehntausend Mann, das eigentlich aufgestellt worden war, um jeglichen Kontakt der Wiener mit den Truppen der spanischen Habsburgs in den Niederlanden zu verhindern. Ja, sogar Vetter Ludwig in Paris wollte sich nicht nachsagen lassen, er gebe die Verwandten den islamischen Scharen preis. Der Sonnenkönig unterstellte dem Grafen Coligny-Saligny eine größere Schar kriegslustiger Jungaristokraten und schickte sie nach Osten.

Was aber gerade er, Ludwig XIV., damals kaum ahnen konnte: Auf den Schlachtfeldern des nun ausbrechenden Krieges wurde der Boden bereitet für seine Niederlage in dem drei Jahre später beginnenden Vetternduell um das spanische Erbe. Im Osten erwarb sich Habsburg den Ruhm, der es gleich einer lodernden Gloriole umstrahlen sollte und der Ludwigs eigene »Gloire« im Vergleich dazu wie kaltes Feuerwerk erscheinen lassen mußte. Habsburg würde man, wenn es in Not war, fortan bereitwilliger zu Hilfe eilen als dem Franzosen – denn Habsburg hatte sich um Europa verdient gemacht.

Achmed Köprülüs Vorstoß nach Westen wurde in einer einzigen Entscheidungsschlacht abgewiesen.

Bei Sankt Gotthard an der Raab, wenige Kilometer vor den Grenzen der Steiermark, standen am 1. August 1664 fünfundzwanzigtausend christliche Krieger einem fast viermal so starken türkisch-islamischen Heer gegenüber. Raimund Montecuccoli, der habsburgische Oberkommandierende, hatte seine Truppen auf einem von der Raab umspülten Gelände halbkreisförmig postiert. Am rechten Flügel standen die kaiserlichen Einheiten, im Zentrum die Kontingente von Reich und Rheinbund, am linken Flügel Colignys modisch gekleidete, sorgfältig frisierte und gepuderte Franzosen. Daß Montecuccoli ein Umfassungsmanöver anstrebte, trat klar zutage. Der Haudegen Sporck beurteilte die Lage trotzdem auf seine eigene Weise. Während die Kanonen noch schwiegen, soll er vor der Front niedergekniet sein und gebetet haben, Gott möge den Seinen zum Sieg verhelfen – wolle er das aber nicht tun, solle er wenigstens auch den Feinden nicht helfen, sondern »zusehen«, wie es komme.

Der Herr der Heerscharen schien Sporck vernommen zu haben. Köprülüs attackierende Janitscharen ließen sich zwar eher zusammenhauen, als dem christlichen Gegenangriff zu weichen, doch machten diese Elitetruppen nur den geringsten Teil der türkischen Streitmacht aus. Als die meisten von ihnen schon von Montecuccolis Artillerie niedergemäht oder von de Souches' Kavalleristen niedergeritten waren, konnte der Großwesir nur noch Hilfskräfte ins Feuer schicken, zusammengelaufenes, zusammengetriebenes Volk, das sich besser aufs Plündern als aufs Kämpfen verstand. Gegen vier Uhr nachmittags stand keiner von ihnen mehr lebend auf dem westlichen Ufer der Raab. Insgesamt soll Achmed Köprülü zehntausend Mann verloren haben.

Seltsamerweise war der Friedensvertrag zwischen Wien und Konstantinopel zu dieser Zeit schon so gut wie ausgehandelt. Simon Reniger von Renigen, kaiserlicher Geschäftsträger am Bosporus, war Köprülü selbst in Belgrad nicht von der Seite gewichen. Nun konnte er nach Wien melden, der Großwesir habe sich mit ihm auf die Beibehaltung des Status quo ante geeinigt: In Ungarn sollte alles so bleiben, wie es war. Das hieß freilich auch, daß die von den Türken eroberte südslowakische Festung Neuhäusel nicht geräumt werden würde. Und Neuhäusel galt als hervorragende Ausgangsposition für einen Angriff auf Wien.

Von den siegestrunkenen Teilnehmern an der Schlacht bei Sankt Gotthard fragen sich später viele, warum Leopold diese ungünstigen Bedingungen angenommen und im sogenannten »Schandfrieden von Vasvàr« auch noch besiegelt habe. Zwei entscheidende Gründe dürfte es dafür gegeben haben: Der Kaiser war nun einmal darauf fixiert, sich in erster Linie das spanische Erbe zu sichern; alles andere interessierte ihn nur am Rande. Der zweite Grund waren die Ungarn. Sie hatten sich nie bereitwillig in die habsburgische Oberherrschaft gefügt, waren von ihrer Einzigartigkeit überzeugt und zum großen Teil Protestanten. Leopold, so scheint es, scheute fürs erste einfach davor zurück, sich mit ihnen auseinanderzusetzen.

Köprülü aber, der Verlierer von Sankt Gotthard, konnte seinem Sultan einigermaßen gelassen berichten, daß er zwar geschlagen worden sei, jedoch keine ernsthafte Niederlage erlitten habe. Wien war nicht erreicht worden; das ließ sich nachholen. Dann bat er den Großherrn um die Benennung eines Mannes, der an den Kaiserhof geschickt werden könne, um nebenbei auch herauszufinden, wie stark die Festung Wien eigentlich sei.

Der Sultan, besessener Waidmann und schon wieder im Begriff, zu einer neuen Jagdpartie aufzubrechen, wies beiläufig auf einen gewissen Mehmet, Kompanieführer der Palastgarde. Der bat den Schriftsteller Evliya Tschelebi, ihn auf der Reise zum »Goldenen Apfel der Deutschen« zu begleiten, zumindest behauptet dies Evliya. Ob es zutraf oder ob alles, was er später über den »häßlichen Kaiser« schrieb, nur auf Informationen aus zweiter Hand beruhte, hat niemand je herausgefunden.

Anfang 1665 traf Mehmet, der den Beinamen »Kara«, der Schwarze, trug, in der Kaiserstadt ein. 1683 sah er sie erneut – als Unterbefehlshaber einer Belagerungsarmee. In der Zeit dazwischen war viel geschehen. Ludwig XIV. hatte nicht nur den »Devolutionskrieg«, sondern auch noch eine Reihe ähnlicher Unternehmen vom Zaun gebrochen. Und Leopold hatte sich gezwungen gesehen, doch in Ungarn aktiv zu werden.

Am 26. März 1670 schrieb der Kaiser an seinen Botschafter in Madrid: »Ich hoffe, Gott werde mir beistehen, und will sie schon ad mores bringen und auf die Finger klopfen, daß die Köpfe wegspringen sollen.« Es war ein für ihn ungewohnt starkes Wort, aber er hielt sich daran. Ein Jahr später wurden in Wien drei ungarische Magnaten aufs Schafott geführt und hingerichtet, unter ihnen der Nachfahr des Helden von Sankt Gotthard, Peter Zriny. Ihre Schuld: Sie hatten eine Verschwörung angezettelt, durch die Ungarn vom Habsburgerreich losgerissen werden sollte, und sie hatten sich dabei nicht nur mit Köprülü in Stambul, sondern auch mit Ludwig XIV. liiert. Für den Sonnenkönig freilich waren die Rebellen nur eine Karte im reich gefächerten Spiel. Nach dem Ende des »Devolutionskrieges« ließ er sie fallen, dem Wiener Vetter solcherart signalisierend, daß Österreich seine Kriegshunde auf sie hetzen konnte. Es war dann vor allem Johann Sporck, der die Streitscharen der sogenannten »Malkontenten«, der Unzufriedenen, in einem abenteuerlichen Unternehmen auseinandertrieb. Leopold fühlte sich danach stark genug, »in Hungarn die Sachen anders einzurichten« – eine Fehlentscheidung. Als der Kaiser den verfassungsmäßigen, von den Magnaten zu wählenden Königsstellvertreter – er trug den Titel »Palatin« – durch einen ernannten »Gubernator« ersetzte, brach, nach der Adelsrebellion, der Bürgerkrieg aus. Antikaiserliche Kräfte, die sich als Kreuzritter, als »Kuruzzen« bezeichneten, kämpften gegen prokaiserliche »Labanczen«, was möglicherweise Fußsoldaten bedeutet. Den ersteren stand auch wieder französisches Geld zur Verfügung.

Ludwig nämlich hatte mittlerweile der Versuchung nicht widerstehen können, sich der Schwierigkeiten seines Vetters doch zu bedienen. 1670 hatte er mitten im Frieden Lothringen besetzt, das »Erbstück meiner Ahnen«. Vorausgegangen war diesem Akt eine Art Palastrevolution an Leopolds eigenem Hof.

Der Wiener Habsburg stand derart im Banne Ludwigs, daß er glaubte, ihn in nahezu allem imitieren zu müssen. 1661, nach dem Tod Mazarins, hatte le Roi Soleil keinen leitenden Minister mehr bestellt, sondern die Regierung selbst übernommen, mit zweiundzwanzig Jahren. 1665 tat Leopold es ihm nach. Was jedoch in Frankreich, dank Ludwigs Selbstbewußtsein, zur Stabilisierung der Verhältnisse beitrug, bewirkte in Wien zunächst eher Verwirrung. Johann Weikhard von Auersperg, bisher die bestimmende Kraft in der Hofburg, sah sich einer ganzen Schar von nachdrängenden Konkurrenten ausgesetzt, geistliche Räte darunter, die den frommen Kaiser auch im Beichtstuhl zu beeinflussen suchten. Vor allem aber bekam er es mit dem scharfzüngigen Böhmen Fürst Wenzel Lobkowitz zu tun und mit dessen Protegé, dem aus Freiburg im Breisgau stammenden ehemaligen Juraprofessor Johann Paul Hocher. Jene beiden dürften es auch gewesen sein, die den auf Ausgleich mit Frankreich bedachten Auersperg in einer gelungenen Intrige stürzten. Sie enthüllten das unter seiner Federführung abgeschlossene Geheimabkommen, betreffend die künftige Teilung des spanischen Erbes. In Madrid stieg daraufhin ein Schrei der Empörung zum Himmel: Wie konnte man über den Kopf des zwar regierungsunfähigen, aber dennoch rechtmäßig regierenden »Katholischen Königs« hinweg verfügen, was nach seinem Tod mit Spanien geschehen sollte!

Nun herrschten aber am spanischen Hof, um es milde auszudrücken, noch unübersichtlichere Verhältnisse als an dem von Wien. Maria Anna, Witwe Philipps IV., des Lieblingsbruders ihrer Mutter, in Spanien Mariana Teresa de Austria genannt, konnte sich als vormundschaftliche Regentin für den leicht schwachsinnigen Karl II. nur mit Hilfe ihres ehemaligen Beichtvaters und ihres Liebhabers behaupten. Die Spanier hätten damals viel lieber Don Juan José de Austria, den populären Bastardsohn Philipps IV., an der Macht gesehen, sei es auch nur als eine Art Ministerpräsident. Sich seiner zu erwehren beanspruchte aber Maria Annas Kraft so sehr, daß sie in die auswärtige Politik nicht auch noch eingreifen und, trotz der allgemeinen Empörung, ihren Bruder Leopold wegen des Vertrages mit Frankreich zur Rede stellen konnte. Statt dessen bemühte sie sich, für Karl II. eine Schwester des Kaisers als künftige Frau zu gewinnen. Die Parteigänger Don Juan Josés hingegen drängten darauf, ihn mit einer Nichte Ludwigs XIV. zusammenzubringen. Es wäre wahrlich verwunderlich gewesen, wenn der französische Herrscher darauf verzichtet hätte, sich all dieser offensichtlichen Schwächen in beiden Häusern Habsburg gefällig zu bedienen.

1672 griff er das ihm besonders verhaßte Holland an, besetzte fast gleichzeitig die zu Spanien gehörende Franche Comté, schickte ein Heer nach Katalonien und schürte einen Volksaufstand im spanischen Sizilien. Aber plötzlich sah es so aus, als hätte Ludwig sich wieder übernommen.

Der in seiner antifranzösischen Haltung nicht zu überbietende Paul de Lisola brachte erneut eine antifranzösische Koalition zusammen, bestehend aus Österreich, Brandenburg, Holland und Spanien, in der Hoffnung, Ludwigs Übergriffe endgültig abweisen zu können. Der Kaiser jedoch wies Raimund Montecuccoli, den Befehlshaber seiner daraufhin doch in die Niederlande ziehenden Truppen, an, entscheidende Schlachten auf alle Fälle zu vermeiden. Es war nicht einmal seine schlechteste Entscheidung. Leopold hatte, genau wie Ludwig, begriffen, welches Spiel sie in Wirklichkeit miteinander spielten.

Keiner von ihnen konnte hoffen, daß Europa, vor allem auch das immer mächtiger werdende England, es Frankreich oder Österreich gestatten würde, das ganze spanische Erbe zu übernehmen, wenn Karl II., mittlerweile elf Jahre alt und immer noch zwischen Tod und Leben schwebend, endlich abtrat. Auf dieser Überlegung beruhte auch ihr geheimer Teilungsvertrag. Aber das hieß ebenso, daß es für keinen von ihnen sinnvoll gewesen wäre, den anderen zu vernichten. Im Grunde kam es beiden nur darauf an, sich eine möglichst günstige Ausgangsposition zu schaffen – oder zu bewahren – für den Tag, an dem aus Madrid die Botschaft kommen würde: Der König ist tot.

Freilich, Ludwig war, schon aus geographischen Gründen, in einer besseren Position als sein Wiener Vetter. Vom einigermaßen sicheren Frankreich aus, mit dem Rücken zum Atlantik stehend, konnte er das an mehreren Flanken bedrohte Österreich beinahe beliebig in die kompliziertesten Zwickmühlen manövrieren – was er auch tat. Der 1673 begonnene Krieg, den Montecuccoli nur hinhaltend führen durfte, schleppte sich noch dahin, da erschienen französische Agenten in Polen und warben ganz offen Truppen für die ungarischen Kuruzzen an. Und der brandenburgische Kurfürst hatte, über Montecuccoli verärgert, gerade Neutralitätsverhandlungen mit Ludwig eröffnet, als er erfuhr, daß Schweden, Frankreichs alter Verbündeter aus dem Dreißigjährigen Krieg, ihn mit einer starken Armee im eigenen Land angegriffen hatte. Der Kaiser bot den Kuruzzen, die bereits eigene Münzen mit der Aufschrift »Ludovicus XIV. Rex Galliae, Protector Hungariae« (Ludwig XIV. König von Gallien, Protektor Ungarns) herausgaben, daraufhin Amnestie und beschränkte Religionsfreiheit an. Friedrich Wilhelm aber verließ die ereignislose Rheinfront, eilte nach Brandenburg und besiegte die Eindringlinge – mit Hilfe seines aus Österreich stammenden Feldmarschalls, des gelernten Schneiders Georg Derfflinger – in der nur zweistündigen Schlacht von Fehrbellin. Das war am 28. Juni 1675. Wenig später schloß der von seinem habsburgischen Verbündeten zutiefst enttäuschte Hohenzoller mit Frankreich eine »Enge Allianz«, wobei er sich auch verpflichtete, seine Stimme bei der nächsten Kaiserwahl einem Franzosen zu geben. Als das geschah, war der von Habsburg so lustlos geführte »Holländische Krieg« gegen Ludwig schon wieder beendet. Im 1678 abgeschlossenen »Frieden von Nimwegen« hatte vor allem Spanien draufgezahlt: Es verlor die Franche Comté zum zweiten Mal, nun aber endgültig an Frankreich. Dem Sonnenkönig war also, noch vor dem Eintritt des Erbfalls, ein weiteres Stück der künftigen Hinterlassenschaft Karls II.

zugefallen, wohingegen Habsburg nichts gewonnen, aber auch nichts eingebüßt hatte. Angesichts der Lage, in der er sich befand, mußte Leopold dennoch zufrieden sein. Allerdings hatte auch er sich mittlerweile zu der Ansicht durchgerungen, daß man mit Frankreich nicht unter der Hand an einem Strang ziehen könne, während man ihm in Waffen gegenüberstand. Vorausgegangen war diesem kaiserlichen Meinungswechsel eine weitere kleine Palastrevolution in der Hofburg.

Wenzel Lobkowitz, der einst dem Fürsten Auersperg aus seiner frankreichfreundlichen Haltung einen Strick gedreht hatte, war Anfang 1674 gestürzt worden, ironischerweise aus dem nämlichen Grund wie damals sein Vorgänger. Hocher, der Schützling von Lobkowitz, Lisola und Montecuccoli warfen ihm vor, er habe Ludwig gegenüber zu hinhaltend taktiert. Leopold, mit dieser Politik noch vor kurzem völlig einverstanden, trat auf die Gegenseite über, entkleidete Lobkowitz seiner Ämter, beschlagnahmte sein nicht geringes Wiener Vermögen und verbannte ihn vom Hof. Hätte er Johann Paul Hocher, damals schon Freiherr von Hohenburg und Hohenkrähn, gleich hinterhergeschickt, wäre er möglicherweise auch den ungarischen Problemen besser beigekommen.

Dem Freiburger nämlich, einem kompromißlosen Verfechter absolutistischer Ideen und gegenreformatorischer Tendenzen, verdankte Leopold alle seine Schwierigkeiten mit den magyarischen Kalvinisten und Nationalisten, die sich nun Kuruzzen nannten. Hocher hatte auf Abschaffung des Palatinats sowie der ungarischen Verfassung und auf strikter Rekatholisierung bestanden. Leopold war ihm gefolgt, weil er meinte, es Großvater Ferdinand II. gleichtun zu müssen. Der hatte das konstitutionell regierte Böhmen einst auf ähnliche Weise seiner Rechte beraubt und in den habsburgischen Pferch gezwungen – um den Preis des Dreißigjährigen Krieges.

Bevor es jedoch dieses Mal zu einer ähnlichen Entwicklung kommen konnte, fand der Kaiser einen Berater, dessen Blick bedeutend klarer war als jener Hochers oder der anderen Wiener Hofräte, die sich in ihre jeweiligen Vorstellungen verrannt hatten. Kein Geringerer als Papst Innozenz XI., einer der klügsten und humansten Politiker seines Zeitalters, forderte Leopold auf, doch bitte schön den Ungarn gegenüber nicht päpstlicher zu sein als er selbst, der Papst. Sein Wiener Nuntius Francesco Buonvisi stellte kurz darauf eine Verbindung zu magyarischen Rebellen her. Und fast von einem Tag auf den anderen lösten sich alle Schwierigkeiten auf.

In Ödenburg, unweit des Neusiedler Sees, trafen sie am 22. Mai 1681 aufeinander: der Kaiser an der Spitze dreier Garderegimenter, die magyarischen Magnaten umgeben von einem Schwarm phantastisch aufgeputzter Reiter. Reiherfedern wehten von den Tschakos, Juwelen blitzten auf blankpolierten Prunkharnischen, Trompeten schmetterten, und Éljen-Rufe stiegen empor. Leopold selbst, so notierte ein Augenzeuge, machte nur »pauvre figure« bei diesem martialisch bunten Ereignis, aber das war ohne Bedeutung. Wichtig blieb allein, daß der absolutistisch denkende, überkatholische Habsburg den Ungarn alles gewährte, was er ihnen bisher hartnäckig verweigert hatte und wofür schon soviel Blut vergossen worden war. Die alte Verfassung wurde fast gänzlich wiederhergestellt, Glaubensfreiheit gewährt, ein neuer Palatin gewählt und der Hofkammer in Preßburg Unabhängigkeit von der kaiserlichen Zentralverwaltung zugebilligt.

Der Papst aber, von diesem Erfolg seiner Vermittlungen ermutigt, bemühte sich nun auch noch, den polnischen König Johann III. Sobieski von der Seite Frankreichs, auf der er stand, ins habsburgische Lager herüberzuziehen. Innozenz traute es dem immer rabiater werdenden Ludwig XIV. durchaus zu, daß er den türkischen Sultan als »Kettenhund« gegen Österreich hetzen und sich auf ähnliche Weise auch Polens bedienen würde. Wieder setzte er deshalb den überragenden Diplomaten Buonvisi in Marsch, und wieder gelang das Unternehmen. Gemeinsam mit dem Wiener Geschäftsträger in Warschau bewog der Nuntius Sobieski dazu, ein gegen die Türken gerichtetes Bündnis mit Leopold abzuschließen. Buonvisi, seit Ödenburg Kardinal, hatte den stürmischen, ehrgeizigen, in vielen Schlachten erprobten Krieger daran erinnert, daß es vor allem seine Pflicht sei, das Abendland gegen die Muslime zu verteidigen. Der Wiener Diplomat aber hatte auch noch durchblicken lassen, daß Habsburg möglicherweise geneigt sein könne, Sobieskis Sohn Jakob mit einer Erzherzogin zu vermählen. Dies machte auf den polnischen Wahlkönig, der sich im Kreis der europäischen Herrscher immer etwas zweitrangig vorkam, unverkennbaren Eindruck. Eine Verbindung mit dem Erzhaus hätte seine Stellung beträchtlich aufgewertet – gegenüber der einheimischen »Schlachta«, dem stimmberechtigten Adel, ebenso wie vor der Welt.

Noch ehe der Vertrag mit Sobieski unterschrieben werden konnte, hatte dann Ludwig XIV. noch einen Schritt getan, der ihn in Europa endgültig isolierte, Habsburgs Position aber entsprechend aufwertete. Seine erprobte Annexionspolitik auf die Spitze treibend, schuf der Franzosenkönig die sogenannten »Réunionskammern«, Gerichte, die auf Grund alter und ältester Dokumente – einige stammten sogar aus der Zeit der Merowinger – den Westfälischen Frieden nachbesserten. Sie machten geltend, daß zu den linksrheinischen Gebieten, die Frankreich 1648 zugesprochen bekommen hatte, noch rund sechshundert weitere Städte, Dörfer, Weiler und Höfe gehörten – um ihre Urteile stehenden Fußes vollstrecken zu lassen. In den beanspruchten Gemarkungen erschienen französische Truppen, ersetzten die alten Hoheitswappen durch die bourbonischen Lilien und erzwangen von der Bevölkerung den Huldigungseid auf Louis Quatorze. Diese »Wiedervereinigung« war für Ludwig ein um so gefahrloseres Unternehmen, als er wußte, daß weder die unter sich uneinigen Reichsfürsten – der von Brandenburg etwa war ja sein »enger« Alliierter – noch der zunächst mit Ungarn, später mit den Türken beschäftigte Kaiser die Möglichkeit hatten, ihm in die Parade zu fahren. 1681 setzte er dann dieser Art zu operieren die Krone auf. Er bemächtigte sich, diesmal ohne einen Rechtsanspruch vorzuschützen, der deutschen Reichsstadt Straßburg. Aber spätestens damit hatte er den letzten Schritt in Richtung auf seine späteren Niederlagen getan.

Georg Friedrich von Waldeck gründete nun jene Vereinigung, die erst »Frankfurter«, dann »Laxenburger Allianz« hieß, und Wilhelm III. von Oranien brachte ein neues gegen Frankreich gerichtetes Bündnis zwischen Holland, Schweden, Spanien und Österreich zusammen. Während also Ludwig im Windschatten der immer deutlicher erkennbaren türkischen Gefahr seine »friedlichen Eroberungen« machte, begann sich um Frankreich bereits ein mächtiger, bedrohlicher Einkreisungsring zu schließen. Das Spiel der Vettern, die sich gegenseitig wegen der Hälfte des von ihrem gemeinsamen Vorfahren Karl V. geschaffenen Weltreiches nur belauert und in kleineren Ausfällen und Gegenparaden gewissermaßen abgetastet hatten, nahm völlig neue Dimensionen an. Dabei wuchsen, während Ludwig kassierte, dem Haus Habsburg ständig neue Kräfte zu.

Als le Roi Soleil Lothringen besetzt hatte, war dessen Herzog Karl IV., zusammen mit seinem Neffen Karl V., bei Nacht und Nebel aus Nancy entwichen und nach Wien geflohen – der Jüngere zählte zu den bedeutendsten militärischen Begabungen seiner Zeit. Im österreichischen Lager trafen die beiden bereits auf einen Kriegsmann, der am Rande sogar der Familie des Sonnenkönigs angehörte, Ludwig Wilhelm Markgraf von Baden-Baden. Und auf dessen Spuren wandelte schon wenig später ein mit ihm verwandter junger Mann, in dessen Adern sowohl bourbonisches als auch habsburgisches Blut floß.

Er sei, so schrieb Elisabeth Charlotte von der Pfalz, die Schwägerin Ludwigs XIV., über Eugen Franz, den fünften Sohn des Grafen von Soissons aus dem Hause Savoyen-Carignan, »ein kleines, mutwilliges, schmutziges Bübchen« gewesen, »hat die oberleffzen so kurz, daß Er den Mundt nie zue thun kan, man sieht also allzeit zwey große breyte Zähne; die Naß hat Er ein wenig aufgeschnupfft und ziemblich weite Naßlöcher«.

Weiterhin weiß die um Klatschgeschichten nie verlegene »Liselotte von der Pfalz«, Eugen Franz habe sich mit einer Clique homosexueller Adeliger herumgetrieben und »unter den jungen Leuten die Rolle einer Frau gespielt«. An anderer Stelle gesteht sie ihm immerhin zu, daß er schöne Augen und einen guten Verstand gehabt habe. Als Liselotte dies zu Papier brachte, wußte sie freilich, was aus dem verkommenen Straßenbengel mittlerweile geworden war: ein kaiserlicher Feldmarschall. Ihre eigentliche Botschaft lautet also, dies sei ihm an der Wiege bestimmt nicht gesungen worden.

In der Tat, er ist in ein wahres Schlangennest hineingeboren worden, der spätere Prinz Eugen und »Edle Ritter«. Im Palais Soissons, dem Wohnsitz seiner Mutter Olympia, geborene Mancini, Schwester jener Maria Mancini, in die der junge Ludwig XIV. sich verliebt hatte, muß es ungemein locker zugegangen sein. Ihr taktvoller Mann, der Graf Soissons, verschwand in regelmäßigen Abständen, um sein Regiment zu inspizieren oder lange Jagdausflüge zu unternehmen. So ließ es sich auch arrangieren, daß Ludwig sich auf Geheiß Mazarins mit Olympia trösten durfte, nachdem der junge König eingewilligt hatte, von Maria zu lassen und die spanische Habsburgerin Maria Teresa zu heiraten. Olympia nahm den Freibrief des Onkels als Aufforderung, sich Ludwigs völlig zu bemächtigen und ihn selbst nach seiner Eheschließung noch an sich gefesselt zu halten. Dies gelang ihr auch bis zum Jahr 1663 – da nahm sich Ludwig seine erste »maîtresse-en-titre«. Kurz danach wurde Eugen Franz geboren – verständlich, daß die Pariser

Klatschtanten nachzurechnen begannen. Herausgekommen ist dabei jedoch nichts, außer der Erkenntnis, daß manch ein Pariser Eugens Vater sein konnte, der König ebensogut wie Olympias rechtmäßiger Mann.

Herangewachsen jedenfalls ist der kleinwüchsige Graf mehr oder weniger auf der Straße. Seine Mutter war viel zu sehr damit beschäftigt, Ränke zu spinnen und Netze auszuwerfen, als daß sie sich um ihn hätte kümmern können. Ihr letzter Coup brach Olympia dann das Genick. Sie wurde in einen Giftmordskandal verwickelt und mußte bei Nacht und Nebel aus Frankreich verschwinden. Von den älteren Söhnen der Kardinalsnichte war damals einer bereits Malteserritter geworden, ein anderer, Ludwig Julius, in österreichische Dienste getreten. Auch Eugens Vetter Ludwig Wilhelm von Baden-Baden, Sohn einer Schwester seines Vaters, trug kaiserliche Uniform. Kein Wunder, daß der »liederliche kleine Kerl« eines Tages beschloß, es den Gefährten seiner Kindheit nachzutun und ebenfalls zu den Soldaten zu gehen. König Ludwig indessen hatte bereits verfügt, der Sohn seiner Ex-Geliebten müsse Geistlicher werden. Es war eine der unglücklichsten Entscheidungen, die er je traf.

Eugen soll, nachdem seine letzte Bitte um eine Offiziersstelle abschlägig beschieden worden war, geschworen haben, er werde Frankreich verlassen und nie wieder in sein Heimatland zurückkehren, außer mit dem Schwert in der Hand; es ist vermutlich eine der Legenden, auf die alle späteren Helden Anspruch haben. Tatsächlich weiß man aber nicht im mindesten, wie aus dem Mitglied einer Päderasten-Clique über Nacht jener zähe, entschlossene Bursche wurde, der so handelte, als habe er den ihm zugeschriebenen Eid doch geleistet. Am 26. Juli 1683 verließ er, zusammen mit seinem Freund Conti, als Frau verkleidet, die französische Hauptstadt. Er hatte erfahren, daß sein Bruder Ludwig Julius vier Wochen zuvor bei Petronell, wenige Kilometer östlich von Wien, gefallen war. Ludwig XIV. ordnete sofort die Schließung aller Grenzen an und mobilisierte seine Gesandten an den deutschen Höfen. Wie konnten zwei Angehörige des Hauses Bourbon ihr Land verlassen und zum Feind übergehen!

Nun war aber Eugen nicht nur, und zwar von seiner Ur-ur-Großmutter her, ein entfernter Verwandter Ludwigs, sondern auch ein Mitglied der Familie Habsburg – dank derselben Frau. Sie hatte Philipp II. von Spanien geheiratet, einen Sohn Karls V. Ob das wiederum

Kaiser Leopold wußte, zu dem Eugen schließlich auf abenteuerlichen Wegen gelangt war, ist unbekannt. Das Regiment seines gefallenen Bruders jedenfalls konnte er ihm nicht übertragen; es war noch an dessen Todestag einem anderen Offizier unterstellt worden. Gnädigerweise erlaubte er ihm jedoch, als »Volontär« zum Stab Karls von Lothringen zu gehen.

So kam es, daß im Verlauf des Duells der Vettern ein Abkömmling des mächtigsten aller habsburgischen Herrscher die Seiten wechselte, ohne dabei die habsburgische Gesamtfamilie zu verlassen. Man könnte auch sagen, Leopold habe in Eugen den besten Mann gewonnen, den das Haus Habsburg jemals mit hervorbrachte.

Der Kaiser hatte den Flüchtling aus Paris nicht in Wien, sondern in Passau empfangen. Wien war in diesem Juli 1683 bereits völlig von den Türken eingeschlossen.

III.

Der Triumph des häßlichen Kaisers

Hainburg an der Donau war schon immer eine Grenzfestung nach Osten hin gewesen. Römer hatten die enge Pforte, welche die Donau hier passieren muß, mit einem Militärlager abgesichert, später machten die Nibelungen auf ihrem Zug nach Ungarn in der »Heimburc« Station. Der Zeremonienmeister des türkischen Sultans, der die Stadt am 11. Juli 1683 zu Gesicht bekam, bezeichnete sie in seinem Kriegstagebuch als »Palanke«, das wäre ein mit Palisaden und Erdwällen gesichertes Fort gewesen. Jedoch, fügt er hinzu, habe die Palanke sich als »stark befestigt« erwiesen. Er muß Hainburgs Stadtmauern aus dem 13. Jahrhundert gemeint haben und das sogenannte »Wiener Tor«, eines der gewaltigsten Bauwerke seiner Art im deutschen Sprachraum.

Obwohl der Ort also nicht leicht zu nehmen gewesen sein kann, »kamen«, so berichtet der Chronist weiter, »schon zur Zeit des Sonnenuntergangs Boten mit lebenden Gefangenen und abgeschnittenen Köpfen und brachten die frohe Kunde, daß die Palanke im Sturm genommen worden sei. Ununterbrochen attackierend und sich gegenseitig anfeuernd, waren die Streiter des Islam von allen Seiten im Sturmangriff in die Feste eingedrungen, aus der die Kampftruppen und die Honoratioren bereits vorher geflohen waren. Das gemeine Volk, das an Ort und Stelle geblieben war und sich zum Kampf gestellt hatte, ließ man allesamt über die Klinge springen, und die Burg wurde besetzt. Vor dem Großwesir rollten die eingebrachten Köpfe in den Staub, und auch den lebend vorgeführten Gefangenen wurden die Köpfe abgeschlagen. Die Überbringer dieser Freudenbotschaft wurden mit Ehrengewändern und Geld beschenkt.« Wien lag nur noch etwa vierzig Kilometer entfernt. Und das Heer, das nun auf die Kaiserstadt zurückte, soll mehr als hundertfünfzigtausend Mann stark gewesen sein.

Der Oberbefehlshaber der Streitmacht muß einen kaum minder

furchterregenden Anblick geboten haben als diese selbst. Kara Mustafa aus Merzifon in Anatolien war ein Günstling seines engeren Landsmannes, des mittlerweile verstorbenen Achmed Köprülü, gewesen. Er hatte eine geradezu atemberaubend steile Karriere hinter sich, vom Provinzgouverneur zum Großadmiral, zum dritten Wesir, zum Großwesir. Seit 1676 regierte er in unangefochtener Selbstherrlichkeit und mit einer noch nie gesehenen Prachtentfaltung am Bosporus, von dem jagdbesessenen Sultan Mehmet IV. weder kontrolliert noch behindert. Mustafa – welchem Umstand er seinen Beinamen »Kara«, der Schwarze, verdankte, ist ungewiß – entsprach allen Klischeevorstellungen von einem orientalischen Despoten. Er war grausam, raffgierig, mißtrauisch und selbst für engste Mitarbeiter völlig unberechenbar. Unter seiner Regierung erreichte das Osmanische Reich die größte Ausdehnung, die es je haben sollte. Mustafa schlug die Kosaken, eine halbstaatlich organisierte Männergemeinschaft in Südrußland, vor deren Angriffen zur See nicht einmal Konstantinopel sicher gewesen war, kämpfte gegen Venedig und spielte mit den christlichen Häuptern der Vasallenfürstentümer Moldau und Walachei (im heutigen Rumänien) ein unbarmherziges Katz-und-Maus-Spiel.

Zu Mustafas Verbündeten im christlichen Westen gehörten Ludwig XIV. und Imre Tököly, ein junger Kuruzzenführer, der die in Ödenburg getroffenen Vereinbarungen zwischen Ungarns Magnaten und Habsburg nicht anerkennen wollte. Tököly hatte sich dem Türken unterstellt, nachdem er vom Sultan als Fürst des erst noch zu erobernden habsburgischen Teils von Ungarn anerkannt worden war. Dieser Konstellation wiederum bediente sich Mustafa, um seinen kriegerischen Ehrgeiz zu befriedigen. Bei einer Audienz im Mai 1682 forderte er im Namen Tökölys vom Gesandten Kaiser Leopolds die Erstattung aller entzogenen und noch immer nicht zurückgegebenen Güter, der sogenannten »Malkontenten«, sowie eine Jahreskontribution von einer halben Million Golddukaten. Würden diese Forderungen nicht erfüllt, erklärte Mustafa, werde er den 1684 auslaufenden »Frieden von Vasvár« nicht erneuern. Es war die kaum bemäntelte Kriegserklärung, aber in Wien hörte man einfach nicht hin. Der Kaiser und seine Berater standen noch unter dem Schock, den Ludwig XIV. ihnen versetzt hatte, als er Straßburg besetzte. Sie konnten an nichts anderes denken als daran, wie diese Schlappe auszuwetzen war. So geschah es, daß sich im Osten das zusammenbraute, was ein venezianischer Diplomat zutreffend »la guerra prevista ma non creduta« nannte; der Krieg, den zwar jeder heraufziehen sah, aber niemand für möglich hielt.

Das galt selbst noch im Januar 1683, als der Großwesir bei Edirne sein Heer zusammenzog. Es war wirklich eine Streitmacht, wie noch kein Lebender sie je erblickt hatte. Angehörige aller osmanischen Völker gehörten ihr an, Araber, Anatolier, Tscherkessen, Tataren, Walachen, Griechen, Siebenbürger. Die Reiter trugen Turbane, beduinische Kopftücher, Pelzmützen, Helme, je nachdem, in welcher Einheit sie dienten, dazu Kettenhemden, Brustpanzer, Felljacken oder bestickte Westen. Die Janitscharen hatten hohe, von Tüchern umwundene Filzkappen auf dem Kopf, die Baschibazuken, eine Art von Freischärlern, trugen alles, was ihnen gerade zupaß kam, vom Schlapphut bis zur Lodenkapuze. Der unübersehbar große Troß des Heeres aber führte nicht nur Ochsenwagen mit, sondern auch Maultierkolonnen und ganze Kamelherden. Hundert Wagen beanspruchte allein der Harem des Sultans, der bis Belgrad mitkommen wollte. Und die Handwerkerzünfte von Stambul hatten den größten Teil ihrer Arbeiter an die Pioniertruppen abgeben müssen.

Am 3. Mai 1683 zogen Mehmet IV. und Kara Mustafa an der Spitze ihrer Einheiten in Belgrad ein. Hier erhob der Sultan den Großwesir zum Oberkommandierenden mit unbeschränkter Befehlsgewalt und überreichte ihm die »wahre« grüne Fahne des Propheten. Dann sah er von der hochgelegenen Festung Kalemegdan aus zu, wie sich das Heer ins Donautal ergoß und den Weg nach Wien einschlug. Tököly, der kurz vorher zu den türkischen Truppen gestoßen war, wollte zunächst die wichtigsten ungarischen Festungen in seine Gewalt bringen, aber Kara Mustafa hatte nur ein Ziel vor Augen: Wien.

Die Bewohner des Landes, durch das Mustafas Heerwurm marschierte, glaubten damals, das Ende aller Tage sei gekommen. Wenn sie Glück hatten, begnügten sich die vorausreitenden Quartiermacher damit, ihre Scheunen zu leeren, erlaubten ihnen dann, die eigenen Häuser niederzubrennen, und forderten sie anschließend auf, das Weite zu suchen. Wenn sie Pech hatten, fielen tatarische »Senger und Brenner« über ihre Dörfer her, ein Haufe, der alles niedermachte, was ihm vor die Klingen kam. Versuchte aber eine Stadt, wie etwa Hainburg, sich zu verteidigen, dann wurde sie erst sturmreif geschossen, danach erobert, endlich dem Erdboden gleichgemacht – oder zumindest alles verbrannt, was sich innerhalb ihrer Mauern verbrennen ließ.

Zwei Tage nach der Eroberung von Hainburg kam es zu dem Gefecht nahe Petronell, bei dem der Dragoneroberst Ludwig Julius von Savoyen verwundet und unter seinem stürzenden Pferd begraben wurde. Und bereits vom 14. Juli 1683 berichtet der türkische Zeremonienmeister: »Während heute der gesamte Troß zurückblieb . . . ritt der Großwesir in wohlgeordnetem Zuge und langsamen Schrittes vor die Festung Wien. Auf freiem Felde, gegenüber der Festung, wurde ein Schattendach aufgeschlagen, wo er zwei Stunden die Ruhe pflog, bis ein geeigneter Platz für seine hohe Zeltburg ausfindig gemacht war.«

Kara Mustafa wußte, daß er Zeit hatte. Seine Gegner waren nicht im mindesten auf ihn vorbereitet.

Zu den Kräften, die das Erzhaus mobilisierte, wenn es in Gefahr war, hatten stets auch seine Töchter gehört, die Erzherzoginnen; sie mußten sich dann benutzen lassen wie Schachfiguren. Auch Maria Antonia widerfuhr dies, der ältesten Tochter Leopolds und seiner spanischen Frau Margarita Teresa. Maria Antonia war eigentlich ausersehen gewesen, ihren Vetter, den am Körper wie am Geiste schwachen Karl II. von Spanien, zu heiraten; ihre Tante, die spanische Königin Maria Anna, hatte es so gewünscht. Bevor es jedoch zu einer förmlichen Verlobung der beiden Habsburger kommen konnte, war Ludwig XIV. in Straßburg einmarschiert, worauf Leopold seine geplante Heiratspolitik noch einmal überdachte. Um etwaigen weiteren Übergriffen des Franzosen wirksam entgegentreten zu können, brauchte der Kaiser Bundesgenossen. Das war auch die Ansicht von Innozenz XI. – allerdings dachte er in erster Linie an die türkische Gefahr.

Schon Jahre zuvor hatte der Papst den Abkömmling eines der kirchentreuesten Fürstenhäuser in Deutschland, Maximilian II. Emanuel von Baiern, daran gehindert, »die schönste Prinzessin Deutschlands« zu heiraten, Eleonore von Sachsen-Eisenach, denn Eleonore war Protestantin. Nun regte er an, der Wittelsbach solle anstatt ihrer Maria Antonia nehmen, ein wenig ansehnliches Mädchen, aber, als Tochter der so aufwendig geheirateten Perle Margarita, in Spanien erbberechtigt.

Max Emanuel, vor Tatendurst schäumende Kraftnatur in Allongeperücke und Kanonenstiefeln, fand den Vorschlag um so verlockender, als er insgeheim davon überzeugt war, der eigene Besitz sei für jemanden von seinem Format viel zu gering. Beflügelt durch die Aussicht, eines Tages statt in München in Madrid zu regieren, verbannte er alle Erinnerungen an die heftig umworbene schöne Protestantin aus seinem Gedächtnis und erklärte sich bereit, an ihrer Stelle die magere, in sich gekehrte, etwas langnasige Habsburgerin zu heiraten. Daß er sie kaum ohne beträchtliche Vorleistungen bekommen würde, war Max Emanuel dabei wohl bewußt, doch entsprach es einfach nicht seiner Wesensart, gegebene Situationen lange und sorgfältig zu analysieren. François Fénelon, einer der geistreichsten Franzosen seiner Zeit, der ihn später kennenlernte, bescheinigte dem Baiern »Esprit«, aber nur einen »mittelmäßigen Geist«.

Im Januar 1683, als man auch in Wien kaum mehr übersehen konnte, daß Kara Mustafa Österreich angreifen würde, schloß der Wittelsbach mit Leopold ein Bündnis ab. Es verpflichtete ihn, dem Kaiser nicht nur gegen Frankreich, sondern auch gegen die Türken zu Hilfe zu kommen, wenn diese wirklich bis nach Ungarn oder noch weiter vorstoßen sollten. Im April – der Großwesir befand sich bereits auf dem Marsch von Sofia nach Belgrad – feierten die beiden in Schloß Laxenburg ein prunkvolles Fest mit Jagdpartien und üppigen Banketten. Wenig später hielten sie bei Kittsee, nahe Preßburg, eine erste gemeinsame Heerschau ab. Der aus Nancy geflüchtete Karl V. von Lothringen führte, als Nachfolger des verstorbenen Raimund Montecuccoli, den Oberbefehl. Karl hegte damals noch die Hoffnung, den türkischen Vormarsch irgendwo im Donautal stoppen zu können.

Die Streitmacht, die am Kaiser, dem Kurfürsten von Baiern und dem Herzog von Lothringen vorbeidefilierte, bestand, einschließlich der Truppen Max Emanuels, aus zweiundzwanzigtausend Infanteristen und sechstausend Berittenen. Dazu konnte man noch achttausend Mann Garnisonstruppen rechnen, die in den westungarischen Festungen standen. Daß gegen diese insgesamt sechsunddreißigtausend Soldaten mehr als fünfmal so viele Feinde heranrückten, wußte zu dieser Zeit noch niemand. Aber ebensowenig konnte Karl von Lothringen ahnen, daß der einundzwanzigjährige Mann auf dem Pferd neben dem seinen bei den Türken binnen kurzem einen ähnlich schreckenerregenden Ruf genießen würde wie Kara Mustafa jetzt bei den Christen.

Als der »Blaue König« sollte Max Emanuel in ihre Folklore eingehen, ein Kämpfer von geradezu aberwitziger Kühnheit, unbesiegbar, unverwundbar, mit Gott oder dem Teufel im Bunde. Sein Übertritt auf die kaiserliche Seite war wohl eines der glücklichsten Ereignisse für

Habsburg in jener Zeit. Max Emanuel selbst hingegen brachte die Entscheidung, sich mit dem Erzhaus zu verbinden, langfristig nur Unheil ein. Für die Hand der ihm versprochenen Erzherzogin hat er teurer bezahlt als kaum je ein anderer Mann für eine andere Frau.

Spätestens drei Monate nach der Heerschau in Kittsee wußte dann auch Karl von Lothringen, daß die Türken vor Wien mit der jetzigen Streitmacht nicht zurückgeschlagen werden konnten; da hatte er – bei Petronell – zum ersten Mal mit ihnen Kontakt gehabt und war geschlagen worden. Nun hing alles davon ab, ob das Reich seinem Kaiser zu Hilfe eilen und Johann Sobieski von Polen den mit Habsburg abgeschlossenen Vertrag erfüllen würde.

Sobieski indessen mußte erst mit seinem eigenen Reichstag fertig werden, ehe er selbst überhaupt wissen konnte, wie es um seinen Handlungsspielraum stand. Er sah sich einem Gremium gegenüber, in dem einzelne Abgeordnete mit ihrem »Liberum Veto« jeden Mehrheitsbeschluß zunichte machen konnten. Und natürlich war für Frankreich nichts leichter gewesen, als einzelne dieser »Landboten« zu bestechen. Ludwig XIV. hatte sicherheitshalber sogar eine ganze Reihe von ihnen gekauft. Österreich arbeitete mit anderen Methoden.

Leopolds Spionagedienst funktionierte derart gut, daß der kaiserliche Gesandte in Warschau Sobieski jederzeit darüber informieren konnte, welcher polnische Adelige von Paris Geld genommen hatte, wie groß die Summe war und wozu er sich dafür verpflichtet hatte. Es war eine fürchterliche, wenn auch zweischneidige Waffe. Der König gebrauchte sie deshalb erst, als er keine andere Möglichkeit mehr sah, die Opposition mundtot zu machen. Auf einer Sitzung im März 1683 offenbarte er vor versammeltem Sejm nahezu alles, was ihm hinterbracht worden war, nannte die Namen der Bestochenen und nannte die Beträge. Der Sturm der Empörung, den er damit entfachte, reichte aus, sämtliche wichtigen Parteigänger Frankreichs aus dem Saal und zum Teil auch gleich aus dem Land zu fegen. Marquis de Vitry, Ludwigs Gesandter in Warschau, mußte die Stadt verlassen, und der Reichstag billigte das mit dem Kaiser vereinbarte Verteidigungsbündnis, wohl auch aus Dankbarkeit für die während des schwedisch-polnischen Krieges gewährte Hilfe. Nicht weniger als hunderttausend Mann wollte Polen gegen die Türken aufbieten. In dieser Zeit war Kara Mustafa noch auf dem Weg nach Belgrad, aber Imre Tökölys Kuruzzen unternahmen in Schlesien bereits ausgedehnte Plünderungszüge.

Und wie stand es mit dem Reich? Der Regensburger Reichstag war ein ähnlich schwer zu handhabendes Organ wie der polnische Sejm, wenn auch aus anderen Gründen. Er mußte sich an seine Reichskriegsverfassung halten, und die konnte nur von den Ständen, den Fürsten und Städten mit Leben erfüllt werden. Immerhin, als die Türken vor Wien erschienen und Deutschlands Quasi-Parlament das sogenannte »Triplum« bewilligte, das Dreifache der üblichen Kriegsleistung, zogen die Stände mit, die meisten wenigstens. Fürst Waldeck durfte die Truppen seiner »Laxenburger Allianz« mobilisieren. Johann Georg von Sachsen, genannt »der sächsische Mars«, wollte hinter Max Emanuel nicht zurückstehen und bewilligte ein Korps von zehntausend Mann. Der Kurfürst von Brandenburg hingegen beharrte auf seiner alten Forderung, erst müsse Jägerndorf an ihn herausgegeben werden, dann wolle auch er Soldaten schicken. Friedrich Wilhelm erklärte dies als deutscher Reichsfürst. Als Vasall des polnischen Königs hingegen stellte er, nachdem der Sejm beschlossen hatte, Leopold zu helfen, sofort zwölfhundert Soldaten zur Verfügung – nicht dem Kaiser, sondern Sobieski. Den wichtigsten Beitrag aber zum Kampf, nein, zum »Kreuzzug« gegen die Türken leistete Papst Innozenz XI.: Er spendete einen Großteil des Geldes, das die Könige und Fürsten benötigten, um ihre Truppen auf die Beine stellen zu können.

In der Zeit, die diese komplizierten und langwierigen Prozesse beanspruchten, konnte Karl von Lothringen nur eines tun: Er mußte den Weg nach Wien für die sich formierende Befreiungsarmee offenhalten, was allerdings hieß, daß er für Wien selbst so gut wie nichts zu unternehmen vermochte.

Nach dem Gefecht von Petronell und noch vor dem Fall von Hainburg riet Karl zunächst einmal dem Kaiser, die Stadt zu verlassen, eine Aufforderung, welcher Leopold unverzüglich nachkam. Am 7. Juli fuhr er mit einer Kolonne von mehreren hundert Wagen, seinem ganzen Hofstaat und seinen vier Kindern in Richtung Linz davon. Etwa die Hälfte der Wiener Bürgerschaft, ungefähr dreißigtausend Menschen, folgten ihm auf dem Fuße. Die Zurückgebliebenen, zunächst verzweifelt, faßten wieder etwas Mut, als am 8. Juli kaiserliche Kavallerie in die Stadt einrückte, um alsbald erneut zu verzagen: Die Reiter vertraten sich nur kurz die Füße und zogen dann durch ein anderes Tor hinaus.

Der Kommandant der Festung Wien, Ernst Rüdiger von Starhemberg, hatte danach noch knapp vierzehntausend Mann regulärer Truppen zur Verfügung sowie eine Bürgermiliz von etwa zwanzigtausend Kämpfern. So standen die Dinge, als Kara Mustafa im Angesicht der Kaiserstadt ein Schattendach errichten ließ, um darunter zu ruhen.

Leopold aber hielt nicht einmal Linz für einen ausreichend sicheren Ort. Zu Schiff fuhr er von dort weiter nach Passau. Es war vielleicht keine mutige Entscheidung, aber eine weise. Zum einen verstand der Kaiser vom Kriegswesen nahezu nichts; er hätte lediglich Verwirrung unter den Berufsmilitärs gestiftet, wenn er geblieben wäre. Zum anderen wußte man, daß Johann Sobieski nur widerwillig unter einem höherrangigen Herrscher gedient hätte. Der Pole wollte der Befreiungsarmee als Oberbefehlshaber vorstehen; das gehörte zu seinen Bedingungen. Und von dem Polen hing nahezu alles ab.

Kara Mustafa schien die Belagerung vor allem als eine prunkvolle Haupt- und Staatsaktion in Szene setzen zu wollen. Der Zeremonienmeister berichtet: »So spielten jeweils nach den Gebeten bei Sonnenuntergang, zur Nachtzeit und bei Tagesanbruch die Musikkapellen auf, daß von dem gemeinsamen Schall der Trommeln, Oboen, Pfeifen, Handpauken und Becken, zu dem sich das Dröhnen der Geschütze und Flinten gesellte, Erde und Himmel erbebten.«

Es könnte indessen auch sein, daß der Großwesir sich solcher Mittel der psychologischen Kriegsführung nur bediente, um einige gravierende Schwächen seiner Belagerungsstreitmacht zu verdecken. So gewaltig nämlich sein Heer einem Außenstehenden erscheinen mochte, über die Mittel, eine Festung wie Wien im Sturm zu nehmen, verfügte es keineswegs. Die türkischen Geschütze waren von viel zu geringem Kaliber, als daß man mit ihnen die meterdicken, angeschrägten Mauern einer – nach zeitgenössischen Begriffen – modernen Verteidigungsanlage hätte in Trümmer legen können. Mörser besaß es überhaupt nicht, und selbst mit dem Geknatter der türkischen Flinten kann es nicht weit her gewesen sein, denn eine beträchtliche Anzahl seiner Infanteristen war noch mit Pfeil und Bogen ausgerüstet. Die gefährlichste Waffe der türkischen Soldaten aber, der Krummsäbel, nützte nur im Nahkampf. So mußte Mustafa versuchen, die Wiener Bürger in Angst und Schrekken zu versetzen, einmal, indem er seine Truppen immer wieder in drohenden Blöcken aufmarschieren ließ, zum anderen, indem er die Dächer ihrer Häuser in Brand schoß. Das eigentliche Rückgrat der

Belagerungsarmee waren ohnehin die Sappeure und Mineure, jene Tausende von zwangsverpflichteten Arbeitern, Handwerkern und Pionieren, deren Aufgabe darin bestand, Gräben auszuschachten, durch die man ungefährdet an die Mauern herankommen konnte, um diese Mauern dann zu unterwühlen. Mit solchen Mitteln hatte schon Mustafas Vorgänger, Achmed Köprülü, vor damals vierundzwanzig Jahren, die venezianische Festung Candia auf Kreta zur Übergabe gezwungen.

Eröffnet wurde die Belagerung Wiens »nach den Vorschriften der erhabenen muhammedanischen Tradition«. Durch einen Boten ließ der Großwesir den Eingeschlossenen mitteilen: »Entweder Islam oder Tribut – sonst wird die Entscheidung in unserem Streit dem Schwert überlassen! Nehmt es zur Kenntnis!« Es war eine klassische Formel. Der Feind wurde vor die Wahl gestellt, islamisch zu werden und damit Leben, Freiheit und Besitz zu retten oder die für christliche Untertanen vorgeschriebenen Steuern an den Sultan zu entrichten – auch das hätte Wiens Bürger vor dem Tod bewahrt. Starhemberg ließ dem Parlamentär mitteilen, er solle sich wegscheren, sonst werde man ihn über den Haufen schießen. Damit war die Belagerung sozusagen offiziell erklärt.

Dank einem zu den Türken übergelaufenen Kapuzinermönch, der sich Achmed Bey nannte, war Mustafa über die Stärken und Schwächen Wiens gut informiert. So wußte er etwa, daß der für ihn günstigste Angriffspunkt im Südosten der Festung lag, zwischen Burg-Bastei und Löbel-Bastei. Hier konnten seine Mineure graben, ohne auf felsigen Grund zu stoßen oder Gefahr zu laufen, von den Wassern des Wienflusses in ihren eigenen Stollen ertränkt zu werden. Außerdem ließ sich an dieser Stelle die türkische Artillerie besonders günstig postieren.

Bevor das Hauptkontingent der Pioniere jedoch zum Spaten greifen konnte, mußte es in der Etappe für den Großwesir eine weitläufige und prunkvolle Zeltstadt errichten. Kara Mustafa wollte vor der belagerten Stadt nicht anders residieren als zu Hause am Bosporus. Er ließ Kanzleien für seinen Schatzmeister, die ihm unterstehenden anderen Wesire und nicht zuletzt für den Scharfrichter emporziehen. Daneben entstanden riesige Vorratsdepots, Ställe, Banketthallen aus Leinwand und Teppichen, aber auch Unterkünfte für Dutzende von Haremsdamen. Selbst Georg Kuniz, Leopolds Gesandter in Stambul, der mitgekommen war, erhielt ein angemessenes Quartier zugewiesen.

Starhemberg auf der anderen Seite hatte rasch erfaßt, worauf der

Großwesir abzielte. Er zog seine stärksten Geschütze in der Nähe der Hofburg zusammen und ließ dort auch die Mauern mit Palisaden überhöhen. Der Kommandant von Wien glaubte, einigermaßen guten Mutes sein zu können. Die Vorratskeller waren gefüllt, die vor den Wällen gelegenen Siedlungen niedergebrannt. Aber dann erschrak er doch über die Schnelligkeit, mit der die Türken vorankamen. Schon am zweiten Tag der Belagerung hatten sie sich bis dicht an die Konterescarpen herangearbeitet, die Wehr des vordersten der beiden parallellaufenden Burggräben. Und natürlich griffen sie nicht nur an der einen Stelle zwischen Burg- und Löbel-Bastei an, sondern ebenso im Norden und im Westen an der Donauseite, sei es auch nur, um die Verteidiger zu zermürben.

Am furchterregendsten für die Eingeschlossenen war freilich das scheinbar wirre, in Wirklichkeit genau ausgeklügelte Netz der Laufgräben. Es schien sich über das Gelände auszubreiten wie eine Flechte, es wucherte und wuchs unaufhaltsam auf das gerade Mauerstück zwischen den beiden weit vorspringenden Bastionen zu. Man konnte die ameisengleich darin herumwimmelnden Arbeiter auch nicht wirksam unter Feuer nehmen, weil die Kanoniere auf den Wällen selbst pausenlos beschossen wurden. Der wirklich gefährliche Moment kam jedoch erst, als die grabenden Sappeure nahe genug herangekommen waren, um ganz unter die Erde gehen zu können. Nun mußten auch die Verteidiger in ihre Keller steigen und den feindlichen Stollen eigene entgegentreiben. Dabei stellten sie fest, daß Wien auf einem wahren Kaninchenbau von Gewölben, Kanälen, unterirdischen Gängen und längst verschütteten Treppenhäusern ruhte. Das schien zwar zunächst ein Vorteil für die Verteidiger zu sein, doch würde es auch den Angreifern zupaß kommen, wenn sie erst einmal in diese Katakomben eingedrungen wären. Sie drangen ein. Bei den beiden Basteien gingen die ersten Minen hoch. »Wir hatten«, berichtete hinterher ein gefangener Wiener Stadtsoldat, »davon keine Ahnung gehabt. Plötzlich war alles stockfinster vor lauter Qualm und Staub, und ehe ich noch wußte, was geschehen war, befand ich mich schon in Feindeshand.« Geschehen war dies an einem Frontabschnitt, den Mehmet Pascha, genannt Kara, der Schwarze, befehligte, jener Mann, der achtzehn Jahre zuvor mit Evliya Tschelebi den »häßlichen Kaiser« in Wien besucht hatte. Mehmet gehörte zu Mustafas tüchtigsten Offizieren.

Schon am 23. Juli wurde die Burg-Bastei dann zum ersten Mal

erstürmt. Von da an, so sagten gefangene Verteidiger immer häufiger aus, »litten wir äußerste Entbehrung und Not«. In Wien begann vor allem das Frischwasser knapp zu werden, denn die Türken hatten bei ihren Grabarbeiten eine unterirdische Zuleitung entdeckt und sie natürlich verstopft. Dazu kam der Unrat, der sich auf den Straßen häufte, die Toten, die nicht begraben werden konnten – schließlich brach eine Ruhrepidemie aus. Mittlerweile waren die Türken auch mit ihren offenen Gräben bis dicht an die vordersten Palisaden herangekommen. Dort häuften sie riesige Böschungen auf, um die Vorwerke von oben einsehen zu können. Der Kampf wurde längst nicht mehr nur mit Kanonen, Flinten, Pfeilen und Minen geführt. Sensenblätter, an langen Stangen befestigt, eigneten sich besonders gut zur Verteidigung der Palisaden, weil man mit ihnen durch die Lücken zwischen den einzelnen Pfosten schlagen konnte.

War es bis zum 24. Juli immer wieder einmal gelungen, mit der Außenwelt in Kontakt zu bleiben – wagemutige Männer schlichen sich bei Dunkelheit durch die Breschen oder durchschwammen die Donau –, so blieb die Stadt von diesem Tag an bis zum 4. August völlig isoliert. Starhemberg konnte seine immer dringlicher klingenden Hilferufe nicht mehr hinausschicken, wohingegen Kara Mustafa in der Zeltstadt Gesandte empfing, Urteile verkündete, verdiente Kämpfer ehrte und dem verwundeten Mehmet Pascha einen kurzen Erholungsurlaub hinter der Front gewährte. In Wirklichkeit wurde jedoch auch der Großwesir immer nervöser. Die »Giauren« verteidigten sich äußerst hartnäckig. Sie wußten schon recht gut, wie man Fladderminen, die Vorläufer der Tretminen, legt, vorgeschobene Gräben aufrollt und die eigenen Bastionen mit immer neuen Arten von Befestigungswerk verstärkt, mit Verhauen, einer Art von Bunkern und unterirdischen Stollen. Außerdem nahmen Mustafas Verluste bedrohlich zu – die Elitetruppe der Janitscharen war jetzt schon fast völlig ausgeblutet. Wütender denn je, konzentrierte er sich deshalb auf die von ihm ausgemachte Schwachstelle in der Wiener Verteidigungsanlage. Hier und nirgendwo anders wollte er durchbrechen. Es schien ihm zu gelingen.

Am 8. September standen türkische Soldaten auf den Trümmern der Burg-Bastei. Jetzt kam es nur noch darauf an, diese Bresche so lange zu berennen, bis der Wall bersten mußte. In diese Vorstellung verbiß der Großwesir sich derart heftig, daß ihn der Gedanke, seine eigene Stellung auch nach außen hin abzusichern, nicht einmal streifte.

Unbesetzt von türkischen Truppen, ragten noch immer die Hügel des Wienerwaldes über sein prächtiges Lager empor.

Bei Hollabrunn, rund vierzig Kilometer nördlich von Wien, waren schon am 31. August Karl von Lothringen und Johann Sobieski zusammengetroffen – eine Begegnung, die auf beiden Seiten viel Takt erforderte. Der Lothringer hatte sich zweimal gegen Sobieski um die polnische Krone beworben, weshalb ihre beiden Frauen einander noch immer spinnefeind waren. Die Herren indessen wußten, was sie der Lage und ihrer Stellung schuldeten. Der König gewährte dem entthronten Herzog den Bruderkuß, der Herzog unterstellte sich mit gravitätischer Würde dem Kommando des Königs. Und am Tag, an dem die Wiener Burg-Bastei fiel, versammelten sich auf dem Tullner Feld, auf dem auch die Nibelungen schon Heerschau abgehalten hatten, die Truppen Max Emanuels, des sächsischen Kurfürsten, und des Polen; Georg Friedrich von Waldeck mit seinen Leuten war ebenfalls da. Marco d'Aviano, der Legat des Papstes, erteilte allen, Katholiken wie Protestanten, den päpstlichen Segen.

Vom Kahlenberg kam kurz darauf eine Patrouille zurück, um zu melden, daß kein einziger türkischer Wachtposten dort oben stehe.

Ein Fingerzeig des Himmels? Die versammelten Heerführer dürften einander fragend in die Augen geblickt haben. Der Wienerwald, der sich nördlich von Wien dicht an die Donau heranschiebt, war zwar kein himmelragendes Gebirge, aber ein unwegsames, dicht bewaldetes Hügelgelände. Es von der Tullner Seite her mit dem ganzen Heer zu durchqueren, um auf den die Stadt überragenden Kahlenberg zu gelangen, würde mehrere Tage beanspruchen. Dabei lag die Kaiserstadt, wie der in Passau weilende Leopold aus Botenberichten schloß, bereits »in extremis«.

Von Starhembergs regulären Soldaten waren nur noch viertausend einsatzbereit. Außer Brot, das reichlich zur Verfügung stand, gab es fast nichts mehr zu essen. Und Kara Mustafa warf blindwütiger denn je die geballte Masse seiner Truppen gegen das Mauerstück zwischen Löbel- und Burg-Bastei. »In diesem Abschnitt«, schreibt der Zeremonienmeister, »war die Walstatt mit den Leichen der Erschlagenen geradezu übersät.« Immer wieder explodierten mitten im Handgemenge auch die Fladderminen, Menschen, Steine, Erdbrocken hoch in die Luft schleudernd. Der Großwesir stieg selbst in die Gräben, um gemeinsam mit den Derwischen die Kämpfenden anzufeuern. Einige seiner Leute schienen währenddessen bereits zu überlegen, wie sie die eigene Haut retten konnten. Als Mustafa beispielsweise den Offizier Hasan aus Temesvár anstelle eines gefallenen Kommandeurs zum Pascha, zum General also, ernennen wollte, lehnte dieser schlichtweg ab – er mußte geohrfeigt werden, ehe er das »Ehrenkleid« überstreifte.

Endlich zwang sein eigener Kriegsrat den Großwesir, die Zeltburg nicht mehr zu verlassen. Der zuverlässige Kara Mehmet hatte melden lassen, eine feindliche Armee sei von der anderen Seite auf die Höhen des Wienerwaldes gelangt. Darauf »befahl der Großwesir, sein gesamtes Gefolge ... möge sich mit Pauke und Fahne einsatzbereit halten«. Es geschah am Freitag, dem 10. September 1683.

Sobieski, Karl von Lothringen, Max Emanuel und Waldeck mit ihren Polen, Österreichern, Baiern, Schwaben, Franken hatten es tatsächlich geschafft. Das ganze buntgewürfelte Heer, von nicht weniger als neununddreißig Generälen befehligt, stand auf dem Kahlenberg. Die Artillerie konnte im Laufe des 11. September ebenfalls heraufgeschafft werden. So blieb noch Zeit genug, die einzelnen Truppenteile sorgfältig in ihre jeweiligen Ausgangspositionen einzuweisen. Unter ihnen lag die Stadt, die ihrem Glück kaum trauen wollte. Das bunte, vom Stephansdom sprühende Feuerwerk war Grußbotschaft und Hilferuf zugleich.

Dann kam die Nacht, in der keiner von ihnen schlief, nicht der neunzehnjährige Eugen von Savoyen noch Georg Friedrich. Fürst Waldeck sollte mit seinen Leuten beim morgigen Entsatzangriff das Zentrum bilden.

Der 12. September muß ein sonniger Tag gewesen sein, denn Kara Mustafa ließ auf seinem Feldherrnhügel als erstes ein Schattendach aufstellen. Ihm wurde ein großartiges Schauspiel geboten. »Die Giauren tauchten mit ihren Abteilungen an den Hängen [des Kahlenbergs] auf wie die Gewitterwolken, starrend vor dunkelblauem Erz ... Es war, als wälze sich eine Flut von schwarzem Pech bergab, die alles, was sich ihr entgegenstellt, erdrückt und verbrennt. So griffen sie an, mit der eitlen Absicht, die Streiter des Islam von beiden Seiten zu umfassen.«

Karl von Lothringen hatte in der Tat einen Umzingelungsangriff nach bewährtem Muster geplant. Die Türken sollten gegen den Wienfluß getrieben und dort aufgerieben werden. Der wackere Kara Mehmet kam als erster ins Gefecht – er geriet an die deutsche und polnische Infanterie. Auf dem linken Flügel griffen Sobieskis farbenprächtige Panzerreiter an. Von da an verlief alles wie von dem Lothringer erwartet, aber dennoch anders, als es vorauszusehen gewesen wäre.

Die Angreifer kamen derart rasch voran, daß die Türken ihre stärkste Teilstreitmacht, die Kavallerie, gar nicht entfalten konnten. Um die ihm anvertraute grüne Fahne des Propheten zu retten, warf der Großwesir sich aufs Pferd und entfloh in seine Zeltburg. Unter den osmanischen Truppen entstand daraufhin eine Panik. Und kaum hatte Ludwig Wilhelm von Baden-Baden die Laufgräben vor den Mauern der Stadt erreicht, da brachen die eingeschlossenen Wiener auch schon aus einem der Stadttore hervor. Weder Karl von Lothringen noch Waldeck wollten glauben, daß sie so schnell gesiegt hatten – sie verboten ihren Truppen aufs schärfste, sich zum Plündern zu zerstreuen. Dabei hätten die beiden Befehlshaber dem Augenschein durchaus trauen dürfen: In weniger als zwei Stunden war die Schlacht um Wien entschieden und das osmanische Heer geschlagen. General Franz Taaffe, Vorfahr eines späteren österreichischen Ministerpräsidenten, stellte mit sichtlichem Staunen fest: »Kein Sieg von solcher Wichtigkeit hat je so wenig Blut gekostet.« Es war eine zutreffende Beurteilung.

Schon am folgenden Morgen zog Johann Sobieski an der Spitze seiner Reiter in die befreite Stadt ein, von den Wienern stürmisch bejubelt, von den meisten anderen Fürsten mit eisiger Mißbilligung beobachtet. Für sie war es ein Gebot der einfachsten Höflichkeit, auf den Kaiser zu warten und sich nicht ohne ihn den Bürgern seiner Residenzstadt zu präsentieren. Leopold jedoch kam auf den von heimkehrenden Flüchtlingen verstopften Straßen nur langsam voran. Als er in Krems ein Schiff besteigen konnte, war die Schlacht schon geschlagen, als er Wien endlich erreichte, hatte der Pole ihm die »Liebe seiner Untertanen« bereits entwendet – so zumindest sah er es selbst. Sobieski sollte alsbald erfahren, wie sehr der Kaiser sich verletzt fühlte.

Als Leopold am 14. September in die Stadt einzog, gehörten nur die deutschen Führer des Entsatzheeres zu seiner Begleitung, und auch zu dem Essen, das er anschließend in der »Stallburg« gab, dem noch unzerstörten Teil des Habsburger-Schlosses, war der Pole nicht geladen. Erst einen weiteren Tag später traf der Kaiser in Schwechat vor versammeltem Heer mit Sobieski zusammen. Er bedankte sich auf lateinisch für die erwiesene Hilfe, machte aber weder Anstalten, den gekrönten Bruder zu umarmen noch ihm die Hand zu reichen. Nun war es an Sobieski und seinem Gefolge, »pétrifié«, versteinert, zu sein. Ob der Pole in diesem Moment auch schon ahnte, daß er keine Chance mehr hatte, sich mit dem Erzhaus zu verschwägern, muß dahingestellt bleiben. Vielleicht wußte er noch nicht einmal, daß Leopolds damals einzige heiratsfähige Tochter, Maria Antonia, bereits dem baierischen Kurfürsten versprochen war.

Sobieski hat nach 1683 nicht mehr viel von sich reden gemacht, wohingegen Männer wie der achtundzwanzigjährige Ludwig Wilhelm von Baden-Baden, der einundzwanzigjährige Max Emanuel von Baiern und der neunzehnjährige Eugen von Savoyen in ebendiesem Jahre eine Bahn betraten, die sie hoch hinaufführen und ihnen ihre volkstümlichen Beinamen einbringen sollte: »Türkenlouis«, »Blauer König«, »Edler Ritter«. Georg Friedrich von Waldeck trat ebenfalls in den Schatten zurück, zumindest im Feld sollten ihm keine großen Erfolge mehr beschieden sein. Die Pläne seiner jungen Jahre aber, in denen bereits das künftige Preußen aufgeleuchtet hatte, waren ihm zu dieser Zeit wohl längst aus dem Sinn entschwunden.

Was ist mit Kara Mustafa? Er erreicht Belgrad, dort wird ihm von einem Boten des Sultans das Reichssiegel abgenommen. Der somit abgesetzte Großwesir fragt: »Ist mir der Tod bestimmt?« Die Antwort lautet: »Ja, es muß sein.« Kara Mustafa bittet, sein unterbrochenes Mittagsgebet beenden zu dürfen. »Und als dann die Henker hereinkamen . . . hob er mit eigenen Händen den Vollbart hoch und fügte sich in das Verhängnis mit den Worten: ›Legt mir die Schlinge nur richtig an.‹«

Zu den drei von ihren Allongeperücken wie von Löwenmähnen umwehten jugendlichen Helden, die nach dem Sieg bei Wien nach Osten voranstürmen, gehört auch noch der ältere Karl von Lothringen. Eugen mit der »aufgeschnupfften« Nase hat mittlerweile sein eigenes Regiment bekommen. Der Mann, der sie vorantreibt, ist jedoch weniger Kaiser Leopold als vielmehr Papst Innozenz XI. Er hat eine »Heilige Allianz« zusammengebracht, bestehend aus Polen, Österreich, Venedig. Er schickt Geld, wenn die weltlichen Machthaber nicht zahlen können oder wollen, er entsendet Prediger, die den Kreuzzugsgeist immer von neuem entfachen, ja zuweilen neben den Soldaten in vorderster Linie stehen.

Vor dem belagerten Buda etwa erwirbt sich der Franziskanermönch Rafaele Gabrieli den Beinamen »feuriger Gabriel«, nicht weil ihm die Rede so glühend vom Munde geht, sondern weil keiner sich so gut wie er auf das Anbringen von Spreng- und Fladderminen versteht. Mit versengter Kutte kommt er oft als letzter aus dem Stollen gekrochen, dessen Ladung kurz darauf hochgeht. Daß Buda nach achtwöchiger Belagerung fällt, ist vor allem auch das Verdienst dieses etwas aus der üblichen Art geschlagenen Gottesmannes. Es geschieht 1686.

Zwei Jahre später, am 6. September, dringt Max Emanuel mit blutüberströmtem Gesicht, den Degen in der Hand, durch eine Mauerbresche in den Kalemegdan von Belgrad ein. Seine Soldaten singen abends am Lagerfeuer: »Höret man nit Wunder sagen / Von der großen Waffentat / Wie Emanuel geschlagen / Abermal die Türken hat.« Der Baier ist die äußerlich glänzendste Erscheinung in dieser fast wie auf Flügeln voranstürmenden Armee, weniger Stratege als absolut furchtloser Draufgänger. Daß er oft vorschnell angreift und dabei unnötige Verluste hinnehmen muß, hat freilich einen ganz bestimmten Grund: Von allen fürstlichen Kriegsunternehmern – ihre Soldaten sind auch ein Kapital, von dem sie leben – muß er am wenigsten kaufmännisch denken. Sein Vater hat ihm wohlgefüllte Kassen hinterlassen, sein Land ist menschenreich, und er hat endlich, 1685, die Erbin Spaniens, Maria Antonia, zur Frau bekommen.

Auf der Gegenseite kämpft Imre Tököly noch am erfolgreichsten. Sobald jedoch die Kaiserlichen gegen Siebenbürgen vorstoßen, wo er als Fürst von türkischen Gnaden regiert, ist auch sein Glück aufgebraucht. Tökölys Untertanen nennen ihre Bedingungen für einen Ausgleich mit Habsburg und bekommen die meisten gewährt, vor allem Religionsfreiheit. Von da an steht der Kuruzzenführer auf verlorenem Posten.

Die Türken selbst versuchen, das Schicksal noch einmal zu wenden, indem sie Mehmet IV. absetzen und seinen Bruder mit dem Herrscherschwert gürten. Auch Sulaiman II. kann jedoch keine starke Widerstandsfront mehr aufbauen, obwohl die Verhältnisse ihn am Anfang zu begünstigen scheinen: Seit 1689 muß die kaiserliche Armee wieder gegen Frankreich kämpfen, und im selben Jahr stirbt Papst Innozenz, der eigentliche Motor des antitürkischen Kreuzzuges.

Kaiser Leopold, der schon zur Schlacht von Wien zu spät gekommen war, hatte auch an den Kämpfen des »Zweiten Türkenkrieges« (als »Erster Türkenkrieg« wird jene Auseinandersetzung bezeichnet, die mit der Schlacht bei Sankt Gotthard zu Ende ging) persönlich keinen Anteil. Er reiste nur hinter seinen Armeen her, um die Frucht ihrer Siege zu ernten. 1687, ein Jahr nach der Eroberung Belgrads, war Leopold nach Preßburg gekommen. Auf einem Reichstag wollte er mit den magyarischen Magnaten die Ordnung festlegen, die künftighin im befreiten Ungarn zu gelten habe. In Wahrheit ging es ihm jedoch noch immer um eines: Die Stephanskrone sollte ebenso in den erblichen Besitz des Hauses Habsburg übergehen wie einst die böhmische Wenzelskrone.

Es wurde wieder eine überaus prächtige Veranstaltung, ein kreisender Wirbel von Festen und Reiterspielen um die unscheinbarste Figur im ganzen Bild. Aber Leopold, bestrahlt vom Ruhm seiner Heerführer, war politisch stärker als in Ödenburg. Und die Magnaten standen noch unter dem Eindruck, den Kara Mustafas riesiges Heer auf sie gemacht hatte. So gaben sie dieses Mal fast allen Forderungen des Kaisers nach, »aus Dankbarkeit«, wie es in den Protokollen heißt. Sie behielten das Palatinat, gewährten Habsburg aber das erbliche Recht auf die Krone des heiligen Stephan, und sie verzichteten auf eines ihrer ehrwürdigsten Privilegien, niedergeschrieben in der »Goldenen Bulle«, dem ungarischen Grundgesetz, auf den sogenannten »Resistenzartikel« aus dem Jahr 1222. Andreas II. hatte ihnen, dem Adel, damals ein Widerstandsrecht gegen alle königliche Entscheidungen eingeräumt, die ihre Vorrechte verletzten. Das sollte fürderhin nicht mehr gelten. Es kam der fast völligen Annahme des absolutistischen Wiener Regimes gleich und wurde noch im Dezember 1687 durch die Krönung des elfjährigen Erzherzogs Josef, Leopolds ältestem Sohn, zum König von Ungarn besiegelt.

Der Reichstag in Preßburg ist eigentlich bereits das Geburtsfest der österreichisch-ungarischen Doppelmonarchie.

Als der Kaiser wieder über die Donau nach Wien zurückkehrte, konnte er bereits sicher sein, als einer der glorreichsten Herrscher in die Geschichte seines Hauses einzugehen. Dabei war er eigentlich jemand, der immer nur im Schatten der großen Ereignisse zu stehen schien. Und eine eindrucksvolle Erscheinung konnte man ihm, wie nicht nur der Türke Evliya Tschelebi feststellte, auch kaum zugestehen. Dennoch hieße es, Leopold Unrecht antun, wenn man seine Biographie auf die Feststellung verkürzte, er habe eben Glück gehabt. Zumindest hat dieser Kaiser es im Laufe der Zeit gelernt, mit seinem Glück umzugehen.

Als er 1654, nach dem Tod seines Bruder, aus dem Dämmer eines schon halbkirchlichen Daseins gerissen und in das gleißende Licht der Öffentlichkeit gezerrt worden war, mußte man durchaus noch damit rechnen, daß er nichts anderes sein würde als eine gekrönte Marionette in den Händen seiner Minister. Und lange Zeit sah es ja wirklich so aus, als würden die Auersperg, Lobkowitz, Hocher ihn nur am langen Zügel führen. Als er aber begriffen hatte, daß sein eigentlicher Gegner der gekrönte Vetter in Paris war, machte Leopold zumindest den Versuch, jegliche Bevormundung abzustreifen; es fiel ihm um so leichter, als die politischen Vormunde sich mit ihren Intrigen gegenseitig blockierten. Doch war auch seine prunkvolle Hochzeit mit Margarita Teresa bereits ein Akt der Befreiung und der Selbstdarstellung gewesen; Leopold bekundete mit ihr auf zeitgemäße Weise, daß niemand sich mit Habsburg vergleichen könne. Und Habsburg, das war er.

Um aber sein zu können, was er sein wollte, mußte Leopold keineswegs, wie Ludwig XIV., in angestrengten Inszenierungen den ganzen Adel seines Landes Tag für Tag planetengleich um sich herumkreisen lassen. Es genügte vollauf, die Einzigartigkeit der eigenen Herkunft auf rein persönliche Weise zu belegen. Da Leopold genau dies tat, verklärten sich in den Augen der Welt seine schüchterne Art zu herrscherlicher Zurückhaltung, seine wenig bemerkenswerte Erscheinung zu einem Abbild, das nur als Glied in einer langen Ahnenreihe gesehen werden konnte. Leopolds Vorfahren hatten Glanz genug um sich versammelt, um etwas davon an ihn abzugeben.

Den Rest tat jene andere, spezifisch habsburgische Begabung: die fast magische Fähigkeit, eine strikt auf die eigene Familie bezogene Art von Utopie zu entwerfen und die Wirklichkeit durch beharrliches Wunschdenken in sie zu integrieren. Kaiser Friedrich III. hatte aus den Vokalen des Alphabets – A. E. I. O. U. – »Alles Erdenreich ist Österreich untertan« herausgelesen und daran – zumindest mag es im Rückblick so erscheinen – derart hartnäckig geglaubt, daß es, unter Karl V., fast Wirklichkeit wurde. Maximilian I. hatte die zu den Vorfahren Christi hinabreichenden Stammbäume entworfen, durch die Habsburgs Vorrang dokumentiert werden sollte, und auch erreicht, daß schon wenig später keine andere Herrscherfamilie sich mehr mit der seinen zu vergleichen wagte. Leopold mußte nun einfach auf ihren Spuren wandeln, wenn er keinen wesentlichen Fehler machen wollte. Ein gewaltiges Bauwerk stand ihm vor Augen, das Habsburg hieß und die Welt überragte; darauf bewegte er sich zu wie ein Gralssucher, beflügelt von der Gewißheit, alle Hindernisse auf seinem Weg würden sich im letzten Moment als bloße Schemen erweisen. Tatsächlich geleitete dieser Traum ihn sicher durch eine Reihe von Abgründen, in denen andere verzweifelt wären. Den vorläufig letzten hatte er durchschritten, als Kara Mustafas Riesenheer sich binnen zwei Stunden in nichts auflöste. Von da an gelingt ihm eine Zeitlang nahezu alles, was er unternimmt. Nicht nur Ungarns Krone fällt ihm plötzlich wie von alleine in den Schoß, 1690 wählen die Kurfürsten auch seinen erst elfjährigen Sohn Josef fast einstimmig zum römisch-deutschen König. Selbst diesen in Augsburg erzielten Sieg kann man nicht einfach dem Glück zuschreiben. Auch er gehörte vielmehr zu den Früchten einer beharrlich-unauffälligen Politik, der Fähigkeit des Habsburgs, so zu sein, wie er war, und damit einer von ihm erkannten, vorherrschenden Tendenz entgegenzukommen. Geschlossen wie kaum je zuvor, schart sich in der heimlichen Hauptstadt der Protestanten vor allem Süddeutschlands Adel um seinen Herrscher. Das Kaisertum, bis dahin in den Augen vieler ein Relikt aus längst abgestorbener Zeit, ist plötzlich wieder ein nationales Palladium, und das Haus Habsburg steigt empor wie Phönix aus der Asche.

Einen reinen Glücksfall darf man es hingegen nennen, daß Leopold nach dem frühen Tod von Margarita Teresa seine Kusine zweiten Grades, Claudia Felicitas aus der sogenannten »jüngeren tirolischen Linie« des Hauses Habsburg, zur Frau gewann. Der gesamte Besitz der Familie wurde durch diese Ehe wieder in einer Hand vereinigt, der Grundstock der eigenen Hausmacht entsprechend stabilisiert. Die Hochzeit mit der jungen Tirolerin in Innsbruck war noch einmal ein äußerst prächtiges Ereignis. So bedürfnislos Leopold persönlich auch gewesen ist – wenn es zu feiern galt, ließ er alle Minen springen.

Leopold liebte das Theater und spielte selbst in Komödien und »Schäferspielen« mit. Er war auch ein überdurchschnittlich guter Komponist, Autor von über zweihundert geistlichen und weltlichen Musikstücken, dazu ein leidenschaftlicher Kunstsammler und der erste bedeutende Bauherr des Barocks in Wien. 1693 gab er Johann Bernhard

Fischer den Auftrag, außerhalb der Stadt, am »Schönen Brunnen«, ein Schloß zu errichten, das Versailles in den Schatten stellen sollte. Ob das Herz des damals Dreiundfünfzigjährigen jedoch wirklich an dem projektierten Prachtbau hing, mag bezweifelt werden.

1676 hatte Leopold in dritter Ehe Eleonore Magdalena von Pfalz-Neuburg geheiratet, eine Frau, die, wie einst auch er, ihr Leben eigentlich der Kirche hatte widmen wollen. Eleonore gelang es, die bereits etwas verschütteten Neigungen seiner jungen Jahre wiederzuerwekken. Sie verabscheute jeglichen Prunk, hielt regelmäßig Bußübungen ab und gewann Leopold für ihre eigene, strenge Lebensführung. Seine Tage waren von nun an strikt der Arbeit und der Andacht gewidmet. Eleonore selbst rückte zu seiner engsten Mitarbeiterin auf. Von dieser Entwicklung wiederum profitierten der streng katholische Hocher sowie alle, die, gleich ihm, den Blick auf das spanische Erbe gerichtet hielten. Geschadet hat sie indessen einem der Männer, denen Habsburg seine neue, glanzvolle Stellung verdankte. Wie Eleonore war auch er ein Wittelsbach: Maximilian II. Emanuel von Baiern.

Was ist er eigentlich gewesen, der Held von Belgrad, der ruhm- und narbenbedeckte »Blaue König« des großen Türkenkrieges? Ein Narr, ein Phantast oder einfach ein großes Kind? Dem Haus Habsburg hatte er auf den ungarischen Schlachtfeldern dreißigtausend Soldaten aus dem eigenen Land und fast seinen ganzen Staatsschatz geopfert. Was hatte er dafür zu erlangen gehofft? Nur einen großen Namen? Nur die Hand der Kaisertochter Maria Antonia? Oder wirklich und wahrhaftig doch den Königsthron in Madrid? Wußte er denn so wenig von seinem Schwiegervater, daß er auch nach der Hochzeit noch derartige Träume zu hegen wagte?

Bevor die sechzehnjährige Erzherzogin 1685 von Wien nach München hatte reisen können, war sie mit sanftem Druck veranlaßt worden, auf jene Erbverfügung zu verzichten, die ihr für den (wahrscheinlichen) Fall, daß Karl II. kinderlos sterben würde, das Nachfolgerecht in Spanien garantierte. Alles, was sie Max Emanuel noch mitbrachte, war – außer einem vergleichsweise geringen Hochzeitsgut – der Anspruch auf die Spanischen Niederlande. Die Wiener Habsburgs dachten nicht im Traum daran, den wertvollsten Teil der Hinterlassenschaft Karls V. an einen Fremden zu verschleudern.

In Max Emanuel hätte schon zur Zeit seiner Hochzeit der Verdacht aufkommen können, er sei eigentlich düpiert worden. Aber Max Emanuel weigerte sich einfach, seinem Glück zu mißtrauen. Als einige Räte ihm weismachten, Maria Antonias Verzicht auf den Thron in Madrid wäre rechtlich zweifelhaft, sie sei und bleibe Infantin von Spanien, glaubte er ihnen unbesehen. Es war ja noch Krieg damals, und seine militärischen Erfolge berauschten den jungen Helden. Was dann, nach der Eroberung Belgrads, geschah, mußte den Baiern in dieser optimistischen Haltung sogar bestärken.

1688 hatte Ludwig XIV. wieder einmal der Versuchung nicht widerstehen können, seine Ausgangsstellung für den bevorstehenden Kampf um das nun von schon so vielen beanspruchte spanische Erbe noch etwas besser abzusichern. Kaiser und Reich hatten seine Réunionen und die Inbesitznahme Straßburgs 1684 zähneknirschend anerkannt. Jetzt, vier Jahre später, präsentierte er ihnen bereits einen neuen Rechtsanspruch auf linksrheinisches deutsches Gebiet. Im Mai 1685 war der letzte Kurfürst aus dem Hause Pfalz-Simmern gestorben; sein Erbe hatte Leopolds Schwiegervater, Philipp Wilhelm von Pfalz-Neuburg, angetreten. Der Franzosenkönig verlangte es jedoch für Philipp Wilhelms Schwester Elisabeth Charlotte, die berühmte Liselotte von der Pfalz, die ja mit einem Bruder Ludwigs verheiratet war. Nach erprobtem Muster folgten der angemeldeten Forderung die Exekuteure auf dem Fuß. Zwei französische Armeen rückten in der Rheinpfalz ein, besetzten Kaiserslautern, Worms, Speyer, Mainz und drangen sicherheitshalber noch bis Württemberg vor. Diesmal allerdings schlug das Reich zurück. Mit ihm traten erneut die anderen Mitglieder der einst von Lisola angeregten, von dem Fürsten Waldeck mit vorbereiteten und von dem Oranier Wilhelm III. realisierten antifranzösischen Allianz auf den Plan. Und da Wilhelm 1688 König von England geworden war, stand dieser Vereinigung sogar eine starke Kriegsflotte zur Verfügung. Ludwig hatte fast ganz Europa in Waffen gegen sich, und Max Emanuel erhielt eine weitere Gelegenheit, seinen Ruhm zu mehren, seine Position zu festigen. Schwiegervater Leopold übertrug ihm erst das Oberkommando am Rhein, dann in den Niederlanden, später auch in Italien. Der Kaiser war dringender denn je auf Leute vom Schlage des Baiern angewiesen. Seit 1689, dem Jahr, in dem die sogenannte »Große Allianz« sich gebildet hatte, führte er ja einen Zweifrontenkrieg: Der »Türkenlouis« hielt die Türken in Schach, seine ehemaligen Kampfgefährten standen am Rhein. Auch diese Auseinandersetzungen gehörten noch zum Vorspiel des immer unvermeidlicher werdenden großen Krieges, in dem es um Spanien gehen würde.

Keine der beiden Parteien wagte bedeutende strategische Unternehmungen zur Vernichtung des jeweiligen Gegners – die Deutschen, weil ihre Kräfte dafür nicht ausreichten, die Franzosen, weil sie eingekreist waren und sich auf Angriffe von allen Seiten her gefaßt machen mußten. In dieser Situation gab Ludwig endlich seinen berüchtigten Befehl »de brûler le Palatinat«. Die Pfalz sollte völlig zerstört werden, um so an der Ostgrenze Frankreichs eine Wüste zu schaffen, welche einem feindlichen Heer keine Stützpunkte bieten sollte und keinen Proviant liefern konnte. Mit brutaler Systematik wurde des Sonnenkönigs Order auch ausgeführt. Während dies in seiner Heimat geschah, schlug Ludwig Wilhelm von Baden-Baden die Türken bei Nisch und Batotschin in zwei blutigen Schlachten. 1693 starb dann Karl von Lothringen, der, vom Osten an den Rhein geholt, bis dahin die Hauptlast der hinhaltenden Kämpfe getragen hatte, worauf Leopold auch den Türkenlouis aus Ungarn abzog, um ihm den Oberbefehl im Westen zu übertragen. Max Emanuel war damals bereits in den vorläufigen Genuß seines erheirateten Erbes gekommen.

Leopold hatte es erreicht, daß die Madrider Habsburgs ihn als Statthalter in den Spanischen Niederlanden einsetzten. Der »Blaue König« hielt also in Brüssel glanzvoll hof – zu glanzvoll nach Meinung der Baiern, denn sie mußten dafür bezahlen. Max Emanuel hoffte indessen noch immer, sich für seine derzeitigen Ausgaben eines Tages in Spanien schadlos halten zu können. Der Gedanke, daß dabei auch Maria Antonia mitzureden hatte, scheint ihm überhaupt nicht gekommen zu sein. Die unscheinbare magere Frau war für ihn schon längst eine lästige Bürde, mit der er sich abzufinden hatte, weil sie ihm gewisse Ansprüche zu sichern schien.

Über die Art, wie Max Emanuel in Brüssel lebte, schrieb François Fénelon, der Erzbischof von Cambrai: »Er tröstet sich mit Mätressen, er verbringt die Tage auf der Jagd, er bläst die Flöte, er kauft Bilder, er gerät in Schulden, er ruiniert sein Land und erweist dem, in das er versetzt wurde, keine Wohltat.« Maria Antonia rächte sich.

Ohne ihm zu sagen, daß sie schwanger sei, reiste die ehemalige Erzherzogin 1692, dem Jahr, in dem Max Emanuel Statthalter der Spanischen Niederlande geworden war, nach Wien und brachte dort den Kurprinzen Josef Ferdinand zur Welt. Gleich danach verzichtete sie für sich und den Sohn noch einmal auf die spanische Krone und entzog Max Emanuel jeglichen Anspruch auf ihren Privatbesitz. Am Weihnachtstag desselben Jahres starb sie im Kindbett; ein harter Schlag für Max Emanuel. Reichte er wenigstens aus, den Baiern aus seinen illusionären Hoffnungen zu reißen? Es gibt fast keine Anzeichen, die darauf hindeuten. Jetzt galt ihm eben sein kleiner Sohn als Garant des spanischen Erbes. Überdies deutete vieles darauf hin, daß dem Hause Wittelsbach tatsächlich eine große Zukunft bevorstand.

Max Emanuels Bruder, der einundzwanzigjährige Joseph Clemens, war seit 1688 Kurfürst und Erzbischof von Köln; bald würde er auch noch das Bistum Lüttich erhalten. Und der jüngere war schon immer bereit gewesen, mit dem von ihm angebeteten älteren Bruder durch dick und dünn zu gehen. Warum sollten sie nicht gemeinsam der eigenen Familie die Stellung in der Welt verschaffen können, die ihr nach eigener Überzeugung schon lange zustand? Wie sich wenig später zeigte, war nicht einmal diese kühne Hoffnung völlig unbegründet.

Der Pfälzische Krieg endete, wie es zu erwarten gewesen war. Der Türkenlouis hatte den französischen Angriff in einem reinen Verteidigungskrieg zum Stehen gebracht, Wilhelm III. hatte die Festung Naumur erobert, eine holländisch-britische Flotte hatte Frankreichs See-Armada am Cap de la Hague, westlich Cherbourg, vernichtend geschlagen, die Staatskasse Ludwigs XIV. war erschöpft. Zähneknirschend mußte der Sonnenkönig Verhandlungen anbieten und noch widerwilliger nahezu alles herausgeben, was von seinen Truppen in neun langen Kriegsjahren erobert worden war: Freiburg, Breisach, Philippsburg, die Rheinpfalz, Lothringen. Daß er Straßburg und die von den Réunionskammern annektierten elsässischen Gebiete behalten durfte, war ein Zugeständnis Leopolds. Der Kaiser brauchte den Frieden so dringend wie der Vetter in Paris. Außerdem – und das war ein Hauptgrund für das Zustandekommen des Friedens im Jahr 1697 – starrten beide, der Habsburg und der Bourbone, wie gebannt nach Madrid. Es sah nämlich so aus, als werde der nie gesund gewesene, kinderlose Karl II. endlich das Zeitliche segnen. Daß es nach seinem Tod sofort zu einer nächsten großen Auseinandersetzung kommen würde, bezweifelten auch die klugen, illusionslosen Diplomaten nicht, die in Rijswijk, einem kleinen Ort zwischen den Haag und Delft, zusammensaßen, um die Friedensbedingungen auszuhandeln.

Dann, vierzehn Monate später, traf aus Madrid eine Meldung ein, die jegliche vorgefaßte Meinung über den Haufen warf. Der spanische König hatte einen Nachfolger für sich bestimmt: Seinen Großneffen Josef Ferdinand von Wittelsbach, den Sohn Maximilians II. Emanuel von Baiern. An Europas Höfen breitete sich eine Verwunderung aus, die bald in Ärger umschlug.

Holland, England und Frankreich waren damals schon längst übereingekommen, das spanische Weltreich, vor allem die Kolonien in Amerika, nach dem Tod Karls II. unter sich aufzuteilen; diese Pläne mußten sie nun in den Papierkorb werfen. Leopold aber empfand die Entscheidung des kranken Königs als Dolchstoß in den Rücken, ja als Verrat am Hause Habsburg. Seiner Überzeugung nach wäre Madrid geradezu verpflichtet gewesen, die Wiedervereinigung des geteilten Familienbesitzes mit allen Mitteln zu fördern, das heißt, die spanische Krone ihm oder einem seiner Nachkommen zu übertragen. Nun war jedoch das heißbegehrte Erbe ein und für allemal verloren – ausgerechnet auch noch an Wittelsbach, den alten Rivalen der Casa de Austria. Wittelsbach selbst hingegen, verkörpert von Max Emanuel, triumphierte – verständlicherweise. Hatte er nicht von Anfang an darauf gebaut, daß ihm eines Tages ein Königreich zufallen werde? An dem Tag, an dem in Antwerpen ein Geschwader von vierundzwanzig spanischen Schiffen einlief, um den zum Fürsten von Asturien ernannten Josef Ferdinand in sein künftiges Reich heimzuholen, sah er sich schon als Vormund des Sechsjährigen zu Madrid amtieren, ein Regent, dessen Anordnungen in Sizilien, Neapel, Mexiko, auf den Philippinen ebenso befolgt wurden wie in Kalifornien, Florida oder Peru. Daß er als Quasi-König mit solcher Machtfülle nahezu ganz Europa gegen sich haben würde, vermochte einen Mann wie ihn kaum zu stören.

Karls überraschende Entscheidung war indessen auch ein Aufbegehren gegen die Art und Weise gewesen, in der Paris, London und Wien teils in der Tat, teils erst in Gedanken über Spanien verfügt hatten und verfügten. Die Berater des Königs hatten ihren Herrn aufgefordert, mit einem deutlichen Signal zu bekunden, daß ihr Land noch lange keine herrenlose Beute sei. Und die Ernennung Josef Ferdinands wurde vom ganzen Volk mit Begeisterung begrüßt. Dieser Stimmung gegenüber war, fürs erste, selbst Kaiser Leopold machtlos.

Dabei hätte er eigentlich Grund gehabt, mit der Lage der Dinge trotz allem einigermaßen zufrieden zu sein. Der Pariser Vetter war in seine Schranken gewiesen worden und konnte im Augenblick nur seine Wunden lecken. Leopolds eigene Armeen hingegen befanden sich schon wieder auf dem Vormarsch gen Osten.

Auf einer Sitzung des Hofkriegsrates im Jahr des Rijswijker Friedens hatte dessen Präsident, Rüdiger Graf Starhemberg, erklärt: »Ich weiß niemand zu nennen, der mehr Verstand, Erfahrung, Fleiß und Eifer zu des Kaisers Dienst, der eine großmütigere und uneigennützigere Gesinnung, der die Liebe der Soldaten in höherem Grad besitzt als der Prinz.« Starhemberg meinte den schmächtigen, knabenhaften, mittlerweile vierunddreißigjährigen Eugen von Savoyen. Eben noch ein Feldmarschall-Leutnant unter vielen, im Pfälzischen Krieg vorteilhaft aufgefallen, aber nun schon – darauf zielte der ehemalige Verteidiger Wiens ab – Oberkommandierender an der türkischen Front? Leopold blieb skeptisch. Er lehnte Eugens Ernennung ab und übertrug die Führung der Ostarmee statt dessen an Friedrich August von Sachsen, der später »der Starke« genannt werden sollte, den Bruder des verstorbenen »sächsischen Mars«. Erst als August überraschend zum König von Polen gewählt wurde, befolgte der Kaiser, noch immer widerwillig, Starhembergs Vorschlag, indem er Eugen den Befehl gab, sich mit dem Feind in kein Treffen einzulassen, »außer mit einem großen Vorteil und fast sicherer Hoffnung auf einen glücklichen Ausgang«. Sehr viel deutlicher konnte einem Feldherrn nicht bedeutet werden, was sein oberster Kriegsherr von ihm hielt. Aber Leopolds Herz war ohnehin nie bei den Soldaten im Osten gewesen; außerdem hatte er wirklich gute Gründe, besorgt zu sein.

Seit dem Wechsel des Türkenlouis an die Rheinfront waren die Osmanen wieder im Vormarsch begriffen. Die Soldaten des neuen Sultans Mustafa II., dem Nachfolger Sulaimans, hatten Belgrad zurückgewonnen und fühlten sich stark genug, sogar Wien noch einmal anzugreifen. Als Eugen zu seiner Armee abreiste, standen Mustafas Truppen bei Zenta an der Theiß, von Buda nicht mehr allzuweit entfernt. Das kaiserliche Heer zählte einunddreißigtausendeinhundertzweiundvierzig Mann, eine Angabe, die der neue Oberkommandierende sofort korrigierte, nachdem sie ihm gemacht worden war. »Danke für die Meldung«, sagte Eugen. »Ich bin der einunddreißigtausendeinhundertdreiundvierzigste. Bald werden wir noch mehr sein.«

Allein diese knappen Sätze, so heißt es, hätten dem etwas heruntergekommenen österreichischen Haufen wieder Mut eingeflößt. Und schon wenige Wochen nach seiner Ankunft setzte Eugen ihn in Marsch.

Als seine Leute und er am 11. September 1697 Zenta erreichten, waren die Türken gerade dabei, vom südlichen auf das nördliche Ufer der Theiß überzusetzen, waren also relativ wehrlos. Das bot die Gelegenheit zum Angriff – aber: Der Tag neigte sich bereits seinem Ende zu, und die kaiserlichen Truppen hatten einen zehnstündigen Marsch hinter sich! Fast jeder andere Feldherr wäre mit seinen erschöpften Soldaten zähneknirschend in Ruhestellung gegangen, Eugen tat etwas anderes: Aus dem Stand heraus ging er zur Aktion über; zwei Stunden später hatten die Österreicher den türkischen Brückenkopf halbkreisförmig umstellt; ihre Kavallerie ritt in der beginnenden Dämmerung an; und noch ehe die Dunkelheit völlig herabsank, war Mustafas Heer vernichtet. Zwanzigtausend tote Feinde lagen auf dem Schlachtfeld, zehntausend sollen in der Theiß ertrunken sein. »Meine Leute«, heißt es in Eugens Bericht über die Schlacht von Zenta, »konnten auf den Leichen der Feinde stehen wie auf einer Insel.« Und bescheiden merkt er an, in ihrer Wut hätten die Kaiserlichen kein Pardon gegeben und keine Gefangenen gemacht – bescheiden ist dies deshalb, weil der Sieg im Grunde nur seiner blitzschnellen, aber richtigen Entscheidung zu verdanken war: Nicht innehalten, angreifen!

Seit Zenta gehörte Eugen zu den berühmtesten Feldherrn eines ganzen Jahrhunderts. Nachdem er auch noch die bosnische Festung Sarajevo erobert hatte, bot Sultan Mustafa Verhandlungen an. In Karlowitz in der serbischen Vojvodina wurden sie 1699 zu Ende geführt. Der dort beschlossene Friede bescherte Habsburg den größten Landgewinn, den es seit langer Zeit gemacht hatte. Ganz Siebenbürgen fiel ihm zu, alles Land zwischen Donau und Theiß, dazu der größte Teil von Slawonien und Kroatien. Österreich war eine Großmacht geworden, die sich mit jeder anderen in Europa vergleichen konnte. Über noch größere Macht als Kaiser Leopold hatte vor ihm auf dem Kontinent nur sein Vorfahr Karl V. verfügt.

Dennoch kam Leopold nicht auf den Gedanken, das spanische Erbe deswegen fahrenzulassen. Er glaubte, dafür gute Gründe zu haben: In Madrid wurde schon wieder anders taktiert als noch vor einem Jahr.

Josef Ferdinand, der kleine Baiernprinz, hatte Brüssel nie verlassen, Antwerpen nie erreicht. Am 6. Februar 1699 war er gestorben, ohne das Schiff betreten zu haben, das ihn nach Spanien bringen sollte. Die Ärzte diagnostizierten eine Magenentzündung, andere munkelten von den Pocken, die Mehrheit sprach natürlich von Gift. Karl II. aber schien endgültig im Sterben zu liegen.

Das Spiel, das nun begann, mutet hintertreppenhaft an, obwohl (oder weil?) es von diplomatischen Meisterspielern gespielt wurde. Ludwig von Frankreich und Wilhelm von Holland-England arbeiteten einen neuen Teilungsplan aus, der Leopolds zweitem Sohn Karl Spanien, die Spanischen Niederlande und die Kolonien in Amerika zusprach, dem Franzosen Neapel, Sizilien und das Herzogtum Lothringen. Es schien ein faires Angebot an den Kaiser zu sein, doch in Wien war man darüber ebenso empört wie in Madrid, wenn auch aus unterschiedlichen Gründen. Leopold, der in Ludwig XIV. längst keinen heimlichen Partner mehr sah, wollte alles, Karls Berater empörten sich erneut über die Kaltschnäuzigkeit, mit der Ludwig und Wilhelm Spanien behandelten. So kam es in Madrid zum letzten und makabersten Akt des ganzen Spektakels.

Vertreter einer österreichischen Fraktion, angeführt von der Königsmutter Maria Anna, und Vertreter einer französischen Partei umkreisten unermüdlich das Krankenbett des dahinsiechenden Karl. Alle versuchten, ihm ein zweites, endgültiges Testament zu entlocken – die Wiener Clique zugunsten von Leopolds Sohn, die von Paris bezahlte zugunsten des Herzogs Philipp von Anjou. Dieser, ein Enkel des Sonnenkönigs, hatte schließlich auch genug habsburgisches Blut in den Adern, um dem Kreis der Erbberechtigten zugerechnet zu werden. Da aber auf seiten der Pariser Karls Beichtvater stand und dieser von Papst Innozenz XII. unterstützt wurde, erhielt Frankreich schließlich den Zuschlag. Der sterbende König, von seinen Untertanen längst »Karl der Behexte« genannt, setzte den Anjou zu seinem Gesamterben ein, um vier Wochen später, am 1. November 1700, zu sterben.

In der französischen Hauptstadt tanzten die Menschen auf den Straßen, als sie erfuhren, daß Spanien ihrem Herrscherhaus zufallen sollte. In der Habsburg-Metropole war die Stimmung – verständlicherweise – weniger freudig. So ließen die Wiener bei Gelegenheit ihre Wut an dem französischen Gesandten aus – während eines Ausritts wäre er fast verprügelt worden. Leopold, wie vom Donner getroffen, fuhr zunächst einmal ins obersteirische Mariazell, den Lieblingswallfahrtsort seiner Familie, um Kraft für die Entscheidung zu sammeln, die er irgendwann fällen mußte. Er hatte ohnehin nur zwei denkbare Optionen: Hinnahme des Testaments von Karl II. und damit endgültiger Verzicht auf das spanische Erbe oder – Krieg. Schon wieder Krieg?

Vor einer ähnlich wichtigen Entscheidung stand Max Emanuel. Auf welche Seite sollte er sich schlagen, um wenigstens einen Teil dessen zu retten, was er schon fast in der Hand gehabt hatte? Ludwig XIV. war der erste, der ihm ein Angebot machte. Er offerierte dem Baiern die Statthalterschaft in den Spanischen Niederlanden auf Lebenszeit – für den Fall, daß es zum Krieg käme und sie beide darin siegreich blieben.

Max Emanuel rief daraufhin den Gesandten Leopolds zu sich auf das Schloß Schleißheim bei München.

IV.
Habsburg und der Edle Ritter

Im Kopf des Kaisers, der vor dem Gnadenbild von Mariazell kniete, müssen viele verschiedene Gedanken aufeinandergeprallt sein, darunter einige recht quälende. Hatte er nicht immer gewußt, daß es in der Auseinandersetzung um das spanische Erbe nur darauf ankam, sich mit Ludwig XIV. letztendlich zu einigen, und zwar auf eine ganz bestimmte, eigentlich vorgegebene Weise? Er selbst durfte vor seinen Ahnen das Gesicht nicht verlieren, der Franzose nicht in eine tödliche Konfrontation mit ihm hineingetrieben werden. Auersperg hatte ihm dies als erster klargemacht; er wurde gestürzt. Doch schon wenig später war auch dessen Gegner Lobkowitz auf die gleiche Linie eingeschwenkt. Hieß das nicht wirklich, es habe von Anfang an nur jene eine Möglichkeit gegeben: das Erbe derart teilen, daß am Ende auch der Vetter in Paris vor den Ansprüchen, die er an sich selbst stellte, bestehen konnte? Und wenn es so war, hatte dann nicht er, Leopold, die letzte Chance, den Streit günstig zu beenden, verspielt, als nach dem Tod des kleinen baierischen Kurprinzen Ludwig und Wilhelm III. seinem jüngsten Sohn einen so beträchtlichen Teil des spanischen Imperiums anboten? Warum hatte er damals »nein« gesagt, warum das Schicksal über Gebühr herausgefordert? Der Zeitpunkt jedenfalls für eine gütliche Einigung war nun endgültig verpaßt. Wessen Schuld?

Da dem Begriff Schuld in politischen Auseinandersetzungen wie der zwischen Leopold und Ludwig kein festlegbares Gewicht zukommt, mußte der Habsburg, wenn er ehrlich gegenüber sich selbst war, zugeben, daß sie beide Fehler gemacht hatten. Der Franzose, indem er seine Trümpfe am Anfang überreizte, er selbst, indem er seine guten Ratgeber zugunsten von schlechteren fallenließ. Aber zu welcher Sorte von Ratgebern gehörte Leopolds eigener Sohn? Josef I., König von Deutschland und Ungarn, war zumindest mit einigen sehr »unhabsburgischen« Zügen ausgestattet.

Von Eleonore, seiner Mutter, hatte der im Jahr 1700 gerade zweiundzwanzigjährige künftige Kaiser weniger die wittelsbachische Kirchenfrömmigkeit geerbt als vielmehr das draufgängerische Wesen, das auch andere Wittelsbacher wie die Schwedenkönige Karl X. und Karl XII. oder den Kurfürsten Max Emanuel auszeichnete – so wenigstens könnte man sich seine Lebensweise und seine politische Unbedenklichkeit erklären.

Im Gegensatz zu dem häßlichen Leopold war Josef ein überaus ansehnlicher Mann. Die Löwenmähne aus fremdem Haar, die Allongeperücke, umrahmte ein schmales Gesicht mit hoher Stirn und einer sehr entschlossen wirkenden Mundpartie. Von diesen äußeren Vorzügen machte er freilich auch hemmungslos Gebrauch. Keine Hofdame war vor dem jungen Erzherzog sicher, seine Liebesaffären ließen sich kaum zählen. Um ihn zu bändigen und das wichtig gewordene welfische Haus, dem Leopold schon die Kurwürde zugebilligt hatte, noch enger an das Erzhaus zu binden, wurde Josef schließlich mit Amalie Wilhelmine von Braunschweig-Lüneburg verheiratet. Das sollte allerdings nur zur Folge haben, daß Habsburg im Mannesstamm erlosch. Die Braunschweigerin bekam von ihrem Mann zwei Töchter, einen Sohn, der in der Wiege starb, und – eine Geschlechtskrankheit. Seine eigene Gesundheit aber setzte Josef nicht allein in fremden Betten aufs Spiel, sondern auch bei waghalsigen Geländeritten und Parforcejagden. Mit dem Vater hatte er lediglich die musikalische Begabung und die Freude an prunkvollen Theateraufführungen gemein. Ihre politischen Auffassungen dagegen waren schon früh auseinandergegangen.

Leopold, mittlerweile sechzig Jahre alt und eigentlich nie von großem Tatendurst beseelt, konnte sich immer schwerer zu tiefgreifenden Entscheidungen aufraffen. Josef hingegen hatte sich mit einem eigenen Beraterstab umgeben, dem sogenannten »jungen Hof«.

Es war ein Gremium, das unentwegt neue Ideen zur Reform des Staates ausbrütete, aber auch von Anfang an den Standpunkt verfocht, das Testament Karls II. von Spanien dürfe nicht hingenommen werden, seine Bestimmungen seien inakzeptabel. Erklärten daraufhin Leopolds Minister, eine derartige Haltung müsse unweigerlich zum Krieg führen und dafür sei Österreich weder militärisch noch finanziell, noch politisch gerüstet, so klang es aus dem Kreis um Josef zurück: Wer darauf warten wolle, daß selbst so habsburgtreue deutsche Fürsten wie der Herzog von Württemberg, der Markgraf von

Baden-Baden oder der neugebackene welfische Kurfürst von Hannover sich freiwillig anböten, für das Erzhaus die Waffen zu ergreifen, der könne auch gleich die französische Oberhoheit über das Reich anerkennen. Wer hingegen entschieden auf seinem Recht bestehe und bereit sei, es zu verteidigen, der finde früher oder später die dafür notwendigen Bundesgenossen ganz von alleine. Ein weiteres Argument in dieser Auseinandersetzung lautete schließlich: Die Seemächte England und Holland könnten es niemals zulassen, daß Frankreich und das riesige spanische Reich von den Mitgliedern eines Hauses, des bourbonischen, regiert werde. Es bedeute ja, daß Ludwig und sein Enkel Philipp gemeinsam über die stärkste Macht der Welt verfügten. Der junge Anjou, das liege auf der Hand, könne mangels herrscherlicher Fähigkeiten ohnehin nur ein Vollstrecker des großväterlichen Willens sein.

Tatsächlich war dies jene Überlegung, die schon den ganzen bisherigen Streit um das spanische Erbe bestimmt und beide Parteien, auch Ludwig, zum Entwurf immer neuer Teilungspläne veranlaßt hatte. Aber nun befand sich der Sonnenkönig in der eigentlich nie angestrebten Position, alleiniger Gewinner des Vetternduells und somit jedermanns potentieller Feind zu sein. Was Josef, aber auch Eugen von Savoyen vorbrachten, klang deshalb überaus einleuchtend: Wenn das Erzhaus sich zum Krieg entschloß, mußte Europa ihm zu Hilfe eilen.

Leopold, von Mariazell zurückgekehrt, zauderte trotzdem noch immer, begann aber vorsichtshalber schon, nach weiteren Bundesgenossen Ausschau zu halten. Im Nordosten des Reiches, wo man Habsburg nie freundlich gesinnt gewesen war, fand er überraschenderweise den ersten. Friedrich III. von Brandenburg, der Sohn des Großen Kurfürsten, begehrte dringend eine Rangerhöhung. Da er über ein erprobtes Heer verfügte, gestand Leopold sie ihm schließlich zu. Der kleine, etwas verwachsene Hohenzoller durfte sich ab 1701 Friedrich I. König »in« Preußen nennen, also König des außerhalb der Reichsgrenzen gelegenen späteren Ostpreußens. Dafür versprach er, dem Erzhaus im Krieg um das spanische Erbe beizustehen, wenn er denn ausbrechen sollte.

Es war ein hoher Preis, den Leopold damit entrichtet hatte, und zwar in doppelter Hinsicht. Einmal – aber das konnte er natürlich nicht ahnen – kam die Erhebung Friedrichs in den Königsrang einer Stärkung jener Macht zu, die später mit Habsburg um die Herrschaft über das Reich rivalisieren sollte, zum anderen verärgerte der Kaiser damit seinen Schwiegersohn Max Emanuel. Der Baier wäre ebenfalls gern König geworden, hatte mit seinen Bitten in Wien aber nie Gehör gefunden.

Auch bei der Konferenz im Schleißheimer Schloß, zu der Max Emanuel Leopolds Gesandten zitierte, kam dieses Thema vermutlich noch einmal aufs Tapet; es soll eine sehr stürmische Auseinandersetzung gewesen sein. Als sie vorüber war, klaffte zwischen Habsburg und Wittelsbach ein nicht mehr zu überbrückender Abgrund. Max Emanuel, der sich bereits 1701 heimlich mit Ludwig XIV. verbündet hatte, trat nun offen auf dessen Seite über.

Das Gespräch in Schleißheim fand am 17. August 1702 statt. Der »Spanische Erbfolgekrieg« trat damals schon in sein zweites Jahr. Und tatsächlich sah es so aus, als würden Eugen und Josef mit ihren optimistischen Voraussagen recht behalten. Der Savoyer hatte zwei Tage zuvor bereits seinen dritten Sieg gegen die Franzosen erfochten, die Bundesgenossen strömten Österreich von allen Seiten her zu.

Auf sechs Schauplätzen spielte der »Erste Weltkrieg der Neuzeit«: in Spanien, Süddeutschland, den Niederlanden, auf dem Atlantik, in Amerika und in Italien. In Italien hatte er auch begonnen.

Leopolds Kriegswille war aufgeflammt, als einige seiner Räte ihm erklärten, wie die Partie am besten eröffnet werden konnte und was dabei kurzfristig zu gewinnen wäre. Das Testament Karls II. durfte der Habsburg öffentlich weder anfechten noch als Casus belli benutzen, denn das hätte den Eindruck erweckt, das Erzhaus wolle rein familiäre Interessen verfechten. Völlig anders hingegen sah es aus, wenn Leopold nicht als Chef der Casa de Austria, sondern als deutscher Kaiser zu den Waffen griff – das ging, wenn man etwa so argumentierte wie einst Ludwigs Réunionskammern. Leopold erklärte denn auch, das Herzogtum Mailand, das ja ein Teil Spaniens und mit Spanien an Philipp von Anjou gefallen war, habe seit den Tagen Karls des Großen zum Reich gehört. Nun, da Karl II. gestorben sei, müsse es als erledigtes Lehen betrachtet und vom Reich wieder eingezogen werden. Es war eine Argumentation, die vor keinem ordentlichen Gericht bestanden hätte. Wer hatte Mailand denn einst der spanischen Krone zugeschlagen? Niemand anderer als Karl V., Kaiser des Heiligen Römischen Reiches.

Über derlei Widersprüchlichkeiten indessen sah Wien großzügig hinweg. Schließlich ging es nicht darum, einen Prozeß zu gewinnen, sondern einen Krieg zu rechtfertigen. Leopolds Erklärung war auch kaum veröffentlicht, da reiste Eugen schon nach Tirol, um mit den dort stehenden Truppen in Italien einzufallen.

Der kleingewachsene Feldherr hatte nur dreißigtausend Soldaten zur Verfügung. Mit ihnen wollte er nicht allein das Festungsviereck Verona, Legnano an der Etsch, Peschiera und Mantua am Fluß Mincio knacken, sondern auch noch ein französisches Heer zu schlagen versuchen, das dem seinen um zehntausend Mann überlegen war. Völlig gelassen stand Eugens Gegenspieler Nicolas de Catinat am Ausgang des engen Etschtales zwischen Verona und Gardasee, überzeugt, den Österreicher im Gebirge festgenagelt zu haben.

Eugen indessen war nicht der Mann, vor einem solch einfachen Hindernis zurückzuschrecken. Er beauftragte einige Einheiten, so zu tun, als wollten sie die Franzosen tatsächlich frontal angreifen, marschierte aber mit dem Gros seines Heeres nach Osten, in Richtung Vicenza; er mußte die Feldzüge Hannibals gründlich studiert haben. Wie der Karthager, der anderthalb Jahrtausende zuvor die Alpen überquert hatte, führte Eugen Rosse, Männer und Wagen ins Gebirge hinein, zwang sie auf Pfade, »wo seit Menschengedenken kein Karren durchgebracht worden war«, wo die Reiter ihre Pferde führen und jede Kanone von fünfzehn Paar Ochsen geschleppt werden mußte. Der mühevolle Marsch über Steige und Saumwege dauerte vom 26. bis zum 30. Mai 1701. Er forderte hohe Einbußen an Waffen und Gerät, kostete aber fast kein einziges Menschenleben. Noch ehe Catinat begriffen hatte, was geschah, stand Eugen schon auf dem Boden Venedigs; daß die Seerepublik neutral war, kümmerte ihn nicht. Einmal in der Ebene, führte er dann ein wahres Verwirrspiel auf.

Im Lager der Franzosen trafen Melder aus allen Himmelsrichtungen ein und berichteten von überraschend aufgetauchten österreichischen Einheiten. Am Po waren sie gesehen worden, auf der Straße nach Ferrara, ja sogar auf Routen, die in Richtung Rom führten. Was hatte Eugen vor? Wollte er Catinat umgehen und vom Rücken her angreifen? Auf jede neue Nachricht hin postierte Ludwigs Feldherr seine Truppen um, bis sie schließlich über eine Front von nahezu neunzig Kilometern Länge verteilt waren. Genau dazu hatte Eugen ihn verleiten wollen.

In einer überraschenden Wendung stieß der Savoyer plötzlich von der Gegend um Ferrara aus nach Westen vor und griff Catinat an dessen äußerster rechter Flanke an, bei Carpi, nördlich Modena. Es geschah am 9. Juli 1701, und es war sein erster großer Sieg in diesem Krieg. Catinat mußte sich in Richtung Mailand zurückziehen, und Ludwig XIV. konstatierte empört, dieser »junge, unerfahrene Prinz« habe »alle Regeln der Kriegskunst über den Haufen geworfen«. Den erfolglosen General aber berief er vorsichtshalber ab, um ihn durch François de Villeroi zu ersetzen, einen Mann, dem man in Versailles nachsagte, er sei »eigens dazu geschaffen, um bei einem Hoffest zu präsidieren ... aber zu nichts sonst«.

Eugen hatte auch mit Villeroi leichtes Spiel. Er war von Carpi nach Norden marschiert und ließ sich diesmal hinter einer Verschanzung bei Chiari, westlich Brescia, angreifen. Im Schützenfeuer der Österreicher verbluteten zweitausend französische Soldaten und zweihundert Offiziere. Villeroi soll angesichts dieser Verluste in Tränen ausgebrochen sein. Sechs Monate später war er Eugens Gefangener. Der »kleine Abbé«, wie seine Soldaten ihn nannten, hatte am 1. Februar 1702 Cremona erobert, wo das französische Hauptquartier lag. Zu halten vermochte er die Stadt indessen nicht. Sein nächster Gegenüber, der Herzog von Vendôme, konnte das französische Heer auf fünfzigtausend Mann verstärken, Eugen selbst hatte nur noch etwas mehr als halb so viele Soldaten. Wie sollte er mit diesen geringen Kräften etwa das stark bewehrte Mantua erobern? Vergebens bat er den Kaiser, ihm Geld und Truppen zu schicken; in Wien rührte sich nichts. Es war keineswegs (nur) Unfähigkeit oder Schlamperei; Habsburg litt nach wie vor an seinem ältesten Übel, reich an Land zu sein, aber nichts in der Kasse zu haben. Schon Karl V., dem Herrscher, in dessen Reich die Sonne nie unterging, hatten Geldsorgen mehr schlaflose Nächte beschert als all seine anderen Probleme. Somit blieb Habsburgs wichtigstes Guthaben weiterhin das Glück. Spätestens seit der Schlacht von Zenta trug es freilich auch den Namen Eugen von Savoyen. Auf körperlich schmaleren Schultern als den seinen hatte das Erzhaus noch nie geruht.

Eugen – man erkannte ihm längst den Titel »Prinz« zu, weil die Savoyer deutsche Reichsfürsten waren – schreitet durch diesen Krieg wie ein Wesen von einem anderen Stern. Nahezu unfehlbar tut er stets genau das, was die Situation verlangt, was jedoch außer ihm kaum ein anderer getan hätte. Im Gefecht bewegt er sich mit einer Leichtigkeit, die man versucht ist, graziös zu nennen. Er führt nicht vom Feldherrnhügel aus, sondern auf einem Pferd sitzend, das auffallend sein muß, damit die eigenen Leute ihn sehen können; meist sind es Schimmel. Und er muß stets dort sein, wo die Lage sich gefährlich zuspitzt, also mitten im Getümmel. Daß ihm dabei die Pferde wieder und wieder »unter dem Leib weggeschossen werden«, macht deutlich, welchen Gefahren er sich auszusetzen hat, zeigt aber gleichzeitig, wie gut er sein Handwerk beherrscht. Reiter, die die »Hohe Schule« erlernt haben, bedienten sich ihrer Tiere ja als Waffe und – eben – auch als Kugelfang.

Die hochtrainierten, kostbaren Pferde können im Bocksprung, der »Kapriole«, nach hinten ausschlagen, um ihrem bedrängten Herrn Raum zu verschaffen, sie bewegen sich in der »Traverse« seitwärts aus der Feuerlinie oder steigen, wenn auf den Mann im Sattel angelegt wird, in der »Levade« empor, ihren Reiter dabei mit der Brust dekkend. Die Levade ist deshalb sehr oft auch die Haltung, in der sie erschossen werden. Der Reiter gleitet dann aus dem Sattel und besteigt das nächste Pferd. Eugen muß das in seinem Leben ungezählte Male tun, auch in Italien bei Carpi. Er, der sich einst in Frauenkleidern herumtrieb, erweist sich auf einmal als geborener Krieger, von eisiger Ruhe, wenn es darauf ankommt, Ruhe auszustrahlen, voll stürmischen Elans, wenn es darum geht, die Soldaten mitzureißen. Keine Lage scheint es zu geben, der er sich nicht anpassen kann, sei es auf Gewaltmärschen, wie dem durch die Alpen, sei es nach der Schlacht, wenn er den Verwundeten Hoffnung zuspricht. Dabei umgibt ihn stets ein Hauch von kühler Luft, eine Aura der Unnahbarkeit und des Fremdartigen. Wirklich ins Herz geschlossen haben seine Soldaten ihn erst nach der berühmtesten Schlacht, die er jemals schlagen sollte, jener von Belgrad. Dennoch muß der Krieg für ihn das gewesen sein, was er nach Ansicht des österreichischen Schriftstellers Robert Musil sein sollte: »Liebe in Waffen«.

Eugens Sieg bei Chiari erwies sich auch als politischer Durchbruch. Schon wenige Tage nach dem Treffen im Tal des Po-Nebenflusses Oglio schlossen England und Holland mit Österreich eine »Große Allianz«, wodurch Leopolds kühnste Hoffnungen übertroffen und die Voraussagungen des »jungen Hofes« erfüllt wurden. Die vertragschließenden Parteien hatten drei Kriegsziele ins Auge gefaßt: Spanien sollte dem Haus Bourbon entrissen werden, durfte aber auch nicht mit dem Wiener Haus Habsburg vereinigt werden; Leopold sollte die Spanischen Niederlande, Mailand, Neapel und Sizilien bekommen; in Madrid sollte Habsburg eine Sekundogenitur einrichten dürfen, für die des Kaisers jüngster noch lebender Sohn, Erzherzog Karl, vorgesehen war. Als darüber Einigung bestand, öffnete der bereits todkranke Wilhelm III. von England seine reichgefüllten Kassen, was wiederum die meisten deutschen Staaten, das Reich selbst sowie Dänemark, Savoyen und Portugal bewog, sich dem Bündnis anzuschließen. Die jeweiligen Landesherren würden für jedes ihrer gefallenen Landeskinder 20 Taler erhalten, für jedes erschossene Pferd 40 Taler. Eugen, der in Italien Winterquartier bezogen hatte, erhielt nicht einen Groschen.

Am 15. August 1702 bereitete er den Franzosen bei Luzzara am mittleren Po trotzdem eine weitere schwere Schlappe, konnte dem weichenden Feind aber mit seinen schwachen Kräften nicht auf den Fersen bleiben, was einer Niederlage beinahe gleichkam. Verbittert schrieb er an den Präsidenten des Hofkriegsrates, man habe ihn wieder einmal hängenlassen, er könne das Elend seiner Soldaten nicht länger mit ansehen. Damit übergab er das Kommando an seinen Stellvertreter Guido Starhemberg und reiste selbst nach Wien.

Der Krieg tobte zu dieser Zeit bereits auch am Rhein und in den Niederlanden. John Churchill, Herzog von Marlborough, leitender Minister unter Königin Anna, der Nachfolgerin des mittlerweile verstorbenen Wilhelm III. von Oranien, war durch Belgien nach Köln vorgestoßen und hatte dessen Kurfürsten Josef Clemens vertrieben – wie sein Bruder Max Emanuel war auch er mit Frankreich verbündet. Im südlichen Schwarzwald bereitete sich der Türkenlouis hinter der von Söllingen nach Bühl verlaufenden »Stollhofener Linie« darauf vor, mit den Reichstruppen gegen das Elsaß zu marschieren. Ludwig XIV. sah sich einem für ihn hoffnungslosen Drei-Fronten-Krieg ausgesetzt; zumindest mochte es so scheinen. Auf einmal saß jedoch auch Leopold zwischen zwei Fronten, die beide von seiner Hauptstadt weniger weit entfernt lagen als die Truppen Marlboroughs und des badischen Markgrafen von Paris.

Der Türkenlouis war gerade im Begriff, die starke französische Festung Landau zu nehmen, da erfuhr er, daß Max Emanuel von Baiern die freie Reichsstadt Ulm überfallen und sich kurz darauf bei

Riedlingen an der Donau mit einem französischen Heer unter Marschall Villars vereinigt hatte. Kaum war das geschehen, da erhoben sich in Siebenbürgen wieder die Kuruzzen. Sie hatten Franz II. Rakóczi, einen Verwandten des in der Türkei lebenden Imre Tököly, zum Fürsten gewählt. Rakóczi erklärte alle auf dem Reichstag von Preßburg getroffenen Vereinbarungen für ungültig und machte Anstalten, gegen Wien zu marschieren. Um aber das Maß des Unheils endgültig voll zu machen, fallierte im Sommer 1703 das Bankhaus Samuel Oppenheimer, was den Kaiser seines wichtigsten Heereslieferanten und Finanziers beraubte. Wo jetzt die Mittel herbekommen, um die Residenzstadt zu befestigen und neue Truppen ins Feld zu stellen?

Zum Glück war Prinz Eugen im Land. Leopold, der damals häufiger denn je ausrief: »O Gott im Himmel, wie ich es hasse, Entscheidungen zu treffen«, traf doch eine Entscheidung. Er ernannte den Savoyer zum Präsidenten des Hofkriegsrates und dessen Intimfeind Gundakar Starhemberg zum Präsidenten der für das Finanzwesen zuständigen Hofkammer, was beinahe einer Reform des Staats- wie des Militärwesens gleichkam. Eugen, das erwies sich nun, konnte nicht nur vom Sattel, sondern auch vom Schreibtisch aus führen – und Gundakar konnte rechnen. Beiden zusammen gelang es, die Grenze gegen Siebenbürgen so abzusichern, daß man Rakóczi fürs erste vergessen durfte. Dem Baiern freilich vermochten sie nicht auch noch Einhalt zu gebieten: Max Emanuel war überraschend in Tirol eingefallen. Schon hatte er Innsbruck besetzt, da erwies es sich wieder einmal, daß zu Habsburgs Kapital noch immer das Glück gehörte. Oder war es die väterlich-milde Politik Leopolds im Stammland seiner verstorbenen Frau Claudia Felizitas, die nun Zinsen trug?

Als Max Emanuel durch das obere Inntal nach Süden marschierte, um seine Kräfte mit denen des bereits bei Trient stehenden Vendôme zu vereinigen, erhoben sich die Bauern gegen ihn; es waren Männer, die nicht nur mit der Büchse umgehen konnten, sondern auch wußten, was man mit künstlich ausgelösten Steinschlägen bewirken kann. Südtiroler versperrten den Brenner, Nordtiroler überschritten ihrerseits die Grenzen und drangen bis in die Nähe Münchens vor. Der von den Türken gefürchtete »Blaue König« mußte sich unter großen Verlusten den Rückweg nach Baiern erkämpfen. Geschlagen freilich war Max Emanuel damit noch lange nicht. Bei Höchstädt an der Donau besiegte er wenig später ein habsburgisches Heer, und selbst sein alter Kriegsgeführte, der Türkenlouis, hatte vor ihm das Feld zu räumen. Gegen Ende des Jahres 1703 beherrschten Ludwig und der Wittelsbacher den größten Teil Süddeutschlands. Eben das aber verlieh der Auseinandersetzung um das spanische Erbe, die einst mit beinahe spielerischen Attakken und Gegenattacken begonnen hatte, eine neue Qualität. Zumindest Max Emanuel kämpfte nicht mehr nur um die Verwirklichung einigermaßen begrenzter Absichten, etwa für die Bewahrung seiner niederländischen Position, für ihn ging es auch schon um Sein oder Nichtsein. Er, der Reichsfürst, war zum Reichsfeind geworden; es konnte kaum noch allzulange dauern, bis die Acht über ihn verhängt werden würde. Wirklich zu glauben vermochte Max Emanuel dies freilich nicht. Er hatte nach Maria Antonias Tod eine Tochter Johann Sobieskis geheiratet und war mehr denn je von der Überzeugung durchdrungen, das Schicksal schulde ihm eine Königskrone. Nach seinem Sieg bei Höchstädt schien sie schon beinahe greifbar zu sein.

Doch vor dieser kleinen schwäbischen Stadt sollte Max Emanuel noch ein zweites Mal antreten müssen.

Sie saßen unter einer mächtigen Linde. Hinter ihnen erhob sich das vermutlich bescheidene Wirtshaus von Großheppach im Remstal. Man geht wohl nicht fehl in der Annahme, daß auch Weinkrüge auf dem Tisch standen. Dennoch boten die Herren ein eher pompöses als idyllisches Bild: zwei in Eisen gehüllte Grandseigneurs, umgeben von ebenso martialisch geschmückten Generalen und Adjutanten. Der Herzog von Marlborough war eine imponierende Erscheinung; auf seinen Porträts meint man bereits Züge Winston Churchills zu erkennen, eines späten Nachfahren von ihm. Prinz Eugen, auf der anderen Seite, schmal, zurückhaltend, von erlesener Höflichkeit, konnte sich damit bescheiden, zu sein, was er war: eine lebende Legende. Der dritte am Tisch hielt sich noch mehr zurück als sein Gefährte aus den Tagen der Türkenkriege. Ludwig Wilhelm von Baden-Baden mochte den Briten nicht besonders gut leiden.

Man schrieb den 13. Juni 1704. Die Herren waren zusammengekommen, um eines der bisher aufwendigsten Unternehmen in diesem Krieg vorzubereiten. Max Emanuel sollte in seiner baierischen Höhle angegriffen und ausgehoben werden. Der kühne Plan, der darauf beruhte, daß die Rheinfront fast völlig von Truppen entblößt wurde, trug Eugens Handschrift. Trotzdem erklärte der Prinz sich bereit, bei seiner

Durchführung die bescheidenste und undankbarste Aufgabe zu übernehmen. Während Marlborough und der Türkenlouis zur Donau marschierten, würde er sie gegen nachsetzende französische Einheiten abzuschirmen versuchen – bei den geringen Kräften, die ihm zur Verfügung standen, ein Vorhaben, das fast keinen Erfolg und nur geringen Ruhm versprach. Indessen war Eugen auf weiteren Ruhm nicht so sehr angewiesen wie der Brite; Marlborough mußte sich als Führer der Whig-Partei zu Hause gegen die kriegsunwilligen Landjunker, die Tories, behaupten.

So geschah es, daß »illustrious youths«, die ihre heimischen Gestade verlassen hatten, durch eine Gegend marschierten, »where Britons never marched before«. Die Engländer drangen nach Baiern vor und erzwangen bei Donauwörth den Übergang über die Donau. Damit stand Marlborough bereits zwanzig Kilometer nordöstlich von Höchstädt. Doch provozierte sein Sieg auch die von Eugen erwartete französische Reaktion. Camille de Tallard überquerte den Rhein bei Straßburg, um sich mit Max Emanuel zu vereinigen. Der »kleine Abbé« konnte den Marschall, wie er freilich ebenfalls vorausgesehen hatte, dabei kaum stören. Es blieb ihm nichts anderes übrig, als die Franzosen auf einer parallelen Marschroute gewissermaßen zu begleiten, in der Hoffnung, vor ihnen auf Marlborough zu stoßen und sich zwischen sie und die Baiern schieben zu können. Auch dieses Manöver mißlang. Als Eugen an der Donau eintraf, bezogen Tallard und der Kurfürst nördlich von Höchstädt schon gemeinsam Stellung.

Max Emanuel und sein Bundesgenosse hatten einen Sperriegel aufgebaut, dessen rechte Flanke durch die Donau gesichert war, während die linke von waldigen Hügeln gedeckt wurde. Vor ihnen lag eine sumpfige Niederung. Nur Narren hätten versucht, über dieses unwegsame Gelände hinweg anzugreifen. Eugen glaubte indessen, eine Schwachstelle in der gegnerischen Front ausgemacht zu haben. Sie befand sich dort, wo die Stellungen der beiden alliierten Armeen aneinandergrenzten, beim Dorf Oberglogau, etwa in der Mitte des Kampfeldes. Außerdem wußte Eugen, daß der Baier und der Franzose aufeinander eifersüchtig waren, was die Erwartung rechtfertigte, jeder von ihnen würde versuchen, den anderen im Kampf auszustechen, und dabei leichtsinnig werden. Der Prinz erklärte sich erneut bereit, den schwierigsten Part in der Auseinandersetzung zu übernehmen: Er wollte Max Emanuel attackieren, während Marlborough sich auf Tallard stürzen sollte. An der äußersten Flanke der französischen Truppe lag Blindheim. Die Briten nannten den Ort Blenheim, was dazu führte, daß die Schlacht unter zwei verschiedenen Namen firmiert, in England als jene von Blenheim, in Deutschland als die von Höchstädt.

Blenheim wurde zum Synonym für die Niederlage der Franzosen, der Name Höchstädt steht für den Untergang Max Emanuels.

Das Treffen selbst war nicht ganz so verlaufen, wie Eugen es zu Anfang erwartet hatte. Der Baier, den er für besonders gefährlich gehalten hatte, erbrachte eine wenig rühmliche Leistung, während die Franzosen sich so gut schlugen, daß er auf dem Höhepunkt des Kampfes Marlborough eine ganze kaiserliche Brigade zu Hilfe schikken mußte. Als der Brite dann aber eine Stellung gewann, die ihm erlaubte, seine Kavallerie einzusetzen, war es auch um Tallards Leute geschehen. Einer geballten Masse von Reitern, deren einziger Befehl lautete, um so schneller zu werden, je näher sie an den Feind herankämen, war die französische Infanterie nicht gewachsen. Sie wurde zum Teil einfach niedergeritten, zum Teil auseinandergesprengt. Wer nicht den nachrückenden britischen Fußsoldaten erliegen wollte, den ersten, die jemals mit einem Bajonett kämpften, versuchte die Donau zu erreichen und sich schwimmend zu retten. Hunderte sollen dabei ertrunken sein.

Von den beiden Feldherren aber berichtete später ein preußischer Verbindungsoffizier beim kaiserlichen Hauptquartier: »Sie haben sich persönlich zu wiederholten Malen exponiert. Eugen ging dabei so weit, daß es an ein Wunder grenzt, wenn er mit dem Leben davonkam.« Ein Pferd allerdings wurde dieses Mal nicht unter ihm erschossen. In den waldigen Hügeln, an Max Emanuels rechter Flanke, war der Prinz mit seiner Infanterie zu Fuß vorgegangen.

Als Leopold über die Schlacht berichtet wurde, die am 13. August 1704 stattgefunden hatte, ließ er zurückschreiben, er müsse Eugen »dringend bitten, für seine Sicherheit und Erhaltung in Zukunft mehr Obsorge zu tragen, da er wohl wisse, wieviel dem Kaiserhaus und der gesamten Allianz an seinem Wohle gelegen sei«. Der damals schon sehr kranke Herrscher hatte erkannt, daß der Savoyer die stärkste Säule seines Thrones war; er honorierte es durch eine Steuerbefreiung für sein Wiener Stadtpalais in der Himmelpfortgasse. Den Herzog von Marlborough hingegen erhob Leopold in den Reichsfürstenstand und verlieh ihm das kleine oberschwäbische Besitztum Mindelheim. Immerhin hatten die beiden den habsburgischen Machtbereich beträchtlich ausgeweitet; Baiern war unter kaiserliche Verwaltung gestellt worden.

Max Emanuels Söhne wurden nach Klagenfurt, später nach Graz gebracht, damit man sie dort zu treuen Gefolgsleuten des Kaisers erziehen konnte. Ihr Vater zog sich nach Brüssel zurück, wo er lebte, wie er immer gelebt hatte: mit wechselnden Mätressen und auf sehr großem Fuß – nur daß jetzt aus München kein Geld mehr kam. Das baierische Volk aber begleitete Max Emanuels Abtritt mit einer für ihn recht wenig schmeichelhaften Demonstration.

Zwanzigtausend Handwerker, Bauern, Bürger, Beamte versuchen 1705 am Heiligen Abend, die österreichischen Besatzer aus München zu vertreiben, an ihrer Spitze der sagenhafte »Schmied von Kochel«. Zwar lautet die Parole der Rebellen: »Lieber bairisch sterben, als in des Kaisers Unfug verderben«, doch bedeutet dies keineswegs, daß sie Max Emanuel zurückhaben wollen, im Gegenteil. Sie fordern »eine freie Republik«, ein Ständeparlament, vor allem aber das Recht, über Steuern und Abgaben mitbestimmen zu können. In erster Linie bekämpfen sie also die von den Österreichern nur noch verschärfte Ausbeutung, der sie seit Generationen unterworfen sind. »Was Kurfürst«, formuliert einer ihrer Anführer, »er hat uns verlassen. Wir wollen ihn verlassen.« Der Angriff auf München ist Höhepunkt und Schlußpunkt des Aufstandes zugleich. Im Feuer des kaiserlichen Militärs bricht auch Balthasar Riesenberger, der »Schmied von Kochel«, zusammen. Wer von seinen Mitkämpfern sich ergibt, wird niedergemacht oder später aufgehängt, ein blutiger Abgesang auf die abenteuerliche Karriere des einst so gefeierten »Blauen Königs«.

Max Emanuel hätte in der Tat als bedeutender Feldherr, großer Bauherr und eine der prachtvollsten Verkörperungen seines Zeitalters in die Geschichte eingehen können, wäre er nicht der Versuchung erlegen, nach Sternen zu greifen, die von Habsburg für Habsburg reserviert worden waren. Was ihm abging, war die Fähigkeit, realistisch zu denken, doch wurzelte dieser Mangel vor allem darin, daß er – nicht nur als Mann – überhaupt keine Moral besaß. Und gerade dies läßt ihn neben zwei äußerlich so wenig bemerkenswerten Gestalten wie Prinz Eugen und Leopold als einen schieren Kümmerling erscheinen. Beide nämlich wußten im Gegensatz zu ihm sehr wohl, daß sie unter einem

Gesetz standen und nicht nur zu führen, sondern auch zu dienen hatten.

Von der »Sendlinger Mordweihnacht« wie davon, daß Max Emanuel und sein Bruder Josef Clemens auf dem Regensburger Reichstag von 1705 feierlich geächtet wurden, erfuhr Leopold nichts mehr; er war schon am 5. Mai dieses Jahres der Wassersucht erlegen. Sein letztes Wort soll gelautet haben: »Consummatum est« (Es ist vollbracht). Beruhte die Überlieferung auf Wahrheit, wäre er gestorben wie schon viele Habsburger vor ihm. Zu den hervorstechenden Tugenden der Nachfahren Rudolfs II. und Karls V. hatte von jeher die Gabe gehört, das Leben ablegen zu können wie ein verschlissenes Gewand.

Der venezianische Gesandte in Wien, Federico Cornaro, sagte von dem toten Kaiser: Um sein Leben in würdiger Weise zu beschreiben, bedürfe es vieler Bände, und auf keiner ihrer Seiten sei eine Untat zu verzeichnen. Leibniz widmete ihm die Verse: »Aeternum decus Austriadum, Leopolde probasti: / Et Sancti et Magni nomina stare simul« (Österreich ewige Zier, Leopoldus, du hast uns bewiesen: / heilig zu sein und groß, beides bestehe zugleich). Es ist ein Wort, das man stehen lassen darf. Leopold hatte als Mensch ein nahezu makelloses Leben geführt. Als Herrscher aber hatte er vor allem deshalb bestanden, weil sich seine größte Schwäche, nämlich die, über Gebühr auf andere zu hören, mit der Zeit als eine seiner wenigen wirklichen Stärken erwies: Zuletzt hörte er nur noch auf die richtigen Leute. Das setzte jedoch voraus, daß er im Laufe seines Lebens die Fähigkeit erworben hatte, solche Leute an sich zu ziehen und an sich zu fesseln. Wenn man Fürsten auch nach ihren Dienern beurteilt, wie es geboten ist, kommt Leopold deshalb hervorragend weg, sei es auch nur wegen dieses einen Mannes, den er einst für sein Haus gewann und spät, aber immerhin zu schätzen lernte: Prinz Eugen von Savoyen.

Daß er seinen Söhnen Josef und Karl ein schweres Erbe hinterließ, kann man Leopold deshalb kaum ankreiden, weil er als Habsburg nicht anders handeln konnte, als er es tat. Bei seinem Tod hatte der Kampf um das spanische Erbe endgültig die Ausmaße eines Weltkrieges angenommen. Er wurde überdies unter höchst verschiedenartigen, teilweise bizarr anmutenden Umständen ausgefochten.

Im September 1703 war Leopolds Jüngster feierlich als König Karl III. von Spanien ausgerufen und in das mit England verbündete Portugal geschickt worden. Ein Jahr darauf segelte er mit einer britischen Flotte von Lissabon zur katalanischen Küste, in der Absicht, Barcelona einzunehmen und von dort aus nach Madrid vorzustoßen. Das Unternehmen brachte jedoch nur seinen Bundesgenossen Gewinn. Deutsche und holländische Soldaten unter dem Kommando des Landgrafen Georg von Hessen-Darmstadt eroberten Gibraltar, Admiral Sir John Rooke nahm es anschließend für seine Königin in Besitz, Karl selbst achtete nicht weiter darauf. Als Binnenländer hatte er für Seefahrt und Seemacht nur wenig Sinn, um so mehr verstand er von spanischer Geschichte.

Der Habsburg wollte die alte Rivalität zwischen den historischen Königreichen Kastilien und Aragon ausnützen und zunächst einmal die Katalanen für sich gewinnen. Kastilien mit Andalusien war bourbonenfreundlich, die Katalanen waren – apathisch. Erst als sie eine »Bestätigung ihrer Rechte und Freiheiten durch den spanischen König« erhalten hatten, schlossen sie sich in größeren Scharen dem Thronprätendenten an, und Karl konnte mit ihnen Barcelona erobern, wobei der Eroberer Gibraltars fiel.

1707, ein Jahr später, sah es so aus, als würde Karls Gegenspieler, Philipp von Anjou, allmählich die Luft ausgehen. Gerade als er aufgeben wollte, kam es jedoch zur Schlacht bei Almansa, einem unweit der heutigen Costa Brava gelegenen Ort. Franzosen und Kastilier, kommandiert von einem englischen General, standen einer von einem Franzosen geführten Streitmacht aus Briten, Holländern, französischen Hugenotten, Deutschen und Katalanen gegenüber. Karl, durch den Engländer vertreten, wollte für den Fall der Niederlage – er rechnete immer mit dem Schlimmsten – eine starke Reserve zurückhalten. Damit verspielte er den Sieg.

Nach Almansa besaß Karl nur noch einen Teil Kataloniens. Aber als am 1. August 1708 seine Frau Elisabeth Christine, eine Tochter des Herzogs Ludwig von Braunschweig-Wolfenbüttel, in Barcelona eintraf, war die Stadt trotzdem von Freudenfeuern erleuchtet. Zwanzig Tage zuvor hatte das Paar Eugen und Marlborough erneut einen großen Sieg errungen: Bei Oudenaarde in Ostflandern waren die Franzosen vernichtend geschlagen worden. Seit Höchstädt mußten sie überhaupt nur noch Niederlagen hinnehmen.

Schon 1706 hatte sie Marlborough nahe dem belgischen Ramillies auseinandergetrieben und den Ruf ihres Befehlshabers Max Emanuel von Baiern weiter beschädigt. Eugen hatte ihnen, auch dabei ein Pferd einbüßend, im September des gleichen Jahres vor Turin Verluste zugefügt, die sie nur mit Mühe wieder ausgleichen konnten. Als Elisabeth Christine in Barcelona eintraf, konnte Karl deshalb hoffen, Ludwig würde seine Hilfstruppen für Philipp aus Spanien abziehen und diesen dem eigenen Schicksal überlassen müssen. Tatsächlich zog er 1710 an der Spitze kaiserlicher Truppen in Madrid ein. Die Stadt bereitete ihm ein frostiges Willkommen. Als sein Feldherr, Guido Starhemberg, den weichenden Gegner verfolgen wollte, widersetzten sich die kastilischen Fuhrknechte auf ungewöhnliche Weise: Sie gaben vor, ihm keinen einzigen Transportwagen und kein einziges Pferd stellen zu können. Wenig später saß Karl, von den Franzosen vertrieben, schon wieder in Barcelona. Die beiden Mächte, die in Spanien gegeneinander kämpften, glichen längst angeschlagenen, vor Erschöpfung taumelnden Boxern. Der Habsburg mußte sich mit der Vorstellung anfreunden, nur einen Teil jenes Reiches verteidigen zu können, das seine Vorfahren, die »katholischen Könige« Isabella von Kastilien und Ferdinand von Aragon, einst geschaffen hatten (das Paar gehörte freilich auch zu den Vorfahren Philipps von Anjou).

Die Sorgen Karls indessen wogen gering im Vergleich mit denen, die Ludwig XIV. bedrückten. Der Winter 1708/09 war für Frankreich der strengste seit Menschengedenken gewesen. In Paris fand man jeden Morgen Frostleichen und Verhungerte auf den Straßen liegen. Eine Mißernte drohte, die Steuereinnahmen gingen rapide zurück. Dazu hatten sich in den Cevennen auch noch »Kamisarden« erhoben, protestantische Bauern, deshalb »Kamisarden« genannt, weil sie fast ausschließlich »Camisiae« trugen, eine Art von Hemdblusen. Ihre auf Häuserwände und Kirchentüren gemalte Parole lautete »Resistez! Resistez!« – was heutzutage so anmutet, als hätten sie bereits für die Französische Revolution geprobt. Ludwig bot zeitweise bis zu dreißigtausend Mann gegen die Rebellen auf. Er mußte in unvorstellbarem Ausmaß hängen, köpfen und foltern lassen, ohne des Aufstandes aber wirklich Herr zu werden.

»Welche Rechnung«, hieß es in einem an ihn gerichteten anonymen Brief (verfaßt von dem Herzog von Saint-Simon, einem bekannten Regimekritiker), »solche Ströme von Blut! . . . Dazu die vielen Schätze, die Sie durch Ihre Minister haben zerstreuen lassen, herausgepreßt aus den Gebeinen Ihrer Untertanen, die nun so nackt und schwach sind, daß ... den harten Steuereinnahmern nichts anderes mehr übrigbleibt, als aus ihren zerfallenen Häusern die Balken herauszureißen und sie zu niedrigem Preis zu verkaufen ... Gehen Sie mit David in sich! Und rufen Sie mit ihm, daß Sie am Herrn gesündigt haben!« Der mittlerweile sechsundsechzigjährige Sonnenkönig tat natürlich nichts dergleichen. Verzweifelt bemühte er sich vielmehr, den drohenden Zusammenbruch seines Staates abzuwenden – so schickte er beispielsweise das eigene Goldgeschirr in die Münze. Auch suchte Ludwig auf militärischem Gebiet nach Unterstützung: Er wandte sich an Karl XII. von Schweden, der seit neun Jahren mit Rußland im Krieg lag, und forderte ihn auf, den Kaiser von Norden her anzugreifen. Dann heiterten bessere Nachrichten von einem anderen Kriegsschauplatz sein Gemüt vorübergehend wieder auf.

Aus seiner Kolonie Kanada wurde gemeldet, daß ein Vorstoß englischer Kolonisten gegen Quebec abgeschlagen worden sei – nicht von regulären Truppen, sondern von franzosenfreundlichen Indianerstämmen. Die auf amerikanischem Boden ausgefochtenen Kämpfe gehörten nun einmal zu den bizarrsten in der Auseinandersetzung um das spanische Erbe. Guten Waldläufern kam dort größere Bedeutung zu als gedrillten Soldaten, Verhandlungspartner waren nicht Prinzen oder Diplomaten, sondern Häuptlinge des Irokesen-Bundes, mit denen man am Feuer zusammensaß und die Friedenspfeife rauchte. Geschossen und skalpiert aber wurde nicht nur in den Wäldern des Nordens, sondern auch in den Sümpfen des spanischen Florida, wobei es denen, die sich für Madrid, Paris oder London engagierten, nicht immer um die Ehre ihrer Monarchen ging, sondern auch um Negersklaven, Silber und Felle. Die Auseinandersetzung jenseits des Atlantik firmiert in britischen Geschichtsbüchern als der »Königin-Anna-Krieg«, sie war jedoch eine Parallelerscheinung des gleichzeitig ausgebrochenen Spanischen Erbfolgekrieges. Die letzte gute Nachricht, die Ludwig aus Übersee erhielt, besagte, eine mächtige britische Invasionsflotte sei vor Neufundland in einem Sturm untergegangen und Quebec also ein zweites Mal gerettet. Sie erreichte den König im Herbst 1710. Da hatte er schon Friedensfühler ausgestreckt.

Sein Angebot an die gegnerische Allianz, abgegeben 1709, lautete: Verzicht auf ganz Spanien und seine Kolonien, wenn man Philipp von Anjou Neapel und Sizilien lasse. Prinz Eugen war dafür, den Vorschlag anzunehmen, aber Leopolds Nachfolger, Josef I., und die Briten überstimmten ihn. Auch Straßburg und das Elsaß sollte Ludwig nun hergeben, dazu noch garantieren – Eugen hielt es für den Gipfel der Vermessenheit –, gegen seinen Enkel mit Waffengewalt vorzugehen, falls dieser Spanien nicht freiwillig räume.

Es war tatsächlich zuviel. Der in seiner Ehre als König und Großvater zutiefst verletzte Franzose brach die Verhandlungen ab. Und erneut sollte geschehen, was der Savoyer vorhersagte. Aus Gent schrieb Eugen nach Wien, man möge sich auf die bisher blutigste Schlacht dieses Krieges gefaßt machen.

In einer bewunderungswürdigen Anspannung ihrer fast schon erschöpften Kräfte brachten die Franzosen das mächtigste Heer auf die Beine, das je unter dem Lilienbanner marschiert war: achtzigtausend Mann, befehligt von Claude Louis Héctor de Villars, Ludwigs einzigem bis jetzt noch ungeschlagenen Marschall. Die Verbündeten führten ihnen hunderttausend Mann entgegen, kommandiert von dem bereits legendenumwobenen Tandem Eugen/Marlborough. Und Europas Connoisseure eilten in Scharen an die nordfranzösisch-belgische Grenze, wo das Ereignis über die Bühne gehen sollte – man sprach ja in vollem Ernst von einem »Kriegstheater«. Unter den Zuschauern befand sich auch der damals einundzwanzigjährige Friedrich Wilhelm, Kronprinz von Preußen, später als »Soldatenkönig« bekannt geworden.

Eugen und Marlborough hatten zu Beginn ihres Feldzuges von 1709 Tournai erobert. Nun wollten sie aus der nordfranzösischen Festungslinie eine weitere Bastion herausbrechen, das Bollwerk Mons im Hennegau. Um dies zu verhindern, verschanzte sich Villars nahe dem kleinen Ort Malplaquet in den dicht bewachsenen Hügeln des Sart-Waldes. Am 11. September 1709, dem Jahrestag der Schlacht von Zenta, trat das Heer der Alliierten gegen ihn an. Wenn es ein Schauspiel gewesen sein sollte, so bekamen die Zuschauer kaum allzuviel davon mit. Die Schlacht fand in unübersichtlichem Dickicht statt – und prächtig war sie schon gar nicht, sondern eine blutige Massenmetzelei.

Immerhin, die Helden lieferten wenigstens den von ihnen erwarteten Text. »Wenn es mir bestimmt ist, hier zu fallen«, sagte Eugen, »wozu der Verband? Wenn nicht, so ist am Abend noch dafür Zeit genug.« Er tat diesen Ausspruch, nachdem ihn beim Angriff auf den dreifachen Verteidigungsgürtel der Franzosen eine Musketenkugel hinter dem Ohr getroffen hatte. Villars, von einer Kugel am Knie verletzt, mußte fast zur gleichen Zeit aus der Feuerlinie geschafft werden. Die Schlacht war bereits mehr als fünf Stunden alt. Ludwigs Soldaten, halbverhungerte Männer zum Teil, die sich hatten anwerben lassen, um wieder einmal satt zu werden, kämpften mit ungewohnter Wut und Verbissenheit. Als ihr Marschall vom Pferd stürzte, verließ jedoch auch sie der Mut. Villars' Stellvertreter ordnete den Rückzug an. Wer hatte die Partie nun eigentlich gewonnen?

Nach den Regeln des Kriegstheaters mußten die Alliierten als Sieger bezeichnet werden, denn sie »behielten das Feld«. Trotzdem konnte Villars hinterher mit Recht behaupten: »Durch einen weiteren solchen Erfolg würde der Feind vernichtet werden.« Er selbst hatte ungefähr dreizehntausend Mann verloren, seine Gegner vierundzwanzigtausend. Das eigentliche Fazit der Schlacht von Malplaquet lautete deshalb: Keine Seite sei nun mehr stark genug, die andere vernichtend zu schlagen. Die Alliierten waren nicht in der Lage, nach Paris zu marschieren, wie Eugen es vor der Eroberung von Tournai verlangt hatte. Doch hätte Ludwig, wäre es trotzdem von ihnen versucht worden, auch keinen entscheidenden Widerstand mehr leisten können. Der Sonnenkönig streckte wieder einmal Friedensfühler aus.

Für Philipp wollte er diesmal nur noch Sizilien haben, alles andere, Neapel, Mailand, das Elsaß, Straßburg, sollte Wien bekommen. Annehmen! riet erneut Prinz Eugen. Ablehnen! befahlen Josef I. und Marlborough. Dem einen schien Sizilien wertvoller zu sein als das ehemalige habsburgische Hausgut am Oberrhein, der andere fürchtete um seine Stellung an der Spitze des britischen Kabinetts.

Marlboroughs Frau, eine überaus bissige Dame namens Sarah, die seine Stellung zu Hause bisher verteidigt hatte, war bei der kriegsmüden Königin Anna in Ungnade gefallen. Dieses Manko glaubte der Feldherr nur durch noch mehr kriegerische Ruhmestaten ausgleichen zu können. Ludwig aber erhielt eine nächste aufmunternde Nachricht. Zu der Zeit, da er mit den Alliierten verhandelte, wurde Karl aus Madrid vertrieben, und es bestanden wenig Chancen, daß Habsburg die Stadt samt Kastilien jemals zurückgewinnen werde.

Dann »schlug« auch noch das Schicksal zu – und zwar zugunsten des Sonnenkönigs. Im November 1710 verlor Marlboroughs Partei ihre Mehrheit im Unterhaus, wodurch es Königin Anna möglich war, sich der lästigen Sarah völlig zu entledigen. Deren Mann, den populären Oberbefehlshaber, abzuberufen, wagten die neuen Tory-Minister zwar noch nicht, doch nistete sich in ihren Köpfen bereits der Gedanke ein, man könne sein militärisches Amt überflüssig machen, indem man mit Frankreich Frieden schließe. Leider verbot dies fürs erste der mit Österreich und den anderen Verbündeten abgeschlossene Vertrag. Da schlug das Schicksal ein zweites Mal zu.

Nach nur knapp sechsjähriger Amtszeit starb am 17. April 1711 Kaiser Josef I., wie es hieß, an den Blattern. Als Nachfolger des Toten stand nur Karl III. von Spanien zur Verfügung. Das gab auch den friedenswilligen Tories neuen Auftrieb. Man hatte schließlich von Anfang an festgelegt, daß Spanien zusammen mit Österreich-Ungarn nicht in die Hände eines einzigen Habsburgers fallen dürfe. Das Erzhaus aber ruhte nun auf einem Paar Schultern. Entzog das nicht allen früheren Vereinbarungen die Grundlage? Ein weiteres Argument, das in London herangezogen wurde, lautete, man habe sich seinerzeit mit dem deutschen Kaiser verbündet, keineswegs mit dem König von Spanien. Den Friedensgesprächen stand nichts mehr im Weg.

Was die britischen Politiker in Wirklichkeit beflügelte, war indessen eine Vorstellung, die der Begriffswelt ihres berühmten Zeitgenossen, des Physikers Isaac Newton, zu entstammen schien. Sie sprachen von der »balance of power«, einem Gleichgewicht der Kräfte in Kontinentaleuropa: Habsburg und Bourbon, beide gleich stark, das würde die Verhältnisse dort stabilisieren – ihnen selbst aber die Möglichkeit verschaffen, ihre eigene See- und Kolonialmacht weiter auszubauen. Solcherart motiviert, fuhren Tory-Diplomaten nach Utrecht, um zwei – für sie – elfjährige Auseinandersetzungen zu beenden, jene, der Spanischer Erbfolgekrieg hieß, und jene, der nach Königin Anna benannt worden war.

Ohne Habsburg länger zu fragen, wurden ihm Mailand und Neapel zugewiesen, der größte Teil des italienischen Stiefels also, dazu die Spanischen Niederlande (das heutige Belgien und Luxemburg). Philipp von Anjou bekam Spanien samt seinen Kolonien, Sizilien wurde an das Haus Savoyen übertragen, während Gibraltar britisch blieb. Marlborough aber erfuhr nun, daß er Staatsgelder veruntreut habe, deswegen seine Stellung aufgeben müsse und sich vor Gericht zu verantworten habe. Daran konnte auch Prinz Eugen nichts mehr ändern, der nach London fuhr und dort mit Höflichkeiten überschüttet wurde.

Nach seiner Rückkehr ließ der Savoyer sich, widerwillig genug, noch auf ein paar matte militärische Unternehmungen am Oberrhein ein, vermochte aber nicht einmal zu verhindern, daß sein alter Rivale Villars ihm die Festungen Landau und Freiburg wegnahm. Es lag keineswegs an Eugen; die Kriegsbereitschaft war einfach erloschen. So mußte der kleingewachsene Prinz endlich doch den Brustpanzer mit dem Staatsrock vertauschen und für sein Land den Frieden aushandeln. Es geschah in dem großzügigen Schloß von Rastatt, das der Türkenlouis sich erbaut hatte und in dem er 1707 auch gestorben war. Auf der anderen Seite des Tisches saß Claude Louis Héctor de Villars.

Welche Erinnerungen die beiden in ihren privaten Stunden austauschten, ist nicht überliefert; als Unterhändler jedenfalls war der Franzose so gefährlich wie einst im Feld. Auch Maximilian II. Emanuel gehörte zum Gesprächskreis, zumindest dem Namen nach. Als reale Person saß er, mittlerweile aus Brüssel vertrieben, in Compiègne. Ludwig XIV. erwies sich gegenüber dem Baiern als wahrhaft treuer Freund: Er setzte es durch, daß ihm sein Stammland zurückgegeben wurde. Josef Clemens von Wittelsbach sollte Jahre später ebenfalls in das von ihm erbaute Barockschloß Bonn zurückkehren und wieder als Kölner Erzbischof amtieren dürfen. An dem, was Frankreich bereits mit England ausgehandelt hatte, konnte Eugen indessen kaum mehr etwas ändern; er mußte es akzeptieren.

Neuer Herrscher in Wien war seit 1711 der Bruder Josefs I., einst Karl III. von Spanien, nun Karl III. von Ungarn, Karl II. von Böhmen und als Kaiser des Reiches Karl VI. Sein Wahlspruch lautete: »Constanter continet orbem« (Stetig hält er die Welt zusammen). Das Wort war nicht nur eine Nummer zu groß für ihn, es klang auch, als hätte er die dynamische Devise Karls V., »Plus ultra« (Darüber hinaus!), in eine statische Form umgießen wollen. Aber entsprechend hat der so vielfältig numerierte Herrscher regiert.

Im Gegensatz zu dem etwas hochfahrenden, ungezügelten, energischen Josef war Karl ein vorsichtiger Zauderer, raschen Entschlüssen und tiefgreifenden Entscheidungen abgeneigt, aber dafür von der Bedeutung seines Hauses durchdrungen wie nicht einmal sein Vater Leopold. Aus Josefs Regierungsprogramm übernahm er vor allem die Absicht, dem Kaisertum wieder größeres Gewicht zu verschaffen und das Reich in diesem Sinne zu stabilisieren.

Der Bruder war in Verfolgung seiner Pläne als kühl kalkulierender Politiker vorgegangen. Er hatte über die beiden Wittelsbacher die Acht verhängen lassen, hatte durch Verleihung neuer Kurfürstenhüte die habsburgische Partei im obersten Wahlgremium zu stärken versucht, hatte Institutionen – wie die höchsten Reichsgerichte in Wetzlar und Wien – reformiert und sogar einen Teil des Kirchenstaates besetzen lassen, um die kaiserliche Macht in Italien zu festigen. Auch war es Josef gelungen, die Kuruzzen unter Rakóczi einigermaßen in Schach zu halten und den bereits nach Schlesien vorgedrungenen Schwedenkönig Karl XII. davon abzubringen, daß er in den Spanischen Erbfolgekrieg eintrat. Zu seinen klügsten Entscheidungen hatte es gehört, daß er den Prinzen Eugen bei allen kriegerischen und diplomatischen Unternehmungen nicht über Gebühr behinderte. Um so mißlicher war hingegen sein Entschluß gewesen, die ersten Friedensangebote Ludwigs XIV. abzulehnen.

Alles in allem wäre es der Habsburgermonarchie nicht schlecht bekommen, wenn Josef noch länger gelebt hätte, aber nun mußte eben Karl versuchen, den von seinem Bruder eingeschlagenen Kurs zu halten. Zunächst sah es so aus, als würde ihm das sogar gelingen. Und vielleicht wäre es ja auch gelungen, wenn er mehr auf die Frau an seiner Seite gehört hätte: Elisabeth Christine war die spätere Mutter Maria Theresias. Schon diese Feststellung reicht aus, sie hinlänglich zu charakterisieren.

Als der damals vierzehn Jahre alten Braunschweigerin eröffnet worden war, sie müsse, um den Habsburg heiraten zu können, zum katholischen Glauben übertreten, hatte sie mit offenem Entsetzen reagiert. Ihre Familie mußte eine ganze Reihe hochrangiger protestantischer Theologen aufbieten, damit sie dem widerspenstigen Kind erklärten, warum die »göttliche Providence«, die Vorsehung, ein solches Opfer von ihr fordere. Alle rein praktischen Erwägungen, wie etwa die, daß es die Verbindung zwischen den Welfen und dem Erzhaus noch weiter auszubauen gelte – auch Josef I. hatte ja eine Braunschweigerin zur Frau –, waren an der »weißen Lisel« wirkungslos abgeprallt. Erst ein besonders kluger Geistlicher, ein Jesuit, schaffte es schließlich, ihren Widerstand mit rein intellektuellen Argumenten zu brechen. 1707 wurde Elisabeth Christine mit dem in Spanien weilenden Karl durch Prokuration verheiratet, und kurz nach der Schlacht von Oudenaarde traf sie in Barcelona mit ihm zusammen.

»Königin Nacht gar lieb«, notierte ihr Mann in sein Tagebuch. Es darf bezweifelt werden, daß diese stammelnde Art, sich auszudrücken, den Erwartungen der geistig so regsamen jungen Frau entsprach. Auch Spanien gefiel ihr überhaupt nicht. Trotzdem hielt Elisabeth Christine in der bedrohten Hauptstadt Kataloniens tapfer aus, nachdem Karl abgereist war, um in Wien die Nachfolge Josefs anzutreten. Zwei Jahre später mußte sie die habsburgische Sache in Spanien endgültig verloren geben. Mit einem gewaltigen Heer drang der Bourbone Philipp gegen Barcelona vor. Die Statthalterin entfloh daraufhin unter britischen Segeln und entging so den Greueln einer dreizehnmonatigen Belagerung. Katalonien wurde von Kastilien endgültig unterworfen, ohne sich damit – bis heute – jemals völlig abzufinden. Ebensowenig wollte Karl es hinnehmen, daß ihm das Erbe seines gleichnamigen Vorfahren entglitten sei. Im Gegensatz zu der Braunschweigerin hatte er Spanien von Anfang an als zweite Heimat betrachtet.

Der zeremoniöse, würdige Stil der iberischen Granden entsprach seinen Vorstellungen von Haltung und Auftreten. Ihr Land selbst geriet ihm zu einem verlorenen Paradies, dem er ein Leben lang nachtrauern sollte. Es war einer der Punkte, über die er sich mit Elisabeth Christine nie einigen konnte. Zur nicht geringen Schadenfreude ihrer Schwägerin Amalie Wilhelmine aus dem verwandten Haus Braunschweig-Lüneburg mußte die »weiße Lisel« deshalb bei Hof lange Zeit im Hintergrund bleiben. Im Vordergrund agierten derweilen die Mitglieder des sogenannten »Spanischen Rates«, einer Art von Küchenkabinett, an deren Spitze ein Baier stand.

Graf Johann von Althan aus München muß zu jenen geborenen Höflingen gehört haben, die es verstehen, von den Schwächen ihrer königlichen Wirte zu leben. Der in Spanien aufgewachsene Adelige sammelte eine Schar höchst dubioser Elemente um sich, mit deren Hilfe er dem Kaiser vorgaukelte, ihn umwehe auch in Wien die strenge Luft des Escorial. Schwarz trug man in diesem Kreis, übte sich in unendlich steifen Gesten, entwickelte ein Zeremoniell, das vor allem dazu diente, Karls ohnehin schon stark ausgeprägtes Selbstbewußtsein noch mehr zu stärken. In Wirklichkeit ging es dieser »korrupten Bande von Emigranten«, wie sie von den Wienern genannt wurde, freilich darum, den Kaiser zu beherrschen und selbst soviel Macht wie möglich in die Hand zu bekommen. Wenn es sein mußte, bediente sich Althan dabei auch höchst profaner Mittel. Seine Frau etwa, eine spanische

Schönheit, stellte er dem Habsburg großzügig als Bettgenossin zur Verfügung. Es ergab ein überaus delikates Dreierverhältnis: Der Graf war Karls männlicher, die Gräfin sein weiblicher Liebling. Der erborgte spanische Prunk überdeckte alles.

Auf nachtdunklen Wämsern schimmerte leuchtend der »Noble ordre de la Toison d'Or«, das Goldene Vlies, von Philipp dem Guten aus Burgund 1429 geschaffen, dann von Habsburg erheiratet, seither in Wien wie in Madrid als höchste Auszeichnung verliehen. Karl fühlte sich getreu seinem Wahlspruch als ein zweiter Atlas, der die Welt auf seinen Schultern trägt und nicht nach menschlichem Maß gemessen werden darf, Althan und die Seinen lebten davon, daß er dies glaubte. Zu verdienen gab es genug in einem Reich, das seit dem Ende des Spanischen Erbfolgekrieges endgültig europäische Großmacht war.

Kluge Räte, die Karl von Leopold und Josef übernommen hatte, förderten den ökonomischen Ausbau seiner Länder, schufen auf streng merkantilistisch-staatswirtschaftlicher Basis zentrale Kommerzräte in Böhmen, Österreich und Schlesien, gründeten Manufakturen, bauten Zollhindernisse ab, sorgten für ein funktionierendes Post- und Verkehrswesen und richteten ihr Interesse auch auf Seefahrt und Fernhandel. Triest und Fiume bekamen moderne Häfen, eine Ostindienkompanie entstand und schließlich, als kühnste dieser Unternehmungen, die »Ostendische Handelskompanie«.

Das Habsburgerreich machte Anstalten, mit Holland, England und Spanien auf den Weltmeeren zu konkurrieren. Die im belgischen Ostende geschaffene, zunächst rein private, später staatlich sanktionierte Gesellschaft erhielt das alleinige Recht zum Handel mit allen überseeischen Gebieten und die verbriefte Genehmigung, Stapelplätze an fremden Küsten einzurichten oder Kolonien zu gründen. Das Geschäft florierte auch und brachte gutes Geld in die kaiserlichen wie in die Kassen anderer Nutznießer, etwa jener aus dem spanischen Kreis. Daß die Ostendische Kompanie von Frankreich und den Seemächten massiv behindert wurde, konnte ihrem Gedeihen keinen Abbruch tun, solange ein starkes Österreich hinter ihr stand. Und das Reich Karls VI. war stark. Es sollte unter dem schwachen Habsburg sogar größer werden als je zuvor – vorübergehend.

Prinz Eugen wurde von Karl genauso behandelt wie alle übrigen Hof- und Staatsbeamten auch: freundlich, aber herablassend. Der mittlerweile zweiundfünfzigjährige Feldherr, Diplomat und Politiker schien körperlich etwas geschrumpft zu sein, strahlte jedoch immer noch Energie, Neugierde, geistige Beweglichkeit aus. Man rühmte seine völlig ungekünstelte Art, sich zu geben, seine natürliche Höflichkeit und fürchtete allenfalls die sanfte Ironie, mit der er sich gelegentlich von der Umwelt distanzierte.

Zwischen Damad Ali Pascha, dem damaligen türkischen Großwesir, und seinem obersten Kriegsherrn bestand ein ähnliches Verhältnis wie zwischen Eugen und Kaiser Karl. Sultan Ahmed III. feierte Feste, wie Konstantinopel sie noch nie erlebt hatte, entwarf Zuckertorten von fünf Metern Durchmesser und soll über zwölfhundert verschiedene Tulpensorten gezüchtet haben. Den fanatischen Muslim Damad Ali nahm er nur zur Kenntnis, wenn es unumgänglich geworden war – verständlicherweise. Anders als Eugen hatte Ahmeds Großwesir nur wenig Sinn für Kunst oder feine Lebensart – und zur Ironie neigte er schon gar nicht.

Anfang 1716 richtete Damad an den Präsidenten des Hofkriegsrates einen Brief, in dem es hieß: »Es kann keinen Zweifel darüber geben, daß das Blut, das auf beiden Seiten fließen wird, wie ein Fluch über Euch und Eure Kindeskinder kommt, bis zum Jüngsten Gericht.« Die Osmanen hatten gerade die Venezianer aus ihren letzten Stützpunkten in Griechenland und auf den Inseln der Ägäis vertrieben. Österreich war daraufhin von Papst Clemens XI. bewogen worden, ein Verteidigungsbündnis mit der Seerepublik abzuschließen. Der Großwesir betrachtete es als Bruch des Friedens von Karlowitz. Kurz darauf standen seine Truppen vor der österreichischen Festung Peterwardein in der serbischen Vojvodina.

Eugen muß damals das Gefühl gehabt haben, sein Leben bewege sich auf einer Kreisbahn. Ähnlich wie vor Zenta beschwor ihn auch jetzt der Kaiser, keinen übereilten Schritt zu tun und die Türken lieber in Abnützungskriege zu verstricken. Es war ein Vorschlag, den der Prinz nicht einmal zur Kenntnis nahm. Hinhaltender Widerstand, so glaubte er, schadete der Kampfmoral.

Die Schlacht von Peterwardein, ausgefochten am 5. August 1716, war sowenig »großes Kriegstheater« wie jene von Malplaquet. Eugen nutzte jede vom Gelände gebotene Möglichkeit: ein altes, bereits halb verfallenes Schanzensystem aus dem Zweiten Türkenkrieg, die Mauern der Festung, die seinen einen Flügel, die Donau, die den anderen deckte. Den Rest taten die kühle Besonnenheit des Prinzen und der beste Schüler, den er jemals gehabt hatte: Karl Alexander von Württemberg. Als die Türken das Zentrum seines Heeres bedrohten, kommandierte Eugen den Schwaben von der linken auf die rechte Flanke und brach selbst aus der Verschanzung hervor. Diese unerwartete Umgruppierung aller Kräfte verwirrte sowohl die Janitscharen als auch die türkischen Reiter, die Sipahis. Damad Ali auf seinem Feldherrnhügel sah, daß beide zurückwichen, stieg in den Sattel, um die Fliehenden aufzuhalten, und wurde von einer österreichischen Kugel niedergestreckt. Die Nacht nach dem Gemetzel verbrachte Eugen im riesigen, mehrräumigen Zelt des gefallenen Großwesirs. Über die im türkischen Lager gemachte Beute schrieb ein Zeitgenosse, sie hätte ausgereicht, jeden der österreichischen Soldaten bis an sein Lebensende auskömmlich mit Geld zu versorgen – wenn sie verteilt worden wäre. Aber natürlich wurde sie nicht verteilt.

Von Peterwardein aus marschierte Eugen dann unverzüglich nach Norden ins Banat, um die türkische Festung Temesvár zu erobern. Er wollte den Rücken für die größte seiner bisherigen Unternehmungen frei haben, jener, von der es im Lied über den »Edlen Ritter« heißt: »Er ließ schlagen einen Brucken, / Daß man kunnt' hinüberrucken / Mit der Armee wohl für die Stadt.« Wer die Verse geschrieben hat, ist unbekannt, doch dürfte ihr Verfasser in Belgrad dabeigewesen sein. Er hat Eugens berühmteste Schlacht zutreffend beschrieben, ohne freilich zu erkennen, was ihre Einzigartigkeit ausmacht.

Die Festung Belgrad lag am äußersten Ende eines von den beiden Flüssen Donau und Save umflossenen, fast dreieckigen Landvorsprungs. In ihrem Rücken, nach Südosten hin, dehnte sich ein schwer zugängliches Hügelgelände aus. Von keiner Seite her ließ das Bollwerk sich wirkungsvoll angreifen – das war der Grund dafür, daß es als uneinnehmbar galt. Belegt war die Stadt mit dreißigtausend gut gerüsteten, wohlversorgten türkischen Soldaten. Eugen selbst verfügte über etwas mehr als siebzigtausend Mann und wußte zudem noch, daß ein türkisches Heer, dem seinen um fast das Dreifache überlegen, von Bulgarien aus heranrückte. Glücklicherweise schien er auch Caesars Bericht vom Gallischen Krieg gelesen zu haben.

Vor der Keltenfestung Alesia, im Herzen Frankreichs, war der Römer einst in eine Lage geraten, die jener Eugens vor Belgrad glich: vor Augen eine von gewaltigen Wällen geschützte Burg, im Rücken eine heranmarschierende, übermächtige Entsatzarmee. Caesar löste das Problem auf damals noch recht unkonventionelle Weise, indem er sein Belagerungsheer hinter einer Doppelpalisade verschanzte, die ganz Alesia umgab, bereit, sich selbst so lange einschließen zu lassen, bis der Gegner mürbe geworden war. Alesia fiel im Jahr 52 v.Chr. Eugen hatte es etwas leichter als der große Kollege.

In seinem Fall genügte es, südöstlich Belgrads ein auf zwei Seiten durch Wälle geschütztes Lager zu errichten, das von der Donau bis zur Save reichte, also wie ein Sperriegel über das halbinselförmige Gelände reichte. An beiden Endpunkten der Anlage befanden sich die im Lied erwähnten »Brucken«, auf dem Wasser selbst kreuzte eine Flottille armierter Boote. Von Mitte Juni bis Ende Juli 1717 hatten seine von der Ruhr geplagten Soldaten im Schweiße ihres Angesichts geschuftet, um die Riesenanlage zu errichten. Nun waren sie hinter den insgesamt sechzehn Kilometer langen Schanzen einigermaßen geborgen. Aber schon rückte die Entsatzarmee unter Großwesir Chalil Pascha, Abkömmling einer der ehrwürdigsten osmanischen Magnatenfamilien, heran, knapp zweihunderttausend Mann, wie Boten berichteten. Damit waren die Österreicher in ihrer Belagerungsanlage selber eingekesselt. Über die Brücken zurückzuweichen wäre selbstmörderisch gewesen, denn Chalil hatte sich im Rücken Eugens ebenfalls verschanzt und konnte mit seinen Kanonen die Flußübergänge bestreichen. So war auf dem dreieckigen Plateau über Donau und Save ein aus drei Schichten bestehendes Gebilde entstanden: ganz vorne die Festung Belgrad, dahinter das mauerumgebene Lager der Belagerer und noch weiter zurück die von Schanzen geschützte Anlage des die Belagerer belagernden Großwesirs.

In Westeuropa schüttelte man die Köpfe, als die ersten Berichte vom Kriegsschauplatz eintrafen. Wie konnte der Savoyer sich in eine solche Lage manövrieren lassen? Kamen ihm seine vielgerühmten Fähigkeiten langsam abhanden? Tatsächlich weiß man nicht genau, ob Eugen die verzwickte Situation bewußt heraufbeschworen hatte oder ob ihm ein Fehler unterlaufen war. Sicher ist nur, daß er seine Kaltblütigkeit keine Minute lang verlor und daß auch seine erlauchten Gäste nie das Gefühl hatten, ihr Leben sei ernsthaft bedroht.

Wie schon acht Jahre zuvor, als Malplaquet auf dem Spielplan des »Kriegstheaters« gestanden hatte, war Eugen auch jetzt eine ganze Schar von europäischen Adeligen nach Belgrad gefolgt, um das große

Ereignis nicht zu versäumen. Zwei lothringische Prinzen befanden sich unter ihnen, der Bruder des Königs von Portugal, ein Prinz Condé, sowie, von sechstausend Mann baierischer Truppen begleitet, der Sohn Max Emanuels. Daß Kurprinz Albrecht aus München Jahre später zum Exponenten des nächsten habsburgisch-wittelsbachischen Familienstreites aufrücken und darin eine ähnlich tragische Rolle spielen würde wie sein Vater, stand 1717 noch in den Sternen. Immerhin begehrte er bereits eine Tochter Josefs I. zur Frau.

Auf dem Plateau über Donau und Save ging es so weiter: Ein Spion meldete dem österreichischen Oberbefehlshaber, daß Chalil und Mustafa Pascha, der Kommandant von Belgrad, sein Lager am 17. August von beiden Seiten her angreifen wollten. Das Lied berichtet: »Als Prinz Eugenius dies vernommen, / Ließ er gleich zusammenkommen / Sein' General und Feldmarschall.« Er wollte den Türken durch einen Überraschungsangriff zuvorkommen. Das Wetter an diesem 16. August schien seinen Plan zu begünstigen. »Bei der Uhr um Mitternacht / Ganz still man ruckt' aus der Schanz.« Dichter Nebel lag über dem Gelände, als Eugen vierzigtausend Mann, den größten Teil seiner Streitmacht, gegen Chalil führte, während seine Artillerie die Festung unter Dauerbeschuß nahm. Der Prinz hoffte freilich auch auf »göttlichen Beistand« für einen »glücklichen Ausschlag des allergerechtesten, kaiserlichen und allgemeinen Vorhabens«. Wie sich erweisen sollte, brauchte er ihn. Als der Nebel gegen acht Uhr aufriß, erkannte Eugen, daß seine beiden Flügel bereits zu weit vorgedrungen waren und der mittlerweile alarmierte Chalil mit rasch gesammelten Truppen gegen das österreichische Zentrum vorstieß. Aber noch ehe die Türken sich ihres Vorteils recht bewußt geworden waren, traf der Prinz eine seiner schnellen Entscheidungen und griff selbst an. Es gelang ihm, die Lücke zwischen den beiden Truppenkörpern zu überbrücken. Der Rest war, heißt es im Lied, »fürwahr ein schöner Tanz«, wobei es sich fragt, wie das »schön« wohl betont werden soll. Lange dauerte »der Tanz« ohnehin nicht. Die osmanischen Streiter, von Eugens jäher Attacke überrascht, stoben auseinander. Eine Stunde nach dem Aufreißen des Nebels war schon alles vorbei.

Zwei Tage später ergab sich auch die Festung Belgrad gegen Zusicherung freien Abzugs. Und zum zweiten Mal seit 1688 wehte auf den Türmen des Kalemegdan die Flagge mit dem kaiserlichen Doppeladler. Im Frieden von Passarowitz erhielt Österreich dann das Banat sowie große Teile von Serbien und Bosnien zugesprochen. In ganz Europa gab es jetzt keinen Staat mehr, mit dem es sich hinsichtlich seiner Größe nicht hätte vergleichen können.

Aber was besagte das?

Als Eugen am 14. Mai 1717 nach Peterwardein abgereist war, hatte er noch einen Blick auf den nächsten habsburgischen Herrscher werfen können. Unglücklicherweise – nach des Kaisers Meinung – handelte es sich dabei nicht um einen Jungen, sondern um ein Mädchen. Am 13. Mai war Maria Theresia geboren worden.

V.

Eine Waffe aus Papier

Am Morgen des 25. August 1715 spielte vor dem königlichen Schlafzimmer in Versailles wie immer eine Militärkapelle mit Pauken und Oboen. Während der König zu Mittag aß, musizierte im Nebenraum ein vierundzwanzigköpfiges Streicherensemble. Nach dem Dejeuner erschien Ludwigs Leibarzt und schlug ihm vor, sein vom Brand befallenes Bein zu amputieren. Der König wollte wissen, ob sein Leben sich dadurch wesentlich verlängern würde. Als der Arzt verneinte, lehnte er die Operation ab. Dann begann Ludwig in aller Ruhe einige letzte Angelegenheiten zu ordnen. Der Sonnenkönig hinterließ seinen Nachfolgern ein wahrhaft schweres Erbe.

Die Gloire, der er einst nachgejagt war, vergoldete ein zwar vergrößertes, aber vollkommen ruiniertes Frankreich. Das von Colbert geschaffene, in aller Welt bewunderte Wirtschaftssystem lag völlig darnieder. Die Hälfte aller Franzosen vegetierte am Rand der Armut dahin; die Bauern gebärdeten sich als halbverhungerte Höhlenbewohner, um von der Steuer nicht noch mehr ausgesogen zu werden. In einigen Provinzen des Landes war die Bevölkerung um ein Drittel zurückgegangen, obwohl der Krieg sie nie berührt hatte; Wohlstand und Luxus gab es nur noch bei Hofe, also in Versailles. Aber die Baurechnungen für sein riesiges Schloß hatte Ludwig vorsichtshalber verbrennen lassen; das Volk sollte nicht wissen, daß sie sich auf über 116 Millionen Livres beliefen, nach heutigem Wert eine Milliardensumme. Den sterbenden, siebenundsiebzigjährigen König bekümmerte jedoch vor allem, daß er nicht wußte, wie es nach seinem Tod weitergehen würde.

In seinem langen Dasein hatte Ludwig drei mögliche Kronprinzen überlebt, einen Sohn und zwei Enkel; der dritte Enkel, Philipp von Anjou, regierte in Spanien; er hatte auf den Thron von Frankreich verzichtet. Als Nachfolger stand somit nur noch Ludwigs gleichnamiger Urenkel zur Verfügung, ein schwächliches Kind von fünf Jahren, über dessen Lebenserwartung sich kein Arzt zu äußern wagte.

Hätte Ludwigs Blick aber bis nach Wien hinübergereicht, wo seine Rivalen im Kampf um das spanische Erbe residierten, wäre er möglicherweise auch noch dem Eindruck erlegen, diesen hätte die lange, blutige Auseinandersetzung alles das eingebracht, was seinem Land verlorengegangen war. Die habsburgische Hauptstadt, vor kurzem noch eine hart bedrängte Grenzfestung gegen die Türken, blühte wie nie zuvor in ihrer Geschichte. Sie wuchs über die alten engen Mauern hinaus und schien sogar Paris zu überstrahlen. In dem neuen Wien aber nahm auch das Reich wieder Gestalt an – zumindest mochte dieser Eindruck sich aufdrängen, wenn man die Bauwerke ins Auge faßte, die dort aus dem Boden wuchsen.

Wer würde Ludwigs gewaltiges Schloß noch beachtenswert finden, wenn erst einmal die neue Habsburgerresidenz Schönbrunn fertig geworden war! Kein starres Gitterwerk aus Achsen und Querachsen entstand hier, sondern eine riesenhafte Anlage, deren geschwungene Flügel ein kreisrundes Becken umrahmten, den Hügel beherrschten, von dem man auf Wien hinab und bis fast zu den Grenzen Ungarns hinüberblicken konnte, zu ihren Füßen, mit kolossalen Terrassen, Rampen und einer Brunnenanlage, der gestufte Vorhof, der über endlos lange Wege in die Niederungen des gewöhnlichen Lebens hinabführte. Paläste wie diesen konnten nur Herrscher projektieren, die von dem Bewußtsein, über allen anderen Herrschern der Welt zu stehen, vollkommen durchtränkt waren, keine gewöhnlichen Könige von Gottes Gnaden, sondern Vertreter einer allenfalls noch mit der römischen Kirche vergleichbaren Institution. Was sie in Stein und Stuck verewigt haben wollten, war auch Programm, war eine Idee, die, in Worte gefaßt, alle geltenden Maßstäbe gesprengt hätte. Deshalb wurde diese Idee auf ausufernde Weise nur beschworen: Schönbrunn ein Über-Versailles, Klosterneuburg ein zweiter Escorial.

Das alte Stift, nordöstlich Wiens, hoch über der Donau gelegen, war einst eine Pfalz der babenbergischen Herzöge in Österreich gewesen. Nun wollte Karl VI. es zu einem Gegenstück der Residenz Philipps II. von Spanien ausbauen lassen und damit auch signalisieren, daß er auf das iberische Erbe Karls V. noch immer nicht verzichtet hatte. Auch der Escorial war ja Regierungssitz und Kloster in einem gewesen. Johann Bernhard Fischer, seit 1696 Baron Fischer von Erlach, hatte im

Auftrag Leopolds I. die Schönbrunner Anlage entworfen. Der Italiener Felice d'Allio unternahm es, den Träumen Karls VI. in Klosterneuburg Monument und Heimstatt zu schaffen. Er entwarf einen gigantischen, burgähnlichen Komplex, bestehend aus vier großen Innenhöfen, überragt von neun Kuppeln, deren jede eine Krone des Hauses Österreich tragen sollte, die mittlere das kaiserliche Diadem, die seitlichen sechs Herzogshüte sowie Wenzelskrone und Stephanskrone. Kirche und Kaisersaal waren einander architektonisch gleichwertig zugeordnet, getreu der mittelalterlichen Idee, der Papst und der Herrscher des Reiches verkörperten gemeinsam die Christenheit. Das Treppenhaus wurde vom Reichsadler bewacht. Und so, wie der Kaiser bauen ließ, bauten auch seine Untertanen.

Vor den Toren Wiens in Göttweig wurde unter der Leitung des ehemaligen Militäringenieurs Johann Lucas von Hildebrandt an einer wahren Gralsburg im Barockstil gearbeitet. Über dräuenden Festungsmauern ein in zwei Stufen emporsteigendes Schloß mit einem großen, vier kleineren Innenhöfen, gekrönt von der hoch aufragenden Kirchenkuppel. Auch diese Anlage war Kloster und Residenz zugleich – oder eigentlich eine Pfalz, die den Kaiser beherbergen sollte, wenn er, wie seine mittelalterlichen Vorgänger, die noch keine Hauptstadt kannten, das Land bereiste. Eines der schönsten Treppenhäuser Europas erwartete ihn im Inneren – natürlich wurde es »Kaiserstiege« genannt; dazu Kaiserzimmer samt »Kaisersaal«, wie man sie damals in fast jedem Kloster, aber auch in vielen süddeutschen Fürstenresidenzen einrichtete. Die Stände des Reiches schienen wirklich darauf zu warten, daß ihr Herrscher käme, sie zu besuchen, und daß er in den für ihn geschaffenen Gehäusen wieder das »rîche« verkörpere.

An der Decke des Göttweiger Treppenhauses ist Karl VI. als Sonnengott verewigt. In der Wiener Nationalbibliothek thront derselbe Habsburg als Herrscher des Himmels wie der Erde und als Nachfolger auch der byzantinischen Kaiser. Umgeben ist er von den »Tugenden«, den Künsten und Wissenschaften, zu seinen Füßen die in die Tiefe stürzenden »Laster«, Türken und protestantische Prediger unter ihnen. Wahrlich, kein Habsburg, ja kein anderer Herrscher der Neuzeit überhaupt ist jemals von Architekten, Malern, Komponisten so verherrlicht worden wie der Sohn Leopolds I., dem man als größtes Verdienst bisher zuschreiben konnte, daß der Spanische Erbfolgekrieg für Österreich so günstig zu Ende gegangen war.

Das gewaltigste Monument für diesen Kaiser indessen ist zweifellos die Wiener Karlskirche. Sie bezieht sich mit ihren verschiedenen Bauelementen auf alle Herrscher der Vergangenheit, die als Karls Vorgänger galten und für deren Erben er sich hielt: Salomon, Trajan, Justinian, Karl der Große und Karl V. Als kuppelgekrönter Zentralbau mit griechischem Tempelportikus soll dieses Gotteshaus sowohl an den Tempel von Jerusalem wie an die Hagia Sophia in Konstantinopel oder den Aachener Dom erinnern. Die beiden riesigen Säulen vor ihrem Eingang symbolisieren die Säulen des Herkules, Gibraltar also, das Tor zu den amerikanischen Kolonien der spanischen Habsburger. Somit unterstreichen auch sie den in den Augen des Herrschers bestehenden Anspruch auf das iberische Erbe. Es ist überhaupt ein Grundthema seines steingewordenen Regierungsprogramms, und es verdeutlicht am ehesten, welche Ansprüche Karl VI. an die Welt wie an sich stellte.

Nach dem inneren Gesetz seines Hauses konnte und durfte der Habsburg nicht zulassen, daß Habsburg etwas verloren gab, was es einmal besessen hatte, oder daß es etwas fahrenließ, was ihm nach eigener Ansicht noch zustand, etwa das von den Türken beherrschte ehemalige Weltreich der byzantinischen Kaiser. Schon Maximilian I. hatte davon geträumt, es zu gewinnen. Und bereits der Doppeladler des Reiches, der mehr und mehr zu Habsburgs eigenem Wappenvogel wurde, stammte aus Byzanz. Das Erzhaus hatte die Grenze zwischen Wirklichkeit und Traum von jeher souverän ignoriert. Karl war einer seiner klassischen Repräsentanten.

Wenn er seinerseits den in Versailles dahinsiechenden Ludwig XIV. heraufbeschworen hätte, wäre ihm denn auch möglicherweise Genugtuung widerfahren. Der Franzose war mit seinen Projekten, die ebenfalls von habsburgischen Vorstellungen geprägt waren, mehr oder weniger gescheitert. Karl selbst konnte seine eigenen Träume noch unangefochten ausleben.

Freilich: Der Sonnenkönig hatte den Programmbau Versailles wenigstens fertiggestellt, das von Fischer von Erlach konzipierte Über-Versailles vor den Toren Wiens hingegen blieb weitgehend Entwurf, der Klosterneuburger Escorial ein Torso. Und auch die Prunkpfalz Göttweig nahm keineswegs die von Hildebrandt konzipierte Gestalt an, denn ihren benediktinischen Bauherrn ging vorzeitig das Geld aus. Karl selbst hat nie auch nur halb so prächtig gewohnt wie sein oberster Feldherr Prinz Eugen.

Außerhalb der alten Wiener Befestigungsanlagen wuchsen in der Barockzeit die Sommerpaläste des Adels empor, ein stellenweise fast lückenloser Kranz von prachtvollen, der Stadt zugewandten Schaufronten. Der weitaus formvollendetste unter ihnen war Eugens Oberes und Unteres Belvedere. Lucas von Hildebrandt hatte die Anlage als Gesamtkunstwerk geschaffen. Sie schwebt über den Wasserspielen des Gartens und verwandelt sich, wenn man sie betritt und auf sich wirken läßt: von unten ein beinahe idyllisch hingelagerter Landsitz (oder eine kostbare Schmuckschatulle), von oben die einzige von zwei Residenzen in und um Wien, denen die Stadt wirklich zu Füßen liegt. Der Kaiser konnte aus den Fenstern des Schlosses Favorita auf das vom Stephansdom überragte Häusermeer herabblicken, Eugen vom Oberen Belvedere.

Es mutet sogar an, als habe der Prinz auch diese Position auf die ihm eigene leichte und elegante Weise erobert. Während Karl sich fast schwitzend um angemessene architektonische Repräsentanz bemühte, ließ der Savoyer von seinem Lieblingsarchitekten auf dem einzigen dafür geeigneten Baugrund dieses feenhafte Gebilde hinzaubern, einen leicht orientalischen Anhauch darüberwerfen und so auch seine eigene Fremdartigkeit noch einmal betonen. Alles dies entsprach ohnehin den realen Gegebenheiten. Prinz Eugen hatte dem Kaiser die Möglichkeit verschafft, sich seinen ausschweifenden Ideenspielereien hinzugeben. Damit würde es vorbei sein, wenn er nicht mehr war. Das Belvedere bezeugte, wie es um Habsburg wirklich stand.

Sieben Tage nachdem er die Amputation seines Beines abgelehnt hatte, am 1. September 1715, starb in Versailles Ludwig XIV. Der Sonnenkönig ging dahin, wie er gelebt hatte: trotz grauenhafter Schmerzen würdig und gefaßt. Obwohl Louis-Dieudonné unermeßliches Elend über sein Land gebracht hatte, konnte niemand ihm nachsagen, er sei ein schlechter Mensch gewesen. Im Gegenteil. Ludwig war seinen Freunden stets ein unerschütterlicher treuer Freund, seinen Mitarbeitern ein großmütiger Vorgesetzter, den Angehörigen seiner Familie – auch den außerehelichen, mit Mätressen gezeugten Kindern – ein fürsorglicher Vater. Darin glich er zumindest zweien der Vettern, mit denen er sich herumgeschlagen hatte: Leopold und Karl.

Doch darf der Franzose auch deshalb ein Mitglied der Familie Habsburg genannt werden, weil er für eine eigene, höchstpersönliche

Utopie gelebt hatte, für eine Vorstellung von der Welt, die sich nur erklären läßt, wenn man ihn eben dem Erzhaus zurechnet und ihm einen Anspruch auf dessen jahrhundertealtes Erbe zubilligt. Aus guten Gründen hielt er sich den Vettern in Wien für ebenbürtig; dieses Motiv vor allem erklärt seine Machtpolitik und seine Art, sich selber darzustellen. Wollte man ihn aber wegen der vielen von ihm geführten Kriege verurteilen, müßte man Habsburg mitverdammen, denn beide, die deutschen Herrscher und der Franzose, taten auf jeweils eigene Weise das gleiche; ihre Auseinandersetzungen waren ein einziger Streit zwischen Verwandten. Die betroffenen Völker nahmen es zumindest als gegeben hin. Sie billigten dem einen wie den anderen das Recht zu, nach eigenen Maßstäben zu handeln, obwohl der Preis dafür von ihnen bezahlt werden mußte und der Lohn nur gering zu sein schien. War er es wirklich? Ebensogut könnte man vermuten, die Träume der Herrscher hätten auch ihrem Dasein Glanz verliehen und ihm so etwas wie einen Sinn gegeben. Zumindest mögen die Völker – wenigstens gelegentlich – das Gefühl gehabt haben, an einem großen erhabenen Schauspiel teilzunehmen: hienieden sie selbst, in den Wolken ihre götterähnlichen Vorkämpfer. Den bitteren Nachgeschmack dieses Rausches spürten sie ohnehin erst sehr viel später auf der Zunge: Aus dem Zwist der Dynastien erwuchs der Nationalhaß, aus der französisch-österreichischen Gegnerschaft die deutsch-französische »Erbfeindschaft«, das gewissermaßen säkularisierte Restprodukt eines vormals mythisch verklärten Geschehens.

Im übrigen herrschten zur Zeit von Ludwigs Tod in beiden verfeindeten Familien ziemlich ähnliche Zustände. Der Sonnenkönig konnte nicht wissen, ob sein leiblicher Erbe die Last würde schultern können, die er ihm hinterließ. Karl VI. war schon als Achtundzwanzigjähriger davon überzeugt, er sei der letzte Habsburg und sein Haus erlösche mit ihm im Mannesstamm. Diese Sorge überschattete alles, was er nach 1713 unternahm, und drückte seiner ganzen weiteren Politik ihren Stempel auf. Mit den Bemühungen aber, das Nachfolgeproblem zu lösen, verspielte der in so ausschweifende Vorstellungen versponnene Kaiser die eben erst gewonnene österreichische Großmachtstellung.

Während seiner ganzen bisherigen Geschichte war es dem Erzhaus nur selten schwergefallen, den Übergang von einer Herrschergeneration zur anderen zu bewältigen. Selbst als vor dem Dreißigjährigen Krieg zwei kinderlose Kaiser einander auf dem Thron abgelöst hatten, Rudolf II. und Mathias, war das Korps der Erzherzöge kopfstark genug gewesen, um dieses Manko auszugleichen. Auch der unerwartet frühe Tod Ferdinands IV. hatte die Dynastie nicht in Verlegenheit gebracht. Für ihn war Bruder Leopold in die Bresche gesprungen, nicht anders, als später der aus Spanien zurückgeholte Karl VI. die Stelle Josefs I. einnehmen sollte, ohne daß sich dabei innerfamiliäre, innenpolitische oder, noch undenkbarer, außenpolitische Schwierigkeiten ergeben hätten. Nun jedoch – zumindest sah es so der zutiefst pessimistische und stets auf Vorsorge bedachte Karl – hatte sich die Lage auf einmal bedrohlich verändert: Der Ehe des geschlechtskranken Josef waren nur zwei überlebende Töchter entsprungen, er selbst besaß fünf Jahre nach seiner Hochzeit überhaupt noch kein Kind. Dieser Umstand stürzte Karl in eine tiefe, für Außenstehende kaum nachvollziehbare Verzweiflung. Er war doch noch nicht einmal dreißig, seine Frau Elisabeth Christine sogar erst zweiundzwanzig Jahre alt. Weshalb konzentrierte er sich nicht einfach auf die wichtigste Pflicht eines Dynasten? Selbst der homosexuelle Ludwig XIII. hatte ja seinerzeit diese Aufgabe bewältigt. Karl indessen war nun einmal so, wie er war. Er meinte, die Welt beherrschen zu können, glaubte aber nicht einmal an sein eigenes Familienglück.

So geschah es denn, daß »auf den Neunzehenden April Siebenzehnhundertunddreyzehn umb zehn Uhr« alle »hier in Wien anwesenden Geheimen Räte an dem gewöhnlichen Ort zu erscheinen« hatten, damit der Kaiser ihnen verkünden konnte, wie er die Zukunft der Casa de Austria zu sichern gedenke, falls er wirklich kinderlos bliebe. Karl empfing die Notabeln in der »geheimen Ratsstube« unter einem Baldachin und »hinter dem gewöhnlichen kaiserlichen Tisch«. Prinz Eugen befand sich unter den Anwesenden, ferner ein Fürst Schwarzenberg, ein Graf Dietrichstein, der Reichshofratspräsident, der ungarische Kanzler, der niederösterreichische Statthalter, der Reichsvizekanzler, der Erzbischof von Valencia, ein königlich spanischer Geheimer Staatssekretär, aber auch die Obersthofmeister der Kaiserinmutter Eleonora und der Witwe Josefs I. Vor allem die letztere sollte von dem, was ihr Vertreter zu hören bekam, auf direkte Weise betroffen sein.

Der Obersthofmeister erfuhr nämlich, daß zwei noch von Leopold unterfertigte und gesiegelte Dokumente hinfort keine Gültigkeit mehr besäßen: ein sogenanntes »Originalakzeptationsinstrument« und ein

»Sukzessionsinstrument«, beide verfaßt, als Karl nach Spanien gegangen war und auf den habsburgischen Hausbesitz in Deutschland zugunsten der Erben von Josef I. verzichtet hatte. Statt dessen wurde jetzt verfügt, daß außer den »an Ihre Kaiserliche Majestät übertragenen spanischen Erbkönigreichen und Ländern nach weiland Ihres Herrn Bruders Majestät und Liebden ohne Hinterlassung männlicher Erben erfolgtem Hintritt nunmehr auch dessen gesamte Erbkönigreiche und Länder an Ihre Majestät gefallen seien« und daß die Länder der Doppelmonarchie bei »Ihr«, also bei Karl, »ungeteilt zu verbleiben hätten; nach dem Erlöschen Ihres Mannesstammes aber – was Gott verhüten wolle! – nach Ordnung und Recht der Primogenitur gleichermaßen ungeteilt an Ihre ehelichen Töchter«. Wenn jedoch auch diese ausblieben, »an Ihres Herrn Bruders Josephs Töchter und deren eheliche Deszendenten gelangen sollten«.

Aus dem krausen Kanzleideutsch übersetzt: Josefs Töchter wurden zugunsten der künftigen Nachkommen Karls enterbt. Und nur für den Fall, daß auch der derzeitige Chef des Hauses überhaupt keine Kinder mehr bekommen sollte, würden sie wieder in ihre alten Rechte eintreten. Nach ihnen käme dann, an dritter Stelle, Maria Magdalena, die noch unverheiratete Schwester Karls, samt Sprößlingen, falls ihr solche beschert werden sollten (was aber nie geschah).

Die ganze am 19. April 1713 verlesene, siebeneinhalb Seiten umfassende protokollarische Erklärung galt als Kernstück einer »Sanctio Pragmatica«, eines grundlegenden Haus- oder Staatsgesetzes. Dabei schien diese später so berühmt gewordene »Pragmatische Sanktion« zunächst nur eine Operation mit höchst unvorhersehbaren Möglichkeiten und Negativgrößen zu sein. Ihr bezeichnendster Satz ist die Einfügung »was Gott verhüten wolle«, aber gedacht war sie für den Fall, daß Gott es eben nicht verhütete, daß Karl ohne Sohn bliebe. Sollte er dennoch eintreten, der unerwünschte Fall, dann müßte seine zu dieser Zeit ebenfalls noch ungeborene älteste Tochter die verschiedenen Kronen und die Erblande übernehmen. Das war vordergründig die Quintessenz des vorgelesenen Dokuments. Hätte man eine zwar radikale, aber doch so einfache Regelung nicht auch auf weniger gravitätische Weise treffen können?

Was in den Köpfen der vor dem »gewöhnlichen kaiserlichen Tisch« verharrenden Würdenträger vorging, nachdem sie den Vortrag des protokollführenden Hofkanzlers gehört und einigermaßen verarbeitet hatten, ist natürlich nicht überliefert. Einer verwirrten Nachwelt fiel es deshalb leicht, zumindest einem von ihnen, Prinz Eugen, zu unterstellen, er sei zutiefst befremdet gewesen. Wenn Habsburg schon die weibliche Erbfolge einführen wolle, soll er später zu Karl gesagt haben, dann möge es dies einfach bekunden, möge ein Heer von hundertachtzigtausend Mann aufstellen, für eine wohlgefüllte Staatskasse sorgen und jedem die Zähne zeigen, der etwas dagegen einzuwenden habe. Man meint, zwischen den Zeilen sein italienisches »Basta« zu hören.

Daß Eugen dergleichen jemals von sich gegeben hat, ist indessen nicht nur unerwiesen, sondern auch unwahrscheinlich. Der markige Einwand scheint ihm in Wirklichkeit von einem Mann in den Mund gelegt worden zu sein, dessen Denkungsart ein solches Argument exakt entsprach: Friedrich II. von Preußen. Nur in einem Brief von ihm findet man das oft und gern zitierte Wort, wodurch sich die Wahrscheinlichkeit, daß es nicht von Eugen stamme, sogar noch erhöht. Der alternde Feldherr nämlich dachte durchaus anders als der junge Preuße – er dachte habsburgisch. Deshalb dürfte er die »Pragmatische Sanktion« in Wirklichkeit ohne Wimpernzucken, ja sogar mit Beifall zur Kenntnis genommen haben.

Ebenso kann man davon ausgehen, daß die übrigen »Herrn Geheimen Räte und Minister« nicht anders dachten, und zwar aus demselben Grund wie Eugen: Sie erkannten die wahre Bedeutung der »Sanctio« sehr wohl, wußten, daß dieses knappe Papier in der Tat nichts weniger war als ein grundlegendes Gesetz. Seine Annahme kam einer Reform des Habsburgerreiches gleich.

Mit, so gesehen, wirklich nur wenigen Federstrichen hatte Karl eine bis dahin ziemlich ungegliederte Ballung von verschiedenartigen Gemeinwesen, Königreichen, Herzogtümern, Markgrafschaften zu einer realen Einheit zusammengefügt und ihr nach außen hin ein völlig neues Gesicht verliehen. Das spiegelt sich vor allem in dem mehrmals benutzten Wort »ungeteilt«. Es besagte, daß das Erzhaus sich verpflichte, seine Länder, einschließlich Ungarns, nie mehr auseinanderzureißen, also willkürlich über sie zu verfügen, und legte diesen Ländern gleichzeitig die Pflicht auf, für immer bei dem gemeinsamen Ganzen zu bleiben. Überspitzt ausgedrückt könnte man auch sagen, Habsburg habe sich mit der Pragmatischen Sanktion zum eigenständigen, vom Reich abgetrennten Staat erklärt. Auf alle Fälle ist die »Sanctio« eine der Geburtsurkunden des späteren Kaiserreiches Österreich.

Da aber vor allem Karl selbst klar war, worauf sein Erlaß hinzielte, wußte er auch, daß dieser einer politischen Bombe glich, und befahl deshalb, ihn vorerst noch streng geheimzuhalten. Erst wenn das zitierte Stoßgebet, jenes, »was Gott verhüten wolle«, den Adressaten nicht erreichte, war die Sprengladung entsichert und mußte gezündet werden. Es würde geschehen, indem man das Papier veröffentlichte und zunächst einmal alle habsburgischen Länder, danach den Rest der Welt aufforderte, seine Bestimmungen anzuerkennen. Das wiederum würde darauf hinauslaufen, daß Europa eine Veränderung seiner inneren Struktur akzeptieren mußte.

Drei Jahre später hofften alle Eingeweihten, die Bombe könne doch im Arsenal bleiben: Am 12. April 1716 wurde Karl ein Sohn geboren. Nochmals sieben Monate danach hatte sich die Hoffnung wieder verflüchtigt: Der kleine Erzherzog Leopold war in der Wiege gestorben. Ein Jahr darauf kam dann der Tag, an dem Prinz Eugen nach Belgrad abreiste, den Anblick eines Babys, das später Maria Theresia heißen sollte, im Gedächtnis bewahrend. Und schon Anfang 1718 wurde die »weiße Liesl« ein weiteres Mal schwanger, brachte jedoch im September erneut »nur« ein Mädchen zur Welt. In Karl verdichtete sich daraufhin die Befürchtung, ihm sei kein Sohn mehr beschieden, zur Gewißheit, weshalb er seinen dunklen Ahnungen nachgab und 1720 die Pragmatische Sanktion aus der Schublade holte. Es geschah, vier Jahre bevor ihm sein viertes und letztes Kind geboren wurde – wieder eine Tochter.

Als das damals jüngste Habsburgermädchen den ersten Schrei ausstieß, stand Karl schon mitten im Kampf um die Durchsetzung seiner neuen Erbfolgeregelung. Er schien dabei viel schneller voranzukommen, als er anfangs gedacht hatte.

Der Adel und die Städte von Oberösterreich, Niederösterreich, Kärnten, der Steiermark, Krain und Tirol, die sich Reste ihrer ständischen Verfassungen bewahrt hatten, nahmen die Sanctio noch 1720 an. Etwas länger sträubten sich die Böhmen, wenn auch aus guten, rechtlichen Gründen. Ihr Land verfügte über eine Stimme bei den Kaiserwahlen, und sogenannte »Kurländern« durften laut Reichsgesetz nicht in weiblicher Linie vererbt werden. Außerdem besagte ein noch von Kaiser Ferdinand I. unterfertigter Staatsvertrag mit Baiern, daß Böhmen an das Haus Wittelsbach falle, wenn Habsburg in männlicher Linie ausstürbe. Diese Vorbehalte ließen sich jedoch relativ leicht aus der Welt schaffen; Böhmens Adel wollte, wie auch der von Schlesien und Mähren, bei Österreich bleiben.

Etwas länger als die tschechischen Nachfahren der Hussiten sträubten sich Siebenbürgens Protestanten gegen das neue Gesetz, weil es auch festschrieb, über die habsburgischen Lande dürfe nur ein römisch-katholischer Christ herrschen. Und am längsten verteidigten die Ungarn ihren Ruf, von Gott zur Geisel des Erzhauses bestimmt zu sein. 1723 lenkten indessen auch sie ein, nachdem die Sanctio durch einen umfänglichen und umständlichen Anhang in lateinischer Sprache ergänzt worden war. Unter anderem enthielt er die Bestimmung, das Erbfolgerecht gelte nicht für die Nachkommen von Erzherzoginnen aus der Zeit von Leopold I. Mit gutem Grund, so scheint es, hat sich aus dem in magyarischen Gesetzestexten so häufig vorkommenden Wort »simile« (Formular) der deutsche Begriff Amts»schimmel« herausgebildet.

Zu den ersten, die Karl wirklich ernsthafte Schwierigkeiten bereiteten, gehörten seine Nichten Maria Josefa und Maria Amalia, die Töchter Josefs I. – sie sollten ja ihrer endgültigen Enterbung zustimmen. Josefa hatte Kurfürst August III. von Sachsen geheiratet, Amalia Karl Albrecht von Baiern, den Sohn Max Emanuels, jenen jungen Mann, der einst zu Prinz Eugen in das Belgrader Lager gekommen war. Daß die ehemaligen Erzherzoginnen vor ihrer Hochzeit die sie betreffenden Klauseln der Pragmatischen Sanktion feierlich beschworen hatten, wollte nun keine von ihnen mehr wahrhaben – oder vielmehr: Ihre Männer wollten es nicht. Der Sachse und der Baier schlossen sich in einem Defensivbündnis zusammen, von dem der eine, nämlich August III., später profitieren sollte, während der andere nur so etwas wie die Wiederauflage der Geschichte seines Vaters erlebte. Der Knoten der ungeheuer vielen Handlungsstränge, die in dem Drama »Pragmatische Sanktion und ihre Folgen« zusammenlaufen sollten, hatte sich zu schürzen begonnen. Die nächste Szene spielt in Spanien. Sie ist ein reines Intrigenstück.

Philipp V., der Enkel Ludwigs XIV., Sieger im Kampf um das iberische Reich, mit Karl VI. offiziell noch immer im Krieg stehend, hatte 1714 in zweiter Ehe die Italienerin Elisabeth Farnese aus Parma geheiratet (da es den Namen Elisabeth in Spanien nicht gibt, wurde sie dort Isabella genannt). Isabella beeindruckte selbst Friedrich den Großen. Der preußische Kronprinz bescheinigte ihr »das stolze Herz eines Römers«, den »Mannesmut des Engländers, die Feinheit des Italieners, das Feuer des Franzosen«, kurzum: »ein großes Weib«. Philipp, der sich schon immer von Frauen hatte beherrschen lassen, war seiner jungen Gemahlin vollkommen ausgeliefert. Nur an einem ließ er nicht den geringsten Zweifel: Isabellas Söhne würden ihm nie auf den Thron nachfolgen, denn der war seinem Erstgeborenen oder dessen jüngerem Bruder vorbehalten.

Die Parmesanerin nahm das Dictum hin, konzentrierte sich aber bald darauf, für ihre rasch nacheinander geborenen Sprößlinge Don Carlos und Don Felipe anderswo ein würdiges Erbe zu gewinnen. Der Mann, auf den sie dabei vor allem baute, hieß Giulio Alberoni.

Alberoni stammte, wie sie, aus Italien und hatte eine atemberaubend steile Karriere hinter sich. Mit vierzehn Jahren Glöckner am Dom von Piacenza, dann Mönch, Abbé, Dolmetscher, Vertrauter des Herzogs von Vendôme im Erbfolgekrieg, schließlich parmesanischer Konsul in Spanien und seit Isabellas Hochzeit mit Philipp Erster Minister am Madrider Hof. Der geschmeidige Aufsteiger sollte später auch noch Kardinal werden, doch zunächst einmal stürzte er Habsburg in einen militärischen Konflikt, den ältere österreichische Historiker etwas herablassend die »Alberonischen Händel« nennen. Es ging darin um nicht weniger als den Versuch, Kaiser Karl seinen eben erst gewonnenen italienischen Besitz wieder abzunehmen und ihn an Isabellas Söhne zu übertragen. Das Unternehmen schien auf Anhieb zu gelingen.

Im August 1717 verließ eine spanische Flotte mit unbekanntem Ziel den Hafen von Barcelona. Erst nachdem der kommandierende Admiral auf hoher See seine versiegelte Order geöffnet hatte, wußte er, wohin die Reise ging. Sardinien, seit dem Frieden von Rastatt zu Österreich gehörend, sollte im Handstreich genommen werden. Drei Monate später war es genommen. Alberonis Agenten strickten zu dieser Zeit bereits an einem Netz von Verschwörungen, Geheimabsprachen, Komplotten, das halb Europa überspannte.

Zusammen mit den Schweden wollte der Minister, wenn nicht gleichzeitig, so doch in kurzer Abfolge, England überfallen, Philipp von Orléans, den Vormund des minderjährigen Ludwig XV., entführen, die Türken zu einem neuen Angriff, die ungarischen Kuruzzen zu einem neuen Aufstand gegen Habsburg anstacheln. Und während dies alles geschah, knüpfte Alberoni nicht nur Freundschaftsverhandlungen mit dem Kaiser an, sondern schickte 1718 auch eine zweite Flotte mit versiegelter Order ins Mittelmeer. Diesmal sollte den Herzögen von Savoyen ihre Insel Sizilien entrissen werden; es schien wiederum zu gelingen. Aber natürlich konnte ein solch aberwitziges Spiel, wie Isabellas Vertrauter es trieb, letztendlich doch nicht aufgehen.

1718 war auch das Jahr, in dem die Türken, nach der Eroberung von Belgrad, Frieden anboten, in dem Alberonis schwedischer Bündnispartner starb (der sich ebenfalls überschätzende Karl XII.), die Verschwörung gegen Philipp von Orléans aufgedeckt wurde und England erwachte. Die drei durch Spanien bedrohten Mächte schlossen sich mit Holland zusammen, und zwei von ihnen, England und Frankreich, griffen Philipps Königreich an, die eine zur See, die andere über die Pyrenäen hinweg. Als Madrid daraufhin um Frieden bat, nannten Paris und London ihre Bedingungen. Die wichtigste lautete: Alberoni muß verschwinden. Eine Karriere, wie sie nur zu Zeiten gemacht werden kann, in denen Intrigen, Verschwörungen, Vertragsbrüche als legitime Mittel der Politik gelten, ging abrupt zu Ende. Aber gerade in solch einer Zeit versuchte Karl VI. seinen internen Hausvertrag, die Sanctio, mit diplomatischen Mitteln in Europa durchzusetzen.

Nachdem Alberoni Madrid in Richtung Rom verlassen hatte, mußte der Kaiser, seinen französischen und britischen Partnern zuliebe, zunächst einmal endgültig auf die spanische Krone verzichten, also mit Philipp V. Frieden schließen. Dann mußte er Sardinien gegen Sizilien eintauschen (ohne schon ahnen zu können, daß das Haus Savoyen, dem die Insel zufiel, seinen Nachfahren eines späteren Tages den restlichen österreichischen Besitz auf dem Stiefel entreißen und das Königreich Italien ins Leben rufen würde). Kaum war aber das geschluckt, da saßen Karls Räte in Wien Alberonis Nachfolger gegenüber, dem aus Holland stammenden Willem Ripperda, um die eben erst geschaffenen Verhältnisse wieder umzustoßen. Von da an begannen die Fäden sich heillos zu verwirren.

Die »spanische Clique« in Wien bediente sich geschickt der schmerzlichen Gefühle, welche der erzwungene Verzicht auf die spanische Krone bei dem Kaiser ausgelöst hatte. Mußte man das iberische Erbe aber wirklich schon verloren geben? Königin Isabella hatte Söhne, der Kaiser Töchter. Warum nicht Maria Theresia an Don Carlos geben und eine ihrer Schwestern an Don Felipe? Die beiden ehemaligen

Hälften des von Karl V. beherrschten Gesamtreiches konnten so eines Tages wieder zusammenwachsen. Der geradezu abenteuerliche Vorschlag – Carlos und Felipe waren von der Thronfolge ja ausgeschlossen – zerriß dem armen Karl das Herz noch mehr. Die »Spanier« drängten, ihn anzunehmen, Ripperda versprach, sich dafür stark zu machen, nur Prinz Eugen riet mit dem Ausdruck des Entsetzens ab. Da aber Graf Althan, auf den die spanische Clique stets bauen und der dem Kaiser fast jedes Argument hatte einreden können, damals schon tot war, setzte Eugen sich schließlich durch, wenigstens teilweise. Wien gab dem Abgesandten Philipps V. allerlei unbestimmte Zusagen, schloß einen Handelsvertrag mit Spanien, legte sich jedoch in der Heiratsfrage nicht fest. Dafür kassierte es zunächst einmal den Preis, auf welchen es Karl, jetzt wieder, in erster Linie ankam: Die Pragmatische Sanktion wurde von Madrid anerkannt.

Als indes die Spanier erkannten, daß sie nur hingehalten werden sollten, ließen sie auch Ripperda in der Versenkung verschwinden und suchten die Nähe Frankreichs und Englands, ihrer Feinde von gestern. Diese wiederum gestanden Königin Isabella zu, wonach sie immer verlangt hatte. Der letzte toskanische Großherzog aus dem Hause Medici (er war kinderlos) wurde bewogen, Isabellas ältesten Sohn als seinen Nachfolger einzusetzen und ihm somit ein Stück Italien zu übertragen, das der Kaiser als altes Reichslehen beanspruchte. Karl erhob heftigen Einspruch gegen diese Abmachung, wurde aber von London aus höflich gefragt, ob er denn nicht wolle, daß auch England seine Pragmatische Sanktion anerkenne. Resigniert ließ er daraufhin die zum Protest erhobenen Hände sinken, trat der Vereinbarung bei und erhielt, was er begehrte – in Raten. England wollte die Sanctio auf einmal nur akzeptieren, wenn er vorher auch jenes für britische Kaufleute so lästige Konkurrenzunternehmen liquidierte, die Ostendische Handelskompanie. Wie sollte der Habsburg sich solcher Erpressung erwehren? Er liquidierte.

Während dieser Wirbel von Ereignissen über die Bühne ging, waren des Kaisers Diplomaten an den anderen Fronten nicht untätig gewesen. Sie hatten sogar wahre Großoffensiven eröffnet und konnten eine Erfolgsmeldung nach der anderen ins Wiener Hauptquartier schicken. Katharina I., Witwe Peters des Großen, Kaiserin von ganz Rußland, hatte die »Sanctio« nicht nur anerkannt, sondern sich sogar bereiterklärt, Habsburg dreißigtausend Mann zu stellen, falls es wegen der

Erbfolgeregelung angegriffen würde. Es wird gemunkelt, das entsprechende Dokument, das sie, die Analphabetin, nicht lesen konnte, habe Katharina vor allem deswegen unterschrieben, weil ihr Liebhaber, Aleksej Danilowitsch Menschikow, sich so gern mit dem Goldenen Vlies schmücken wollte. Auch Preußen wurde ein Jahr später, 1726, mit Österreich handelseinig. Es versprach für den Kriegsfall zehntausend Mann Hilfstruppen (Friedrich Wilhelm I. war der wohl kaisertreueste aller deutschen Fürsten). Ihm folgte 1736 das Reich nach, die Doppelmonarchie dadurch zum ersten Mal als eine eigenständige Macht anerkennend. Wenige Monate später trat Dänemark dem österreichisch-russischen Bündnis bei – für einen geringen Preis: Es wollte seinen Anspruch auf Teile Schleswigs garantiert bekommen. Fehlte also nach sechzehn Jahren voll hektischer Aktivität eigentlich nur noch die Unterschrift Ludwigs von Frankreich.

Kardinal Fleury, der in Paris amtierende Leitende Minister des Königreiches, wäre möglicherweise sogar bereit gewesen, Karl den Gefallen zu tun. Ehe er aber eine Entscheidung treffen konnte, erwies es sich wieder einmal, daß der Boden Europas mit Minen geradezu gespickt war. Scheinbar unerwartet gingen sie in den verschiedensten Teilen des Kontinents hoch.

Die um das »tägliche Brot« der eigenen Kinder so besorgte Isabella von Spanien hatte Ludwig XV. 1724 die Hand ihrer jüngsten, damals erst vier Jahre alten Tochter angeboten; des Königs Vormunde hatten akzeptiert. Als es jedoch zwei Jahre später zu einem neuen Zerwürfnis zwischen Madrid und Paris kam, wurde die kleine Infantin, die bereits in Frankreich weilte, höchst unhöflich wieder über den Bidassoa zurückspediert. Ludwig heiratete an ihrer Stelle Maria Leszcinska, die Tochter des im fränkischen Weißenburg lebenden vertriebenen Polenkönigs Stanislaw Leszcinsky; es schien eine überwiegend private Affäre zu sein. Die Vormunde hatten für ihren König eine fügsame Frau aus kleinerem Haus begehrt, durch die Frankreich nicht in unvorhersehbare Erbhändel verstrickt werden konnte. Genau das geschah jedoch. August II. von Sachsen, schon zu Lebzeiten »der Starke« genannt, der Leszcinsky vierundzwanzig Jahre zuvor die polnische Krone abgenommen hatte, starb 1733. Damit trat ein zwischen Rußland, Österreich und Preußen abgeschlossener Vertrag in Kraft, der nur einen wichtigen Punkt enthielt: In Warschau durfte sich kein starker Herrscher etablieren und eine neue Dynastie begründen. Der Sejm sollte deshalb als nächsten den Infanten Emanuel von Portugal zum Herrscher erheben. Aber tollkühn, wie sie waren, lehnten die »Landboten« dieses Ansinnen ab. Den drei Alliierten blieb daraufhin nichts anderes übrig, als doch einen leiblichen Abkommen des verstorbenen Sachsen zum nächsten Thronprätendenten zu ernennen, seinen Sohn Kurfürst Friedrich August II., den Mann der Habsburgerin Maria Josefa. Karl VI. betrachtete dies sogar als eine besonders günstige Lösung. Für seine Unterstützung in der angehenden Wahlkampagne würde Friedrich August mit der Anerkennung der bisher von ihm abgelehnten Pragmatischen Sanktion bezahlen müssen, was er auch versprach. Da mischte sich Frankreich ins Geschäft, genauer: eine Clique um Ludwigs Schwiegervater Leszcinsky.

Empört fragte Kardinal Fleury: »Müssen wir denn unser gutes Geld nach Polen schicken, um es unter Wähler zu verteilen, die sich von allen Seiten bezahlen lassen und schließlich doch dem ihre Stimme geben, der sie zuletzt bestochen hat?« Er wurde nicht beachtet. Über seinen Kopf hinweg machte die französische Regierung sich für Leszcinsky stark, worauf Rußland konterte, wer ihn wähle, wähle den Krieg. Karl VI. war das Ganze furchtbar peinlich. Er, der schon geglaubt hatte, seine für ihn so wichtige Unterschriftensammlung um ein weiteres Papier ergänzt zu haben, mußte statt dessen wieder befürchten, in eine jener Zwickmühlen zu geraten, die sich ständig vor ihm auftaten, seit er um die Anerkennung der Sanctio kämpfte. Aber so sah auch der Leiter der französischen Politik die Lage. Kardinal Fleury sagte sich auf einmal, wenn er schon, nolens volens, in die polnische Affäre investieren müsse, dann solle wenigstens Frankreich davon handfesten Gewinn haben. Und so zündete er eine andere der vielen herumliegenden Minen. Er bot Isabella von Spanien an, etwas für die Versorgung ihres Ältesten zu tun.

Das zu Österreich gehörende »Königreich beider Sizilien« (Unteritalien mit Neapel und die Insel selbst) entspreche doch wohl dem, fragte der Kardinal nach Madrid hinüber, was sie unter »dem täglichen Brot« für einen bisher noch landlosen Prinzen verstehe. Daß die geborene Italienerin daraufhin mit beiden Händen zugriff, bedarf kaum der Erwähnung. Spanien und Frankreich schlossen umgehend einen Vertrag zur Eroberung des unteren Stiefelteiles miteinander ab. Das geschah 1733, dem Jahr, in dem die Polen nach dem Tod Augusts des

Starken Leszcinsky wählten und daraufhin von Rußland angegriffen wurden. Die zarischen Bataillone vertrieben Ludwigs Schwiegervater ohne Mühe, und Friedrich August bestieg als August III. den Thron in Warschau. Doch kaum war das geschehen, da rückten die Spanier in Unteritalien, die Franzosen in Oberitalien ein, außerdem besetzten sie Lothringen.

Fleurys Politik, das zeigte sich endlich, glich einem Billardstoß mit mehrfacher Bandenberührung. Nun lag die Kugel dort, wo sie von vornherein hatte liegen sollen, in Lothringen. Das schönste dabei war: Der Kardinal mußte sich nicht einmal vorwerfen lassen, Frankreich habe den Frieden gebrochen. Als nämlich vor der Wahl in Warschau eine sächsische Delegation in Wien erschienen war, um mit der noch nicht unterschriebenen Zustimmung zur Pragmatischen Sanktion herumzuwedeln und Karls Unterstützung für ihren Kurfürsten anzumahnen, hatte der Habsburg – gegen Eugens Rat – den Polen mit bewaffneter Einmischung gedroht, wenn sie August nicht zum König kürten. Wohlgemerkt: Er hatte nur gedroht, aber nie einen Soldaten in Marsch setzen müssen, denn als Leszcinsky die knappe Mehrzahl der Stimmen erhielt, waren dem Kaiser ja die Russen zuvorgekommen. Trotzdem konnte Fleury Karls geharnischte Geste einigermaßen guten Gewissens als Casus belli betrachten, da sie ja auch gegen Frankreich gerichtet gewesen war. Frankreich schlug zurück.

Der damit ausgebrochene »Polnische Thronfolgekrieg« schien vordergründig ein zweitrangiger Konflikt zu sein. Das gilt jedoch nur, wenn man ihn von den gleichzeitig in Italien tobenden Kämpfen separiert. Nimmt man indessen, wie es naheliegt, diese hinzu, dann läßt er sich durchaus als ein mittlerer Weltkrieg bezeichnen. Im Rückblick erweist er sich sogar als Vorspiel des nächsten, wirklich großen Weltkrieges, einer Auseinandersetzung, die auf noch mehr Schauplätzen ausgefochten werden sollte als selbst der Spanische Erbfolgekrieg. Geradezu grotesk schließlich mutet es an, daß die Angelegenheit, um die es dabei angeblich ging, schon entschieden war, als der ganze Streit erst ins Rollen kam. Auf dem Thron in Warschau saß von Anfang an und unangefochten Kurfürst Friedrich August II. von Sachsen als König August III. von Polen. Was hatte das alles überhaupt noch mit der Pragmatischen Sanktion zu tun? Nur eines eigentlich: Dieses Papieres wegen war Karl VI. in den ganzen Schlamassel hineingeraten. Den »Polnischen Thronfolgekrieg« hat er an sämtlichen Fronten verloren.

Französische Truppen überschritten bei Kehl den Rhein, der alte Marschall Villars stand in der Lombardei, und in Süditalien wurden die Österreicher fast überall geschlagen, wo sie mit den Spaniern des Don Carlos zusammentrafen. Wo blieb das Reich, dem man Lothringen weggenommen hatte? Es erklärte Frankreich tapfer den Krieg. Wo blieb Preußen, das zehntausend Mann hatte stellen wollen, wenn der Kaiser angegriffen werden würde? Es stellte die zehntausend Mann, tat es aber nur, weil Friedrich Wilhelm I. vertragstreu war, nicht weil er noch habsburgtreu gewesen wäre. Der »Soldatenkönig« hatte mittlerweile seine eigenen Erfahrungen mit dem Erzhaus gemacht und fühlte sich von ihm im Stich gelassen. Ein Stichwort dazu lautet: Jülich und Berg.

Der Preuße hatte geglaubt, aus einigermaßen nachweisbaren Gründen, Ansprüche auf eines der beiden niederrheinischen Herzogtümer zu haben. Er rechnete auch fest damit, daß der von ihm fast kindlich verehrte Kaiser an seiner Seite stehen würde, wenn ihre derzeitigen Inhaber aus der wittelsbachischen Linie Pfalz-Neuburg ausgestorben wären. Als der Erbfall aber einzutreten drohte, erklärte Karl auf einmal, Berg stehe ihm zu, er sei ja der Sohn Eleonoras von Pfalz-Neuburg, der dritten Frau Leopolds I. Friedrich Wilhelm empfand das als einen Schlag ins Gesicht. Zwar brachte dann Prinz Eugen den Preußen dazu, daß er die Pragmatische Sanktion garantierte, und Karl, daß er seine Ansprüche auf das Herzogtum Berg fallenließ, doch kaum war dies wiederum geschehen, da brach die polnische Thronfolgekrise aus, und der Kaiser setzte sich, ohne seinen Bundesgenossen vorher zu befragen, zugunsten des Sachsen ein, den Friedrich Wilhelm haßte. August war, um die Krone erlangen zu können, heimlich Katholik geworden – für den überzeugten Protestanten aus Berlin die Sünde aller Sünden. Er hatte sich ein zweites Mal vor den Kopf gestoßen gefühlt und war während des gesamten Zwistes um Polens Thron mit gekränkter Miene abseits geblieben. Erst dann, als die Franzosen angriffen, marschierte auch Preußen mit nicht weniger und nicht mehr als seinen zehntausend Mann. Ein stärkeres Kontingent hatte der Kaiser gar nicht gewollt, um dem Hohenzoller keinen selbständigen Kommandoposten zugestehen zu müssen. Prinz Eugen war ohnehin als Generalissimus eingesetzt worden; er sollte, zum Ruhme Österreichs, den Feind mit brillanten Manövern aus dem Feld schlagen.

Aber ach, der Savoyer war nur noch ein Schatten seiner selbst, vom

Gedächtnisschwund geplagt und längst nicht mehr fähig, in unübersichtlichen Lagen so schnell und traumhaft sicher zu reagieren wie einst bei Zenta, Malplaquet oder Belgrad. Da er dies jedoch sehr wohl wußte, beschränkte sich Eugen darauf, vor allem keine entscheidenden Fehler zu machen. Obwohl er über hundertdreißigtausend Mann verfügte, unter ihnen zwölftausend Russen, wagte der Prinz keine einzige Schlacht, hielt sich vielmehr sorgsam bedeckt und konnte deshalb nicht einmal verhindern, daß der französische General James Fitz-James of Berwick, ein Brite, die Festung Philippsburg eroberte. Wenn es Eugen am Ende trotzdem gelang, die Invasoren über den Rhein zurückzudrängen, so nur, weil seine Armee der französischen numerisch überlegen war. Das matte Stück »Kriegstheater« spielte überwiegend vor grauen Regenvorhängen, im Nebel, im Morast, in feuchter Kälte. Nur einer der Teilnehmer war von dem ganzen Geschehen zutiefst beeindruckt: Preußens Kronprinz Friedrich, später »der Große« genannt. Er nahm seine Anwesenheit in Eugens Lager vor allem zum Anlaß, sich fortan einen Schüler des »edlen Ritters« zu nennen. Ob er sich in dessen Lage hineinversetzen konnte, ist freilich eine offene Frage.

Ein Grund für Eugens Lustlosigkeit mag der gewesen sein, daß er die ganze Situation auch politisch für hoffnungslos verfahren hielt und nicht mehr glaubte, sie durch eine große Schlacht wesentlich ändern zu können. Als der Kaiser ihn um ein allgemeines Gutachten bat, schrieb er jedenfalls umgehend nach Wien, das Königreich beider Sizilien und Lothringen müßten wohl verloren gegeben werden, denn weder Österreich noch das Reich besäßen die Mittel, beide zurückzugewinnen. Damit aber Karl sich den französischen und spanischen Bourbonen dennoch nicht beugen müsse, empfehle er, was er immer getan habe: die Herstellung guter Beziehungen zu England, möglichst sogar ein Bündnis mit den Briten, sowie – eine Heirat zwischen Maria Theresia und dem baierischen Kurprinzen Maximilian Josef.

Was Eugen damit andeuten wollte, läßt sich zur Not erraten. Habsburg, so meinte er wohl, solle um Wien herum einen territorial geschlossenen Besitz schaffen und all die fernen, abgesprengten Gebiete wie Neapel-Sizilien, ja sogar die ehemals Spanischen Niederlande verloren geben. Behalten hingegen sollte es in Italien das fast unmittelbar an Österreich grenzende Herzogtum Mailand mit Mantua, im Osten alles, was es sicher besaß, und dazu eben noch Baiern gewinnen. Dank der vorgeschlagenen Eheverbindung würde das wittelsbachische Land früher oder später habsburgisch werden, freilich unter einem nominell wittelsbachischen Herrscher. Aber waren die beiden Häuser nicht jetzt schon so eng miteinander verwandt, daß dies mehr wäre als ein flüchtiger Schönheitsfehler? (Ebenso der Umstand, daß zwischen Maria Theresia und Maximilian Josef ein Altersunterschied von zehn Jahren klaffte.) Bei Licht besehen, knüpfte Eugens Vorschlag sogar direkt an einem Kernpunkt der Pragmatischen Sanktion an. Hatte sie nicht ursprünglich und in erster Linie einer Verfestigung des habsburgischen Staatswesens dienen sollen?

Karl VI. konnte die Überlegungen seines Feldherrn und obersten Beraters dennoch nicht nachvollziehen. Er hing mittlerweile nur noch an der Vorstellung, die Verträge und Garantieerklärungen, die sich bei ihm ansammelten, böten eine sichere Gewähr dafür, daß seine Älteste eines Tages unangefochten die Nachfolge auf seinem Thron antreten konnte. Über den Wall aus gesiegelten Dokumenten vermochte er nicht mehr hinwegzublicken – den Rest tat seine geistige Immobilität.

Der Kaiser hatte einen jungen, angenehmen Mann namens Franz Stefan ins Herz geschlossen, den Sohn des Türkenbesiegers Karl von Lothringen, seit kurzem ohne Land und Herzogshut. Ihn sollte Maria Theresia heiraten; sie selbst wollte es, wollte es sogar mehr als alles andere auf der Welt. Nicht auszudenken deshalb, wie sehr sein Familienfriede gestört worden wäre, wenn er der achtzehnjährigen Thronfolgerin eröffnet hätte, sie müsse aus rein politischen Gründen nach München übersiedeln. Eugens Gutachten verschwand in der Schublade, um nie mehr hervorgeholt zu werden. Und das kam vor allem dem regierenden Kardinal in Paris zugute.

Fleury besaß inzwischen, was er von Anfang an hatte haben wollen: das Franz Stefan abgenommene Lothringen. Jetzt kam es für ihn darauf an, die Ernte vollends in die Scheune zu fahren. Der Franzose bot dem Habsburg Friedensgespräche an; er nannte sogar recht günstige Bedingungen. Maria Theresias künftiger Mann, so schlug er vor, solle sein Erbland an den in Polen entthronten Stanislaw Leszcinsky abtreten und dafür mit der eigentlich für Don Carlos vorgesehenen Toskana entschädigt werden. Isabellas Sohn würde die beiden Sizilien behalten dürfen, die er ja schon erobert hatte; dazu käme noch das Herzogtum Parma. In Polen aber, um das es ja angeblich gegangen war, sollte alles so bleiben, wie es war: ein machtloser König hinter dem Schutzzaun aus russischen Bajonetten. Nicht zu vergessen endlich: Die Annahme dieses Paketes von Vorschlägen würde Frankreich mit seiner Zustimmung zur Pragmatischen Sanktion honorieren.

Der »spanische Rat« soll unisono aufgeschrien haben, als in Wien bekannt wurde, was Fleury vorschlug. Das süditalienische Königreich dem Haus Habsburg für immer verloren! Auch Karl selbst schüttelte wehmütig sein mächtiges Haupt. Aber dann dachte er um. Sah es nicht so aus, als ob er doch ganz gut davonkommen werde? Er hatte jetzt von allem ein bißchen, Teile der Lombardei, die sich von Österreich aus kontrollieren ließen, für den künftigen Schwiegersohn einen achtbaren Besitz mit der Hauptstadt Florenz, und vor allem hatte er das letzte wichtige Papier in seiner Dokumentensammlung: die französische Garantieerklärung zur Sanctio.

Die Verhandlungen mit Frankreich fanden in Karls eigener Residenz statt; 1735 wurden sie auf der Basis der Fleuryschen Vorschläge abgeschlossen. Sardinien, Spanien, Polen, Rußland traten dem »Wiener Frieden« ein Jahr später bei. Und der Kaiser erhielt ein Schreiben aus Paris, welches ihn endgültig davon überzeugte, daß es richtig gewesen war, die Pragmatische Sanktion mit so viel Nachdruck und unter so großen Opfern in Europa durchzusetzen.

»Seine Allerchristlichste Majestät«, so hieß es in dem Papier, »wird die genannte Erbfolgeordnung mit allen ihren Kräften verteidigen, gegen wen es sei und so oft es nötig sein sollte, sie verspricht, denjenigen oder diejenige, die nach der genannten Ordnung die Königreiche, Provinzen und Staaten erben wird, welche Seine Kaiserliche Majestät jetzt besitzen, zu verteidigen und für ewige Zeiten in deren Besitz zu behaupten.« Wenn das kein Fels war, auf dem die Casa de Austria fortan sicher ruhen würde! Nun konnte Karl mit sich und der Welt Frieden schließen.

Daß der Habsburg von seinen Verhandlungspartnern in Wirklichkeit ausgenommen worden war wie die sprichwörtliche Weihnachtsgans und daß er auch das Reich geschädigt hatte, dem Lothringen verlorenging, scheint ihm niemand vorgehalten zu haben. Im Gegenteil. Der Reichstag dankte seinem Oberhaupt für die »Fürsichtigkeit in diesem so nötigen als nützlichen wie auch heilsamen Friedensgeschäft« und belobigte Franz Stefan »für seine aus Friedensliebe gefaßte, großmütige Entsagung«. Die deutschen Stände verdrängten offenbar, daß sie ein altes Grenzland ersatzlos geopfert hatten, während dessen ehemaliger Besitzer für den großmütigen Verzicht sehr wohl entschädigt wurde.

Karl vermied es auch geflissentlich, sich mit München zu beschäftigen, wo man recht demonstrativ die Faust in der Tasche ballte. Kurfürst Karl Albrecht hatte die Sanctio inzwischen zwar unterschrieben, ließ jedoch keinen Zweifel daran, daß nach dem Tod des Kaisers ältere Rechte wieder in Kraft treten würden, die das Papier ungültig machten, und zwar zu seinen Gunsten. Der Wittelsbach war nicht nur mit einer Habsburgerin verheiratet, er hatte auch prominente Habsburgerinnen unter seinen Vorfahren, etwa Anna, die Tochter Kaiser Ferdinands I. Aus ihrem Ehevertrag ließ sich herauslesen, daß der Besitz der Casa de Austria an Baiern falle, wenn Habsburg im Mannesstamm erlösche. Zwar gehörte viel guter Wille dazu, derlei zu erkennen, aber den hatte Karl Albrecht. Und das kam einer mittelstarken Zeitbombe im Fundament des von Karl VI. aufgerichteten Felsens aus Papier gleich.

Was sagte Prinz Eugen zu der ganzen Angelegenheit? Er sagte nicht mehr viel. Sein auf dem Schlachtfeld oft zur Schau gestellter Fatalismus schien endgültig überhandzunehmen. Als der Kaiser sich damals entschlossen hatte, die Pragmatische Sanktion zum Kern der österreichischen Politik zu machen, war er bereit gewesen, für ihre Durchsetzung zu tun, was er tun konnte. Warum auch nicht? Es schien durchaus ehrenhaft zu sein, für ein Instrument wie die Sanctio einzutreten. Sie beruhte auf dem Vertrauen zu Treu und Glauben, sie zielte darauf ab, einen Anspruch durch Verträge abzusichern, sie entsprach den habsburgischen Grundprinzipien. Das Erzhaus hatte von jeher geglaubt, das Fundament seiner einzigartigen Stellung in der Welt sei das unanfechtbare Recht, so zu sein, wie es war. Nun hatte es, im Grunde genommen, die Welt aufgefordert, dieses Recht anzuerkennen und Habsburgs Vorrang für alle Zeiten zu sanktionieren. Es war – so gesehen wiederum völlig konsequent – der Plan eines Mannes gewesen, der fürchtete, daß er der letzte männliche Habsburg sein würde, und der sich deshalb auch verpflichtet fühlte, eine jahrhundertelange Entwicklung abzuschließen. Das Werk seiner Ahnen sollte konserviert, versiegelt und in die Schatzkammer Europas eingebracht werden, um dort unversehrt die Zeiten zu überdauern. Daß dieser Mann damit auf eine reine Illusion baute, daß er meinte, man könne die Entwicklung anhalten oder eine Insel schaffen, die von ihr umflossen werde, lag in seiner persönlichen Schwäche begründet. Aber die gehörte ebenfalls zum habsburgischen Erbe.

Auf den Zinnen des Erzhauses nisteten derart viele Träume, daß es oft schwerfiel, hinter dem ruhelos kreisenden Schwarm noch die Realität zu erkennen, zumal dann, wenn man es nicht so recht gewohnt war, zwischen Wirklichkeit und Nichtwirklichkeit überhaupt zu unterscheiden. In seinen größten Zeiten hatte Habsburg aus immateriellem Stoff durchaus solide Materie destilliert. Aber zum Pech Karls VI. gehörte es auch, daß diese Zeiten vorbei waren oder daß zumindest er die magischen Praktiken nicht mehr beherrschte, durch welche derartige Umwandlungen bewirkt wurden. Vor allem aber ist es sein Pech gewesen, daß er in einer besonders treulosen Zeit lebte, und sein Fehler, daß er trotzdem an Treue glaubte. Doch vielleicht hat gerade dieser donquijotische Zug dem »Edlen Ritter« gefallen.

Eugen schien sich während seiner letzten Lebensjahre vor allem einer Neigung zu überlassen, die er lange Zeit hatte unterdrücken müssen: Er staunte. Die Welt, bisher meist hinter Schleiern aus Blutdunst und Pulverdampf verborgen, erwies sich für ihn auf einmal als wahres Wunder, als eine Ansammlung der merkwürdigsten Erscheinungen, der großartigsten Bilder und als ein einziges Rätsel. Wie war sie entstanden? Wie vereinbarte sich das »Böse« in ihr mit Gottes Allmacht?

Leibniz, der Philosoph, Mathematiker, Jurist, Historiker, Politiker, hatte zu solchen Fragen eine Theorie entwickelt, die den Prinzen überwältigte. Gott, sagte Leibniz, sei die höchste aller jener unteilbaren Einheiten, aus denen die Welt bestehe, er verkörpere die ganze Substanz des Universums in einem einzigen, atomartig verdichteten Kern und habe nach diesem Muster auch die Schöpfung entworfen. Dank seiner Allweisheit, Alliebe, Allgüte sei die Welt völlig harmonisch und die beste aller möglichen Welten. Selbst das Übel sei darin notwendig, werde aber von anderen Kräften derart ausbalanciert, daß es die Gesamtharmonie nicht störe. Diese sogenannte »Theodizee«, die Rechtfertigung Gottes, ließ Eugen sich – samt allen anderen wichtigen Lehren des hannoverschen Justizrates – von Leibniz selbst in eine Kurzfassung übertragen und bewahrte die Schrift unter seinen kostbarsten Schätzen auf. »Er reicht sie mir zum Kuß«, schrieb ein Zeitgenosse, »und verschließt sie sofort wieder in ihrer Kassette.«

In dem Park zwischen Oberem und Unterem Belvedere aber ließ der Prinz Bäume, Sträucher und Blumen aus den entferntesten Teilen der Welt anpflanzen. Er trug sie mit derartigem Eifer und derartiger Sachkunde zusammen, daß er bald selbst als bedeutender Botaniker galt und auch als Zoologe. In dem von ihm geschaffenen Tiergarten lebten über fünfzig verschiedene Arten von Säugetieren; sein Vogelhaus war eines der bedeutendsten Europas. Der Kapitän jedes Schiffes, das in Antwerpen, Triest oder Fiume ankam, wurde sofort von Eugens Agenten bestürmt, ob er nicht einen Papageien, Falken, Kolibri mitgebracht habe, den ihr Auftraggeber noch nicht besitze. Des Prinzen Lieblingstier freilich war – ihm angemessen – der Adler. Ein Tier dieser Spezies hielt er im Belvedere und fütterte es eigenhändig, wann immer er sein Sommerschloß besuchte.

Noch lieber als in Wien hielt Eugen sich allerdings im Marchfeld auf, jener fruchtbaren Ebene, in der Rudolf I. einst König Ottokar von Böhmen besiegt und die habsburgische Herrschaft im Südosten des Reiches begründet hatte. Er liebte die Kornfelder, die Auwälder, die heckenumwucherten Hohlwege. Von Gut Schloßhof aus unternahm er lange, einsame Ritte, weniger – wie seine Standesgenossen – der Jagd als ebendieses neuentdeckten Vergnügens wegen: Er sah, er beobachtete, er staunte auch hier. Die Welt wurde dem seltsamen kleinen Mann erst jetzt beschert, und in seinem Bestreben, sie sich anzueignen, glich er wirklich einem Wesen, das von ganz woanders hergekommen war, um sich hier vorübergehend aufzuhalten. Für das nicht völlig reale Gebilde Habsburg war Eugen mehr denn je so etwas wie der gute Hausgeist (oder ein fürsorglicher Kobold), der die Schwelle hütet.

Dem Kaiser galt der Prinz jetzt wieder mehr als in den Tagen, da noch der »spanische Rat« den Hof beherrschte. 1719 hatte Eugen einen Versuch dieser Clique, ihn durch üble Intrigen zu stürzen, mit Schärfe und Entschiedenheit durchkreuzt – Karl VI. war die ganze Angelegenheit so peinlich gewesen, daß er danach fast jeden Kontakt mit ihm mied. Endgültig änderte sich das erst wieder nach Althans Tod. Von da an begann Eugens Einfluß auf die habsburgische Politik erneut zuzunehmen und damit auch jener Elisabeth Christines.

Von dem Prinzen unterstützt, gelang es der Kaiserin, eine braunschweigische Nichte mit dem preußischen Kronprinzen zu vermählen. Es war ein weitaus sinnvolleres Manöver als all das, was Karl unternahm, um die Sanctio durchzusetzen. Der nachmalige Friedrich II.

sollte an das Erzhaus gebunden werden. Auch Eugen selbst hatte ja ständig gepredigt, daß man sich Preußen mit seiner starken Armee warmhalten müsse – vergeblich, wie sich später erwies.

Der Kaiser verhielt sich Friedrichs Vater, dem »Soldatenkönig«, gegenüber exakt so, wie dieser es insgeheim zu fürchten schien. »Wenn er mich nicht mit den Füßen wegstößt, will ich bei ihm bleiben«, hatte Friedrich Wilhelm einst gesagt. Karl VI. indessen behandelte den Preußen – nach dessen eigenen Worten – wie einen »Schubjak«, einen Lumpen also. Da aber Eugen es nicht gewohnt war, Ratschläge, die er einmal gemacht hatte, immer von neuem zu wiederholen, ließ er schließlich auch das Thema »Freundschaft mit Preußen« achselzukkend fallen. Nach seiner Rückkehr von dem ereignisarmen Rheinfeldzug hüllte er sich sogar noch mehr in Schweigen als früher. Seine Menagerie, seine Volièren, seine Pflanzensammlung, seine riesige Bibliothek beschäftigten ihn ausreichend genug. Und in seinen drei Palästen residierte er wie der König eines unsichtbaren Reiches.

Auch eine Freundin hatte sich der Prinz auf seine alten Tage noch zugelegt: Gräfin Batthyány, deutschstämmige Witwe eines ungarischen Adeligen. Zusammen mit ihm bildete sie im Belvedere und in der Himmelpfortgasse den Mittelpunkt eines kleinen Kreises aus Schriftstellern, Malern, Naturwissenschaftlern. Vom österreichischen Adel fand sich bei ihren Soireen kaum jemand ein – Eugen hatte nie versucht, Anhänger oder Parteigänger aus dieser Schicht um sich zu sammeln, was durchaus auf Gegenseitigkeit beruhte; die Barone, Grafen und Fürsten mochten den Prinzen ebenfalls nicht besonders: Er war ihnen zu wenig verbindlich, zu undiplomatisch. Nicht einmal die deutsche Sprache hatte er je vollkommen erlernt, vom »Weanerischen« ganz zu schweigen.

Am 20. April 1736 spielte Eugen bei der Batthyány bis in den späten Abend hinein Piquet und fuhr dann nach Hause. Als sein Diener ihn am nächsten Morgen wecken wollte, war er tot, gestorben im zweiundsiebzigsten Lebensjahr, ein Franzose von halb italienischer Herkunft, mit ein paar Tropfen habsburgischen Blutes in den Adern, treuer Diener von nicht weniger als drei deutschen Kaisern.

Daß aber mit Eugens Tod einer der glorreichsten Abschnitte in der Geschichte seines Hauses zu Ende gegangen war, erfuhr Kaiser Karl so umgehend, als habe das Schicksal ihn noch extra darauf hinweisen wollen. Zwei Jahre nach dem Hingang des Prinzen brach Österreich,

Widerstand gegen eine Welt von Feinden: Kaiser Leopold I.

Ein ungestümer Herrscher: Kaiser Josef I.

Verschanzt hinter einem Wall aus Papier: Kaiser Karl VI.

EUGENE FRANÇOIS, PRINCE DE SAVOIE ET DE PIEMONT.

Diener dreier Kaiser: Prinz Eugen

Die mütterliche Majestät: Maria Theresia

Verzichtete auf sein Land, um Kaiser zu werden: Franz I. von Lothringen

Voll besten Willens, aber ohne Glück: Kaiser Josef II.

Zu spät an die Macht gekommen: Kaiser Leopold II.

durch Rußland aufgefordert, einen neuen Türkenkrieg vom Zaun. Als er 1739 zu Ende ging, war das von dem »Edlen Ritter« eroberte Belgrad wieder in osmanischer Hand und der größte Teil dessen, was er, einundzwanzig Jahre zuvor, an Gebieten gewonnen hatte, verloren.

»Ist denn mit Eugens Tod der Glücksstern völlig von uns gewichen?« fragte Karl, als er den »Frieden von Belgrad« unterfertigen mußte. Hätte er den Ausruf nicht in Frageform gekleidet, wäre es eine der hellsichtigsten Feststellungen gewesen, die er je traf. Um so schlimmer deshalb, daß er kaum etwas unternahm, um das befürchtete Unheil abzuwehren. Er machte jetzt sogar noch mehr Fehler als früher.

Von dem Wiener Frieden, der den »Polnischen Thronfolgekrieg« beendete, hatte Friedrich Wilhelm I. aus der Zeitung erfahren, obwohl auch seine Soldaten an der Rheinfront gestanden waren. Die Hochzeit Maria Theresias mit Franz Stefan von Lothringen wurde ihm nicht einmal »durch Übersendung einer Karte« angezeigt. Und im Jahr des Belgrader Friedens hinterbrachte man dem Preußen auch noch, Karl VI. habe in der Angelegenheit Jülich-Berg eine neue Entscheidung getroffen – und die sei gegen ihn gerichtet. Tatsächlich legte ein Geheimvertrag zwischen Versailles und Wien fest, daß die niederrheinischen Herzogtümer nach dem Tod des Kurfürsten von Pfalz-Neuburg an dessen wittelsbachischen Verwandten Karl Theodor von Pfalz-Sulzbach fallen sollten und nicht, wie Friedrich Wilhelm es für ausgemacht hielt, zum Teil wenigstens an ihn. Die Franzosen hatten sich sogar verpflichtet, Berg gegen seine Truppen zu verteidigen, wenn er gewaltsam dort eindringen würde. Für den »Soldatenkönig« war es, »als ob man ihm einen Dolch im Leibe umgewandt hätte«. Und verbittert fragte er sich, was den Kaiser wohl bewogen habe, einen derartigen Wortbruch zu begehen. Es lag indessen auf der Hand.

Karl hatte den Münchner Wittelsbachern entgegenkommen wollen, die immer noch davon redeten, daß sie durch die Pragmatische Sanktion um ihre Ansprüche auf das habsburgische Erbe betrogen worden seien. War ihnen jetzt wenigstens der Mund gestopft?

VI.

Ein Weltkrieg um Schlesien

Hatte Maria Theresia jemals von James Oglethorpe gehört? Wußte die junge Königin, wo Georgia lag? Oder kannte sie gar den britischen Seemann Jenkins? Es sind keine wesentlichen Fragen, aber eine Antwort darauf könnte bezeichnend sein für die Situation, in der Karls Tochter sich befand, als ihr die Regierungsgewalt über das Habsburgerreich zufiel – wenn eine Antwort denn zu bekommen gewesen wäre.

Oglethorpe, 1696 geboren, hatte unter Marlborough gekämpft und Prinz Eugen kennengelernt. Später war er im Unterhaus gesessen, dann nach Amerika gegangen, um dort ein Vermögen zu machen. Oglethorpe gilt als Begründer des heutigen US-Staates Georgia. Die Universität von Atlanta ist nach ihm benannt.

1739, ein Jahr vor dem Tod Karls VI., erfuhr James Oglethorpe, daß Spanien die Bedingungen des Friedens von Utrecht gröblich verletzt hatte. Den Briten war, am Ende des Spanischen Erbfolgekrieges, das Recht zugesichert worden, einmal im Jahr ein Schiff mit afrikanischen Negersklaven nach Panama zu schicken und sie dort verkaufen zu können. Dieses Privileg indessen mißfiel den spanischen Kolonialbehörden von Jahr zu Jahr mehr, weshalb sie, um selbst nicht in politische Mißhelligkeiten zu kommen, westindische Seeräuber beauftragten, die englischen Kapitäne in ihrem Treiben ein bißchen zu behindern. Die Piraten ließen sich das nicht zweimal sagen: Sie kaperten das Schiff, auf dem der Matrose Jenkins fuhr, und schnitten ihm – ob im Kampf oder erst danach, ist nicht ganz geklärt – ein Ohr ab.

Es scheint ein in diesen Breiten nicht unüblicher Brauch gewesen zu sein. Kurz vorher war ein spanischer Kapitän von englischen Seeleuten gezwungen worden, seine eigene, abgeschnittene Nase hinunterzuwürgen. Irgendwann mochte darüber in einer Gazette oder einem Abenteuerbuch à la »Robinson Crusoe« berichtet werden – und Schwamm darüber. Indes, es geschah nicht so.

Die Nachricht von der fürchterlichen Untat kam William Pitt zu Ohren, dem damaligen Oppositionsführer im Unterhaus, und sofort stieg von Westminster aus ein Schrei des Entsetzens gen Himmel. Was waren diese Spanier doch für entmenschte Bestien!

Gegen den Einspruch eines friedwilligen Premiers setzte Pitt es durch, daß die diplomatischen Beziehungen zu Madrid gelöst wurden. 1739 brach der sogenannte »König-Georgs-Krieg« aus, benannt nach Georg II. aus dem deutschen Haus Hannover. Und volle acht Jahre lang wurde das britische Publikum immer wieder an seine Pflicht erinnert, den armen Seemann zu rächen. Es geschah auf derart penetrante Weise, daß die einfachen Leute es sich schließlich angewöhnten, statt vom »King George's War« vom »War of Jenkins' Ear« zu sprechen.

James Oglethorpe aber benutzte den Anlaß, um in Spanisch-Florida einzumarschieren. Als 1742 Admiral Antonio Arredonto zurückschlug und seinerseits Georgia überfiel, war aus dem Krieg um Jenkins' Ohr längst jene Auseinandersetzung geworden, die in Europa »Österreichischer Erbfolgekrieg« hieß und die später in ihre zwei Hauptabschnitte aufgeteilt wurde, den »Ersten« und den »Zweiten Schlesischen Krieg«. Dessen Protagonisten aber hießen Friedrich II. von Preußen und Maria Theresia von Österreich-Ungarn.

Wäre es also der Habsburgerin von Nutzen gewesen, wenn sie von Jenkins und von Oglethorpe gewußt hätte? Die Antwort muß lauten: Geholfen hätte es ihr nichts. Karls Tochter wäre sich allenfalls der Tatsache bewußt geworden, daß sie keineswegs auf einer Provinzbühne agierte, sondern an einem Stück im großen Welttheater teilnahm.

Aus dem »Österreichischen Erbfolgekrieg« erwuchs der »Siebenjährige Krieg«, und dieser wiederum war mit jenem britisch-französischen Kolonialkrieg verzahnt, den die Engländer »French and Indian War« nennen. Zu seinen Teilnehmern gehörten kanadische Trapper, Indianer aus dem Ohio-Tal, ein britischer Oberst namens George Washington, karibische Seeräuber, senegalesische Negerhäuptlinge sowie die Nachfahren indischer Mogulherrscher. Der French and Indian War wurde in tropischen und in nordamerikanischen Urwäldern geführt, auf dem Atlantik ebenso wie auf dem Pazifik, und es ging darin um Städte wie Quebec, Pittsburgh oder Kalkutta. Als er vorüber war, gab es in Europa einen Staat, der alle anderen, außer dem Zarenreich, in den Schatten stellte, nämlich England, und auf dem Kontinent neben den vier alten Großmächten Frankreich, Spanien, Österreich, Rußland eine fünfte, nämlich Preußen.

Hatte das eine mit dem anderen überhaupt zu tun gehabt, die Schlachten von Roßbach, Zorndorf, Leuthen, Kunersdorf mit der Eroberung von Montreal oder dem britischen Sieg im bengalischen Plassey? Kam dem abgeschnittenen Ohr des gewiß bedauernswerten Jenkins ein ähnlicher Stellenwert zu wie der Pragmatischen Sanktion, um die es letzten Endes in Europa ging? Man kann bestenfalls vermuten, daß es so gewesen sein muß, denn anders läßt sich das Ganze einfach nicht erklären. Sollte aber auch Habsburg daran Schuld gehabt haben, dann nur, weil es so schwach war.

Für zwei große Kriege trug das Erzhaus bis jetzt schon die Hauptverantwortung, für den Dreißigjährigen und den um die spanische Erbfolge. Betrachtet man indessen den »Polnischen Thronfolgekrieg« wirklich als Vorspiel der von William Pitt ausgelösten Kettenreaktion, dann war Habsburg sogar in einer weiteren dreißigjährigen Auseinandersetzung ebenfalls das Zünglein an der Waage. Der Zwist um die Besetzung des Warschauer Thrones hatte 1733 begonnen, der Siebenjährige Krieg sowie der French and Indian War gingen 1761/1762 zu Ende. Drei Dezennien also voll Schlachtenlärm und Kriegsgeschrei, von nur wenigen Friedensjahren unterbrochen – und immer wehte über den wichtigsten Schlachten, jenen zumindest, die die meisten Opfer forderten, Habsburgs schwarz-gelbe Fahne. Man kann den Umstand, daß es so war, zwar in keine Kausalkette einreihen, aber man kann, von heute aus rückblickend, darüber spekulieren, ob es reiner Zufall gewesen ist, daß die Casa de Austria schließlich auch jenen Weltkrieg noch auslöste, der als »Erster« so benannt wird. Dies wiederum führt zu der weiteren Frage, ob das habsburgische Reich denn derart beschaffen war, daß es nur um den Preis von immer neuen Weltkriegen erhalten werden konnte und selbst durch seinen Todeskampf noch eine globale Auseinandersetzung entfesselte.

Jede Antwort darauf wäre freilich so hypothetisch wie alle Überlegungen, die ihr vorausgingen. Sagte man hingegen, Habsburg habe sich einer Welt, die es immer wieder abschütteln wollte, aufgezwungen, dann läge darin gleichzeitig das Zugeständnis, daß es einen Willen verkörperte, wie er sich weder vor seinem Erscheinen noch nach seinem Abtritt jemals irgendwo manifestierte. Schließlich hielt sich die

Casa de Austria mehr als sechshundert Jahre lang an der Macht, von der Mitte des 13. Jahrhunderts bis 1918. Das Zugeständnis wäre deshalb auch eine Reverenz. Und die Reverenz läßt sich guten Gewissens entbieten – im Gedenken an Maria Theresia.

Auf der Rosenholzplatte des Frühstückstisches: Kaffeetassen, zerkrümelte Hörndl und Sonnenkringel. Vor den hohen Fenstern das im Morgenlicht schimmernde Wien. So oder so ähnlich sahen die glücklichsten Sonntagmorgen der jungen Erzherzogin aus. Karl, ihr Vater, gab sich zwar in der Öffentlichkeit steif, pompös und unnahbar, zu Hause jedoch zog er der Galarobe den Schlafrock und den hochhackigen Schnallenschuhen die »Patschen« vor; er war eigentlich ein Pantoffeltyp. In der Favorita, seinem Lieblingsaufenthalt im Sommer, ging es ungezwungen zu; man sprach nicht französisch wie bei Hofe, sondern wienerisch. Die Kinder – es waren ja nur drei Mädchen – durften zwischen den Stuhl- und Tischbeinen spielen, obwohl sie bereits Reifröcke trugen. Die Gesprächsthemen waren gutbürgerlich, wobei vor allem dem Tratsch ein breiter Raum zugestanden wurde.

Der fünfzehnjährige, gutaussehende Lothringer, den Karl sozusagen an Sohnes Statt angenommen hatte, paßte gut in diesen Familienkreis hinein. Er war bescheiden, zurückhaltend, krampfhaft bemüht, sein fehlerhaftes Deutsch zu verbessern, außerdem mit mehr habsburgischen Ahnen ausgestattet als seine habsburgische Braut. Der Kaiser schätzte ihn vor allem als Jagdgenossen, und Maria Theresia, die außer ihm nur wenige junge Männer aus der Nähe zu sehen bekam, hatte sich schon als Kind in ihn verliebt. »Seit meinem fünften Lebensjahr«, bekannte sie später, »waren mein Herz und mein Geist erfüllt von diesem einen Menschen.« Das blieb auch noch so, als sie längst bemerkt hatte, daß ihr Franz Stefan alles andere als eine Leuchte war. Er konnte gut reiten, was ihr selbst verboten war, konnte auch recht ordentlich schießen, aber mit Pfeil und Bogen war sie fast ebensogut wie er. In sämtlichen anderen Angelegenheiten jedoch, außer in Finanzdingen, erwies der Lothringer sich später als schlichtes Mittelmaß, und als Soldat war er sogar ein vollkommener Versager. 1738 zog Franz Stefan in den Türkenkrieg, um sich in der Nachfolge Prinz Eugens zu bewähren, doch schon wenig später kehrte er auf Krankenurlaub zurück (heute würde man sagen, er habe einen Nervenzusammenbruch erlitten). Belgrad war verloren.

Zu dieser Zeit hatte Franz Stefan freilich schon eine andere schwere Niederlage hinter sich. Am Ende des »Polnischen Thronfolgekrieges« war er gezwungen worden, Lothringen, das Erbe seiner Väter, mit einem Federstrich preiszugeben, um dafür Maria Theresias Hand zu erlangen. Dreimal soll er die Unterschrift verweigert haben, beim vierten Anlauf überwand er seine Skrupel, im Ohr das berühmte Ultimatum, das ihm von Johann Christoph von Bartenstein gestellt worden war, dem einflußreichsten Berater des Kaisers: »Keine Abtretung, keine Erzherzogin.« Bartenstein war ein Zyniker reinsten Wassers, und Franz Stefan hatte sich bereits daran gewöhnt, von aller Welt als der nächste Chef des Erzhauses behandelt zu werden, auch vom preußischen Kronprinzen, mit dem er sich recht gut verstand. Noch 1736, im Jahr der Abtretung, erhielt er seinen Lohn: das Großherzogtum Toskana und die Kronprinzessin.

Am 12. Februar kam Franz Stefan von Preßburg herüber, wo er als Statthalter von Ungarn waltete. Er ging zu Graf Cobenzl, dem kaiserlichen Obersterbmundschenk, Obersterbtruchseß und Obersterbfalkenmeister, um mit einem weißen Hut, weißen Strümpfen, weißen Schuhen sowie einem silberbestückten Mantelrock bekleidet zu werden und das Goldene Vlies umgehängt zu bekommen. Hierauf begab er sich »unter Vorantritt seiner Kavaliere« zunächst zum Burggrafen von Rheineck, der die Titel Obersthofmeister, Reichserbschatzmeister, Erblandschenk in Oberösterreich, Schildträger sowie Vorschneider führte und überdies spanischer Grande der ersten Klasse war. Danach suchte Franz Stefan den Obersthofmarschall auf, den Oberstkämmerer, endlich den Kaiser selbst. Karl erwies dem Pflegesohn und Jagdfreund die Ehre, ihm drei Schritte aus »seiner Retirade« entgegenzutreten.

Gegen sechs Uhr abends begab sich die ganze kaiserliche Familie, einschließlich Braut und Bräutigam, unter »Vorantritt« und Begleitung der höchsten Hofwürdenträger sowie ungezählter kerzentragender Edelknaben über eine eigens dafür gebaute Treppe von der Hofburg in die benachbarte Augustinerkirche. Dort zelebrierte der päpstliche Nuntius die Trauung. Als beide Brautleute ihr »Volo«, ihr Jawort, gegeben hatten, stimmte der Nuntius das Tedeum an, während gleichzeitig fünfundfünfzig auf den Bastionen postierte Kartaunen abgefeuert wurden. In gleichem feierlichen Zug ging es dann zur Hochzeitstafel. Die kaiserliche Hofkapelle spielte auf, Chöre und Solisten sangen, Vertreter ausgewählter Adelsfamilien bedienten die Mitglieder des Erzhauses, Vertreter ausgewählter Bürgergeschlechter die Minister und die Hofkavaliere. Am nächsten Tag fand, wieder in der Augustinerkirche, ein zweites festliches Hochamt statt. Und am Abend wurde im Hofburgtheater die Oper »Achilles in Sciro« gegeben.

Das alles war noch einmal Habsburg in seiner ganzen Pracht, war spanisches Hofzeremoniell, konserviertes Mittelalter, Erinnerung an die in Burgund entwickelte, von allen anderen europäischen Fürstenhäusern übernommene prunkhafte und doch bis ins letzte stilisierte Selbstdarstellung einer Familie, die sich »das« Erzhaus nannte. Nachdem die Pauken und Trompeten, die Violinen und Flöten, die Chöre und die Engelstimmen der Kastraten verstummt waren, sollte für Maria Theresia jener Teil des Lebens beginnen, den sie ersehnt hatte: Sonnenkringel, Kaffeeflecken, Hörndlbrösel auf dem Frühstückstisch, und im Lehnstuhl sitzend, noch mit der Schlafmütze bekleidet, statt des Vaters ihr Mann. Sie nannte Franz Stefan »Mäusl«.

Unglücklicherweise begann nun aber die Zeit, in der das »Mäusl« beweisen wollte, es könne nicht nur Länder abtreten, sondern auch Länder gewinnen. Daß Franz Stefan statt dessen einen Teil der von Prinz Eugen eroberten Gebiete wieder verlor, hätte Maria Theresia ihm vermutlich nicht einmal übelgenommen, wohl aber tat es das Volk: Der Lothringer wurde als »Franzos'« verspottet, ja sogar des Verrats bezichtigt, und die allgemeine Auffassung war, daß Maria Theresia mit dem baierischen Kurprinzen besser gefahren wäre als mit ihm, denn Max Josef von Wittelsbach war wenigstens ein Deutscher.

Um größeren Erregungen in der Öffentlichkeit vorzubeugen, schickte der Kaiser das junge Paar schließlich in die Toskana. Es blieb nur drei Monate dort. Franz Stefan hatte sich in seinem Großherzogtum zwar rasch beliebt gemacht, zumindest beim Adel, er wollte jedoch dringend zurück. Einmal hoffte der Lothringer, die im Türkenkrieg erlittene Scharte auszuwetzen, indem er bei den noch andauernden Kämpfen in Serbien mitwirkte, zum anderen wollte er sich als Staatsmann bewähren. Sein Schwiegervater hatte ihm einen Sitz in der sogenannten »Geheimen Konferenz« eingeräumt, in der alle Fäden österreichischer Politik zusammenliefen. Das Mäusl indes erwarb auch dort keine Lorbeeren. Franz Stefan scheiterte an dem einflußreichen Bartenstein, welcher, im Gegensatz zu ihm, einen Ausgleich mit Frankreich anstrebte. Da half auch nicht der Hinweis auf Prinz Eugen, der das Haus Bourbon stets für den natürlichen Feind des Hauses Habsburg gehalten und sich mit dessen Feind England hatte verbünden wollen. Dem aus Straßburg stammenden Staatssekretär war Franz Stefan weder rhetorisch noch als Taktiker gewachsen.

Was hätte Maria Theresia tun können, um ihren Mann zu unterstützen? Nichts. Karl VI. hielt sie konsequent von allen politischen Angelegenheiten fern. Der Gedanke, seine junge Tochter müsse eines Tages überraschend das Staatsruder übernehmen, war ihm nicht nur fremd, sondern sogar verhaßt. Er zählte gerade erst fünfundfünfzig Jahre, warum sollte ihm nicht doch noch ein Sohn beschieden sein, den er dann zum Nachfolger heranziehen konnte?

Die »Pragmatische Sanktion« bedeutete zunächst nur, auch Maria Theresia müsse ins zweite Glied zurücktreten, wenn sie einen Bruder bekäme. Sie lebte deshalb in einer Art von Vakuum. Der Hof nahm sie nicht zur Kenntnis, weil ihre Position völlig unbestimmt war, zu den Staatsgeschäften blieb ihr der Zugang verwehrt, und Franz Stefan verzehrte sich in dem Versuch, eine anerkannte Position zu erringen. Nebenher betrieb er umfassende (erstaunlich erfolgreiche) Finanzgeschäfte, verbrachte, wie gewohnt, viel Zeit auf der Jagd oder zog sich in sein chemisches Labor zurück, um allerlei abenteuerliche (zum Teil erstaunlich erfolgreiche) Experimente anzustellen. Maria Theresia blieb fast nichts anderes zu tun, als ihm Kinder gebären.

Die erste Tochter kam schon ein Jahr nach der Hochzeit zur Welt; bis zum Jahr 1756 sollten ihr neun weitere Mädchen und sechs Jungen nachfolgen. Als Maria Theresia zum dritten Mal schwanger war, starb der Vater. Das Kind, der spätere Kaiser Josef II., hatte aber noch nicht das Licht der Welt erblickt, als jener Krieg ausbrach, der sich mit dem »War of Jenkins' Ear« verknäueln sollte und später der »Erste Schlesische« genannt wurde.

Jetzt galt es für die so unverhofft auf den Thron gelangte Habsburgerin, das warme Familiennest, das sie eigentlich nie gehabt hatte, zu verteidigen (zumindest dürfte dies Maria Theresias erster Impuls gewesen sein). Dennoch wäre es falsch, in der damals Dreiundzwanzigjährigen nur eine unbedarfte junge Frau zu sehen, die ihren Mutterinstinkt in politische Taten umzusetzen versuchte. Maria Theresia hatte während der vergangenen vier Jahre viel gelernt und noch mehr begriffen – durch reine Beobachtung. Von ihrem Vater und ihrem Mann war ihr keine politische Belehrung erteilt, wohl aber Anschauungsunterricht gegeben worden. Zumindest hatte sie gesehen, was beide aus schierer Schwäche falsch machten. Und sie gedachte, diese Fehler nicht zu wiederholen, gedachte allerdings auch, keineswegs von dem zu lassen, was ihr lieb und teuer war: den behaglichen Familienfrühstücken und dem, was an Nestwärme dazugehörte.

Daß Maria Theresia beides gelang, grenzt an ein Wunder, doch gelang es ihr nur, weil sie so war, wie sie war: sicher in sich ruhend, auf stabilen Beinen stehend, geistig und körperlich robust, später zur Fülle neigend gleich ihrer Mutter, mit den rosigen Apfelbacken einer Bauersfrau. Wie anders wäre es zu erklären, daß sie achtundzwanzig Jahre später, am 12. Februar 1768, im Nachthemd durch die Gänge der Hofburg ins Hofburgtheater stürmen, sich über das Geländer beugen und ins Parkett hinabrufen konnte: »Der Poldl hat an Buam und grad zum Bindband auf mein Hochzeitstag – is *der* galant!« (Der Poldl, später Kaiser Leopold II., war ihr drittältester Sohn.)

Zunächst einmal, 1740, galt freilich, was sie später so formulierte: »In diesen Umständen fand ich mich ohne Geld, ohne Credit, ohne Armee, ohne eigene Experienz und Wissenschaft und endlich auch ohne allen Rat, weilen ein jeder aus ihnen anvorderist sehen und abnehmen wollte, wohin die Sachen sich wenden würden.« »Ein jeder aus ihnen«, das waren alle die sie umgebenden Männer, die »anvorderist« einmal zusehen wollten, wie sie aus dem Dilemma herauskommen konnten, in das sie von Friedrich II. gestürzt worden waren. Daß der Preuße Habsburg in einen Weltkrieg verwickelt hatte, dürfte ohnehin keiner von ihnen geahnt haben. Der junge König wußte es ja selbst noch nicht.

Die Nachricht von Karls VI. Tod erreichte Berlin sechs Tage später, am 26. Oktober 1740. Friedrich II., auch erst seit fünf Monaten auf dem Thron, schrieb daraufhin an seinen Freund Voltaire: »Dieser Todesfall zerstört alle meine friedlichen Pläne, und ich glaube, im Juni nächsten Jahres wird es sich mehr um Kanonenpulver, Soldaten, Laufgräben handeln als um Schauspielerinnen, Ballette und Theater.« Der bedauernswerte junge Mann fügte jedoch nicht hinzu, daß ihn eigentlich niemand seiner gewohnten Lustbarkeiten berauben und auf das Schlachtfeld treiben wollte. Und wohlweislich verschwieg Friedrich auch, daß er, der Tändeleien selber überdrüssig, das »Rendezvous des Ruhmes« zu suchen gedachte. Preußens König war ein begnadeter Schauspieler.

Auch am 6. Dezember desselben Jahres konnte Friedrich eine bühnensichere Antwort nicht unterdrücken. Maria Theresias Gesandter, der Marchese Botta d'Adorno, war bei ihm eingetroffen. Er wollte für die bevorstehende Kaiserwahl seine Kurstimme zugunsten Franz Stefans erbitten. Da der Österreicher aber über Schlesien gereist war und alle Orte jenseits der preußischen Grenzen voll von Truppen gefunden hatte, versuchte er zunächst einmal, den König darauf anzusprechen. Er berichtete von den schlechten schlesischen Wegverhältnissen, worauf Friedrich erwiderte: »Wer diese Wege zu machen hat, wird schon Mittel finden durchzukommen; schlimmstenfalls kommt er beschmutzt an.« Der Preuße wußte, daß sein Plan, das zum Königreich Böhmen gehörende habsburgische Schlesien zu überfallen, bereits offenbar war – also machte er wenigstens noch einen Witz darüber. Das Spiel ging dennoch weiter als von ihm geplant.

Am 17. Dezember 1740 stand Friedrichs Gesandter Graf Gotter vor Franz Stefan in Wien und erklärte, er bringe »die Rettung für das Haus Österreich in der einen, die Kaiserkrone für den Großherzog in der anderen Hand«. Maria Theresia, fuhr er fort, könne im Augenblick auf niemand anderen bauen als auf den König von Preußen und der sei willens, sich als »Seele und Stifter« in ein Bündnis einzubringen, dem auch die Seemächte, also England und Holland, sowie Rußland angehören würden, eine Allianz wohlgemerkt zum Schutze der Habsburgerin. Allerdings, so Gotter weiter, sei es nur billig, daß Friedrich davon Gewinn habe, »um daraus Ermutigung zum Weiterschreiten in einem so großen Unternehmen zu schöpfen«. Mit einem Wort: »Die Königin könne ihm weniger als das ganze Herzogtum Schlesien nicht anbieten.«

Als Gotter diese Erklärung abgab, hatte Friedrich die schlesische Grenze bereits überschritten. Der König selbst bezeichnete die Linie auf der Landkarte als »Rubikon«, spielte also auf den Schicksalsfluß Caesars an, und fügte hinzu: »Entweder werde ich untergehen oder Ehre haben von dieser Unternehmung.« Untergehen durch wen? An Voltaire hatte Friedrich geschrieben, Karl VI. sei »im Bankrott« gestorben, und sein Gesandter in Wien hatte Franz Stefan ja klargemacht, er sei ziemlich wehrlos. Warum bekundete dann der Preuße eigentlich nie, daß er ein Recht auf Schlesien besitze?

Schon der Große Kurfürst hatte wieder und wieder zu Protokoll gegeben, zumindest das oberschlesische Herzogtum Jägerndorf stehe dem Haus Brandenburg zu, während seine beiden Nachfahren gelegentlich auch Ansprüche auf die niederschlesischen Herzogtümer Liegnitz, Brieg und Wohlau zu erheben versuchten. Friedrich selbst waren die alten Dokumente, aus denen sich derlei Forderungen ableiten ließen, durchaus bekannt, doch sah er, daß die wenigsten davon einer gründlichen rechtlichen Prüfung standhalten würden. Deshalb überging er sie lieber zugunsten der Devise: »Erst nehmen, dann unterhandeln.« Leute, die umgekehrt vorgehen mußten, gab es ohnehin genug, etwa Kurfürst Karl Albrecht von Baiern.

Kaum war Karl VI. beigesetzt worden, da hatte der Wittelsbach in Wien erklären lassen, er könne Franz Stefan nur als Großherzog der Toskana anerkennen, nicht als Chef des Hauses Habsburg, denn die Casa de Austria werde fortan von ihm verkörpert. Wie schon früher verwies Karl Albrecht dabei auf das Testament Kaiser Ferdinands I., in dem die Nachfahren von dessen wittelsbachisch gewordener Tochter Anna als Erben in Österreich eingesetzt worden waren für den Fall, daß das Erzhaus im Mannesstamm aussterben sollte. Als der österreichische Minister Graf Sinzendorf dem baierischen Gesandten daraufhin die Urschrift des Testaments vorlegte, fand sich darin zwar nur der Satz, dies gelte allein, wenn »alle unsere geliebte Sone one Eeliche leibs Erben abgingen« (und Maria Theresia war ja ohne Zweifel eine eheliche Leibeserbin), doch davon zeigte sich der Gesandte Münchens völlig unbeeindruckt. Vor seiner Abreise aus Wien erhob er auch noch offiziellen Einspruch gegen die Thronfolge von Karls Tochter. Es war schon fast eine Kriegserklärung. So kam Frankreich ins Spiel.

Kardinal Fleury, der in Paris immer noch die Fäden zog und eigentlich nichts als Frieden haben wollte, ließ sich wieder einmal davon überzeugen, daß man im Interesse Frankreichs Österreichs Schwäche einfach ausnützen müsse. Er nahm Verbindungen einerseits zu Baiern, andererseits zu Preußen auf.

Zu der Zeit, da dies alles geschah, hatte Friedrich sich auf den schlechten schlesischen Wegen schon ziemlich schmutzig gemacht. Doch war es auch der Moment, in dem das vergreiste Wiener Kabinett (die meisten seiner Mitglieder amtierten bereits seit den Tagen Leopolds I.) begriff, daß es einen Herrscher hatte – nein, noch hieß er nicht Maria Theresia. Franz Stefan verhandelte gerade wieder mit Graf Gotter aus Berlin und hatte eben erfahren, Friedrichs Angebot, Habsburg zu beschützen, gelte noch immer, wenn man ihm wenigstens einen »guten Teil« Schlesiens dafür zusichere. Der Preuße war inzwischen unter dem Druck Englands etwas bescheidener geworden. Maria Theresia folgte dem Gespräch von einem Nebenzimmer aus. Schon wollte sie unterbrechend eingreifen – vorgeblich, weil das Abendbrot fertig sei –, da wies ihr Mann den preußischen Gesandten mit wenigen kurzen Sätzen schlichtweg ab. Solange Friedrich auch nur einen Mann in Schlesien stehen habe, erklärte der Lothringer, wolle er eher zugrunde gehen als weiterverhandeln. Das Herz der Lauscherin soll vor Schrecken einen Moment lang stehengeblieben sein. Kritisiert hat Maria Theresia das Verhalten ihres Mannes indessen nie. So kam auch England ins immer unübersichtlicher werdende Spiel.

Der britische Gesandte hatte Wien eigentlich zu einer Verständigung mit Preußen überreden sollen. Da diese aber jetzt gescheitert war, erklärte er im Namen seines Königs: Georg II. stehe zur – Pragmatischen Sanktion.

Der mehr als tausend Folioseiten umfassende Vertrag, gebrochen von Friedrich und Frankreich, negiert von Baiern, schien also plötzlich doch noch etwas zu bewirken. Europas reichster Staat gedachte ihn zu honorieren und eilte Österreich zu Hilfe. Allerdings begann damit auch der zweite Weltkrieg der neueren europäischen Geschichte. Die folgenden Ereignisse liefen ab, als sei ein unsichtbarer Mechanismus in Gang gesetzt worden. Da England sich in Amerika nicht nur mit den Spaniern herumschlug, sondern, ohne offizielle Kriegserklärung, auch gegen französische Kolonisten kämpfte, glaubte Georg II., um sein deutsches Stammland, das Kurfürstentum Hannover, fürchten zu müssen, wenn Frankreich in den Querelen zwischen Preußen und Baiern einerseits, Österreich andererseits aktiv würde. Er setzte ein Kontingent britischer sowie angeworbener holländischer und deutscher Truppen nach Süddeutschland in Marsch.

Daraufhin wieder glaubte auch Spanien, es müsse Farbe bekennen, und verbündete sich mit Baiern. Kurz zuvor war Fleurys Abgesandter mit dem antihabsburgisch gesinnten Sachsen und mit Preußen handelseinig geworden: Österreich sollte zerstückelt werden.

Zu dieser Zeit, dem Mai 1741, hielt Friedrich fast ganz Schlesien schon in der Hand. Und die Österreicher hatten kaum noch Hoffnung, ihn wieder zu vertreiben, einmal, weil er die bessere Armee besaß, zum anderen, weil spanische Truppen nun die habsburgischen Besitzungen in Italien angriffen und ein französisch-baierisches Heer gegen Wien vorstieß. Am 15. September 1741 rückte es in Linz ein, vierzehn Tage später stand es vor dem niederösterreichischen St. Pölten, im November fiel Prag. Schon setzte sich Karl Albrecht die böhmische Königskrone auf. Am 24. Januar 1742 wurde er in Frankfurt auch zum deutschen Kaiser gewählt. Er nannte sich Karl VII.

In Wien aber war mittlerweile so etwas wie ein Machtwechsel vonstatten gegangen. Nicht mehr das alte Kabinett traf die Entscheidungen, auch nicht Franz Stefan, sondern Maria Theresia.

Widerwillig genug hatte sie mit Friedrich eine »Konvention« abgeschlossen, in der ihm Niederschlesien und die oberschlesische Festung Neiße zugestanden wurde. Es war jedoch nur geschehen, damit Österreich den Rücken frei bekam und die baierisch-französische Armee zurückwerfen konnte. Im Grunde ihres Herzens dachte die Königin nicht daran, das alte habsburgische Erbland fahrenzulassen. Dies hatte sie bereits durch eine völlig neue Politik im Inneren und durch einen der großartigsten Auftritte ihres ganzen Lebens bekundet.

Schauplatz des Geschehens war das Preßburger Schloß, jener strenge Bau hoch über der Donau, der mit seinen vier Ecktürmen an den Alkazar Karls V. in Toledo erinnert. Am 18. Mai 1741 hatte in der von Wien nur wenige Kilometer entfernten Stadt, die das seit den Türkenkriegen verödete Buda als Kapitale ersetzen mußte, eine Session des ungarischen Landtages begonnen; sie sollte bis zum 28. Oktober dauern.

Obwohl die baierisch-französischen Truppen damals noch in St. Pölten standen, war Maria Theresia guten Mutes; zwei Monate zuvor hatte sie ihren ersten Sohn zur Welt gebracht. Die im Februar vorgebrachte Klage: »Ich bin eine arme Königin, ich weiß nicht, wo mir eine Stadt für mein Wochenbett bleiben wird«, ergänzte sie nun durch den Zusatz: »Aber ich habe das Herz eines Königs.« Dennoch war es auch aus Furcht vor den Invasoren geschehen, daß sie Wien verließ und sich nach Preßburg wandte.

Zu Maria Theresias Begleitung gehörten János Graf Palffy, ein alter Waffengefährte Prinz Eugens, und Franz Stefan – man muß die beiden in dieser Reihenfolge nennen, denn ihren Mann gedachte die Königin ins zweite Glied abzuschieben. Im Moment freilich kam es ihr vor allem darauf an, die Ungarn in einer Offensive des Charmes für Habsburg zu gewinnen. Palffy hatte gemeint, das sei möglich, hatte jedoch hinzugefügt, allzuleicht würde es vermutlich nicht sein. Er war selbst Ungar und kannte die Magnaten.

Der magyarische Adel glaubte, in der Tat Grund zur Klage zu haben. Das hieß jedoch vor allem: Er wollte Maria Theresias schwierige Lage ausnützen und einige der von Leopold I. aufgehobenen ständischen Vorrechte wieder in Kraft setzen lassen. So forderte er etwa, der »Palatin«, der Vertreter der Krone in Ungarn, müsse, wie früher schon, von ihm alleine gewählt, nicht mehr per Erlaß aus Wien eingesetzt werden. Außerdem mahnte er Hilfe für die immer noch arg darniederliegenden, ehemals türkisch besetzten Teile des Landes an. Daß Habsburg so gut wie bankrott war, wollte keiner der Magnaten zur Kenntnis nehmen.

Immerhin, die ersten wichtigen Tage in Preßburg verliefen recht erfreulich. Maria Theresia, bereits bei ihrer Ankunft als »domina et rex noster« begrüßt, sollte am 25. Juni zum Rex, zum König, erst gekrönt werden. Das damit verbundene Ritual setzte sicheres Auftreten und perfekte Rollenbeherrschung voraus. Gehüllt in den achthundert Jahre alten Mantel des ersten ungarischen Herrschers, mußte die Kandidatin vor dem Altar niederknien, sich die schwere Stephanskrone mit dem schrägstehenden Kreuz auf den Kopf setzen lassen, mußte anschließend in den Sattel steigen und zur Spitze eines aufgeschütteten Hügels aus ungarischer Erde hinaufreiten. Dort hatte sie mit einem schweren alten Schwert vier Hiebe in die Haupthimmelsrichtungen auszuteilen, solcherart bekundend, daß sie das Land unter ihren Schutz nehme. Für eine mit der Öffentlichkeit noch kaum in Berührung gekommene junge Frau war das keine leichte Übung, schon deshalb nicht, weil Hunderte von erprobten Reitern sie dabei kritisch beobachten würden. Saß sie auch gut zu Pferde?

Maria Theresia unterzog sich der schwierigen Prozedur mit würdevoller Gelassenheit und mit Grazie. Die wie immer prunkhaft aufgeputzten Magnaten begannen, sich sichtlich für ihre neue Herrscherin zu erwärmen. Und als die dann beim Krönungsbankett sahen, daß die noch jugendlich schlanke Frau das blonde Haar all jener spanischen Maria Theresen hatte, nach denen sie ja benannt worden war, schmolzen die Herren vollends dahin – wenigstens für den Augenblick. Nachdem das Fest verrauscht war, begann der unerbittlich harte Handel.

Wie in Ungarn nicht anders denkbar, lag bei den Gesprächen stets irgendein wichtiges »simile« auf dem Tisch, dessen einzelne Punkte mit advokatenhafter Pedanterie hin und her gewendet, abgeklopft, in Frage gestellt wurden – alles in lateinischer Sprache. Ohne den loyalen Palffy und einen zu Geld gekommenen Slowaken namens Grassalkovics, der sich, ein Adelsprädikat erhoffend, für sie zerriß, wäre Maria Theresia kaum zurechtgekommen. Allerdings hätte sie es auch weniger schwer gehabt, wenn in Preßburg nicht zum ersten Mal ihre eigene Hartköpfigkeit zutage getreten wäre. Die Habsburgerin gab ohne Widerstand keine einzige Position preis, sei sie auch noch so zweitrangig gewesen. Ihren größten Einfluß errang sie dann mit völlig anderen Mitteln.

Es geschah am 11. September 1741, und es war ein großer, mit Sorgfalt vorbereiteter Auftritt. Maria Theresia hatte in der Zwischenzeit für einige Wochen das noch immer bedrohte Wien aufgesucht und dort erfahren, daß die schlesische Hauptstadt Breslau von Friedrich besetzt worden sei, daß der König von Savoyen-Sardinien sich in Italien den Spaniern anschließen wolle und daß Georg II. von England mit seinem zusammengeworbenen Entsatzheer nur langsam von der Stelle käme. Wieder zurückgekehrt, glaubte sie, in dieser zugespitzten Situation alles auf eine Karte setzen zu müssen. Ungarns Ständevertreter wurden ins Preßburger Schloß gerufen. Was dort geschah, ging nicht nur in die Geschichte, sondern auch in die Legende ein.

In Trauerkleidern, so erzählte man später, ihren kleinen Sohn auf dem Arm, sei Maria Theresia vor die Magnaten getreten. Sicher überliefert ist indessen nur die Rede, die sie vom Blatt ablas, ein Meisterwerk lateinischer Prosa, klar, knapp, zu Herzen gehend (sein Verfasser blieb unbekannt).

»Es handelt sich«, so der Text, »um das Königreich Ungarn, um Unsere Person, um Unsere Kinder, um die Krone. Von allen verlassen, flüchten wir einzig und allein zur Treue der Ungarn und zu ihrer altberühmten Tapferkeit. Wir bitten die Stände in dieser äußersten Gefahr, für Unsere Person, Unsere Kinder, die Krone und das Reich ohne die geringste Versäumnis tätig Sorge zu tragen.«

Diese Sätze und noch einige mehr, mit leiser Stimme vorgetragen, trafen die Magnaten an dem Punkt, auf den sie zielten. Alle die Tugenden, auf die Ungarns Adelige sich so viel zugute hielten, waren angesprochen, Mut vor allem und Ritterlichkeit. Konnte ein Kavalier von Ehre dieser hilflosen Frau seinen Schutz versagen? Als Maria

Theresia innehielt, herrschte sekundenlang fast beklemmendes Schweigen im Saal. Dann stieg ein einziger Schrei empor: »Vitam nostram et sanguinem consecramus« – zumindest wollen die Protokollanten es so verstanden haben: Unser Leben und Blut opfern wir!

Der großen Geste folgte immerhin die Tat. Im Handumdrehen wurde beschlossen, ein Heer von vierzigtausend Mann aufzustellen und gegen die Feinde des Hauses Habsburg zu führen. Daß es am Ende bloß knapp achtzehntausend wurden und von diesen ein knappes Drittel auch noch desertierte, lag in der Natur der Dinge. Ungarn war ein krasser Zweiklassenstaat, bestehend aus einer dünnen Adelsschicht und dem fast rechtlosen Pußtavolk, das natürlich nicht einsah, weshalb es auch noch seine Haut zu Markte tragen sollte. Doch kam diesem Umstand nicht einmal besondere Bedeutung zu. Maria Theresia hatte den ersten bedeutenden Erfolg ihrer kurzen Regierungszeit erzielt, hatte emotionalen Rückhalt gewonnen – das allein zählte.

Tatsächlich markiert der Preßburger Landtag einen Wendepunkt im Lauf der bisher so unglückseligen Ereignisse. Von hier an ging es nicht mehr nur bergab, ging es freilich auch nicht gleich bergauf, doch am Horizont zeichnete sich ein Schimmer von Hoffnung ab. Der Grund: In Preßburg war die Herrscherin Maria Theresia an den Tag getreten. Sie wußte nun, wer sie war und was sie bewirken konnte. Das verlieh ihr den Mut, einer feindlichen Welt die Stirn zu bieten und die Zügel der Regierung endgültig in die Hand zu nehmen. Auch vom scheinbar abhanden gekommenen Glück des Hauses Habsburg hatte sie, wie es schien, in Preßburg etwas zurückgewonnen.

Franz Stefan spielte fortan auf dem politischen Parkett keine Rolle mehr. Als jedoch Friedrich II. die Konvention über Schlesien vom 11. Oktober 1741 am 1. November des gleichen Jahres wieder brach, errang sein jüngerer Bruder, Karl von Lothringen, im Kampf gegen die erneut vorrückenden Preußen einige erste Erfolge. Sie reichten zwar nicht aus, die Eindringlinge zurückzuwerfen, bewogen Friedrich aber, im Juni 1742 Friedensfühler auszustrecken und drei Monate später auch Frieden zu schließen. Maria Theresia behielt vom »schönsten Edelstein in ihrer Krone« ein paar Bruchstücke: die Fürstentümer Troppau, Teschen und das so heftig umstrittene Jägerndorf.

Im Mai 1743 nahm sie dann eine weitere Krone entgegen. Den von der schlesischen Front abgezogenen Truppenteilen war es gelungen, die Franzosen aus Böhmen hinauszuwerfen und – zwei Tage nach seiner Krönung zum deutschen Kaiser – Karl Albrechts Stammland zu besetzen. Maria Theresia konnte daraufhin von den in Prag versammelten Ständevertretern als »allergnädigste Königin und Erbfrau« gefeiert werden. Dann schlug ihr Verbündeter Georg von Hannover und England mit seinem zusammengewürfelten »pragmatischen Heerkorps« auch noch die Franzosen in der Nähe des mainfränkischen Städtchens Dettingen. Und Karl Emmanuel von Sardinien samt Sachsen schloß sich dem britisch-österreichischen Bündnis an.

Diese günstige Entwicklung der Dinge bewirkte unter anderem, daß Maria Theresia öfter als vorher die Herrscherin herauskehrte. Den Böhmen gegenüber war sie sogar »grandig« geworden, als es bei den Vorbereitungen zur Krönungszeremonie Schwierigkeiten gegeben hatte. Und von der Wenzelskrone sagte sie verächtlich: »Sehet einem Narrenhäubel gleich.«

Zu den wohl seltsamsten Erscheinungen in der Umgebung von Maria Theresia gehörte ein schmaler, dunkler, sehr zurückhaltender Mann namens Don Manoel Telles de Menezes e Castro, Graf Tarouca, Herzog von Silva, aus Portugal stammend. Er hatte dem Haus Habsburg bereits in den verschiedenartigsten Positionen gedient: als Page unter Karl VI., als Offizier unter Prinz Eugen, als Beamter in den ehemals Spanischen, jetzt Österreichischen Niederlanden. Seit einigen Jahren war Tarouca nun so etwas wie das offizielle Gewissen der Königin. Sein Auftrag, von höchster Hand gegeben, lautete: »Meine Fehler mir erkennen zu geben und vorzuhalten.«

Schon hinter den Kulissen von Preßburg hatte der Portugiese diese Funktion erfüllt, obwohl er sich dabei überhaupt nicht wohl fühlte. Aus dem Umstand, daß er jederzeit bei der Herrscherin Zutritt hatte, schloß der Wiener Hof – natürlich –, Maria Theresia habe sich einen Geliebten genommen. Schließlich war Franz Stefan ihr auch nicht treu; er betrog seine Frau sogar, ohne daraus einen Hehl zu machen. Anders Maria Theresia. Sie wußte um ihre eigenen Unzulänglichkeiten, wußte auch, daß es äußerster Disziplin bedurfte, um die Materie, mit der sie sich befassen mußte, nur einigermaßen zu durchdringen, und wollte sich für diese Aufgabe Tag für Tag von neuem »zurüsten« lassen, so als ob sie in erster Linie ein Instrument sei, das in einwandfreiem Zustand gehalten werden müsse. Das hat Tarouca mit der Zeit auch so begriffen.

Exakt schrieb er seiner Dienstherrin vor, wie sie den Tag einteilen müsse, um ihre schwere Aufgabe bewältigen zu können. Um acht sollte sie aufstehen, dann eineinhalb Stunden auf Ankleiden, Messe, Frühstück und Kinder verwenden, anschließend, von halb zehn bis halb eins, harte Regierungsarbeit am Schreibtisch, im Konferenzraum, im Audienzsaal leisten. Die nächsten zweieinviertel Stunden dienten der Entspannung, inklusive Mittagsmahl. Nach einem kurzen Besuch bei der Mutter – Familienfriede war den Nerven zuträglich – dann wieder, ab vier Uhr nachmittags, die Akten, die Lagebesprechungen, die Beratungen mit den Ministern, jedoch äußerstenfalls bis halb neun. Für den Rest des Tages keine Arbeit mehr, nicht einmal den Gedanken daran, statt dessen Kartenspiel, Tanz, etwas Musik – in Maßen versteht sich. Der neuen sportlichen Vorliebe der Königin – sie hatte in Preßburg Gefallen am Reiten gewonnen – stand Tarouca mit äußerstem Mißbehagen gegenüber. Und wenn sie, was des öfteren geschah, eine Nacht durchfeierte, war er geradezu verzweifelt. Er unterzeichnete seine kritischen Anmerkungen dann mit »Ew. Majestät alter Nörgler«, um Antworten zu bekommen wie: »Einmal wird es schon werden. Fahren sie nur fort mit ihren Ermahnungen!« Die junge Königin hatte sich einen Lebensstil auferlegt, den ihr großer Kontrahent erst sehr viel später annehmen sollte; in Preußen wurde er »fritzisch« genannt.

Ob der welterfahrene Portugiese auch die Grundregeln des wirren Spiels erklären konnte, in das sie verstrickt worden war, ist eine andere, freilich völlig offene Frage. Wäre Tarouca aber wirklich dazu in der Lage gewesen, hätte er sagen müssen, daß dieses Spiel von zwei Tendenzen bestimmt wurde. In Europa lief es nach Gesetzen ab, die vor allem auch das Haus Habsburg hatte manifestieren lassen. Es ging um Ansprüche aus familiären, also eigentlich privaten Vereinbarungen und Verbindungen zwischen fürstlichen Häusern. Alle wichtigen Potentaten waren ja verschwägert oder sonstwie miteinander verwandt, und die Casa de Austria überragte diesen kaum entwirrbaren Knäuel aus Blutlinien als ein zentraler Stammbaum. Kein lebender Wittelsbach, kein Bourbone, Wettiner, Savoyer, Hannover, der nicht auf irgendeine Beziehung zum Erzhaus hätte verweisen können; selbst die Hohenzollern waren am Rande in dieses Netz verstrickt. Aus dem Wissen darum aber leiteten sie nicht nur elitäre Vorrechte ab, es begründete auch den Geist, der sie bei ihren politischen und militärischen Operationen beflügelte. Letzten Endes standen stets Besitztümer auf dem Spiel, an denen jeder Angehörige der adeligen Herrenschicht auf die eine oder andere Weise beteiligt zu sein glaubte. Bei den jahrhundertealten, kaum je unterbrochenen Erbstreitigkeiten hatte eben der eine Vetter früher einmal mehr Glück gehabt als der andere, aber das hieß nicht, jemand, der zu kurz gekommen war, müsse sich geschlagen geben. Immer wieder einmal gab es neue Chancen, dank überraschend glücklicher Heiraten, dank unerwartet glücklicher Erbfälle. Der Krieg war ein weiteres Mittel, die Lotterie zu beeinflussen.

Alles das hätte Tarouca seiner Königin einigermaßen verdeutlichen können – wenn er fähig gewesen wäre, die bestehenden Verhältnisse nach rein abstrakten Kriterien zu beurteilen. Daß er dies jedoch konnte, muß bezweifelt werden. Eher wäre er vielleicht imstande gewesen, ihr zu erklären, welcher Art die von den Kolonialmächten verfochtenen Interessen waren. In deren Spiel kam den europäischen Herrschern fast nur noch die Rolle von Galionsfiguren zu. Unternehmer, Kapitalgruppen, Handelsgesellschaften bedienten sich der gekrönten Häupter, weil es dem Geschäft dienlich war und den Einsatz staatlicher Mittel rechtfertigte. Als dem Angehörigen einer der großen seefahrenden Nationen müßte Tarouca dies einigermaßen klar gewesen sein, schließlich hatte er in den Niederlanden Aufstieg und Untergang der Ostendischen Kompanie aus nächster Nähe miterlebt.

Wie aber der Königin auch noch erklären, auf welche Weise das eine mit dem anderen zusammenhing, die familiär eingefärbten Erbstreitigkeiten auf dem Kontinent und die wirtschaftlichen Machtkämpfe in Übersee? Stark vereinfachend hätte Tarouca etwa sagen können, zwei verschiedenartige Aggregate seien zufälligerweise durch nationale und dynastische Transmissionsriemen miteinander verkoppelt. Heute könne es deshalb geschehen, daß dieses eine Aggregat jenes andere auf Touren bringe, morgen könne es schon wieder andersherum gehen. Aber freilich: Für eine derartige Skizze hätten ihm sogar die technischen Begriffe gefehlt. Maria Theresia erfuhr denn auch durch Tarouca keineswegs, warum es beispielsweise für sie von Bedeutung war, daß 1706 der letzte indische Großmogul gestorben war oder daß 1713 ein reicher Kaufmann aus Maine ein paar tausend Bewaffnete um sich gesammelt und sie ins französische Kanada geführt hatte. Von beiden Vorgängen sollte sie erst in den Jahren nach dem nächsten von ihr geführten Krieg hören.

Dem nächsten Krieg? Österreichs Truppen standen ja, auch seit dem

Abbruch des »Ersten Schlesischen«, noch im Feld. Karl von Lothringen kämpfte in den Niederlanden gegen Frankreichs tüchtigsten Marschall, den Sohn Augusts des Starken, Moritz von Sachsen. Daß Moritz dabei Federn lassen mußte, nützte Österreich jedoch ebensowenig wie der Umstand, daß es auf der Apenninenhalbinsel gegen die Spanier fortlaufend Siege errang.

Dem König von Preußen gefiel gar nicht, was da am Rhein oder in Italien geschah. Karl von Lothringen, so war ihm hinterbracht worden, sollte den Franzosen ein Gebiet entreißen, das man Karl VII. anbieten konnte, wenn er dafür auf das von Österreich besetzte Baiern verzichte. Ebenso großes Unbehagen bereitete Friedrich der zum Kaiser gekrönte Wittelsbach selbst. Als die Truppen Maria Theresias in sein Stammland einmarschiert waren, hatte Karl sich nach Frankfurt in Sicherheit gebracht. Dort saß er, landlos, hilflos, machtlos, während seine habsburgische Frau sich nach der »Amalienburg« sehnte, dem zierlichen Rokokoschlößchen, das François de Cuvilliés für sie im Nymphenburger Park erbaut hatte. Unglücklicherweise gehörte der ehemalige Kurfürst aber zu Friedrichs Klienten, denn auch für ihn war er, nach eigenem Bekunden, seinerzeit gegen Österreich marschiert. Konnte er den Baiern nun einfach abschreiben? Die Frage gewann zusätzliches Gewicht durch die Nachricht, Georg II. wolle Maria Theresia Subsidien in Höhe von 300000 Pfund jährlich gewähren. Der Preußenkönig, machiavellistischem Denken verpflichtet, obwohl er einst einen »Anti-Machiavell« geschrieben hatte, kam zu dem Schluß, er müsse ein weiteres Mal losschlagen, ehe die allgemeine Lage sich noch mehr zu seinen Ungunsten verändere. Erneut schloß er deshalb einen Vertrag mit Frankreich, einen anderen mit Karl VII. und fiel im August 1744, durch Sachsen marschierend, in Böhmen ein – sein Heer bezeichnete er jetzt als »die kaiserlichen Hilfsvölker«. Friedrichs erklärtes Ziel: Für den Wittelsbach sollten Böhmen und Oberösterreich gewonnen werden. Für sich selbst begehrte er die rechtselbischen Teile Böhmens und den noch österreichischen Rest Schlesiens.

Der sogenannte »Zweite Schlesische Krieg« dauerte knapp ein Jahr – für Friedrich. Drei glänzende Siege bei Soor, Kesselsdorf und Hohenfriedberg brachten ihm, was er angestrebt hatte. Karl VII. konnte in das befreite München zurückkehren – um dort zu sterben. Maximilian Josef, sein Sohn und Nachfolger, erklärte sich bereit, Franz Stefan von

Lothringen als nächsten Kaiser anzuerkennen. Ein jahrhundertealter Streit zwischen Habsburg und Wittelsbach ging damit zu Ende; die Kaiserkrone fiel erneut an das Erzhaus. Und Friedrich hieß fortan »der Große«.

Für Maria Theresia indessen dauerte der Krieg auch jetzt noch fort. Österreichische Truppen kämpften, erfolgreicher zunächst als auf den schlesischen Schlachtfeldern, in Italien gegen Spanier und Franzosen, eroberten Genua, stießen in die Provence vor, versuchten sogar, auf Betreiben Englands, Toulon und Marseille zu erobern. Prinz Eugen, dem solch ein Unternehmen ebenfalls schon zugemutet worden war, hätte abgeraten. Es klappte auch dieses Mal nicht; selbst Genua mußte wieder preisgegeben werden.

Ähnlich entwickelten sich die Dinge in den Niederlanden. Moritz, der »Maréchal de Saxe«, entschied 1745 die schon fast verlorene Schlacht von Fontenoy, nahe dem flämischen Tournai, in letzter Minute für sich. Er schlug seinen Gegner Karl von Lothringen auch in den folgenden Jahren fast überall, wo er mit ihm zusammentraf. Österreichs Verbündeten, den Briten, ging es kaum besser. Immerhin errangen sie in diesem Krieg einen der wichtigsten Siege ihrer Geschichte, wenn auch nicht auf dem Kontinent. Hoch oben im schottischen Norden, bei Culloden, bereitete der Duke of Cumberland, Sohn Georges II., dem Stuartprinzen Charles Edward – seine Anhänger nannten ihn »Bonnie Prince Charles« – eine vernichtende Niederlage. Die Erbfolge des Hauses Hannover in England war damit für alle Zeiten gesichert, Großbritannien geboren, Frankreich, das seit Generationen versucht hatte, sich der Stuarts zu bedienen, einer wichtigen politischen Waffe beraubt. Auch diese alte, bis in die Tage von Elizabeth I. hinabreichende Geschichte hatte im Wirbel der um das Sturmzentrum Österreich tobenden Kriege aufgearbeitet werden müssen.

Im Mai 1748, während Moritz von Sachsen die Festung Maestricht belagerte, streckten die verfeindeten Mächte dann erste Friedensfühler aus. Es geschah aus dem Grund, der schon Ludwig XIV. bewogen hatte, ein Ende des Spanischen Erbfolgekrieges anzustreben: Frankreich war erschöpft, ebenso England. Maria Theresia hingegen hatte eine neue Bündnispartnerin gewonnen: Elisabeth, die Tochter Peters des Großen, Selbstherrscherin im Russischen Reich und Intimfeindin Friedrichs des Großen. In Aachen traten die Unterhändler schließlich zusammen. Der größte Gewinn, den die österreichische Herrscherin von dieser Konferenz hatte, war die Entdeckung eines neuen politischen Talents.

Wenzel Anton Graf Kaunitz, der Leiter ihrer Delegation, erwies sich scheinbar als ein Meister seines Faches. Schon wenig später sollte er zum Staatskanzler aufsteigen und sich als Maria Theresias engster Mitarbeiter etablieren. In Aachen konnte Kaunitz freilich nur die von Frankreich besetzten Österreichischen Niederlande für sie retten und die internationale Anerkennung der Pragmatischen Sanktion erreichen. Die italienischen Herzogtümer Parma, Piacenza und Guastalla hingegen mußte er preisgeben; sie fielen an Don Felipe, den jüngeren Sohn der ehrgeizigen spanischen Königin aus dem Haus Farnese. Auch Schlesien und die Festung Glatz gingen Österreich in Aachen endgültig verloren. Immerhin: Kaunitz brachte den Frieden mit zurück; es gab keinen Grund, den Aachener Vereinbarungen nicht zu trauen.

Drei Jahre zuvor hatte Maria Theresia die erste und einzige Reise unternommen, die über die Grenzen ihrer eigenen Länder hinausführte.

1745 war sie nach Frankfurt gefahren, um die Krönung Franz Stefans zum deutschen Kaiser mitzuerleben. Goethe war damals noch nicht geboren, hat aber, auf Grund von »Erzählungen älterer Personen«, geschildert, wie die Habsburgerin damals aussah.

»Maria Theresia«, heißt es in »Dichtung und Wahrheit«, »über die Maßen schön, habe jener Feierlichkeit an einem Balkonfenster des Hauses Frauenstein, gleich neben dem Römer, zugesehen. Als nun ihr Gemahl in der seltsamen Verkleidung aus dem Dom zurückgekommen und sich ihr sozusagen als ein Gespenst Karls des Großen dargestellt, habe er wie zum Scherz beide Hände erhoben und ihr den Reichsapfel, das Zepter und die wundersamen Handschuhe hingewiesen, worüber sie in ein unendliches Lachen ausgebrochen, welches dem ganzen zuschauenden Volk zur größten Freude und Erbauung gedient, indem es darin das gute und natürliche Ehegattenverhältnis des allerhöchsten Paares der Christenheit mit Augen zu sehen gewürdigt worden. Als aber die Kaiserin, ihren Gemahl zu begrüßen, das Schnupftuch geschwungen und ihm selbst ein lautes Vivat zugerufen, sei der Enthusiasmus und der Jubel des Volkes aufs höchste gestiegen, so daß das Freudengeschrei gar kein Ende habe finden können.«

Franz Stefan, nunmehr Kaiser Franz I. Stefan, muß bei diesem Frankfurter Ereignis in der Tat ein merkwürdiges Bild geboten haben.

Als er den Dom betrat, trug er den Mantel seines verlorenen Herzogtums Lothringen und die Krone des nicht mehr existenten Königreiches Jerusalem. Beim Verlassen des Gotteshauses war er in den Krönungsmantel des Staufers Friedrich II. gehüllt, hatte die Hände in purpurnen, mit Edelsteinen besetzten Handschuhen stecken und trug die Insignien des Heiligen Römischen Reiches vor sich her. Man kann verstehen, daß er seine Frau in dieser Erscheinung zum Lachen reizte und sich selbst wie ein Schauspieler im Kostüm vorkam. Das Reich strahlte längst keinen Glanz mehr aus, es war untergegangen, ohne daß jemand es richtig bemerkte. Auch das Erzhaus selbst hieß jetzt ja nicht mehr Habsburg, sondern Habsburg-Lothringen.

Der Gesandte Preußens hatte Frankfurt vor der Krönung Franz Stefans unter Protest verlassen. Wichtiger war, was zu dieser Zeit in Indien und Amerika geschah.

Schah Aurangseb, Sohn jenes indischen Großmoguls, der im Tadsch Mahal von Agra beigesetzt ist, hatte bei seinem Tod ein politisches Vakuum hinterlassen, in das Franzosen und Briten um so leichter hineinstoßen konnten, als Aurangseb auch ein fanatischer Muslim gewesen war. Die Hindus auf dem Subkontinent wollten auf Gedeih und Verderb von seinen Nachfolgern loskommen und akzeptierten deshalb fast jeden Bündnispartner, der sich ihnen anbot. Dies suchte sowohl der Vertreter Ludwigs XV. auszunützen wie auch Robert Clive, der Chef der britischen Ostindien-Kompanie. Seit etwa 1748 tobte zwischen beiden Parteien ein erbitterter Kleinkrieg. Er konnte selbst durch Verhandlungen zwischen Paris und London nicht beigelegt werden – verständlicherweise. Bei den Kämpfen im bengalischen Sumpf ging es weniger um staatspolitische als um private wirtschaftliche Interessen.

Ähnlich war es in den heutigen USA. Britische Kolonisten und Händler strebten nach Westen, ein französischer Sperriegel, der von New Orleans bis zur Mündung des kanadischen Sankt-Lorenz-Stroms reichte, verwehrte ihnen den Vorstoß ins Mississippi-Tal. In England aber war William Pitt, Earl of Chatham, später Pitt der Ältere genannt, einer der ersten großen Imperialisten in der Geschichte seines Landes, an die Macht gekommen.

Dank ihm wuchsen sich sowohl der Dschungelkampf in Indien wie auch die Auseinandersetzungen in Nordamerika zu regulären, offenen

Kriegen aus. Deren Höhepunkt war erreicht, als die Flotte Admiral Hawkes 1755 fast auf einen Schlag dreihundert französische Handelsschiffe kaperte. Von da an schien es unausweichlich zu sein, daß die Wogen aus Übersee auch nach Europa hinüberschwappen würden. Die kolonialen Aggregate liefen auf vollen Touren, die Transmissionsriemen nach drüben mußten früher oder später greifen. Das erwartete man mittlerweile selbst in Wien.

Maria Theresia fragte ihre Räte, ob man denn, wenn es soweit sei, wieder in der alten Formation würde kämpfen müssen: Österreich, England-Hannover, Rußland sowie Polen-Sachsen auf der einen, Preußen, Spanien und Frankreich auf der anderen Seite. Nach der gegenwärtigen Lage schien es eine zweite Möglichkeit gar nicht zu geben. Die Räte, unter ihnen Franz Stefan, sagten denn auch, ja, so sei es. Ein einstimmiges Votum allerdings war dies nicht. Graf Kaunitz, das jüngste Mitglied der Konferenz, erhob sich und meldete Widerspruch an. England, trug er vor, habe Österreich nie besonders pfleglich behandelt, weder damals, als es die Liquidierung der Ostendischen Handelskompanie verlangte, noch während der Friedensverhandlungen in Aachen. Außerdem werde es auch jetzt wieder verlangen, daß habsburgische Truppen das Kurfürstentum Hannover gegen Preußen sicherten. Wohingegen Frankreich ...

Frankreich, der alte Erzfeind seit dem Dreißigjährigen Krieg! Frankreich, das Land, das Franz Stefan um sein Herzogtum gebracht hatte! Schon durch des Grafen Andeutung waren die Räte schockiert. Doch da erklärte Maria Theresia, eigentlich denke sie genauso wie Kaunitz. Der ziemlich preziöse Wiener – seine Diener mußten ihm morgens von allen Seiten Mehlstaub zuwedeln, damit seine Perücke schön gleichmäßig aufgetragenes Puder vorwies – war damit praktisch schon dort, wo er immer hingewollt hatte: in Paris. Maria Theresia ernannte ihn zum österreichischen Gesandten am Hof Ludwigs XV., und Kaunitz leistete in dieser Funktion so gute Arbeit, daß sein Nachfolger, Georg Starhemberg, 1756 das berühmte »Renversement des alliances« einleiten konnte, die Umkehr aller bisher bestehenden Bündnisse. Es ging in beinahe intimem Rahmen vonstatten.

Nicht in Versailles fanden die entscheidenden Gespräche statt, sondern in einem Pavillon, der zu dem heute nicht mehr existierenden Schloß Bellevue bei Paris gehörte. Und nicht Ludwigs neuer leitender Minister, Marc Pierre d'Argenson, saß dem Österreicher gegenüber

(Fleury lag seit dreizehn Jahren unter der Erde), sondern ein Abbé mit etwas zweifelhafter Vergangenheit sowie eine Frau, die weitaus besser war als der Ruf, den sie in Europa genoß: Marquise de Pompadour, die königliche »Maîtresse declarée«. Vor blau und gold paneelierter Wand, auf zierlichem Sessel sitzend, trug Starhemberg vor, was er zu sagen hatte. Er bot Frankreich ein Neutralitäts- und Defensivbündnis an, warf Ostende in die Waage sowie für Spanien die Österreichischen Niederlande – gegen Abtretung von Parma – und ließ endlich noch eine kleine Bombe platzen: Friedrich II., gab er bekannt, der sich eben um die Erneuerung seines alten Bündnisses mit Frankreich bemühe, verhandle insgeheim auch mit England. Dies alles reichte aus, die Marquise zu überzeugen, nicht jedoch Ludwig XV. Trotzdem war der Stein ins Rollen gekommen.

Als es sich im Januar 1756 erwies, daß der Preuße tatsächlich mit England handelseinig geworden war und Aussicht auf eine Million Pfund britischer Subsidien im Kriegsfall hatte, schlossen Frankreich und Österreich im Gegenzug den »Vertrag von Versailles«, wodurch das Renversement endgültig Gestalt annahm.

Aber wie sagte dazu Victor-François, der zweite Herzog von Broglie, Marschall von Frankreich und deutscher Reichsfürst? »Dieses Abkommen riecht nach Pulver.«

Auf dem, trotz seines Namens, nicht in Versailles, sondern auf Schloß Jouy unterfertigten Vertrag stand das Datum 1. Mai 1756. Am 9. September desselben Jahres marschierten preußische Truppen in Dresden ein, und nochmals zwanzig Tage später meldete Friedrich II. nach Berlin: »Es waren nicht mehr die alten Österreicher, die ich vor Lobositz fand.« Sie hätten ihn nahe der böhmischen Stadt fast geschlagen. Der »Siebenjährige Krieg« befand sich, ohne offiziell erklärt worden zu sein, bereits in vollem Gang.

Und genau ein Jahr nach dem Abschluß des ersten wurde der nunmehr zweite Versailler Vertrag abgeschlossen, dieses Mal in Versailles. Auch Victor-François de Broglie konnte in den Sattel steigen.

»Die Kanonen wurden abgeprotzt, die Gewehre aufgenommen, die Säbel entblößt, das Treffen formiert, und dann erschallte von allen Seiten her das Donnerwort ›Marsch, Marsch!‹. Nachdem solches geschehen, ging es unter Trommelschlag und Musik im starken Tritt gerade auf den Feind los.«

So beschrieb ein preußischer Leutnant namens Prittwitz die Schlacht von Kolin, nahe Prag. Es war ein Stück aus dem alten klassischen Kriegstheater: Fahnen, bunte Uniformen, die langen, mehr oder weniger geraden Reihen der angreifenden Bataillone. Friedrich mußte seine erste schwere Niederlage einstecken. Maria Theresia schrieb hinterher an ihren Feldmarschall Leopold Josef von Daun, »dies ist der Geburtstag der Monarchie«, und stiftete den Maria-Theresia-Orden.

Ein nebelfeuchter Morgen in Kanada. Britische Soldaten in klammen Uniformen ersteigen mühsam das Steilufer des Sankt-Lorenz-Stromes, schleichen in verstreuten Trupps durch unwegsames Waldgelände, arbeiten sich gegen Palisaden vor, die von Trappern im Lederwams, von Indianern, Farmern, halbwüchsigen Seminaristen, achtzigjährigen Greisen verteidigt werden. Dann brechen die Briten aus dem Wald hervor, heben vorgeschobene Scharfschützennester aus und erobern die Stadt. Über Quebec wird das französische Lilienbanner eingeholt.

Zwei Kampfhandlungen in ein und demselben Krieg. Die eine hätte, mit geringen Unterschieden im Detail, auch schon hundert Jahre früher stattfinden können, die andere paßte bereits in das nächste Jahrhundert. Welche war wichtiger für Friedrich oder für Maria Theresia? Keiner von beiden hatte die Zeit oder den Atem, sich diese Frage überhaupt zu stellen. Der Preuße merkte, daß die Kräfte seines britischen Partners gelegentlich etwas nachließen, wenn England in Übersee gerade eine Schlappe erlitten hatte. Die Habsburgerin bekam des öfteren Gelegenheit, über mangelnden französischen Kampfgeist zu klagen, und erfuhr dann vielleicht, Ludwigs Kolonialtruppen seien gerade im bengalischen Plassey geschlagen worden.

Auch der Herzog von Broglie hatte unter solch fernen Ereignissen zu leiden, so etwa im August 1759, als er, mangels Geld und Truppen, Westfalen den Preußen überlassen mußte.

Maria Theresia wie auch ihr Kontrahent sahen den ganzen Krieg unter einem einzigen engen Blickwinkel. Der Preußenkönig kämpfte, nachdem Kaiser Franz auch das Reich mobilisiert hatte, gegen eine ganze Welt von Feinden. Trotz glänzender Siege bei Roßbach, Zorndorf, Leuthen trieb er scheinbar unaufhaltsam dem Abgrund entgegen. Jede Niederlage, auch die geringste, drohte ihm das Rückgrat zu brechen. Er mußte sich immer verwegenerer Improvisationen bedienen, um seinen Kopf aus der Schlinge zu ziehen, mußte Armeen aus dem Boden stampfen, seine Landeswährung ruinieren, seine Landeskinder niedermähen lassen. Nach der schlimmsten Niederlage, die er je erlitt, jener von Kunersdorf im Jahr 1759, rettete ihn sogar nur noch ein »miracle«: die Uneinigkeit seiner russischen und österreichischen Gegner, die sich nicht entschließen konnten, ihn zu verfolgen.

Für Maria Theresia auf der anderen Seite ging es jetzt wieder nur noch um eines: Schlesien, die verlorene Provinz, wollte sie zurückhaben, auslöschen die Schmach, die dem Haus Habsburg widerfahren war, als man ein Glied von seinem lebenden Leib abtrennte. Die Kaiserin steigerte sich dabei in eine Haltung hinein, welche an Selbstgerechtigkeit kaum noch überboten werden konnte: Alles, was sie besaß, war »gottgegeben«, alles, was andere ihr antaten, war eine »Infamität«.

Und je länger der Krieg dauerte, desto härter wurde sie auch gegenüber ihren leitenden Mitarbeitern. Der fröhliche, lebenslustige Karl von Lothringen, den sie als Schwager wie auch als Tanzpartner schätzte, verlor seinen Posten, nachdem sich endgültig gezeigt hatte, daß er Friedrich im Feld nicht gewachsen war. Franz Stefans Bruder wurde durch das achtunggebietende Trio Daun, Laudon und Lacy ersetzt, einen Wiener, einen Litauer und einen Iren. Selbst diese drei bekamen aber gelegentlich Maria Theresias Unmut zu spüren, wenn ihnen Friedrich wieder einmal aalgleich aus den Fingern geglitten war.

1761 sah es dann so aus, als stünde der Preuße endgültig mit dem Rücken an der Wand. England hatte sowohl in Amerika wie auch in Indien alle seine Ziele erreicht. William Pitts Politik, basierend auf dem Grundsatz: »Kanada wird in Schlesien gewonnen«, trug endlich die erhofften Früchte. Den Premier selbst kostete der Sieg allerdings das Amt. Wie einst Malborough wurde er gestürzt – aus Gründen, die denen von damals aufs Haar glichen. Pitt hatte den Vertrag mit Preußen geschlossen. Wenn es ihn nicht mehr gab, konnte – anderes Kabinett, andere Meinung – die Abmachung gebrochen werden. Genau das geschah. Der »French and Indian War« war zu Ende, und Friedrich erhielt plötzlich keinen Penny mehr aus England. In einer auswegloseren Lage hatte sich der Preuße noch nie befunden. Dennoch war er bereits der eigentliche Sieger der mörderischen Auseinandersetzung.

Die Sympathien so gut wie aller Deutschen, ja sogar der meisten Europäer, gehörten nicht der Habsburgerin, die er einst wider Recht und Vertrag überfallen hatte, sondern ihm, dem ruchlosen Angreifer. Friedrich hatte der Welt ein einzigartiges Schauspiel geboten und auch stets dafür gesorgt, daß ein großes Publikum es hautnah miterleben konnte. Keine seiner Gemütsregungen, vor allem nicht seine Verzweiflungsanfälle, behielt er ja für sich, brachte vielmehr zu Papier, was ihn antrieb, umtrieb, niederschlug, und ließ es seine unzähligen Briefpartner wissen. Da diese aber nichts Eiligeres zu tun hatten, als davon anderen Kunde zu geben, litten ganze Leserscharen mit dem bedrängten König, erfuhr auch der einfache Mann von seinen Taten und Leiden. Anekdoten entstanden, ja wahre Sagen und Märchen. Sie wiederum fügten sich zu einem vorerst noch ungeschriebenen Heldenlied zusammen. Man sah Friedrich über die blutgetränkte Erde reiten, eben noch der junge, unbeschwerte »roi charmant«, in adretter Perükke und silberbesticktem Rock, dann, mit schon kantigerem Profil, ein aus zwei Kriegen zurückgekehrter Triumphator, genannt »der Große«, endlich, durch Nebel und Blutdunst geisternd, die gichtgekrümmte Gestalt mit dem Krückstock in der Hand und mit Schnupftabakflekken auf der schäbigen Uniform. Im Alter von erst neunundvierzig Jahren ist er schon der »Alte Fritz«, halb Phantasiegebilde, halb Symbol, aber kaum noch reale Person. Darin, daß er dies hatte werden können, bestand sein eigentlicher Sieg. Ganz Deutschland wird künftig auf Preußen blicken, halb Deutschland sich mit ihm identifizieren. Nicht einmal der junge Georg Friedrich von Waldeck hätte so etwas in seinen kühnsten Träumen voraussehen können.

Am Ende besiegelte dann sogar das Schicksal selbst den Pakt, den Friedrich so herausfordernd mit ihm eingegangen war. Im Winterpalast von Petersburg wartet eine alternde, kranke Frau begierig auf den Boten, der ihr endlich meldet, der Preußenkönig sei von ihren Truppen geschlagen, sein Land besetzt, seine Hauptstadt erobert. Bei jeder Siegesmeldung aus dem fernen Westen wankt sie in ihre Hauskapelle, um Gott zu danken. Aber nicht die Frau gewinnt den fast dämonischen Wettlauf gegen einen Mann, der ebenso hinfällig ist wie sie selbst, sondern er. Am Heiligen Abend des Jahres 1761 stirbt Kaiserin Elisabeth von Rußland. Kurz darauf schreibt der Preußenkönig an seinen Bruder Heinrich: »Dank dem Himmel! Unser Rücken ist frei.«

Elisabeths Nachfolger, Peter Ulrich von Holstein-Gottorp-Romanow, nunmehr Zar Peter III., hat sofort nach seiner Thronbesteigung der russischen Armee den Befehl gegeben, alle Feindseligkeiten einzustellen. Es bedeutet faktisch das Ende des Siebenjährigen Krieges, auch deshalb schon, weil Österreich, Frankreich sowie das mit ihm verbündete Schweden ebenfalls am Ende ihrer Kräfte sind. Spanien war zuletzt nur noch in Amerika aktiv gewesen, wo es Florida verlor.

Der Frieden von Hubertusburg, 1763 abgeschlossen, bringt keine territorialen Veränderungen in Europa. Das heißt: Schlesien ist für Habsburg endgültig dahin. Und es heißt weiter: Friedrich hat gewonnen.

Oder hat er doch verloren?

Der König von Preußen zeigte nämlich reges Interesse, die Habsburgerin zu heiraten. Er schickte Boten, die für ihn um Maria Theresias Hand anhielten. Zunächst wies die Kaiserin sie ab, wollte sie doch mit dem »poveren Land« im Osten, wo man nur gesalzene Heringe aß, nichts zu tun haben. Erst als Friedrich sich vor ihr demütigte wie einst der König Drosselbart, gab sie nach. »Und die Hochzeit hat volle acht Tage gedauert.«

Doch das ist nur ein in Holstein ersonnenes Märchen.

VII.

Die mütterliche Majestät

1748, im letzten Jahr des Zweiten Schlesischen Krieges, acht Jahre nach ihrem Regierungsantritt, konnte Maria Theresia endlich einen eigenen Wohnsitz beziehen. Es war das Schloß Schönbrunn. Während der Zeit davor hatte die Herrscherfamilie teils im Belvedere des Prinzen Eugen gewohnt, teils in der verwinkelten Hofburg. Die Favorita, den Lieblingsaufenthalt ihres Vaters, Hort glücklicher Kindertage, wollte die Königin nach dem Tod Karls VI. nicht mehr betreten, und dessen Prunkresidenz in Klosterneuburg erschien ihr zu prätentiös, als daß sie sich damit hätte anfreunden können. Auch die Idee von einer habsburgischen Weltmonarchie, das der österreichische Escorial verkörpern sollte, war ihre Sache nicht – der verstorbene Kaiser hatte sie ja nie in seine Träume eingeweiht. Was Maria Theresia begehrte, war eine vergleichsweise behagliche Residenz: gemütliche Räume im Stil der Zeit, hohe Fenster, die Licht und Luft einließen, ein Platz für die Familienfrühstücke am Sonntagvormittag. Es kam auch einer Abkehr von der bisherigen Politik des Hauses Habsburg gleich. Die Erinnerungen an Burgund, an Spanien, an Karl V. schienen zu verblassen; mit ihnen traten Leopold I. und Josef I. in den Schatten zurück. Das theresianische Schönbrunn ist zumindest vordergründig der Ausdruck einer neuen Haltung.

Der Hügel, der Fischer von Erlachs gewaltige Anlage hatte beherrschen sollen, blieb den neuen Plänen zufolge unbebaut. Zu seinen Füßen errichtete Nikolaus Pacassi, der Lieblingsarchitekt der jungen Herrscherin, ein langgezogenes, einflügeliges Bauwerk, welches auf das wichtigste Ausdrucksmittel barocker Architekturattitüde verzichtete: die vollkommene, von einer Mittelachse bestimmte Symmetrie. Um zu erreichen, was er wollte, hatte Pacassi sogar einen Teil des bereits bestehenden Baukörpers wieder abtragen lassen. Ein großer Prunksaal war der Spitzhacke zum Opfer gefallen, ebenso die von

Fischer noch verwirklichte Prunkauffahrt an der dem Hügel zugewandten Front. Gewiß wirkt die Anlage, die der neue Baumeister für seine gleichaltrige Bauherrin errichtete, aus jedem Blickwinkel großartig, imperial und repräsentativ, doch ihren eigentlichen Glanz entfaltet sie nach innen. Es ist das weichere, milde Licht des Rokoko, das hier vorherrscht, von ungezählten Spiegelfacetten, Kristallkronleuchtern, Lackarbeiten, pastellfarbenen Wandmalereien zersplittert und zurückgeworfen. Die steifen, ausgezirkelten Gesten, die das Barockzeitalter seinen Protagonisten auferlegte, sind nicht mehr in gleichem Maße gefragt wie früher. Man kann sich auch gehenlassen, man ist heiterer, unbeschwerter, die Schritte werden zierlicher, der Umgangston wird frivoler, legerer. Frauen vermögen vor diesem Hintergrund besser zu bestehen als klirrende Kavaliere in Stulpenstiefeln und Allongeperükken, aber deren Zeit ist ohnehin vorbei. Die Männer tragen jetzt Kniehosen, seidene Westen und kunstvoll gefältelte, spitzenverzierte Hemden; der Stoßdegen ist dem Florett gewichen.

Um ihr neues Schloß so einzurichten, wie sie es wollte, hat Maria Theresia nicht an Geld gespart, auch dann nicht, als sie oft kaum wußte, wie sie ihre gegen die Preußen kämpfenden Truppen besolden sollte.

Auf dem Hügel aber, den Fischer von Erlach einst überbauen wollte, entstand 1775 ein merkwürdiges Versatzstück aus steinernen Grabsymbolen und Bögen, vom Doppeladler überragt: die sogenannte Gloriette. Angeblich sollte sie an die im Krieg gefallenen Soldaten erinnern, tatsächlich wirkt der Bau wie eine letzte Erinnerung an versunkene Großmachtträume oder wie ein Denkmal für Habsburgs Vergangenheit. An schönen Tagen kann man von der Gloriette fast bis zur ungarischen Grenze hinüberblicken. Die hübschere Aussicht bietet sie zur anderen Seite hin: Eine der schönsten Gartenanlagen Europas liegt vor ihr ausgebreitet.

Als Maria Theresia in Schönbrunn einzog, muß das Schloß noch eine einzige Baustelle gewesen sein: Maurer, Maler, Stukkateure in den Gängen; Leitern, Gerüste, Farbtöpfe, wohin man sah; Tag für Tag Hämmern, Nageln, Sägen. Aber es hatte ihr ja nicht schnell genug gehen können, sie hatte endlich das Nest gewollt, in dem sie sich auf ihre Weise einrichten und wohl fühlen konnte. Die Herrscherin hatte es auch gebraucht, um arbeiten und regieren zu können. Von Schönbrunn aus erkannte Maria Theresia dann, daß die Länder des Hauses Habsburg ihr eigentlich noch gar nicht richtig gehörten.

Prunkvoll, gewaltig, ein riesenhaftes, phantastisch aufgeputztes Schiff mit einem niederen Bug und energisch darüber emporstrebenden Doppeltürmen, so scheint das Stift Melk die Donau hinabzusegeln. 1702 hatten seine benediktinischen Besitzer mit der Arbeit an der gewaltigen Anlage begonnen, und ungerührt werkten sie in den folgenden Jahren fort. Hof wurde an Hof gereiht, Saal um Saal mit prächtigen Stuckdecken ausgestattet, kostbare Altäre wurden aufgestellt, während die schlecht gerüsteten, schlecht ausgebildeten und miserabel bezahlten Soldaten Österreichs gegen Preußen kämpften. Prag fiel, Linz wurde vorübergehend baierisch, bei Hohenfriedberg verlor Maria Theresia nicht weniger als vierzehntausend Soldaten – die Klosterherren von Melk gaben währenddessen riesenhafte Summen für Materialien, Arbeiter, Holzschnitzer, Vergolder und Kunstschmiede aus. Sie bauten bis ins erste Jahr jenes Friedens hinein, der den Zweiten Schlesischen vom Siebenjährigen Krieg trennte. Es mutet an, als glaubten sie, auf einer abgeschiedenen Insel zu leben, die von den Stürmen der Zeit nicht berührt werden konnte. Das gleiche galt von den Äbten in Göttweig, in Altenburg unweit Krems oder im steirischen Admont. Das Barockzeitalter war praktisch zu Ende, aber die geistlichen Bauherren feierten es noch einmal mit einigen seiner glanzvollsten Manifestationen, hingen Vorstellungen nach, die in der Gegenreformation wurzelten und besser in die Zeit des Dreißigjährigen als in jene der neuen Weltkriege gepaßt hätten. Zum Teil war all das ein spätes Aufbegehren gegen den Geist der von Frankreich herüberwehenden Aufklärung, aber möglich wurden diese Gesten vor allem, weil die Kirche im habsburgischen Reich unermeßlich viel Geld besaß.

Mehr als zweitausend Klöster gab es in den Landen der Maria Theresia; sie verkörperten einen Wert, der auf rund 300 Millionen Gulden geschätzt wird – die Monarchin selbst nahm bei ihrem Regierungsantritt nicht einmal 25 Millionen jährlich an Steuern ein. Und das Kapital der Kirche blieb dem normalen wirtschaftlichen Kreislauf völlig entzogen; seine Besitzer zahlten nicht nur keine Steuern, sie verwendeten ihr Geld auch ausschließlich für eigene Zwecke: Gotteshäuser mußten erhalten werden, ebenso Pfarreien, für rund sechzigtausend Nonnen und Mönche war zu sorgen, Schulen und Hospitäler wollten unterhalten werden. Kein Zweifel, daß sie ungezählten Laien zu Lohn und Brot verhalf, aber selbst dabei wurde die Kirche nicht ärmer, sondern immer wohlhabender.

Noch reicher als die Kirche war allerdings der Adel. Allein in Böhmen verfügten rund fünfzig fürstliche Familien über einen Besitz von knapp 470 Millionen Gulden. Einige von ihnen, wie die Kinskys, waren schon immer begütert gewesen, andere, wie die Lobkowitz, Schwarzenberg, Windischgrätz, Liechtenstein, Dietrichstein, wurden es erst zu Beginn des Dreißigjährigen Krieges. Für geringes Geld erwarben sie damals die Güter emigrierter Protestanten und lebten seither von der Forstwirtschaft, der Landwirtschaft, von Bergwerken, Steinbrüchen, Glasmanufakturen, vor allem auch von der billigen Arbeit riesiger Leibeigenenheere. In Wien unterhielten ihresgleichen prächtige Winterresidenzen oder legten sich, wie etwa die Grafen Harrach, berühmte Gemäldegalerien zu. Ihre Festbälle waren kaum weniger glanzvoll als die des Herrscherhauses, ihre Festessen meist üppiger als jene in der Hofburg oder in Schönbrunn. Zu den Fronleuten des Grafen Kinsky gehörte der Vater des Komponisten Christoph Willibald Gluck, zu denen der ungarischen Esterházy ein junger Mann namens Joseph Haydn. Mit dem Reichtum der größten magyarischen Magnaten aber ließ sich nicht einmal jener des böhmischen Adels vergleichen.

Paul Esterházy hatte im heute burgenländischen Eisenstadt einen Palast mit Gemäldegalerie, Bibliothek, Schloßkapelle und zweihundert Gästezimmern errichten lassen, der in seiner klotzigen Wucht an die Holzburg des Hunnenkönigs Attila zu erinnern scheint. Pauls Enkel, Nikolaus II., genannt »der Prächtige«, entschloß sich dann, den Großvater noch weit zu übertreffen. Ihm schwebte nichts Geringeres vor als ein ungarisches Versailles – mitten in dem Sumpfgebiet am Südende des Neusiedler Sees.

1761, als Friedrich II. gerade die Niederlage von Kundersdorf durch seine zwei Siege bei Liegnitz und Torgau wieder wettgemacht hatte und die österreichische Staatsschuld auf 136 Millionen Livres gestiegen war, gab Nikolaus Anweisung, mit der Entwässerung des von ihm ins Auge gefaßten Baugeländes zu beginnen. Heerscharen von Bauarbeitern, meistens Leibeigene, begannen daraufhin zu graben, zu bohren, Kanäle auszuschachten, Dämme zu errichten, Fundamente zu legen und Mauern hochzuziehen. Fünf Jahre lang arbeiteten sie ohne nennenswerte Unterbrechung, während glühendheißer Sommer, in denen aus den Schilfwäldern Wolken von Stechmücken aufstiegen, während klirrend kalter Winter, in denen von der Pußta eisige Winde herüberwehten. Wie viele von ihnen der Malaria erlagen oder, von Frostbeulen befallen, ihre Arbeitskraft einbüßten, ist nicht überliefert. 1766 jedenfalls konnte Schloß Esterháza eingeweiht werden, eine Anlage, die Maria Theresia vor Neid erblassen ließ, als sie zum ersten Mal dort Besuch machte.

Das Versailles Nikolaus' des Prächtigen hatte nicht nur eine eigene Opernbühne, ein Marionettentheater, zwei Ballsäle, hundertsechsundzwanzig Gästezimmer, sondern auch Orangerien, Glashäuser, riesige Küchengärten, Viehställe, Schweinemästereien und Geflügelhöfe. Die Kühlräume quollen über von Fleisch, Käse, Gemüse, in den Kellern lagerten die besten Weine, die man für Geld bekommen konnte, und ungezählte, hauseigene Handwerker arbeiteten ständig daran, die Sumpfresidenz in Schuß zu halten oder noch weiter auszuschmücken. Esterháza war ein vollkommen autarker Betrieb, nahezu unabhängig vom Rest der Welt; die riesigen Jagdreviere des Fürsten allein hätten ausgereicht, eine mittlere Stadt mit Wild zu versorgen. Und natürlich stand dem neuernannten Hofkapellmeister Joseph Haydn ein komplettes Symphonieorchester zur Verfügung. Die Baukosten für Esterháza hatten rund 10 Millionen Gulden betragen; seine Unterhaltung bestritt Nikolaus mühelos aus den 700000 Gulden, die ihm jährlich zuflossen. Er war der reichste aller ungarischen Magnaten, was aber keineswegs heißt, daß es nicht genügend andere gab, die auf ähnlich großem Fuß lebten wie er. Und keiner von ihnen zahlte auch nur einen Groschen Steuer oder hätte es zugelassen, daß man ihm von Staats wegen vorschrieb, wie er auf seinen Ländereien walten und schalten sollte. Der Adel war der Krone gegenüber autonom. Er gehorchte ihr nicht, er diente dem Herrscherhaus – freiwillig.

Paul Anton, der Vater von Nikolaus, hatte zu Beginn des Ersten Schlesischen Krieges ein Husarenregiment aufgestellt, hatte es mit eigenen Mitteln ausgerüstet und ins Feld geführt. Auch Nikolaus selbst war einige Zeit Soldat, später Diplomat gewesen, aber als er davon genug hatte, entließ er sich selbst aus dem Staatsdienst und begann mit dem Bau von Esterháza. Was sich drüben in Schlesien oder droben in Ostpreußen tat, interessierte ihn fortan nicht mehr; ähnlich hielten es die Angehörigen der anderen großen Adelshäuser. Sie stellten sich der Krone zur Verfügung, wenn ihre Dienste benötigt wurden, führten Truppen in die Schlacht oder besetzten wichtige Schreibtische in den Ministerien. Sie spendeten auch Geld, reichlich sogar – ein Fürst

Liechtenstein reorganisierte auf eigene Kosten fast die gesamte österreichische Artillerie –, aber selbst zu derlei Taten und Leistungen konnten sie nicht gezwungen werden. Alle taten ihre Pflicht nur deshalb, weil es dem eigenen Selbstverständnis entsprach. Die Vorstellungswelt, in der sie lebten, war im Grunde noch jene des Mittelalters. Ihre Treue zur Krone war Vasallentreue, und sie fühlten sich gehalten, »Hoffahrt und Heerfahrt« zu leisten, wenn ihr oberster Lehnsherr es von ihnen erwartete. Im übrigen meinten sie, den Trägern der Krone gegenüber beinahe gleichberechtigt zu sein. Die Familie Habsburg wurzelte schließlich in dem gleichen Grund, dem auch sie entstammten.

Diesen Zustand nun gedachte Maria Theresia zu ändern, vor allem aus finanziellen Gründen. Habsburg hatte nie genug Geld gehabt, um seine vielen Kriege ordentlich zu bezahlen, nicht einmal der reiche Weltherrscher Karl V. Jetzt sollte ein Apparat geschaffen werden, der die Kassen stetig und in ausreichender Menge mit Geld versorgte. Dieser Apparat hieß Staat.

Mit dem Ausbau ihres Staates hatte die Herrscherin schon nach dem Ende des Zweiten Schlesischen Krieges begonnen und in der kurzen Friedenszeit schöne Erfolge errungen. Nach dem Siebenjährigen Krieg führte sie diese Politik noch planvoller fort, noch methodischer, aber auch noch unbarmherziger als früher.

Die Vertreter der Stände, die es gewohnt waren, ihre Angelegenheiten auf den Landtagen selbst zu regeln, erfuhren plötzlich, daß sie ihre »Capi«, ihre Oberhäupter, nicht mehr selbst zu wählen brauchten – die Kaiserin würde sie von nun an ernennen. Und kaum hatte der erste dieser neuen Spezies von Fraktionssprechern sein Amt angetreten, da begriffen die Angehörigen des Bürgertums, des Adels, der Kirche auch schon, welche Art von Leuten Maria Theresia bevorzugte: gehorsame Befehlsempfänger mit nur geringen oppositionellen Gelüsten. Aber wogegen hätten die Stände fortan auch opponieren sollen? Gegen die Höhe der geforderten Abgaben? Die wurde ab jetzt durch obrigkeitlichen Rezeß festgelegt; sie mußte ohne Rücksicht auf eigene Interessen bewilligt werden. Für Beschwerden war zwar ein allerhöchstes »Directorium« zuständig, doch dessen Befugnisse wechselten so häufig, daß man sehr oft Mühe hatte, auch nur die jeweils zuständigen Adressaten ausfindig zu machen. Dann enthob die Herrscherin ihre Untertanen noch der Mühe, sich immer nur nach Wien wenden zu müssen.

Sie setzte Provinzialregierungen ein, die in einigen Landesteilen »Gubernium« hießen, in anderen »Landeshauptmannschaften« – natürlich bestand ihre Aufgabe nicht in erster Linie darin, die Rechte der Bürger, sondern vielmehr die Ansprüche des Staates gegen den Bürger durchzusetzen. Und um wiederum ihnen die schwere Arbeit zu erleichtern, entstanden schließlich, noch eine Verwaltungsebene weiter unten, die sogenannten »Kreisämter«. Sie sollten die Lücke zwischen Landesregierung und den städtischen Rathäusern ausfüllen.

Die Kreisämter, anfänglich nur damit befaßt, »auf die Handhaltung der Gesetze zu sehen«, wurden allmählich mit derart vielen anderen Aufgaben betraut, daß es allmählich fast keinen Lebensbereich mehr gab, in den sie nicht hineinregieren konnten. Sie übernahmen Polizeifunktionen, legten sich eine eigene Gerichtsbarkeit zu, entschieden über Angelegenheiten der Wirtschaft, des Handels, des Gewerbes und maßten sich bald schon Autorität in Fragen der öffentlichen Moral an. Schon zehn Jahre nach Einführung der Kreisämter mußten ihre Angehörigen die sogenannten »kreisämtlichen Wissenschaften« studieren, wozu vor allem Kriminalistik gehörte: Maria Theresia stand im Begriff, ihre Länder in einem zentralistischen Polizeistaat zusammenzufassen, und das Volk begriff es wohl. Verhaßter als die allmächtigen Kreisämter war keine andere Behörde. Der kleine Mann begann unter der »Schreibersherrschaft« zu stöhnen. Es war eine Folge des von unzähligen Reformern an den Tag gelegten Übereifers. Zwischen Theorie und Wirklichkeit rissen immer neue Lücken auf.

Den Bauern zum Beispiel wurde die Möglichkeit geboten, ihren eigenen Grund von althergebrachten Adelsansprüchen zu entlasten, aber nur, wenn sie dafür neue Lasten auf sich nahmen. So konnten sie die »Robota«, die kostenlose Arbeitsleistung, für einen großen Grundherrn vermindern, indem sie entweder Geld auf den Tisch legten oder ein Stück Ödland urbar machten. Das eine bedeutete jedoch in der Regel, daß sie sich über Gebühr verschuldeten, das andere, daß sie noch mehr schuften mußten als früher. Auf die Idee, ihnen billige Kredite oder Staatszuschüsse zu verschaffen, war niemand gekommen. So etwas lag außerhalb der Vorstellungswelt wie auch der Möglichkeiten des theresianischen Beamtenapparates.

Der Staat beschränkte sich statt dessen immer mehr darauf, das Netz, mit dem man Steuergelder fischte, dichter und dichter zu knüpfen. Jeder Ort, jede Gemeinde, jeder Stand wurde darin eingebunden, auch der Adel. Nicht einmal die Kirche konnte mehr sicher sein, daß sie dem Zugriff des Fiskus auf Dauer entgehen würde – keineswegs deshalb übrigens, weil die weltliche Macht nur nach ihren irdischen Besitztümern gegiert hätte. Die Reformer, die Maria Theresia um sich versammelt hatte, strebten vielmehr längst (und zwangsläufigerweise) nach Totalität, denn ein Staat, wie er ihnen vorschwebte, konnte keine anderen Herrn neben sich dulden; sie wollten sich nicht nur sichere Einkunftsquellen schaffen, sondern auch Menschen erfassen, ja sogar Seelen.

Diese Tendenz zielte vor allem gegen das Papsttum, dem damals auch von einigen geistlichen Gelehrten das Recht auf Ausübung der »Schlüsselgewalt«, der Herrschaft über das ganze Kirchenwesen, abgesprochen wurde. Sie traf aber zunächst nur jene Orden und andere klerikalen Institutionen, die ein Monopol auf die Kinder- und Jugenderziehung beanspruchten. Mehr und mehr wurden sie von diesem Feld verdrängt, erst durch die Einführung staatlicher Elementarschulen, dann durch die Errichtung staatlich reglementierter höherer Schulen. Damit war freilich auch schon angezeigt, daß sie früher oder später zu deren Finanzierung herangezogen werden würden. Diesen zweiten Schritt tat jedoch nicht mehr Maria Theresia, sondern ihr Nachfolger, Josef II. Er sollte mit kalter Folgerichtigkeit zu Ende führen, was sie angebahnt hatte. Unter dem Regime der Mutter ging es zuweilen noch recht chaotisch zu.

Die vielen von ihr veranlaßten Reformvorhaben waren oft widersprüchlich angelegt und führten dazu, daß die einzelnen Behörden einander nicht zuarbeiteten, sondern sich gegenseitig behinderten, was natürlich vor allem zu Lasten der Bürger ging. Auch ist es Maria Theresia nie gelungen, Recht und Gerichtswesen in den Ländern der Monarchie zu vereinheitlichen, obwohl sie einen energischen Anlauf dazu nahm. Als die hierfür eingesetzte Kommission nach vierzehnjähriger Arbeit einen acht Foliobände umfassenden ersten Entwurf einbrachte, stellten Experten fest, daß er »höchstens als Material für eine künftige Gesetzgebung brauchbar« war. Ähnlich war es mit der Justizreform. Zwar wurden in allen Provinzen neue Instanzenzüge eingerichtet, aber neben ihnen bestanden eine Reihe der alten, außerordentlichen Gerichtshöfe fort, Konsistorien etwa für Hof, Adel und Geistlichkeit. Lediglich ein neues Strafrecht konnte Maria Theresia zu Lebzeiten noch verabschieden: die nach ihr benannte »Halsgerichtsordnung«. Es war ein Paragraphenwerk, das auch die Folter als Mittel der Beweiserhebung sanktionierte und die Majestätsbeleidigung zum schwersten aller Verbrechen erklärte. Erst als aus Berlin die Nachricht herüberwehte, Friedrich II. habe die »peinliche Befragung« abgeschafft, entschied man sich auch in Wien dafür, sie nur noch in Ausnahmefällen anzuwenden. Hexerei hingegen, »wahrhaft zauberisches, von teuflischer Zuthuung herkommendes Unwesen«, wollte Maria Theresia durchaus bestraft wissen.

Ähnlich erfolglos wie bei der Reform des Rechtswesens blieb die Königin und Kaiserin bei dem Versuch, ein einheitliches Münzwesen zu schaffen, was um so merkwürdiger anmutet, als der von ihr geschaffene Maria-Theresien-Taler schnell zu einem der beliebtesten Zahlungsmittel avancierte. 1765 zum ersten Mal geprägt, aber auch bis vor wenigen Jahren in Bedarfsfällen noch hergestellt, galt er als Dollar des Orients, als die zuverlässigste Währungsreserve, mit der ein Basarhändler sich für den Notfall versah. Kein Wunder, der sogenannte »Levantetaler« ist nicht aus Papier, er enthält Silber.

Welche Fehler indessen der Herrscherin auch unterlaufen sein mochten, eines ihrer wichtigsten Ziele hat sie erreicht. Die 1740 noch bankrotte Monarchie blühte auf, die Wirtschaft gedieh, auch die Staatskasse füllte sich wieder. Nicht zuletzt hatte Maria Theresia dies Franz Stefan, ihrem Mann, zu verdanken. Als Militär und Politiker mochte das »Mäusl« keine Leuchte sein, vom Geld verstand es mehr als die meisten der zuständigen Finanzexperten.

Ihm etwa dürfte die Einrichtung des heute noch bestehenden staatlichen Tabakmonopols zu verdanken sein, die Gründung eines staatlichen Lottos oder die gelegentliche Ausschreibung von Sondersteuern, welche höflich, aber unmißverständlich als »freiwillige Geschenke« bezeichnet wurden. Ebenso mischte Franz Stefan sich gelegentlich in die doktrinäre Amtsführung der Kommerzienräte oder der »Kommerzial-Kreisinspektoren« ein, wenn sie ihrem Hang nachgaben, die Prinzipien des Merkantilismus allzu rigide anzuwenden. Das kam dem Handel zugute, dem freien Unternehmertum, dem kleinen und mittleren Gewerbe. Exportfirmen, Werften, Fluß- und Seereedereien konnten gegründet werden. Bald verkehrten im Hafen von Triest an die sechstausend Schiffe jährlich, und die österreichische Flagge tauchte nicht nur an den Mittelmeerküsten auf, sondern auch in der Nordsee und vor Ostindien. Ein Seeoffizier namens William Bolts nahm 1778 sogar die Nikobaren, eine Inselgruppe im Golf von Bengalen südlich der Andamanen, vorübergehend für das Habsburgerreich in Besitz.

Auch mit der Landwirtschaft ging es allmählich aufwärts, obwohl die Vorrechte der adeligen Großgrundbesitzer nur sehr zögernd beschnitten wurden. Immerhin mußten die Bauern es sich nicht mehr gefallen lassen, daß das Wild aus gräflichen oder fürstlichen Forsten ihre Felder verwüstete, wurde die Zucht von Seidenraupen, Bienen, Merinoschafen, vor allem aber der Kartoffelanbau gefördert. Erdäpfel, bis vor kurzem noch ein »Herrenessen«, gerieten zum Volksnahrungsmittel, bewirkten vor allem auch, daß Hungersnöte mehr und mehr der Vergangenheit angehörten.

Freilich, diese ganze Entwicklung blieb ausschließlich auf Österreich und Böhmen beschränkt. Ungarn war fast völlig davon ausgeschlossen. Es konnte sich durch eine Zollgrenze vom Rest der Monarchie abschotten, und seinen Adeligen wurde kein einziges ihrer Vorrechte genommen. Nie hat einer von ihnen während Maria Theresias Regierungszeit Steuern gezahlt, nie wurde er von Inspektoren oder anderen Aufsichtsbeamten belästigt. Dafür tat der Staat alles, um ihrem noch immer darniederliegenden Land aufzuhelfen. Er schickte Scharen von deutschen Kolonisten ins Banat, in die südungarische Batschka, die Bukowina, später auch nach Galizien, und er half ihnen nach besten Kräften, Dörfer zu gründen, Land unter den Pflug zu nehmen, die Früchte der Erde und sich selbst zu vermehren. Die offiziellen Planer gestanden jedem dieser »Schwaben« ein genormtes Haus mit zwei hintereinanderliegenden Kammern und einer »Kuchen« zu. In solch einer Behausung ist später Franz Liszt aufgewachsen.

Ungarn hat durch Maria Theresias Besiedlungsaktion enorm profitiert, nicht jedoch davon, daß ihm alle anderen Reformmaßnahmen erspart wurden. Bis weit ins 19. Jahrhundert hinein blieb es ein reiner Agrarstaat. Maria Theresia hatte nun einmal eine fast abergläubische Scheu davor, in die magyarische Ordnung einzugreifen. Später Dank etwa für das brausende Treugelöbnis der Magnaten auf dem Preßburger Reichstag? Möglicherweise konnte sie auch einfach die Furcht nicht loswerden, noch einmal jenseits des Grenzflusses Leitha Hilfe suchen zu müssen. Da wollte sie dann das alte Zufluchtsrevier intakt vorfinden. Ganz sicher aber entsprang solcher Angst die Energie, mit der Maria Theresia sich dem Ausbau des Heeres widmete.

Das Militär geriet ihr fast zu einem Staat im Staat; sein Leitungsgremium, der Hofkriegsrat, war geradezu allmächtig. Er verfügte über ein eigenes Gerichtswesen, eine eigene Wirtschaftsverwaltung, über eigene Schulen. In der Burg von Wiener Neustadt wurde die berühmte, noch heute bestehende »Theresianische Militärakademie« für den Offiziersnachwuchs eingerichtet, auf der Wiener Laimgrube entstand eine Art Technische Hochschule für künftige Pioniere. Und die Absolventen beider Anstalten wiederum entwickelten im Laufe der Jahre jenen spezifischen Lebensstil und Verhaltenskodex, der die spätere k.u.k. Armee derart prägte, daß sie auf Außenstehende nicht wie eine Kaste wirkte, sondern wie ein Orden. Wer den Führungskadern der Armee beitrat, lebte zwar kaum besser als ein Mönch, gehörte aber einem Kreis an, für den weder die Gesetze der restlichen Welt zu gelten schienen noch ihre Zwänge und Nöte.

Weil dies aber so war, läßt sich sagen, Maria Theresia habe mit ihrer Militärreform den wichtigsten Beitrag zur weiteren Erhaltung des Habsburgerreiches geleistet. Das Heer sollte in den letzten Jahren der Monarchie deren stärkster und zum Schluß sogar der einzige Pfeiler sein, auf dem sie ruhte. Auch dies eine Frucht des Traumas von 1740: Keine 100 000 Gulden in der Kasse, die Armee nicht kriegstauglich – und Friedrich fällt über Schlesien her. Dergleichen sollte sich auf keinen Fall wiederholen.

Tatsächlich scheint Maria Theresia nur auf zwei ihrer Projekte wirklich großen Wert gelegt zu haben: die gesicherte Alimentierung des Staates und die Wahrung seiner Verteidigungsfähigkeit, doch hing das eine mit dem anderen unmittelbar zusammen. Daß sie die abgelegeneren Gebiete des Reiches nie richtig in den Griff bekam, bereitete ihr demgegenüber wenig Kummer. Die Italiener in der Lombardei, die Belgier in den Österreichischen Niederlanden lebten weitgehend nach ihren eigenen Regeln und Vorstellungen. Sie wurden nicht eigentlich regiert, sondern nur am langen Zügel geführt. Die theresianische Ordnung hatte gewiß strenge, ja nahezu finster wirkende Züge, besaß aber auch liberal anmutende Seiten. In dieser Hinsicht mutet sie sogar wie ein Abbild des Wesens ihrer Schöpferin an.

»Was is? Sekkieren's Ihn schon wieder? Hat Er was gegen Uns g'schrieb'n? Das is Ihm von Herzen verzieh'n. Ein rechter Patriot muß wohl manchmal ungeduldig wer'n. Ich weiß aber schon, wie Er's meint. Oder gegen die Religion? Er is ja kein Narr. Oder gegen die guten Sitten? Das glaub' ich nicht, Er is ja kein Saumagen. Aber wenn Er etwas gegen die Minister geschrieben hat, ja, mein lieber Sonnenfels, da muß Er sich selber heraushau'n. Da kann ich Ihm nicht helfen. Ich hab Ihn ja oft genug gewarnt.«

Ungeduldig, mit den Spielkarten gegen ihren Handrücken schlagend, blickte Maria Theresia auf Josef von Sonnenfels herab, der sie vom Piquet-Tisch weg vor die Tür hatte rufen lassen. Sonnenfels fühlte sich wieder einmal von irgendeiner Zensur- oder Aufsichtsbehörde verfolgt. Und wie oft in solchen Situationen war ihm nichts Besseres eingefallen, als sich direkt an die Kaiserin zu wenden. Ob sie ihm auch wirklich zuhörte und ihn ernst nahm, wußte er freilich nicht so genau. Indessen mag es seine flatternden Nerven schon beruhigt haben, daß die Herrscherin in ihrer familiären Art wenigstens auf ihn einging.

Sonnenfels, Sohn des zum Christentum übergetretenen jüdischen Gelehrten Lipmann Perlin, gab eine Zeitschrift mit dem Titel »Der Mann ohne Vorurteil« heraus; er gehörte zu jenen kämpferischen Vertretern der Aufklärung, die sich in der Illusion wiegten, Maria Theresia wollte nicht nur den Staat stabilisieren, sondern auch die Gesellschaft im liberalen Sinn reformieren. Mit glühender Feder spießte er alles auf, was ihm rückständig, verzopft oder ungerecht anmutete, und hatte damit – sowie durch diskrete Hinweise auf Preußen – immerhin bewirkt, daß die Folterparagraphen der »Halsgerichtsordnung« nicht mehr angewandt wurden. Auch galt sein »Lehrbuch über Polizei-, Handlungs- und Finanzwissenschaften« allen fortschrittlichen Beamten im Habsburgerreich als heimlicher Leitfaden, allen Verfechtern des Althergebrachten hingegen als Teufelszeug. Daß Sonnenfels sich mit seinen Schriften eine ganze Reihe mächtiger Feinde schuf, hätte ihm eigentlich klar sein müssen; trotzdem zuckte er immer wieder verdutzt zusammen, wenn sie seinen Angriffen mit ihren Mitteln begegneten. Und häufig rannte er dann eben zur Kaiserin, die ihn offensichtlich genügend schätzte, um sich von ihm selbst bei ihrem geliebten Piquet-Spiel stören zu lassen. Hätte sie das etwa getan oder hätte sie ihm den Freiherrn- und den Professorentitel verliehen, wenn er nicht ein wichtiger Mann gewesen wäre?

Offensichtlich erlag Sonnenfels auch mit dieser Annahme einer gewissen Selbstüberschätzung. Maria Theresia widmete ihm nicht deshalb ein paar Minuten, weil sie sich für seine Arbeiten interessiert hätte, sondern weil Maria Karolina, eine ihrer Töchter, zu den heimlichen Anhängern des geadelten Reformers gehörte. Wäre Sonnenfels fähig gewesen, genau hinzuhören, müßte ihm schon bei dem Gespräch vor der Tür unmißverständlich klargeworden sein, wie die Kaiserin ihn einschätzte. Was hatte sie denn eigentlich gesagt? Er sei gewiß ein netter Kerl, solle aber in Zukunft seine spitze Zunge ein bißchen besser hüten; das hatte sie gesagt, nicht mehr. Der quirlige Publizist gehörte gerade noch zu den Randerscheinungen in Maria Theresias Leben. Sie duldete ihn, weil er kaum wichtig genug war, um ihr ernsthaften Ärger zu bereiten. Trat er aber anderen auf die Füße, dann sollten die sich eben selbst wehren.

Von Tarouca hatte die Kaiserin gelernt, daß es unbedingt notwendig war, die eigenen Nerven zu schonen. Eine Frau in ihrer Stellung, pflegte der Portugiese zu predigen, bedürfe jedes Quentchens an Kraft, um die Aufgaben zu erledigen, auf die es ankomme. Und den Nerven sei nichts bekömmlicher als – außerhalb der Amtsräume – eine entspannte, gemütliche Atmosphäre. Gegen diese Erkenntnis hatte Maria Theresia nur ein einziges Mal verstoßen.

1747, noch während des Zweiten Schlesischen Krieges, rief sie eine Institution ins Leben, die ihr in ganz Europa den Ruf eintrug, ein bißchen verschroben und ziemlich bigott zu sein: die berühmte »Keuschheitskommission«. Öffentlich bestallte Moralhüter sollten darauf achten, daß die guten Sitten nicht über Gebühr verletzt wurden. Es war schon deshalb ein lächerliches Unterfangen, weil es in Wien eher etwas solider zuging als in den übrigen großen Städten des Kontinents. Zwar hatten Frauen von Stand, die ihren guten Ruf nicht verlieren wollten, wenigstens einen anerkannten Liebhaber und Männer von entsprechendem Einkommen, die auf sich hielten, zumindest eine offizielle Mätresse, doch waren diese Verhältnisse meist sehr beständige Nebenehen. »Sie dauern«, behauptet ein britischer Zeitgenosse, »allgemein ein Vierteljahrhundert«, sind »mit einem mysteriösen Schleier bedeckt und stellen sich unter der Gestalt der Freundschaft dar«. Die Wienerinnen, fährt er fort, »sündigen, beten, beichten und beginnen wieder von vorne«, aber in Warschau und Petersburg habe er »bedeutend zuchtlosere Liebschaften« beobachten können. Maria Theresia war es offensichtlich trotzdem zuviel.

Eine Zeitlang trabten ihre Spürhunde durch alle Gassen und lugten durch jedes Parterrefenster. Was ihnen dabei auffiel, war indessen meist für die politische Polizei von größerem Interesse als für die Mitglieder der hohen Kommission; nach und nach verkamen sie denn auch zu Geheimdienstspitzeln. Als die »Haberer« einmal zwei Danziger Bürgersöhne aus einer saftigen Orgie im Klub der »Feigenbrüder« herausholten und diese zum Prangerstehen verurteilt wurden, sympathisierte ganz Wien mit den Arrestanten, in der Annahme, die beiden hätten den Mund eben zu weit aufgerissen. Und als die Moralhüter eine bekannte Sopranistin wegen anstößigen Verhaltens des Landes verwiesen, ziehen kunstverständige Bürger ihre Herrscherin keineswegs der überzogenen Prüderie, sondern des Banausentums, was in Österreich bedeutend schwerer wog. Maria Theresia löste die Keuschheitskommission deshalb schon nach kurzer Zeit wieder auf, begreifend, daß sie drauf und dran gewesen war, sich vor der Welt lächerlich zu machen.

Abgesehen davon hätte sie bei konsequenter Anwendung der von ihr für richtig gehaltenen sittlichen Vorschriften nicht nur den eigenen Mann verhaften müssen, sondern auch ihren wichtigsten Mitarbeiter, den Staatskanzler Wenzel Anton von Kaunitz. Kaunitz brachte seine Mätressen sogar in die Hofburg mit, wenn er dort zu tun hatte, und ließ sie in der Kutsche warten, bis die Amtsgeschäfte erledigt waren. Als Maria Theresia ihm deswegen einmal Vorhaltungen machte, entgegnete er kühl: »Madame, ich bin hierhergekommen, um mit Ihnen über *Ihre,* nicht über meine Angelegenheiten zu sprechen.«

Kaunitz konnte es wagen, mit seiner Gebieterin so zu sprechen; er glaubte, er sei unentbehrlich; Maria Theresia glaubte es auch. Und da die Projekte, die sie mit seiner und der Hilfe der anderen Minister voranbringen wollte, allmählich ihr ganzes Interesse und ihre gesamte Arbeitskraft beanspruchten, schraubte sie jeglichen unnötigen Reformeifer wieder zurück, um sich statt dessen in einen Dunstkreis von lässiger Gemütlichkeit zu hüllen, der ihr den Anschein gab, sie sei selbst modernen Vorstellungen, wie etwa denen von Sonnenfels, zugeneigt. Dabei gehorchte sie längst wieder Instinkten, die sie auch zu Beginn ihrer Regierungszeit beherrscht hatten: Sie wollte in erster Linie das eigene Anwesen erhalten, ausgestalten und beschützen – eine gekrönte Hausfrau. Der Garten vor ihrer Tür reichte freilich vom Inn bis an den Pruth. Und ihre Kritiker meinten, sie hätte einen Bock darin zum Gärtner gemacht.

Wenzel Anton, seit 1764 Fürst von Kaunitz-Rietberg, war äußerlich eine geradezu skurrile Erscheinung. »Er kleidet sich sehr seltsam«, berichtet ein Diner-Gast von ihm, »seine Perücke fällt auf seine Nase herunter, und zu beiden Seiten steht auf äußerst lächerliche Art ein Paar kleiner widerspenstiger Locken ab.« Nach Tisch pflegte Kaunitz in aller Öffentlichkeit sein Gebiß zu reinigen. »Dafür trägt er alle möglichen Werkzeuge mit sich herum: Spiegel von jeglicher Art, mit denen er seine Zähne von hinten und vorne begutachtet . . . unzählige Messer und Scheren und Watte und Batist . . . Die Zahl seiner Launen ist Legion.« Unter anderem war Kaunitz ein derart krankhafter Hypochonder, daß man angeblich nur das Wort »Blattern« fallenzulassen brauchte, »um ihn für den ganzen Tag außer Gefecht zu setzen«. Als der Tod ihn seiner Frau beraubt hatte, einer reichen Erbin, von der er nach Strich und Faden betrogen worden war, legte Kaunitz sich Scharen von Geliebten zu, meist kleine Schauspielerinnen, die sich nichts daraus machten, in einer zugigen Kutsche stundenlang auf ihn zu warten. Er sei, fügt der Zeitgenosse, der ihn beim Zähneputzen beobachtet hatte, hinzu, »kalt und gefühllos; niemand hat durch ihn sein Glück gemacht, niemand ist durch ihn zugrunde gerichtet worden«. Dieser letzte Halbsatz gilt auch in bezug auf Maria Theresia.

Kaunitz hatte geglaubt, Preußen zerschmettern zu können, indem er Friedrich seines französischen Bündnispartners beraubte und Ludwig XV. statt dessen auf die Seite Österreichs herüberzog. Alles, was er mit dieser Politik erreichen sollte, war jedoch die Bewahrung des Status quo ante gewesen: nichts gewonnen, nichts verloren – an Gebieten wenigstens. Frankreich hingegen hatte seine Kolonien und seine Seemachtstellung eingebüßt, was Maria Theresia immerhin einen Gewinn hätte nennen können – als Kaiserin des Heiligen Römischen Reiches, denn Ludwig besaß nun nicht mehr die Macht, sich in die deutschen Verhältnisse einzumischen. Indessen deutet wenig darauf hin, daß Wien die Lage so interpretierte oder daß Kaunitz am Bündnis mit Frankreich deshalb festhielt, weil es zu schwach war, um irgend jemandem gefährlich zu werden. Der Staatkanzler, der von sich sagte, die Diplomatie sei »seine Algebra«, sah im Grunde über die eigene Nasenspitze nicht hinaus. Maria Theresia haßte Friedrich den Großen; das war ein Fixpunkt, an dem er sich orientierte – Kaunitz liebte Frankreich; das war der andere. Diese im Grunde einfallslose Politik aber verkaufte er mit taschenspielerhafter Geschicklichkeit (als Ergebnis kühner, unkonventioneller Schachzüge) und sich selbst als einen undurchschaubaren, geheimnisumwitterten Großintriganten. Immer war Kaunitz in Bewegung, immer mit irgendwelchen undurchsichtigen Manövern beschäftigt, nie durfte man ihm präzise Fragen stellen, nie seine kostbare Zeit über Gebühr in Anspruch nehmen. Die Kaiserin muß er damit derart behext haben, daß sie die meisten seiner Ratschläge widerspruchslos annahm und ihn gegen alle Widersacher verteidigte. Sogar ihre jüngste Tochter opferte Maria Theresia der Politik des Fürsten Kaunitz.

1757, im Jahr des zweiten und endgültigen Versailler Vertrages, hatte Ludwig XV. vorgeschlagen, den neuen Bund durch eine Heirat zwischen ihm und einer Erzherzogin zu besiegeln. Erst elf Jahre später konnte Kaunitz seine Herrscherin jedoch für diesen Plan gewinnen – er war mittlerweile leicht abgeändert worden: Nicht mehr der alternde Witwer stand als Bräutigam zur Debatte, sondern sein Enkel und künftiger Nachfolger, der spätere Ludwig XVI. Im Hause Habsburg aber fiel die Wahl auf Maria Antonia, genannt Marie Antoinette, ein damals dreizehnjähriges Mädchen. Die Vermutung, Maria Theresia habe ihre Jüngste deshalb ausgesucht, weil sie nicht sofort weggeschickt werden, sondern noch ein paar Jahre lang auf ihre Rolle als Königin vorbereitet werden mußte, gehört allerdings wohl ins Reich der liebevollen Schutzbehauptungen. Die Kaiserin war gewiß eine zärtliche Mutter, kannte aber durchaus das eiserne Gesetz, dem alle Habsburgermädchen unterlagen: Wenn die Lage es forderte, mußten sie ihren Dienst in dem ihnen vorbestimmten Ehebett antreten. Im übrigen war es nicht gerade eine glückliche Entscheidung, Marie Antoinette auszusuchen. Der jungen Erzherzogin sagte man nach, sie habe zwar einen guten Kopf, weigere sich aber hartnäckig, davon Gebrauch zu machen. Noch weniger ließ sich voraussehen, daß sie ihn 1793 durch das Fallbeil verlieren würde. Als dies geschah, war Kaunitz immer noch eine beherrschende Figur am Hof von Wien.

Der zweite wichtige Mann in Maria Theresias Kabinett hieß Friedrich Wilhelm Graf von Haugwitz. Er stammte aus Sachsen, war katholisch geworden, als er in österreichische Dienste trat, und hielt Preußen in fast allen Dingen für ein Vorbild, dem Habsburg nacheifern müsse. Als Chef der Landesverwaltungen von Österreichisch-Schlesien und Kärnten sowie später auch noch Krain verwirklichte er in hartem Kampf mit dem Adel eine Reihe jener Reformen, durch welche die

Stände entmachtet und der Fluß der Steuergelder in die Staatskasse reguliert wurden. Von Maria Theresia endlich nach Wien geholt, vollendete Haugwitz dann – soweit es ihm mit seinen Mitteln möglich war – den Auf- und Ausbau des zentralistischen Staates. Unterstützung fand er dafür bei niemandem außer der Kaiserin. Was er vorschlug und ins Werk setzte, leuchtete ihr ein, weil es mit Haushalten zu tun hatte. Viel Staat allerdings war auch mit Haugwitz nicht zu machen.

Der preußische Gesandte in Wien sagte von ihm, er sehe wie ein Narr aus (Österreichs oberster Buchhalter blinzelte ohne Unterlaß und konnte auch sein übriges Gesicht nie unter Kontrolle halten). Maler fanden es mühevoll, ihn zu porträtieren, weil er ständig mit den Mundwinkeln zuckte, die Stirn in Runzeln legte oder andere Grimassen schnitt. Dabei scheint Haugwitz in Wirklichkeit ein ruhiger, zurückhaltender, sogar humorvoller Mann gewesen zu sein; es war ihm lediglich nicht gegeben, seinen vielen Feinden eine eherne Maske entgegenzuhalten. Gegner aber besaß er – natürlicherweise – unendlich viele, mußte er doch Armen wie Reichen an den Geldbeutel gehen. Dennoch: Das Habsburgerreich hatte erst Haugwitz für Habsburg in vollem Umfang verfügbar gemacht.

Der dritte wichtige Berater Maria Theresias war ein holländischer Arzt namens Gerard van Swieten. Als Mediziner durchaus keine große Leuchte, machte er es sich zur Aufgabe, die Wiener Universität von allem mittelalterlichen Dunst zu befreien und sie für das Gedankengut der Aufklärung zu öffnen. Das lief darauf hinaus, daß er den Jesuiten ihr Erziehungsmonopol entreißen mußte, ein zunächst geradezu wahnwitzig anmutendes Unternehmen. Seit den Tagen Kaiser Ferdinands I., einem guten Vierteljahrtausend also, war die Gesellschaft Jesu eine der zuverlässigsten Stützen des habsburgischen Regimes. Nie hatte sie gewankt, wenn innere Feinde die Fundamente des Erzhauses zu unterwühlen versuchten, stets hatten Angehörige des Ordens die regierenden Mitglieder des Hauses bedingungslos gedeckt, notfalls selbst gegen den Papst – noch Maria Theresia nahm sich ausschließlich Jesuiten zu Beichtvätern. Und nun sollten diese treuen Verbündeten von ihrem angestammten Platz verdrängt werden, um weltlichen Gelehrten Platz zu machen! Erstaunlich gelassen gab die Kaiserin ihr Plazet dazu.

Van Swieten vermochte die Universität zu reformieren, durfte es Ärzten gestatten, neue klinische Methoden – wie etwa die systematische Krankengeschichte – einzuführen, und konnte sogar als oberster Zensor die Druckerlaubnis für Montesquieus »Esprit des lois« erteilen, eine Schrift, welche nicht weniger forderte als die Gewaltenteilung – und das in einer streng absolutistischen Monarchie. Auch stellte der Holländer sich vor Sonnenfels und andere Intellektuelle, wenn diese mit der Kirche in Konflikt geraten waren, oder verhinderte es, daß ausländische Zeitschriften von übereifrigen Reaktionären öffentlich verbrannt wurden.

Wie er das alles gegen Maria Theresia durchsetzte, ja wie er schließlich sogar daran teilhatte, daß sie als liberal galt, ist nicht restlos aufgedeckt, läßt sich aber erahnen. Van Swieten hatte Zivilcourage, was ihr imponierte, er hatte Charme, was ihr wohltat, und er konnte nachweisen, daß durch seine Maßnahmen schlummernde Produktivkräfte geweckt wurden. Die von ihm begründete »Wiener Medizinische Schule« versprach nicht nur die Volksgesundheit zu fördern, sondern auch der Streitmacht dienlich zu sein. Auf Grund der von dem Holländer geleisteten Vorarbeit konnte Maria Theresias Sohn später das riesige »Allgemeine Krankenhaus« in Wien und das Militärhospital »Josephinum« gründen. Ihn, Erzherzog Josef, muß man ohnehin zu den um Maria Theresia gescharten Reformern rechnen, auch wenn er in deren Kreis fürs erste nur als vorausgeworfener Schatten seiner selbst anwesend war.

Der Thronfolger hatte sich schon früh auf die Ansicht festgelegt, daß alles, was einem Gemeinwesen guttat, nur durch die Beschneidung fürstlicher Macht und Vorrechte erreicht werden könne. Nahezu sämtliche Privilegien, die der Adel genösse, hemmten, so glaubte er, die staatliche Entwicklung. Man müsse auch das Verwaltungswesen einfacher und übersichtlicher gestalten, damit die Wirtschaft sich entfalten könne und Mittel frei würden, ein starkes Heer zu schaffen. Außerdem begeisterte sich Josef für nahezu alles, was neu, außerordentlich, vor allem aber anders als im eigenen Land war, wobei sein Blick sich überwiegend auf Preußen richtete. Dort, so schien es, hatte der König den Staat als eine perfekte, Güter, Kampfkraft, Sicherheit, Ruhe, Ordnung und Wohlfahrt erzeugende Maschine installiert. Jeder Bürger,der sich ihr anpaßte, erhielt, was er benötigte: Gerechtigkeit wie die Befriedigung, welche aus der Pflichterfüllung kommt. Maria Theresia konnte sich mit Josefs Vorstellungen nicht so ohne weiteres anfreunden.

Obwohl die Herrscherin es selbst einst beklagt hatte, daß sie von niemandem auf ihr Amt vorbereitet worden war, wurde auch Josef von allen Staatsgeschäften ferngehalten. Erst nachdem er 1764 die römisch-deutsche Königskrone erlangt hatte, durfte sich der Erzherzog als ihr Mitregent betrachten. Wichtige Fragen besprach sie jedoch nach wie vor nur mit Kaunitz und van Swieten. Die Kaiserin ahnte wohl, daß Josef schon eine neuere Zeit verkörperte, und davor graute ihr ein wenig. Auch dachte sie nicht im Traum daran, ihre eigenen fürstlichen Privilegien, etwa aus Ersparnisgründen, beschneiden zu lassen.

Obwohl Maria Theresia an dem Prunk, den ihr Vater entfaltet hatte, keinen Geschmack fand, gehörten ihrem Hof doch nie weniger als fünfzehnhundert Kammerherren an, relativ hochrangige Würdenträger, die ihrerseits wieder mindestens fünfmal so viele Bedienstete beaufsichtigten. Einige von ihnen waren für die Instandhaltung der kaiserlichen Schlösser verantwortlich, anderen unterstand das kaiserliche Porzellan, das kaiserliche Glas, das Tafelsilber, die Weinkeller, die allerhöchste Leib- und Bettwäsche. Doch gehörte es auch zu den wichtigen Aufgaben solcher Beamter, Gäste auf zeremoniöse Weise zur Audienz zu geleiten, ihnen einzuschärfen, wie sie sich den Majestäten zu nähern hatten, oder – nach den Regeln des Spanischen Hofzeremoniells – kunstvoll ausgewogene Sitzordnungen zu entwerfen. Wenn im Winter einmal nicht genügend Schnee auf den bevorzugten Rodelbahnen der kleinen Erzherzöge und Erzherzoginnen lag, mußte ein eigens dafür zuständiger Kammerherr ihn herbeischaffen lassen. Begehrten Mitglieder der Herrscherfamilie ein Glas Milch, marschierte ein anderer Kammerdiener feierlichen Schritts zur Meierei von Schönbrunn und holte es. Ebenso ehrfurchtsvoll wurden die täglichen Frühstückssemmeln behandelt, auch das »Gefrorene«, das zu den bevorzugten Nachspeisen der Kaiserin gehörte. In nie abreißender Folge reihten sich derlei Auftritte aneinander, eine von der Tradition geheiligte Inszenierung, mit der das Erzhaus sich feiern ließ. Fast ebenso aufwendig ging es in den Palais der großen Adelsfamilien zu, doch gehörte eigentlich ganz Wien zum kaiserlichen Hof. Auch die Schwarzenberg, Windischgrätz, Kinsky, Batthyány waren nur Planeten, die das habsburgische Zentralgestirn umkreisten.

Begehrte die Kaiserin aber zu verreisen, dann mußte der zuständige Kammerherr, und zwar binnen kürzester Frist, eine wahre Karawane auf die Beine bringen. Postillione waren zu alarmieren, Postoffiziere,

Kuriere, ein Postamtsstallmeister, Edelknaben, begleitende Kammerfrauen, der Beichtvater, der Hofkaplan, der Leibapotheker, der Hofzuckerbäcker, der Kellermeister, mindestens vier Köche, ein Schmied, zwei Wagenmeister, Tapezierer, Nähmädchen und ein Diener, der sich um die mitgeführten Leibstühle zu kümmern hatte. An die dreißig Fahrzeuge der verschiedensten Art – von der halboffenen Landauerchaise über die Kalesche bis zu den sogenannten Viersäulenwagen – rumpelten schließlich aus dem Schloßtor, jedes von wenigstens vier Rössern gezogen, reitende Trompeter an der Spitze, Hand- und Reservepferde am Ende des Zuges. Die Tiere, die da insgesamt in Bewegung gesetzt wurden, hätten als Herde eine riesige Koppel gefüllt – es waren selten weniger als zweihundertfünfzig Stück. Und natürlich genoß das Volk diese in Staub gehüllten Kavalkaden wie ein seltenes Schauspiel; sogar etwas zu verdienen gab es dabei. Maria Theresia hatte die Gewohnheit, sich vor einer Reise mit böhmischen Dukaten aus Kremnitz einzudecken und diese in die Menge zu werfen. Es gehörte ebenfalls zu jenen Gewohnheiten, die sie keineswegs aufgeben wollte, nicht einmal in Zeiten, da ihr das Wasser bis zum Hals stand. Und wehe dem Mann, der ihr Vorhaltungen gemacht hätte, etwa weil sie zu verschwenderisch sei. Er wäre ziemlich kräftig abgebürstet worden.

Je mehr Maria Theresia in die Jahre kam, desto ungehemmter ließ sie ihre spitze Zunge spielen. Selbst dem geduldigen Tarouca, der sich mit der Zeit ein ziemlich dickes Fell zugelegt haben mußte, wurde es manchmal zuviel, was sie von sich gab. Als er einmal erfuhr, die Kaiserin habe Graf Ulfeld, Kaunitzens Vorgänger auf dem Stuhl des Staatskanzlers, ins Gesicht hinein gesagt, er sei ein Narr und werde immer einer bleiben, platzte dem Portugiesen der Kragen. In seiner gewundenen Art äußerte er »eine gewisse Enttäuschung über den Mangel an Vertrauen, den Ihre Majestät jenen Männern entgegenbringen, die Ihr schon seit geraumer Zeit dienen. Sobald Sie bei diesen irgendeine Schwäche oder Unzulänglichkeit bemerken – von denen kein Sterblicher verschont bleibt –, haben Sie bereits genug von ihnen ... Muß es denn sein, daß man einen übervorsichtigen, überargwöhnischen, überempfindlichen Minister einfach einen Narren nennt?«

Ein Grund dafür, daß die Kaiserin sich so unverblümt zu geben pflegte, lag freilich, zumindest nach eigener Einschätzung, in ihrer Unfähigkeit, sich zu verstellen, und in ihrer Abneigung gegen alles, was sie »Heuchelei« nannte. Doch könnte man auch vermuten, sie habe einfach das Recht beansprucht, so akzeptiert zu werden, wie sie nun einmal war, mit all der »Herzensgüte«, die Tarouca ihr höflicherweise zuschrieb, aber auch mit all der Launenhaftigkeit, von der sie nicht frei gewesen sein dürfte. Indes hatte sie Tarouca ja auch deshalb zu ihrem amtlich bestallten Gewissen gemacht, weil sie um die eigenen Fehler wußte und sich darum bemühen wollte, sie abzulegen. Tatsächlich hat Maria Theresia mit der Zeit sehr wohl dazugelernt – so übernahm sie von Kaunitz die Kunst, auf diplomatische Weise »ein bissel falsch zu sein«. Wenn sie jedoch mit ihrem Latein am Ende war oder die Nerven verlor, verfiel die Kaiserin trotzdem immer wieder in einen herrischen, arroganten, ja sogar zänkischen Ton. Aber wie auch anders? Maria Theresia hatte sich, wenngleich mit höchster Gewalt ausgestattet, als Frau unter Männern zu behaupten. Sie war zwar Verkörperung des Staates, gleichzeitig aber Sexualobjekt: die Hüften durch den Reifrock auf geradezu monströse Weise betont, der Busen durch das Mieder nach oben gedrängt, so daß er, kaum noch verhüllt, wie auf einer Platte dargeboten wurde. Diese Situation war mit zierlichem Augenaufschlag und sanft gehauchten, damenhaften Worten wohl kaum zu bewältigen. Am besten ist sie denn auch mit jener Haltung zurechtgekommen, die ihr die Bezeichnung »mütterliche Majestät« einbrachte. Auf dem Thron eine huldvoll-gütige Frau, um die das Volk sich wie eine große Familie zu versammeln schien. Allzu aufmüpfig freilich durfte man selbst an diesem Tisch nicht werden. Was sich gehörte und schickte, was recht und richtig war, wußte sie immer ein bißchen besser als alle anderen und gab es, auch nach Auflösung der Keuschheitskommission, gelegentlich noch recht unverblümt zu verstehen.

Maria Theresias Privatsekretärinnen und Kammerfrauen führten unter dem Dach von Schönbrunn zwar ein ziemlich ungebundenes Leben, mußten ihre Kavaliere aber genauestens unter die Lupe nehmen lassen, ehe ihnen gestattet wurde, sie bei sich zu empfangen. Und wenn die Kaiserin an einem dieser Mädchen besonderen Gefallen gefunden hatte, verbot sie ihm sogar rundweg die Heirat. Zu ihrer Vorleserin sagte sie etwa: »Er kann ruhig warten. Das tut den Männern gut. Meiner hat auch warten müssen.« Hatte er?

Der Stachel, den sie so beiläufig gegen Franz Stefan zückte, saß wohl eher in ihrem Fleisch, als daß er seines getroffen hätte. Daraus erklärt sich vielleicht auch die Art und Weise, in der sie gelegentlich mit engen Mitarbeitern umsprang. Maria Theresia hatte um den Traumprinzen ihrer Kindheit lange gekämpft und ihn dennoch nie völlig an sich binden können. Die Enttäuschung darüber mag sich einfach am Konferenztisch zuweilen Luft gemacht haben. Mit sogenannten weiblichen Mitteln hat sie im Kreis der Minister ohnehin kaum operiert, um so mehr aber in ihrem Eheleben.

Je mehr Maria Theresias äußere Reize dahinschmolzen, desto längere Zeit verwendete sie auf Kleidung, Haartracht und Kosmetik. Ehe sie mit ihrer Frisur zufrieden war, vergingen oft Stunden. Die Locken mußten immer von neuem eingedreht und wieder aufgewickelt, der Kopfputz auf- und umgesteckt, die Rückennähte der Gewänder – Haken und Ösen waren noch unbekannt – wieder und wieder neu zugenäht werden. Alle diese Mühen aber letztlich wegen eines Mannes, der ihr längst entflogen war.

Franz Stefan gehörte gewiß nicht zu den großen Frauenhelden seiner Zeit, aber er war halt ein gutaussehender, »fescher Bursch«, zudem mit hoher Stellung ausgestattet, immerhin Kaiser. Er brauchte den Frauen gar nicht nachzulaufen, sie drängten sich ihm auf. Und da seine Tage mit ernsthafter Arbeit nicht gerade ausgefüllt waren, vertrieb er sich die Zeit – wie auch den Ärger darüber, daß seine Frau ihn als Staatsmann abgehalftert hatte – auf möglichst angenehme Weise. Rasch wechselnde Liebschaften waren es zunächst; die nahm Maria Theresia ihm nicht einmal sonderlich übel. Doch als er sich später eine feste Mätresse zulegte, brachte sie das am Anfang fast um den Verstand. Fürstin Wilhelmina von Auersperg-Neipperg war ein schöne, verschwenderisch-üppige, aber auch verschwendungsfreudige Frau. Ihr machte es nicht das geringste aus, an der Seite des Kaisers in aller Öffentlichkeit aufzutreten oder am Spieltisch in einer Nacht 30000 Dukaten zu verlieren. Dennoch hat Maria Theresia auch den Wettbewerb mit dieser Rivalin bis zuletzt nicht aufgegeben, das heißt bis zum 18. August 1765, dem Todestag Franz Stefans. Erst danach nahm sie von der täglichen Mühe, sich schön zu machen, von einer Stunde auf die andere Abschied, so als wäre sie es eigentlich schon immer leid gewesen. Bis zu ihrem Tod – sie hatte immerhin noch fünfzehn Jahre vor sich – trug die Herrscherin nur noch schlichte, schwarze Witwentracht. Allerdings brachte sie auch die Größe auf, der Auersperg am Sarg Franz Stefans die Hand zu drücken und ihr zuzuflüstern: »Meine liebe Fürstin, *wir* haben viel verloren.« Ein Trauergast mit guten Ohren will es gehört haben.

Und unvermeidlich war, daß nach Franz Stefans Hinscheiden ein Mann sich in ihr Leben drängte, über den Maria Theresia einmal geschrieben hatte, man möge ihm beibringen, »den wahren soliden Werth an Jedermann zu schätzen und nicht sein Gemüth zum Nachtheil seines Nächsten zu ergötzen«. Josef, Maria Theresias Ältester, seit 1765 Kaiser des Heiligen Römischen Reiches, muß in der Tat ein ziemlich unangenehmer Zeitgenosse gewesen sein, hochfahrend gegen Niedrigerstehende, unfreundlich, ja roh zu Untergebenen. Doch durchlitt auch er noch in jungen Jahren eine heimliche, ziemlich delikate Ehetragödie.

Aus dem gleichen Grund, aus dem Marie Antoinette später nach Paris geschickt wurde, hatte man Josef, als er erst neunzehn war, mit Isabella von Parma verheiratet, einer Enkelin Ludwigs XV. Isabella brachte alles mit, was man als Herrscherin und Frau haben mußte: Sie war eine dunkle Schönheit mit Augen, die jeden Mann hinschmelzen ließen, hatte die denkbar beste Erziehung genossen und besaß Takt, Intelligenz sowie die Gabe, alle Welt für sich einzunehmen. Nur: Ihre große Liebe galt nicht Josef, der sie anbetete, sondern Josefs Schwester Marie Christine. Und diese, Maria Theresias Lieblingstochter, die hübscheste, begabteste in der Schar der neun überlebenden Erzherzoginnen (eine war noch in der Wiege gestorben), hat Isabellas Liebe aus vollem Herzen erwidert.

Nicht weniger als zweihundert Briefe, in nur drei Jahren geschrieben, zeugen von dem Verhältnis der beiden Frauen. »Glaube mir«, schrieb etwa die Bourbonin, »daß meine größte, ja ich kann wohl sagen, meine einzige Glückseligkeit darin besteht, Dich zu sehen und mit Dir zu sein.« In einem anderen Brief, ebenfalls aus Isabellas Feder, heißt es: »Ich habe den Erzherzog davon überzeugt, er trage die Schuld, obwohl auch Sie Ihren Anteil daran haben, aber das ist für ihn bedeutungslos.« Der Erzherzog, das war Josef, das Ereignis, auf welches seine Frau anspielt, eine heftige Szene zwischen ihm und Marie Christine. Wußte Josef von der heimlichen Beziehung seiner Schwester? Sie kann ihm kaum verborgen geblieben sein. Später, als Marie Christine längst die Frau ihres Jugendfreundes war, des Herzogs Albert-Kasimir von Sachsen-Teschen, hat er sie jedenfalls auf reichlich niederträchtige Weise vom Wiener Hof verdrängt und nach Brüssel abgeschoben.

Noch später ließ Albert, Begründer der berühmten Kupferstichsammlung »Albertina«, auf dem Denkmal über Marie Christines Herzgruft in der Wiener Augustinerkirche die Inschrift anbringen: »Uxori optimae« (Der besten Gemahlin). Josef hatte nach dem Tod Isabellas geschrieben: »Meine angebetete Gattin, der Gegenstand meiner ganzen Zärtlichkeit, meine einzige Freundin ist nicht mehr.«

Marie Christine verschied 1792, nach sechsundzwanzig glücklichen Ehejahren. Die Bourbonin war schon zweiundzwanzigjährig, nach drei Fehl- und zwei gelungenen Geburten, dahingegangen. Von Isabellas beiden Töchtern starb eine im Kindbett, die andere kurz nach ihrem achten Geburtstag. Spätestens von da an überließ Josef sich endgültig seiner Neigung, die Menschen zu verachten, zu kujonieren, ihre hergebrachten Vorstellungen und Ideale mit Füßen zu treten. Von Frauen wollte er schon gar nichts mehr wissen. Trotzdem ging er eine zweite Ehe ein.

Er dürfte es vor allem deshalb getan haben, weil Maria Theresia dazu drängte und er selbst politische Hoffnungen an die neue Verbindung knüpfte. Maria Josefa, Tochter Karl Albrechts von Baiern, jenes »gekrönten Hiobs«, der Habsburg für kurze Zeit die Kaiserkrone entwunden hatte, war eine Kusine zweiten Grades von ihm. Für Josef verkörperte sie jedoch vor allem die Chance, das wittelsbachische Erbe eines Tages an sich bringen zu können.

Maria Josefa, weder so schön wie die verstorbene Isabella noch halb so klug, aber dafür auch nicht lesbisch veranlagt, wurde von ihrem Mann – er nannte sie »Dampfnudel« – genauso behandelt, wie er alle Welt behandelte: herablassend, sarkastisch, mit zuweilen unverhüllter Verachtung. Sie mußte sich öffentliche Demütigungen und schimpfliche Hintansetzung gefallen lassen. Als Maria Josefa 1767 an den Blattern erkrankte und im gleichen Jahr auch starb, weilte Josef nicht an ihrem Bett, sondern an dem der ebenfalls darniederliegenden Mutter. An der Beisetzung seiner zweiten Frau nahm er nicht einmal teil.

Maria Theresia wurde der eigene Sohn mit der Zeit derart unheimlich, daß sie selbst im Kabinett allergisch reagierte, wenn van Swieten ihr einen Reformplan unterbreitete, der Josefs Vorstellungen widerzuspiegeln schien. Alles Neue, alles Unkonventionelle war ihr auf einmal suspekt, allem, was sie an überlieferten Vorstellungen bereits zerschlagen hatte, begann sie nachzutrauern. Besonders der Kirche gegenüber meinte die Herrscherin Abbitte tun zu müssen. Mit der Zeit führte dies dazu, daß sie, wie früher schon einmal, für bigott gehalten wurde und in den Kreisen der Fortschrittler als Reaktionärin galt.

Endlich hatte Josef dann noch eine dritte Frauenaffäre – und die führte dazu, daß Maria Theresia auch ihren Ruf einbüßte, in der Politik stets den Anstand gewahrt und das Recht der Völker respektiert zu haben. Ihr Sohn tändelte mit der Herrscherin über das größte Reich der Welt. Sollte auch Erotik dabei im Spiel gewesen sein, dann war es – in erster Linie zumindest – die Erotik der Macht.

VIII.
Der gekrönte Menschenfreund

Am 19. April 1777 um zehn Uhr vormittags fährt vor den Gemächern der Königin in Versailles eine bescheidene, halboffene Reisekutsche vor. Ihr Passagier, »flohbraun« gekleidet, springt heraus, stürmt die Treppe zum Schlafgemach empor und schließt eine halbbekleidete junge Frau in die Arme, die von der Wache praktisch aus dem Bett gescheucht worden ist. Dann schiebt er sie von sich weg und sagt: »Meine liebe Schwester, wenn Sie nicht meine Schwester wären und mich heiraten könnten, so würde ich nicht zögern, mich wiederzuverheiraten.«

Marie Antoinette errötet – wohl eher aus Erleichterung. Sie hat harschere Worte erwartet, denn mit ihrer Ehe steht es überhaupt nicht gut, und von ihrem Bruder Josef ist sie es gewohnt, wegen der kleinsten Kleinigkeiten getadelt zu werden. Hier in Frankreich scheint er jedoch ein ganz anderer Mensch zu sein als in Wien; er wirkt heiter, gelockert, gelöst und ist offenbar bereit, sich sogar ein wenig frivol zu geben. Aber es ist ja auch nicht Josef, der da vor ihr steht, sondern ein Graf Falkenstein. Unter diesem Namen ist er ihr angekündigt worden – und sie solle ja nie vergessen, ihn so anzureden.

In den folgenden Stunden überfällt der Wirbelwind aus Österreich auch noch den König, sitzt ungezwungen im Schlafzimmer seiner Schwester mit ihm zusammen, die Schokoladetasse auf dem Knie balancierend, und nimmt den etwas unsicheren, gehemmten jungen Mann in einer Offensive des Charmes für sich ein. Später, als die beiden Herren unter sich sind, gewährt Josef (respektive Graf Falkenstein) dem Schwager ein paar Einblicke in sein Liebesleben. Vor allem klärt er ihn darüber auf, wie Frauen, die sich weigerten, ihre eheliche Pflicht zu erfüllen, behandelt werden müßten. Nebenbei rät er zu einer kleinen Operation der königlichen Vorhaut, die den Verdacht, Ludwig XVI. sei impotent, beheben könne. Die Einladung, im Schloß zu übernachten, lehnt Josef ab; er hat – als Graf Falkenstein – ein Zimmer im Wirtshaus nebenan gemietet. Tage später braust der Besucher wieder ab, und tout Paris ist entzückt von diesem reizenden jungen Mann, der sich als kleiner Adeliger ausgibt, obwohl er – wer hätte es nicht sofort gewußt – doch in Wirklichkeit der deutsche Kaiser ist. Mit der Ehe von Ludwig und Marie Antoinette aber klappte es von diesem Besuch an tatsächlich besser. Maria Theresia hatte ihren Sohn offensichtlich unterschätzt, als sie ihm Herzensroheit und Gefühllosigkeit unterstellte. Auf Reisen war er ein ganz anderer als zu Hause. Und Josef reiste ausgesprochen gerne.

Acht Jahre vor seinem Frankreich-Besuch war er völlig überraschend in Rom aufgetaucht, hatte sich zwanglos unter die zu einem Konklave versammelten Kardinäle gemischt und Lorenzo Ganganelli, dem favorisierten Anwärter auf Petris Stuhl, zu verstehen gegeben, seine Mutter und er sähen es gerne, wenn der Jesuitenorden aufgehoben werden würde. Was geschah? Kaum hatte Ganganelli als Klemens XIV. das Pontifikat angetreten, da lag der letzte General der Societas auch schon im Kerker. Und ein fünfzehnjähriger österreichischer Novize namens Karl Leonhard Reinhold schrieb aus dem Wiener »Probhaus bei St. Anna« an seinen Vater: »Unsere heilige Mutter, die Gesellschaft Jesu, ist nicht mehr.« (Reinhold heiratete später eine Tochter von Christoph Martin Wieland, gewann Friedrich Schiller zum Freund und ging als einer der vehementesten Vertreter von Immanuel Kants Philosophie in die Geistesgeschichte ein.)

Der Wirbelwind Josef, alias Graf Falkenstein, hat auf seinen Reisen also nicht wenig bewirkt. 1780 besuchte er Kaiserin Katharina II. von Rußland, aber vorher war er ausgiebig in den eigenen Landen umhergefahren und auch mit Friedrich dem Großen zusammengetroffen. Bei diesen letzteren Unternehmungen erprobte Josef zum ersten Mal die Grundsätze seiner späteren Außenpolitik. Im Gegensatz zu Maria Theresia, die mittlerweile zufrieden war mit dem, was sie hatte, wollte er das Habsburgerreich beträchtlich vergrößern, und er erkannte dafür eine Fülle von Möglichkeiten. Auf einer Reise in den Osten hatte ihm etwa die Bukowina ins Auge gestochen, »dieses schön vom seidigen Blau seines meist heiteren Himmels überdachte Waldland« zwischen Siebenbürgen und Südostgalizien (nicht nur der dort geborene Gregor von Rezzori sollte es später besingen). Bei einem anderen Ausflug stellte er fest, daß ein Zipfel von Slowakisch-Ungarn, die Zips, nach

Polen hineinragte und an Polen verpfändet war – müßte man es nicht wieder an sich ziehen? Und immer wieder richtete sein nachdenklicher Blick sich auch auf das benachbarte Baiern, dessen Kurfürst, sein Schwager Max III. Josef, voraussichtlich kinderlos sterben würde. Alle diese Beobachtungen verdichteten sich im Kopf des Habsburg zu mehr oder weniger konkreten Plänen und Vorhaben. Schachzug um Schachzug sollten sie später verwirklicht werden. Zunächst wollte der damals Achtundzwanzigjährige jedoch an der wichtigsten Figur auf dem Brett Maß nehmen, an Friedrich von Preußen.

Im August 1769 traten die beiden Herrscher einander zum ersten Mal gegenüber; es geschah im bischöflichen Palast von Neiße. Die dabei ausgetauschten Artigkeiten hätten formvollendeter kaum sein können. »Nun sehe ich meine Wünsche erfüllt«, sagte Josef, »da ich die Ehre habe, den größten Feldherrn und König zu umarmen.« Friedrich erwiderte: »Ich sehe diesen Tag als den schönsten meines Lebens an; denn er wird die Epoche der Vereinigung zweier Häuser bezeichnen, welche zu lange Feinde gewesen sind.« Beide Komplimente waren, zum Teil wenigstens, ehrlich gemeint. Josef hegte aufrichtige Bewunderung für den Preußenkönig, und dieser wünschte, auf seine alten Tage, nichts mehr als Frieden. In Wirklichkeit versuchte sich jedoch der eine vom anderen ein möglichst genaues Bild zu machen.

Die Erfahrung seiner Jahre verlieh Friedrich dabei den schärferen Blick. »Er hat«, schrieb er später über Josef, »den Wunsch, aber nicht die nötige Ausdauer, sich zu unterrichten; seine hohe Stellung macht ihn oberflächlich.« Ähnlich war auch schon Maria Theresias Urteil über ihren Sohn ausgefallen.

Als Josef und Friedrich beim nächsten Mal zusammentrafen, im September 1770, verstanden sie sich trotzdem noch besser als zuvor, jetzt bereits aus konkreten politischen Gründen. Der Preuße gab sich dem Habsburg gegenüber als Kurfürst von Brandenburg, ließ ihm als Kaiser den Vortritt und setzte Josefs Fuß in den Steigbügel, wenn dieser aufs Pferd stieg. Im Gespräch mit Kaunitz, der Josef begleitet hatte, offenbarte er später, was ihn bewog, sich so sehr um seinen Gastgeber zu bemühen – es war die Kaiserin von Rußland, die Friedrich Sorgen machte. Katharina II. gehörte zu den wichtigsten Figuren auf *seinem* Schachbrett.

Sechsundzwanzig Jahre vor dem Treffen im mährischen Neustadt hatte der König von Preußen einem preußischen General namens Fürst

Christian August von Anhalt-Zerbst den Befehl erteilt, seine Tochter Sophie Auguste Friederike nach Moskau zu schicken und sie Zarin Elisabeth als Braut für deren Neffen Peter von Holstein-Gottorp-Romanow anbieten zu lassen. Elisabeth hatte an der dreizehnjährigen Deutschen sofort Gefallen gefunden, hatte ihr den russischen Namen Jekaterina verliehen und sie mit dem unbeholfenen, steifen Peter verlobt. Mittlerweile waren sowohl die Zarin als auch ihr Nachfolger tot – der junge Holstein von einem Liebhaber der nunmehrigen Kaiserin Katharina II. ermordet. Rußlands Herrscherin betrieb fortan eine Expansionspolitik, die alle bestehenden Verhältnisse im europäischen Osten zu erschüttern drohte. Zu der Zeit, da Friedrich und Josef miteinander konferierten, stand sie gerade im Krieg gegen die Türken. Und da Katharina ausgezeichnete Feldherren hatte, erzielten ihre Truppen im heutigen Rumänien einen Erfolg nach dem anderen. Sie drangen auch bis zur Krim vor, operierten auf der Peloponnes und vernichteten vor der Insel Chios eine türkische Kriegsflotte. Alles das mußte sowohl Josef wie Friedrich beunruhigen, den Habsburg, weil er selbst Interesse an den Fürstentümern im unteren Donautal hatte, den Hohenzollern, weil er mit Katharina verbündet war. Außerdem erwartete Friedrich, daß Katharina dort aktiv werden würde, wo der russisch-türkische Krieg überhaupt begonnen hatte: in Polen.

Der polnische Adel betrieb die Staatsgeschäfte damals noch immer auf jene anarchische Weise, die schon Johann Sobieski gelegentlich zur Verzweiflung getrieben hatte. Jeder Schlachtschitz, der eine Entscheidung im Sejm verhindern wollte, stand auf und rief sein »Nie pozwalam« in den Saal – mit diesem »Ich will nicht« galt nichts mehr, was vorher beschlossen worden war. Seit 1652 waren auf diese Weise schon fünfzig Reichstage gesprengt worden und nur sieben zu einem Beschluß gekommen. Inzwischen hatte sich dieser unheilvolle Zustand durch konfessionelle Zwiste noch erheblich verschlimmert. Evangelische und griechisch-katholische Christen konnten keine staatlichen Posten übernehmen, schlossen sich deshalb in Bünden zusammen und forderten die benachbarten Staaten auf, sie bei ihrem Kampf um Gleichberechtigung zu unterstützen. Die Protestanten blickten dabei nach Preußen, die Katholiken nach Rußland. Von Österreich, das ja auch katholisch war, erwarteten weder die einen geschweige denn die anderen Hilfe. Katharina war die erste, die diese Lage für sich auszunützen versuchte: Zarische Truppen rückten in Polen ein und entfesselten dort einen blutigen Bürgerkrieg. Als in dessen Verlauf eine russische Einheit Angehörige der katholischen »Konföderation von Bar« über türkisches Gebiet hinweg verfolgte, warf Sultan Mustafa III., hinter dem wiederum Frankreich stand, Katharina den Handschuh hin. Und diese nahm ihn ohne viel Federlesens auf.

Nun bestand aber damals zwischen Rußland und Preußen schon mehr oder weniger Einigkeit darüber, daß Polen zugunsten der beiden Mächte beträchtlich verkleinert werden sollte. Friedrich begehrte eine Landbrücke zu seinem rundum von polnischem Gebiet umgebenen Herzogtum Ostpreußen, Katharina hätte am liebsten den ganzen übrigen Rest des Landes eingesackt. Als 1764 ihr ehemaliger Liebhaber, Stanislaw August Poniatowski, den Thron in Warschau bestieg, war sie diesem Ziel schon ziemlich nahe. Aber dann machte ihr »die Familie«, die Czartorskis, das mächtigste Adelsgeschlecht in Polen, einen Strich durch die Rechnung. Sie entfesselten jenen Aufstand gegen die bereits im Land stehenden russischen Truppen, aus dem dann der russisch-türkische Krieg hervorging. Das ungefähr war die Lage, die Friedrich und Josef vorfanden, als sie 1770 zusammentrafen.

Die beiden Herrscher wurden sich, von Kaunitz lebhaft unterstützt, sehr rasch einig. Katharinas Interesse sollte von den Donaufürstentümern ab- und auf Polen hingelenkt werden. Der Preußenkönig deutete an, daß in dem zerrissenen Land auch für Habsburg etwas zu holen wäre – das freilich hätte er Josef nicht ausdrücklich zu sagen brauchen. Schon 1769 waren österreichische Truppen in die Zips eingerückt und hatten dreizehn Städte, die dreihundertfünfzig Jahre zuvor von Ungarn an Polen verpfändet worden waren, kurzerhand besetzt – es war ein reiner Spaziergang gewesen. Friedrich hielt das Unternehmen für durchaus vernünftig.

Nach der Zusammenkunft in Neustadt schickte der Preuße seinen Bruder Heinrich in die russische Hauptstadt, damit er auch der Zarin den Mund von neuem wässerig mache. Es war, wie sich erweisen sollte, überhaupt nicht schwer. Katharina hörte dem Prinzen aufmerksam zu, nickte und sagte beiläufig: »Ja, es scheint, daß man sich in Polen nur zu bücken braucht, um etwas aufzuheben.« Die Frucht dieser Unterredung war ein regelrechter Teilungsvertrag zwischen Berlin und Petersburg, in dem genau festgelegt wurde, wer welches Stück des Landes bekommen sollte. Österreich erhielt eine Einladung zum Beitritt, aber Österreich wollte nicht – zunächst.

Von Skrupeln geplagt, schrieb Maria Theresia an Kaunitz: »Aller Partage [alle Teilung] ist unbillig in seinem Grunde und für uns schädlich. Ich kann diesen Antrag nicht genug bedauern und muß bekennen, daß mich sehen zu lassen schäme.« Als aber der Staatskanzler, von Josef angefeuert, nicht nachließ, sie zu bestürmen, und etwa auch darauf hinwies, daß zu ihren ererbten Titeln der eines Königs von Galizien und Lodomerien gehöre (Lodomerien war ein ukrainisches Fürstentum, das, wie auch Galizien, früher einmal zu Ungarn gehört hatte), gab die Herrscherin nach. »Ich bin«, gestand sie nun, »nicht starck genug, allein die affaires zu führen, mithin lasse, jedoch nicht ohne meinen größten Gram, selbe ihren Weeg gehen.« So kam es, daß Österreich sich den beiden anderen Mächten doch noch anschloß und an der Zerstückelung Polens teilnahm.

Kalt und geschäftsmäßig, als handle es sich um die Vollstreckung eines Gerichtsurteils, marschierten im Sommer 1772 von drei Seiten her ausländische Truppen in das wehrlose Land ein, um zu besetzen, was ihre Herrscher sich zugeteilt hatten. Rußland nahm ein rund hundertzwanzig Quadratkilometer großes Stück Land zwischen Düna, Dnjepr und Drudsch, Preußen den ehemaligen Deutschordensbesitz zwischen Ostseeküste und der Stadt Thorn. Habsburg schließlich erhielt das eigentlich fetteste Stück der Beute, ein etwa achtzigtausend Quadratkilometer umfassendes Areal in Ostgalizien, das drei Millionen Einwohner zählte und mit Bodenschätzen reich gesegnet war. Zu Österreichs Staatsbürgern gehörten von nun an neben Ungarn, Tschechen, Slowaken, Kroaten, Serben, Italienern, Niederländern und Deutschen auch Polen und Ukrainer; die letzteren wurden Ruthenen oder Reußen genannt. Zwei Jahre später kamen noch Rumänen dazu.

1774 schloß Rußland mit der Türkei den Frieden von Kütschük-Kainardsche (in Bulgarien). Im gleichen Jahr ließ Josef die Bukowina besetzen; er hatte sich ans risikolose Okkupieren gewöhnt. Im übrigen war der Habsburg um diese Zeit längst schon von der Frau fasziniert, die ihm vorgeführt hatte, wie man sich bückt, um etwas aufzuheben. Es hatte freilich auch damit zu tun, daß er inzwischen mit Friedrich dem Großen über Kreuz geraten war.

Bei einem Gespräch im Jahr 1770 hatte der Preußenkönig dem österreichischen Gesandten in Berlin zu verstehen gegeben, niemand habe etwas dagegen einzuwenden, wenn Habsburg sich nach dem Tod von Max III. Josef einen Teil Baierns aneignen würde. Nachdem der

Kurfürst 1777 gestorben war, glaubte Josef deshalb, mit Friedrichs stillschweigendem Einverständnis zu handeln, wenn er sich an Karl Theodor von Pfalz-Sulzbach wende, den nächsten Verwandten des Toten, um diesem einen Teil seines Erbes abzuhandeln. Es gab sogar alte Ansprüche, auf die er pochen konnte. Das ehemalige Herzogtum Baiern-Straubing war einst ein österreichisches Lehen gewesen, ebenso die schwäbische Herrschaft Mindelheim und ein Teil der Oberpfalz.

Karl Theodor, mehr an seinem rheinischen Besitz und seinem immer noch von Preußen beanspruchten Herzogtum Jülich-Berg interessiert als an den Stammlanden des Hauses Wittelsbach, zeigte sich dem Handel nicht einmal abgeneigt. Josef und er schlossen denn auch eine Konvention miteinander ab, in der dem Habsburg alles zugestanden wurde, was er begehrte. Kurz darauf rückten österreichische Truppen in die betreffenden Gebiete ein, und nach einigem Aufbegehren huldigten deren Bewohner Josef als ihrem neuen Landesherrn.

Nun hatte aber auch der kinderlose Karl Theodor einen Verwandten, der ihn einst beerben würde, und dieser, Herzog Karl August von Pfalz-Zweibrücken, wollte die Konvention nicht so ohne weiteres anerkennen. Er wandte sich um Hilfe nach Berlin; es war eine gute Idee. Friedrich hatte seinen Sinn inzwischen vollkommen geändert: Er wollte nicht mehr, daß Österreich sich auf altem Reichsboden festsetzte. Um aber sein Eigeninteresse zu vertuschen, entfesselte der Preuße ein virtuoses diplomatisches Spiel, hoffend, es möge Josef gebührend einschüchtern. Frankreich wurde aufgefordert, als Garantiemacht des Westfälischen Friedens, ein Machtwort zu sprechen, Katharina II. gebeten, sich für die »Beschützung der unterdrückten Freiheiten des deutschen Reiches« einzusetzen. Erst als Friedrich sicher war, daß keine der angesprochenen Mächte in die Auseinandersetzung um das wittelsbachische Erbe eingreifen würde, warf er sich selbst zum Hüter der Reichsverfassung auf. Er nahm den Pfalz-Zweibrückener offen unter seine Fittiche und belehrte Josef über die Pflichten, die er als Kaiser gegenüber den Ständen zu wahren hätte. Dies tat er sozusagen mit der einen Hand, mit der anderen schrieb er an seinen Bruder Heinrich: »Was für erbärmliche Geschöpfe sind doch diese armen Reichsfürsten. Ich habe nicht die Absicht, ihr Don Quijote zu werden.« Tatsächlich hatte Friedrich nur die Absicht, eine Stärkung der österreichischen Macht zu verhindern. Ihm war längst klar, daß Preußen und das Habsburgerreich auch fürderhin Rivalen um die Macht in Deutschland sein würden. Josef glaubte dennoch nicht, daß Friedrich es wegen der baierischen Affäre zum Krieg kommen lassen würde. Josef irrte.

Seiner Gicht nicht achtend, stieg der sechsundsechzigjährige Preußenkönig in den Sattel, um wieder einmal von Schlesien aus seine Soldaten nach Böhmen zu führen. Mit drei Armeekorps, etwa achtzigtausend Mann, rückte ihm der Kaiser entgegen. Das war, im Juli 1778, der Beginn des sogenannten »Baierischen Erbfolgekrieges«. Auf österreichischer Seite, bei den Husaren des Grafen Dagobert Wurmser, diente auch ein junger Fähnrich namens Neithardt von Gneisenau. Der spätere preußische Feldmarschall bekam wenig Gelegenheit, sich als Soldat zu bewähren. Ohne Unterlaß marschierten die blau uniformierten Preußen und die seit dem letzten Krieg durchgehend weiß gekleideten Österreicher aneinander vorbei oder standen sich in dürftigen Stellungen unlustig gegenüber. In Wien bezeichnete man das ganze Unternehmen bald als »Zwetschkenrummel«, in Deutschland als »Kartoffelkrieg« – wahrscheinlich deshalb, weil beide Seiten größere Schwierigkeiten hatten, sich zu ernähren, als militärische Erfolge zu erzielen.

Josefs Oberbefehlshaber, Gideon von Laudon, nannte das Unternehmen eine »chienne guerre politique«, einen politischen Hundekrieg. Es ging beinahe so aus wie das Hornberger Schießen.

Schon Anfang 1779 machte Maria Theresia Friedensvorschläge, wobei sie Frankreich bat, ihre Position zu vertreten. Friedrich schob seinerseits Katharina von Rußland vor. Im schlesischen Teschen setzten sich die kriegführenden Parteien samt ihren ausländischen Vertretern zusammen, um in langwierigen Verhandlungen die mittlerweile aufgelaufenen verschiedenartigen Ansprüche zu entwirren. Wie nicht anders zu erwarten, glichen die Gespräche einem Kuhhandel. Es ging um alte und älteste Rechte, um Landfetzen, die über halb Deutschland verteilt lagen. Österreich mußte das Erbe Max Josefs fahrenlassen, erhielt aber wenigstens das zwischen Donau und Inn gelegene Innviertel. Preußen wurde die Erbfolge in den hohenzollerschen Markgrafschaften Ansbach und Bayreuth zugesprochen, wofür Friedrich auf Jülich-Berg verzichtete. Ein Sachse und ein Preuße, der Herzog Mecklenburg-Schwerin, die ebenfalls Teile Baierns beansprucht hatten, wurden von Karl Theodor mit Geld abgefunden. Der Pfälzer selbst mußte, ob er wollte oder nicht, von seinem geliebten Mannheim nach München umziehen. Kaunitz hingegen mußte zugeben, daß er Schiffbruch erlitten hatte. Dem Staatskanzler dämmerte nun, daß der Konflikt Österreich-Preußen nicht nur noch lange nicht ausgestanden war, sondern sich eher sogar zugespitzt hatte. »Wenn unsere Schwerter noch einmal aufeinanderschlagen«, soll er gesagt haben, »werden sie nicht eher wieder in die Scheide fahren, als bis die Entscheidung gefallen ist: offenbar, vollkommen, unwiderruflich.« Für einen derart in die »Algebra« der Diplomatie vernarrten Geist wie ihn war es ein erstaunlich prophetisches Wort.

Aus der Vergangenheit grüßte Friedrich Georg von Waldeck herüber. Königgrätz, Schauplatz der nächsten und endgültigen Auseinandersetzung zwischen Preußen und Österreich, lag auf den vom ereignislosen »Kartoffelkrieg« trotz allem verwüsteten böhmischen Fluren. Und eine Ahnung dessen, was kommen würde, streifte auch Josef II.

Kurz nach dem Ende der Auseinandersetzung um Baiern, im Mai 1780, reiste der Habsburg nach Mogil'ov am Dnjepr, um dort mit Katharina II. zusammenzutreffen. Für Josef, den Mann, muß es ein bedeutender persönlicher Erfolg gewesen sein. Die ehemalige Prinzessin Anhalt-Zerbst, die noch unter der Trennung von ihrem Liebhaber Grigorij Orlow litt, aber schon mit dem nächsten, mit Grigorij Potjomkin, liebäugelte, war von dem feschen Österreicher, der natürlich als Graf Falkenstein auftrat, sehr beeindruckt. Er sah ja recht gut aus: schlanke, mittelgroße Gestalt, blondes Haar und blaue Augen, schmales, ausdrucksvolles Gesicht und üppige Lippen, dazu der Wiener Charme, den er beinahe beliebig an- und abschalten konnte. Katharina versuchte, Josef mit allen Mitteln für sich einzunehmen, und es ist nicht einmal auszuschließen, daß es ihr gelang. Der Habsburg hielt sich jedenfalls länger in der ukrainischen Stadt auf, als er es vorgehabt hatte, und folgte der Zarin schließlich auch nach Petersburg. Sollte zwischen den beiden aber so etwas wie Erotik im Spiel gewesen sein, dann war es wirklich vor allem die Erotik der Macht.

Katharina hegte geradezu unmäßige Pläne für die Vergrößerung ihres Reiches: Sie wollte seine Westgrenze bis an die Elbe vorschieben und Konstantinopel gewinnen. Dafür glaubte sie, eines Bündnispartners zu bedürfen, der weniger zäh und nüchtern war als Friedrich der Große. Josef andererseits hatte erkannt, daß der Preuße sich der russischen Herrscherin bedienen wollte, um seinen Einfluß in Deutschland zu festigen. Aus diesem Grund vor allem war Katharina von Friedrich schon in die Auseinandersetzung um Baiern hineinkomplimentiert worden. Rußlands Herrscherin fungierte seither als Garantin des Friedens von Teschen und konnte sich somit auch als eine Institution der Reichspolitik betrachten.

Diese Waffe nun gedachte der Habsburg seinem Berliner Rivalen zu entwinden. Wie es sich erwies, ist ihm dies sogar gelungen, wenn auch nicht solcherart, daß er die Zarin vereinnahmte, wie es ihm vorgeschwebt haben mag, sondern wohl dadurch, daß er sich mehr von ihr vereinnahmen ließ. Katharinas Absicht, die immer noch beträchtliche Macht des Osmanenreiches zu zerschlagen und ein neubyzantinisches Reich zu errichten, dieser bereits von Peter dem Großen gehegte »griechische Traum« inspirierte auch Josef, denn schließlich war für Österreich in dem von den Türken okkupierten Balkan ebenfalls noch einiges zu holen. Man kann die beiden geradezu vor sich sehen, wie sie in den Petersburger Schlössern zusammensitzen und sich an Katharinas gewaltigen Projekten berauschen, der neununddreißigjährige Österreicher und die um zwanzig Jahre ältere, beträchtlich erfahrenere Frau. Sie konnten sich ja mühelos auf deutsch verständigen.

Als Josef Mitte Juli Petersburg wieder verließ, war er, ohne daß die beiden einen förmlichen Vertrag miteinander geschlossen gehabt hätten, so etwas wie der heimliche Verbündete der »Kaiserin von ganz Rußland«. Und Friedrich hatte das Nachsehen. Sein Neffe, Friedrich Wilhelm, der wenig später in der Stadt an der Newa eintraf, wurde von Katharina merklich kühler empfangen, als er es erwartet gehabt hatte. Gleichwohl ließ Friedrich nicht ab, auch fortan um die Gunst der Zarin zu werben – womit Rußland weiterhin ein entscheidender Faktor der Reichspolitik blieb.

Sah das auch Josef so? Er nahm sich zumindest vor, das Reich selbst wieder derart zu stärken, daß es sich als ein weiteres Instrument seiner antipreußischen Politik gebrauchen ließ. Zunächst jedoch mußte der aus Rußland zurückgekehrte Graf Falkenstein seine Mutter beerdigen.

Maria Theresia wurde schon lange von derart heftigen Atembeschwerden bedrängt, daß sie, selbst im kältesten Winter, nur bei geöffnetem Fenster arbeiten konnte. Der einzige, dem zuliebe sie die Fenster gelegentlich schloß, war Kaunitz, weil er wiederum ständig fürchtete, sich zu erkälten. Während der Zeit, da Josef bei Katharina weilte, hatte das Leiden der Kaiserin sich beträchtlich verschlimmert. Zwar schleppte sie sich noch Tag für Tag an ihren Schreibtisch, gab aber immer deutlicher zu verstehen, daß sie den Tod erwarte. Am 26. November 1780 erfuhr Josef, sie würde noch vor Sonnenuntergang die Sterbesakramente empfangen. Zwei Tage später erklärte der Arzt, es gehe wohl zu Ende. Daraufhin versammelte Maria Theresia noch einmal alle ihre Kinder um sich, soweit sie erreichbar waren, und schickte sie dann wieder weg, damit ihnen der Anblick des Todeskampfes erspart bleibe. Nur Josef sollte an ihrer Seite sein. Auf das Fenster deutend, vor dem es regnete, sagte sie: »Welch ein schlechtes Wetter für so eine große Reise«, um dann noch hinzuzufügen: »Mir kommt das Sterben vor, als wenn ich von einer Stube in die andere ginge.« Es war der vollkommenste Ausdruck jener Haltung, in der die Habsburgs von der Welt abzutreten pflegten. Josef, von dem man hätte annehmen sollen, er dränge mit Macht an die Regierung, wollte auf einmal nicht mehr glauben, daß das erfüllte Leben dieser scheinbar so robusten Frau beendet war. Er half ihr noch von dem Stuhl, auf dem sie bis zuletzt gesessen hatte, auf ein Sofa, um sie dann zu fragen: »Liegen Euer Majestät gut?« – »Gut genug, um zu sterben«, soll sie erwidert haben. Es waren ihre letzten Worte.

Die Wiener standen stumpf und teilnahmslos an den Straßen, als die tote Kaiserin in die Kapuzinergruft übergeführt wurde. Maria Theresia war gewiß eine große Herrscherin gewesen, vielleicht sogar »die bedeutendste Fürstengestalt des Hauses Habsburg« überhaupt. Das Volk jedoch sah nur die Lasten, die sie ihm aufgebürdet hatte. Aber nun begann ja die neue, die »josefinische« Ära. Und Josef hielt sich für einen Menschenfreund.

Die Nachwelt hat dem vierzehnten habsburgischen Kaiser nur ziemlich dürre Kränze geflochten. Es lag zum Teil auch an dem Erscheinungsbild, das er zu bieten scheint. Von Jugend an verwöhnt, geradezu verzogen und deswegen zu einem taktlosen, hochfahrenden Mann herangewachsen – so sah ihn sogar die eigene Mutter. Andere, etwa jene, die ihn als Graf Falkenstein kennenlernten, zeichnen hingegen ein vollkommen anderes Porträt von ihm. Er sei, sagen sie, charmant gewesen, witzig, vielleicht ein wenig zu stürmisch und ein bißchen »so obenhin«. Ihre Eindrücke nachschmeckend, glaubt man einen vor Unternehmungslust geradezu zappelnden, ungeduldigen, unendlich neugierigen Zeitgenossen vor sich zu sehen. Doch der Versuch, beide Wahrnehmungen aneinanderzufügen, führt zu der Vermutung, Josef könne bereits einer jener »Zerissenen« gewesen sein, an denen sich spätere österreichische Literaten so sehr delektierten. Nimmt man noch hinzu, daß er ein Habsburg war, dann verdichtet sich diese Annahme sogar beinahe zur Gewißheit. Josef hatte die Pflicht, dem Erzhaus zu dienen, seinen Ruhm, seine Macht, seine Größe zu fördern. Indes, wie sollte so etwas geschehen in der Zeit, in die er hineingeboren worden war? Der österreichisch-ungarische Staat stand auf einigermaßen stabilen Fundamenten. Es wäre schon eine lebensfüllende Aufgabe gewesen, ihn in diesem Zustand zu erhalten – und nicht einmal eine leichte. Die Notwendigkeit, das Habsburgerreich noch weiter auszudehnen, bestand hingegen eigentlich nicht. Trotzdem – und darin lag das von ihm selbst heraufbeschworene Dilemma – glaubte Josef, beides tun zu müssen: Er wollte die Monarchie reformieren und ihre Grenzen erweitern.

Josef glaubte dies, weil er im Schatten glorreicher Ahnen stand und weil sein Selbstgefühl es ihm nicht gestattete, auf der europäischen Bühne eine mindere Rolle zu spielen als andere, gleichgewichtige Potentaten. Sollte er etwa hinter dem Preußenkönig zurückstehen und den expansiven Plänen, die er Friedrich unterstellte? Mußte er sich von Katharina überflügeln lassen, die ihre Hände bereits nach den Dardanellen ausstreckte? Derartige Vorstellungen waren es, die ihn zerrissen, zumal noch die weitere hinzukam, er und nur er allein wisse, was dem Volk dienlich sei und wie es zu seinem Glück gezwungen werden könne. In seiner Brust loderte durchaus jenes Feuer, das den wahren Menschenfreund kenntlich macht, er wollte Wohlstand, Gleichberechtigung, Gesinnungsfreiheit, Rechtssicherheit. Und im Grunde war er ein zutiefst anständiger, selbstloser Mensch, war sogar weit weniger auf das eigene Wohl bedacht als Maria Theresia. Dies alles freilich konnte Josef nicht zur Geltung bringen, weil er von den Menschen im Grunde nichts wußte, weil er immer über ihnen, nie neben ihnen stand, ein Erzherzog eben aus der abgeschiedenen Welt des habsburgischen Hofes. Seine Reformen sind Josef aus diesem Grund nur halb gelungen. Und als Machtpolitiker scheiterte er, weil die Welt nun einmal nicht, wie er glaubte, ein Schachbrett war, an dem seinesgleichen saßen und göttergleich ihre Züge machten. Beinahe grotesk aber mutet es an, daß Josef gelegentlich sehr wohl erkannte, wie es im wirklichen Leben zuging, daraus jedoch nie die für ihn richtigen Schlüsse zog.

Seine ersten Reformvorhaben verwirklichte er unmittelbar nach dem Tod Franz Stefans. Der Lothringer hatte die Jagd geliebt und in den Schlössern rund um Wien, vor allem in Laxenburg, riesige Scharen von Berufsjägern und Wildhütern unterhalten. Josef, der das Waidwerk verabscheute, wollte die »nutzlosen Brotesser« so schnell wie möglich loswerden. Um dies tun zu können, ließ er eine gnadenlose Jagd auf alles Getier veranstalten, das sich in den Wäldern, Hainen und Weinbergen vor der Hauptstadt herumtrieb und den Bauern Schaden zufügte. Es muß eine wahre Massenschlächterei gewesen sein. Von den Jägern waren danach zwar die meisten überflüssig, das Volk fand die Aktion dennoch widerwärtig.

Josefs nächstes Unternehmen traf seinen Bruder Leopold, jenen Kaisersohn, der galant genug gewesen war, der Mutter zum Hochzeitstag einen Enkel zu schenken. Franz Stefan hatte dem Thronfolger ein Vermögen von 22 Millionen Gulden hinterlassen, den größten Teil davon in Staatsanleihen, hatte aber gleichzeitig bestimmt, 2 Millionen davon müßten in die Toskana gehen, wo der »Poldl« als Großherzog regierte. Davon wollte Josef nichts wissen. Er forderte die ganze Summe für sich – um den baren Anteil an den Fiskus zu überweisen und die Schuldscheine zu verbrennen. Damit ersparte er dem Staat zwar eine gewaltige Menge an Zinsen, schädigte aber den Bruder, der die 2 Millionen für sein armes Land sehr gut hätte brauchen können. Und von ähnlicher Art war auch nahezu alles, was er nach seinem Regierungsantritt in die Wege leitete oder, viel häufiger eigentlich, vom Zaun brach. Er handelte aus den besten, zuweilen sogar edelsten Motiven, trat dabei aber unweigerlich immer jemandem vor das Schienbein. Was Josef abging, war schlichthin Instinkt.

Die Magyaren etwa brachte er gegen sich auf, weil er alle ihre gewachsenen Traditionen als nutzlosen Tand betrachtete. Nicht einmal der ihnen so teuren Krönungszeremonie auf dem Hügel aus heimatlicher Erde wollte er sich unterziehen, nahm vielmehr auf dem Amtsweg den Titel »Apostolischer König von Ungarn« an und ließ die Stephanskrone kurzerhand von Preßburg in die Schatzkammer nach Wien bringen. Aber schlimmer noch: Mit Erlaß vom 18. Mai 1784 verfügte der Kaiser, daß die Amtssprache des Landes, das Lateinische, fortan nicht mehr angewandt werden dürfe, alle Akten vielmehr auf deutsch abgefaßt werden müßten. Wer dieses Idiom nicht binnen drei Jahren erlerne, könne keinen staatlichen oder kirchlichen Posten einnehmen. Josef wollte auf solche Weise die Vereinheitlichung des

Amtswesens fördern, und sein Erlaß war in diesem Sinne zweifellos nützlich, zumindest für Wien. In Ungarn jedoch erweckte er ohnmächtigen Zorn und zunehmenden Deutschenhaß.

Auch Josefs wichtigste Schöpfung, das österreichische Berufsbeamtentum, ist von widersprüchlichen Zügen nicht frei. Einerseits entwarf er in einem berühmt gewordenen Schreiben das Ideal des wahrhaft guten Staatsdieners, verlangte Pflichtbewußtsein, Opferbereitschaft, Unbestechlichkeit, Liebe zu Fürst und Vaterland, schuf auch den materiellen Rahmen, in dem diese Eigenschaften sich entfalten konnten, sorgte für klare Gehalts- und Pensionsregelungen – doch fast im gleichen Atemzug führte er eine geheime »Konduitenliste« ein, in der, ohne daß der jeweils Betroffene davon erfuhr, über seine Mängel und Vorzüge genau Buch geführt wurde. Diese Praxis hat sich zwar teilweise bis heute erhalten, bezeugt indessen, daß ihr Urheber mit gespaltener Zunge sprach: Er appellierte an menschliche Tugenden und institutionalisierte, wiederum fast gleichzeitig, das Mißtrauen gegen sie. Man könnte meinen, der Kaiser habe schon Lenins berüchtigten Satz gekannt: »Vertrauen ist gut, Kontrolle ist besser.«

Auch das Paragraphenwerk der »Theresianischen Halsgerichtsordnung« ließ Josef mit derartiger Hast durchforsten, daß sich am Ende Verbesserungen und Verschlechterungen beinahe die Waage hielten. Er stellte Duellanten, die einen Gegner im Zweikampf umgebracht hatten, gewöhnlichen Mördern gleich und schaffte damit einen überlebten, aus dem Mittelalter stammenden Brauch ab. Aber er warf auch Gelegenheitsdiebe mit politischen Verbrechern in einen Topf, überließ beide den für die Staatssicherheit zuständigen Organen, die kleineren Sünder solcherart des Rechtes auf einen ordentlichen Prozeß beraubend. Der von Maria Theresia begründete Polizeistaat nahm unter Josef noch strengere Züge an, und die Luft, in der die Bürger leben mußten, wurde kälter. Dazu trugen auch die neu erlassenen Steuergesetze bei.

Der ungarische Adel wurde jetzt dem Fiskus unterworfen, ebenso die Kirche. Besonders hart traf es die Klöster. Da sie, wie es in einem amtlichen Schreiben heißt, »zum Besten der bürgerlichen Gesellschaft nichts Sichtbares leisten«, wurden rund siebenhundert der etwa zweitausend Ordenshäuser aufgelöst und ihre Vermögen beschlagnahmt. Man könnte selbst dies noch unter dem Stichwort »Modernisierung« rubrizieren, wäre bei den von Josef ausgelösten Gewaltaktionen nicht auch ein großer Teil gewachsener geistlicher und kultureller Substanz vernichtet worden. Für Herkommen, Brauch und Tradition hatte der Kaiser nicht den geringsten Sinn. Wie einst Peter der Große wollte er sein Land über die Schwelle der Neuzeit prügeln, wobei ihm freilich entging, daß Österreich ein weitaus komplexeres Gemeinwesen war als das alte Rußland.

Im Grunde strebte Josef nichts Geringeres an als den vollkommenen oder vielmehr den perfekt funktionierenden Staat, und zwar auf der Basis jener physiokratischen Lehre, die im Ackerbau die Quelle allen Reichtums sah. Bauern sollte es darin so viele wie möglich geben, weshalb er große staatliche Güter zerstückeln ließ, die jeweiligen Parzellen bisher unfreien Landarbeitern zuwies und sogar Versuche unternahm, Zigeuner fest anzusiedeln. Auch die Erzeuger aller anderen handelbaren Waren, vom Wolltuch bis zum Tonkrug, wurden von ihm nach Kräften gefördert und durch hohe Schutzzölle vor ausländischer Konkurrenz geschützt. Den Handel mit Baumwolle, Kaffee und anderen Produkten, die in Österreich nicht hergestellt werden konnten, versuchte er dagegen nach Kräften zu unterbinden. In Wien, wo man auf die Schale »Braunen« nicht verzichten wollte, kam dies jedoch nur dem Schwarzhandel zugute.

Und so war es mit nahezu allem, was Josef in die Wege leitete. Er riß ein und baute auf, hinterließ aber fast überall auch öde Trümmerflächen. Das Erziehungswesen wurde der Kirche endgültig entrissen, es profitierte sogar davon, aber die neuen Schulen erinnerten stark an Kadettenanstalten. Gepaukt wurde nach strengen, formalistisch gehandhabten Regeln, kein Lehrer durfte auch nur um ein Jota von den Vorschriften abweichen, Universalbildung war überhaupt nicht mehr gefragt. Wozu mußte ein guter Staatsbürger Cicero kennen oder Sophokles lesen? Nützliche Tätigkeiten sollte der junge Mensch erlernen! Da sich derlei in Grundschulen am besten vermitteln ließ, wurden sie zu Lasten der Gymnasien gefördert. Doch hieß das keineswegs, daß Josef den Geist in spanische Stiefel hätte einschnüren wollen. Publizisten konnten durchaus schreiben, was sie wollten, Männer vom Schlage eines Sonnenfels sahen sich nicht im geringsten mehr behindert. Auch vollkommene Religionsfreiheit wurde gewährt, die katholische Kirche gleichzeitig um eine Reihe ihrer Vorrechte gebracht.

Ehen unterlagen nicht mehr dem kanonischen, sondern dem bürgerlichen Recht. Bischöfe mußten vor der Weihe einen Eid auf den Kaiser, ihren »einzigen rechtmäßigen Herrn«, ablegen, zukünftige

Pfarrer ihre Ausbildung in staatlichen Seminaren erwerben – freilich empfingen sie dafür ihr Gehalt auch aus einem staatlichen Fonds. Weil aber Josef der Ansicht war, das Volk bete ohnehin zuviel und arbeite zuwenig, erließ er gleich noch eine »Andachtsordnung«, die genau festschrieb, wie lange ein Gottesdienst dauern dürfe und wie die verschiedenen kirchlichen Feste zu begehen seien. Das Küssen von Reliquien wurde verboten – aus hygienischen Gründen.

Die einschneidendsten dieser Maßnahmen konnte auch Papst Pius VI. nicht rückgängig machen, obwohl er nach Wien kam, um den Kaiser darum zu bitten. An Katharina II. schrieb Josef später, dieser »italienische Priester« sei ihm zwar sehr um den Bart gegangen, habe aber »im wesentlichen nichts ausgerichtet«. Schließlich versuchte er sogar, eine unabhängige deutsche Nationalkirche zu gründen. Als Konzept dafür diente ihm die von hochrangigen katholischen Geistlichen erarbeitete »Emser Punktation« aus dem Jahr 1786. Man hätte meinen können, der Kaiser wolle den »Investiturstreit« des 12. Jahrhunderts noch einmal durchfechten und dem Reich wieder zu seiner damals verlorengegangenen Vormachtstellung gegenüber der Kirche verhelfen. Das etwas romantisch anmutende Vorhaben scheiterte denn auch – an Baiern. Kurfürst Karl Theodor schlug sich auf die Seite des Papstes, worauf Josef seinen Plan wieder fallenließ, weil er Baiern immer noch haben wollte.

Gescheitert ist der reformfreudige Habsburg ohnehin häufiger, als er es sich selbst eingestehen mochte. Die wenigsten seiner Maßnahmen griffen, nicht alle bewirkten, was sie vernünftigerweise hätten bewirken sollen. Der von ihm entfachte »josefinische Geist« ist dennoch das Äquivalent des vielgerühmten preußischen Staatsethos. Selbst bei genauem Hinsehen kann man zwischen beiden kaum einen Unterschied erkennen.

Was Josef indessen nicht sah – oder erst sehr spät erkannte –, ist etwas, das er bestimmt nicht anstrebte: Ein perfekter Staat, wie er ihm vorschwebte, ist auf Könige und Kaiser eigentlich nicht mehr angewiesen. Auch bürgerliche Steuerleute vermögen ihn auf Kurs zu halten, und das Volk selbst kann sich seiner bemächtigen, ohne daß er dabei zu Bruch gehen muß. Gleich Friedrich von Preußen muß also auch er in die Reihe derjenigen gekrönten Häupter eingereiht werden, die den Untergang der absoluten Monarchien heraufbeschworen. In den österreichischen Niederlanden wurde dem Habsburg dann ohnehin drastisch vor Augen geführt, daß unter der Oberfläche, die er sah, bereits die Revolution lauerte.

Mit absolutistischer Selbstherrlichkeit hatte Josef 1788 die ständische Verfassung des Landes, die sogenannte »Joyeuse Entrée« aus dem Jahr 1423 – benannt nach dem »Fröhlichen Einzug« Philipps des Schönen von Burgund in Brüssel –, aufgehoben und durch einschlägige österreichische Bestimmungen ersetzt. Es war ein Akt, den seine Schwester, die niederländische Generalstatthalterin Marie Christine, für blanken Unsinn hielt. Da aber Josef gerade von ihr keine Ratschläge annehmen wollte, mußte er teuer bezahlen. Das Volk begann erst zu murren, trat dann in den Steuerstreik und ging endlich auf die Barrikaden. Am 25. November 1789, ein gutes halbes Jahr nach dem Beginn der Französischen Revolution, erklärte eine Ständeversammlung in Gent den Kaiser als Herrn in Flandern für abgesetzt, weil er den Eid auf die Verfassung gebrochen habe. Fünf Wochen später konstituierten sich alle niederländischen Provinzen, mit Ausnahme Luxemburgs, als unabhängige »Vereinigte belgische Staaten«. Es war ein Schlag, der Josef völlig unerwartet traf – und das immerhin mutet überraschend an. Auch ein anderer Umstand wirft bezeichnendes Licht auf den Habsburger: Seine Schwester Marie Antoinette hatte er mehr als einmal ermahnt, das französische Volk durch ihr Benehmen nicht gegen sich aufzubringen. In Frankreich muß er also gerochen haben, daß Empörung in der Luft lag, in den eigenen Landen versagte seine Nase.

Das Desaster, welches Josef in den Niederlanden erlitt, war im übrigen nicht allein dadurch verursacht worden, daß er die Stände ihrer Rechte zu berauben suchte, er hatte darüber hinaus ihr Land zuvor auch als politisches Tauschobjekt benutzen wollen. Schon damit freilich war er auf spektakuläre Weise gescheitert – wie es ihm nach der Polnischen Teilung, dem Baierischen Erbfolgekrieg und der Eroberung der Bukowina überhaupt nicht mehr beschieden sein sollte, die europäische Landkarte zu seinen Gunsten zu verändern.

Nahezu alle Mitglieder des Hauses Habsburg, die im Lauf der Jahrhunderte die deutsche Königs- oder Kaiserkrone errangen, hatten den Traum gehegt, das Reich zu ihrem Erbbesitz machen zu können. Keinem war es gelungen. Das Reich hatte die Nachfolger Rudolfs I. vielmehr aus seinen Kernlanden hinausgedrängt und sie veranlaßt, sich in einer östlichen Mark einzuigeln, um von dort aus jenes buntscheckige

Gemeinwesen zusammenzubringen, über das Josef nun herrschte. Österreich-Ungarn gehörte zwar auf dem Papier noch zur deutschen Fürstenrepublik, wurde aber längst schon, etwa in Köln oder Würzburg, als Ausland empfunden. Eine gängige Bezeichnung für das Habsburgerreich lautete »Herausgebau«, womit wohl angedeutet werden sollte, daß es über die Mauern des gemeinsamen Hauses hinaus- und in fremdes Land hineinragte. Freilich wurde derselbe Ausdruck auch auf Preußen angewandt. Den Herrschern beider Staaten behagte er überhaupt nicht.

Weder Preußen noch Österreich konnten es sich leisten, vom Altreich völlig abgestoßen zu werden, weshalb sowohl die Kurfürsten und Könige in Berlin wie auch die Kaiser in Wien sich immer bemüht hatten, auch zwischen Elbe und Inn einerseits, dem Rhein andererseits präsent zu bleiben. Preußen bewarb sich um Jülich-Berg und nahm Teile von Ostfriesland in Besitz, Habsburg hielt hartnäckig die Reste seines alten Hausbesitzes im Breisgau fest. Kopflastig nach Osten hin waren trotzdem beide geblieben, Österreich noch weit mehr als Preußen. Das hatte auch Prinz Eugen schon so gesehen und Karl VI. deshalb empfohlen, Maria Theresia mit dem wittelsbachischen Erbprinzen zu verheiraten. Die Habsburgermonarchie, darauf zielte sein Vorschlag ab, sollte ihr Potential an deutschem Land und deutschen Staatsbürgern vergrößern, sie sollte im Altreich besser verankert werden. Josef II. dachte in dieser Hinsicht genauso wie der Savoyer; er hatte Baiern ja ebenfalls schon gewinnen wollen. Anders als Friedrich, der sein Manöver damals durchkreuzte, verfügte der Habsburg indes noch über eine weitere Möglichkeit, seine Position in Deutschland zu festigen: Er trug die Kaiserkrone. Sollte sich mit diesem Pfund nicht wuchern lassen? Kaum, daß er in Frankfurt gekrönt worden war, hatte Josef genau dies zu tun versucht. Der junge Goethe, als Augenzeuge dabei, schien freilich damals bereits andeuten zu wollen, daß es ihm wohl nicht gelingen würde.

»Die Krone, welche man sehr hatte füttern müssen«, berichtet er, »stand wie ein übergreifendes Dach vom Kopf ab ... Zepter und Reichsapfel setzten in Verwunderung, aber man konnte nicht leugnen, daß man lieber eine mächtige, dem Anzug gewachsene Gestalt, um der günstigeren Wirkung willen, damit bekleidet und ausgeschmückt gesehen hätte.«

Auch dem aus verschiedenartigsten Rechtselementen zusammengestückelten Verfassungsgewand, in welches das »Heilige Römische Reich Deutscher Nation« sich hüllte, war der Habsburg keineswegs gewachsen; man kann ihm nicht einmal einen Vorwurf daraus machen. Eintausendsiebenhundertneunundachtzig Souveräne, vom preußischen König bis zum Reichsritter von Berlichingen, pochten auf ihre durch den Westfälischen Friedensvertrag garantierte Unabhängigkeit. Das konstitutionelle Oberhaupt dieser mehr als lockeren Föderation besaß so gut wie kein Mittel, sich gegen deren einzelne Glieder durchzusetzen. Unzählige, im Lauf der Jahrhunderte abgegebene »Wahlkapitulationen« beschränkten seine Rechte auf ein bares Minimum. Der Kaiser besaß zwar ein Veto im Reichstag, er durfte Reichsgesetze unterschreiben, aber keineswegs erlassen, vertrat das Reich zwar nach außen hin, doch schon einen Krieg hätte er nicht mehr erklären dürfen. Seine jährlichen Bezüge spiegeln ebenfalls den Status wider, den das Reich ihm zubilligte: Sie beliefen sich auf die lächerliche Summe von knapp 14 000 Gulden; dergleichen Beträge hatte Josefs Vater oft an einem einzigen Abend beim Glücksspiel verloren. Überhaupt waren Steuern aus dem deutschen Staat so gut wie nicht herauszuholen. Die dafür zuständige »Prinzipalkommission« in Regensburg vermerkte in ihren Rechnungsbüchern hinter dem Namen der Schuldner mit schöner Regelmäßigkeit: »Hat nichts, kann also nichts bezahlen«, prägte auch das klassische Wort: »Wo nichts ist, hat der Kaiser das Recht verloren.« Natürlich wurde immer wieder einmal versucht, dergleichen Zustände zu bereinigen und etwa das Reichskammergericht in Wetzlar, neben Kaiser und Reichstag drittes Symbol der deutschen Gesamtstaatlichkeit, gründlich zu »visitieren«. Aber als Goethe 1772 seinen Referendardienst antrat, waren dort über sechzehntausend noch unerledigte Prozesse und fünfzigtausend Revisionen anhängig. Sie sollten von siebzehn Assessoren bewältigt werden.

Josef immerhin machte einen energischen Anlauf, zumindest mit diesem Mißstand aufzuräumen. Er rief dazu eine Kommission ins Leben und erreichte es schließlich, daß die Zahl der Assessoren auf fünfundzwanzig erhöht wurde. Mehr allerdings erreichte er nicht. Die Kommission lief nach einiger Zeit auseinander, ohne auch nur einen Abschlußbericht vorgelegt zu haben.

Von allen Seiten wurde der Kaiser aufgefordert, das Reich zu reformieren, aber sobald er damit Ernst machen wollte, warf man ihm nichts als Prügel in den Weg – man könnte es eine Ironie der Geschichte nennen. Josefs Vorfahren, vor allem Maximilian I., hatten, als es ihnen nicht gelungen war, sich das Reich zu unterwerfen, nach Kräften versucht, jede Art von Reichsreform abzuwürgen. Nun trat ein weiterer Habsburg auf und wollte das Reich stärken, um sich darauf stützen zu können, aber nun mußte er feststellen, daß die Ahnen mit ihren Bemühungen erfolgreich gewesen waren; das zerrüttete Gemeinwesen konnte nicht mehr saniert werden. Kaum weniger ironisch mutet im Rückblick eine andere Geschichte an.

Der Burggraf Friedrich III. von Nürnberg hatte anno 1273 Rudolf I. zur Königskrone verholfen und einige Jahre später für ihn jene Schlacht auf dem Marchfeld gewonnen, die Habsburg das Land Österreich einbrachte. Ein Hohenzoller war es also gewesen, der den Aufstieg des nachmaligen Erzhauses mit in die Wege leitete. Und nun? Nun versuchte ein anderer Hohenzoller, dem Nachfahren Rudolfs wieder wegzunehmen, was sein Vorfahr jenem einst zugeschanzt hatte: Friedrich der Große. An ihm vor allem scheiterte jede Bemühung Josefs, das Reich zu reformieren und seine Stellung als Reichsoberhaupt zu festigen. Von Potsdam aus wurden die meisten der Prügel geworfen, über die er stolpern mußte. Schon frühzeitig hat der Habsburg denn resigniert und – wiederum nicht anders als seine Ahnen – versucht, statt der Reichsmacht die eigene Hausmacht zu stärken. Man könnte es sogar eine erbauliche Fabel nennen: Was die Väter gesät haben, müssen die Söhne ernten. Fast verzweifelt kämpfte Josef gegen dieses Schicksal an.

Erst hatte er nach Baiern greifen wollen und war abgeschlagen worden. Dann hatte er die Lage noch einmal überdacht und seinen Erzrivalen über den russischen Flügel bedrängt. Weil er aber dabei wenigstens einigermaßen erfolgreich gewesen war, nahm er nun seinen früheren Plan noch einmal auf. Karl Theodor in München schien immer noch leicht zu gewinnen sein, man mußte ihm nur richtig kommen. Josef kam mit einem alten Traum aus den Tagen Max Emanuels.

Burgund beschwor er vor dem Pfälzer herauf, seine üppigen flandrischen Städte, seine Wasserschlösser, Glockenspiele, Belfriede und Beguinenhöfe, die prächtigen Renaissance-Fassaden und die lebensprallen Bauerndörfer. Es war schon deswegen ein geradezu niederträchtiges Unternehmen, weil Karl Theodor die Österreichischen Niederlande sehr gut kannte – er stammte von dort, hatte auch an der Universität von Löwen studiert – und weil er sich sowohl in München als auch in seiner neuen Würde als baierischer Kurfürst nun einmal nicht wohl fühlte.

Wenn zwei pfälzische Fürstenhäuser, die Linie Neuburg und die Linie Simmern, nicht ausgestorben wären, hätte er, der bescheidene Sproß des Hauses Pfalz-Sulzbach, nie in das Mannheimer Schloß und – nach dem Aussterben der Münchner Wittelsbacher – in deren Residenz einziehen können. Jetzt, da er einer der mächtigsten Potentaten des Reiches war, meinte Karl Theodor, manchmal an seiner Würde ersticken zu müssen – liebend gern hätte er sie wieder abgeschüttelt. Das Sirenenlied, das Josef ihm nun vorsang, war deshalb einfach zuviel für sein schwankendes Selbstbewußtsein. Impulsiv erklärte der Pfälzer, für den restlichen Zipfel des ehemaligen Burgund, die Österreichischen Niederlande, wolle er Baiern gerne hingeben; nichts anderes hatte der Kaiser ihm vorgeschlagen. Und selbst später noch, als Josef die Provinzen Limburg und Luxemburg aus dem Angebot herausnahm, weil er sie dem Fürstbischof von Salzburg im Tausch gegen dessen Land anbieten wollte, blieb Karl Theodor bei seiner Zusage. Allerdings, so fügte er jetzt hinzu, müsse der nach ihm erbberechtigte wittelsbachische Agnat Karl von Pfalz-Zweibrücken, der schon einmal verhindert hatte, daß Baiern an Österreich kam, dem Vorhaben zustimmen. Josef war auch darauf vorbereitet gewesen: Am Hof von Zweibrücken warb Graf Rumanzow im Auftrag der russischen Zarin für das Projekt Ländertausch. Der Habsburg glaubte zuversichtlich, seinen eigentlichen Gegenspieler, den alten König in Potsdam, diesmal wirklich von allen Seiten umzingelt zu haben. Konnte Friedrich es sich leisten, Katharina II. zu verärgern?

Nun, der Hohenzoller war zumindest ein besserer Stratege als der Habsburg. Kaum hatte er aus Zweibrücken erfahren, was sich dort tat, als sein gut eingespielter Publikationsapparat auch schon zu arbeiten begann. Brieffreunde wurden zuerst informiert, dann einige ausgewählte Reichsfürsten, und binnen kürzester Frist erreichte die Nachricht jene, die von Josefs Tauschaktion direkt betroffen gewesen wären: Flanderns ohnehin ewig aufsässige »burgher«. Deren Protestgeschrei vereinigte sich fast sofort mit dem der Baiern, und endlich stimmten auch die deutschen Stände darin ein. Konnte man im aufgeklärten Zeitalter ganze Völker verschachern wie Viehherden? Natürlich verbargen sich hinter dem edlen Pathos völlig andere Motive; alle Welt fürchtete in Wirklichkeit eine Stärkung der habsburgischen Macht. Karl Theodor und Josef standen plötzlich wie zwei ertappte Diebe da. Sie konnten nichts Besseres tun, als ihr Vorhaben so schnell und so unauffällig wie möglich wieder zu beerdigen. Auch Katharina wollte sich für ihren kaiserlichen Freund auf einmal nicht mehr über Gebühr exponieren, für Friedrich ein grandioser Erfolg. Dennoch beschloß der Preuße, das Eisen noch ein bißchen länger zu schmieden. Eine günstigere Gelegenheit, dem Habsburg das Reich zu entfremden, würde sich so bald nicht wieder bieten.

Auf seine Initiative hin setzten sich im Sommer 1785 zwei preußische Minister sowie Vertreter des Königs von England zusammen, um einen Vorschlag zu prüfen, den Goethes Brotherr, der Herzog Karl August von Sachsen-Weimar, zwei Jahre früher gemacht hatte. Seiner Meinung nach sollte das »mit besonderer Sorgfalt und Mühe seit Jahrhunderten errichtete, und mit so mannigfaltigen, großen Aufopferungen von Gut und Blut bisher erhaltene teutsche Reichs-System ... in seinem ungekränkten Wesen beständig aufrechterhalten, und auf eine constitutionsmäßige Weise gehandhabt werden.« Als Instrument dafür schlug er eine gegen Habsburgs Expansionsbestrebungen gerichtete Fürstenkoalition vor. Friedrich dem Großen paßte der weimarische Vorschlag genau ins Konzept, einigen anderen offensichtlich auch. Als die von ihm zusammengerufenen Herren wieder auseinandergingen, lag so etwas wie die Verfassung eines derartigen Zusammenschlusses auf dem Tisch. Sie begann mit dem feierlichen Satz »Im Nahmen der Allerheiligsten Dreieinigkeit!« und berief sich auf alle Hauptdokumente der deutschen Verfassung – von der »Goldenen Bulle« Kaiser Karls IV. aus dem Jahr 1356 bis zum »Westphälischen Friedens-Schluß« oder der »neuesten Kais. Wahl-Capitulation«. Ferner legte sie in zehn Artikeln fest, was hinsichtlich der Reichsgerichte, Reichskreise und anderer wichtiger Institutionen fürderhin zu gelten habe. Im Grunde war es kein Koalitionspapier, sondern fast schon der Entwurf eines von Habsburg unabhängigen neuen Reiches. Die Unterzeichneten, Seine »Churfürstl. Durchl. zu Sachsen«, Seine »Königl. Maj. von Preußen als Churfürst von Brandenburg« und Seine »Königl. Maj. von Großbritannien als Churfürst von Braunschweig-Lüneburg«, bekannten sich vor aller Welt als Mitglieder eines »Deutschen Fürstenbundes«.

Und nicht einmal dabei sollte es bleiben. Andere wichtige Potentaten traten bis 1787 ebenfalls der Vereinigung bei – so die Herzöge Sachsen-

Gotha, Mecklenburg, natürlich auch der Zweibrückener Wittelsbach, die Markgrafen von Ansbach-Bayreuth und Baden, so der Fürstbischof von Osnabrück, der Kurfürst-Erzbischof von Mainz und der protestantische Bischof von Osnabrück. Die Front des Fürstenbundes war eindeutig gegen Habsburg gerichtet. Selbst bewaffnete Intervention drohte er an, wenn eines der Mitglieder ernsthaft belästigt werden sollte. Friedrich dem Großen war gegen Ende seines Lebens – er starb 1786 – noch ein glänzender Coup gelungen; es mag ihn sogar amüsiert haben. Ausgerechnet sein Name stand auf einem Dokument, das mit der Anrufung der »Allerheiligsten Dreieinigkeit« eröffnet wurde!

Josef aber meinte nun, sich des letzten Mittels bedienen zu müssen, mit dem er seinen Besitz noch vergrößern konnte. Er hatte eine prächtige, gutausgerüstete Armee von knapp zweihundertachtzigtausend Mann, hatte eine starke Verbündete und einen Feind, den man ohne große Begründung jederzeit angreifen durfte: die Türken.

Am 1. Mai 1787 legen in Kiew sieben große, rotgoldene Flußschiffe vom Kai ab und schieben sich zwischen die letzten Eisschollen, die noch auf dem Dnjepr treiben. An Bord des ersten Fahrzeuges befindet sich Katharina II. nebst ihrem derzeitigen Liebhaber, Alexander Dimitrij Momonow. Auf dem nächsten reisen die österreichischen Diplomaten Johann Ludwig Graf Cobenzl und Charles Josef de Ligne, Fürst von Arenberg, beide aus den Niederlanden stammend. Das letzte Schiff trägt den Namen »Wanze« und beherbergt Grigorij Alexandrowitsch Potjomkin, Katharinas heimlichen Ehemann. Vierzehn Tage später legt die prunkhafte Flottille bei Cherson nahe der Mündung des Flusses an, um dort den unauffällig gekleideten Grafen von Falkenstein aufzunehmen. Die Kaiserin begrüßt ihn – natürlich ist es Josef II. – mit überschäumender Herzlichkeit; sie will dem Habsburg zeigen, was Potjomkin in den ehemals türkischen Gebieten Südrußlands und auf der Krim binnen weniger Jahre zustande gebracht hat. Nicht weniger als fünf große Städte hat er aus dem Boden gestampft, dazu riesige Fabriken und unzählige blühende Dörfer, besiedelt mit Menschen aus allen Provinzen des Russischen Reiches.

Von diesen Gründungen bekommt Josef jedoch nur zwei Städte zu sehen, Cherson und Sewastopol. Jekaterinoslaw, das heutige Dnjepropetrowsk, Nikolajew am Bug und Odessa nahe der Mündung des Dnjestr werden auf der sogenannten »Taurischen Reise« (Tauris war der griechische Name für Südrußland) nicht berührt. Dafür zeigt Katharina ihm um so ausführlicher, was es im fabelumwölkten Reich des türkischen Sultans alles zu gewinnen gibt. Bakhtschissaray, die Residenz der Tataren-Khane auf der Krim, mit ihren brunnendurchrauschten Marmorhöfen, fayenceverkleideten Hallen, Zypressen, Minaretten, Moscheenkuppeln muß bei jedem Westeuropäer die Vorstellung wachrufen, er sei in ein Märchen aus Tausendundeiner Nacht geraten. Barfüßige Diener schreiten lautlos über leuchtendbunte Teppiche, Rosenblätter schwimmen auf dem Wasser der Handschalen, und in der Dunkelheit singen die Nachtigallen. Bis 1783 war die Krim türkisch gewesen, dann hatte Potjomkin sie dem Sultan entrissen und zur russischen Provinz gemacht. Nun bewachen exotisch aufgeputzte tatarische Soldaten, Nachkommen der Krieger Dschingis-Khans, den Schlaf der Kaiserin und ihrer Gäste. Ist Josef wenigstens gebührend beeindruckt?

Der Habsburg zeigt bei dieser Reise, daß auch ein engherziger, kleinlicher Zyniker in ihm steckt. Mit gekreuzten Armen steht er abseits des bunten Treibens und gibt mit schmalen Lippen Kommentare. Über Katharina sagt er: »Ihre Eitelkeit ist ihr Götze; um Rußland kümmert sie sich ebensowenig wie ich.« Und über Potjomkins gewaltige Aufbauarbeit im eroberten Südrußland bemerkt er achselzuckend: »Alles scheint leicht, wenn man mit Geld und Menschen verschwenderisch umgeht. Wir in Deutschland können uns das nicht erlauben, aber hier befiehlt der Herrscher, und die Sklavenhorden gehorchen.« Später behauptet Josef auch noch, daß »innerhalb dreier Jahre in diesen neuen Provinzen fünfzigtausend Personen durch Schwerarbeit und Sumpfgase umgekommen sind«. Es ist der Keim der Legende von den »Potjomkinschen Dörfern«. Ein sächsischer Publizist sollte aus den fallengelassenen Worten des Habsburgs und anderen Gerüchten später jenes Lügengespinst zusammenschustern, das sich bis heute gehalten hat. Es unterstellte Katharinas Ehemann, er habe ihr auf der Taurischen Reise nur Attrappen aus Holz und Gips gezeigt, in Wirklichkeit aber kein einziges Dorf, geschweige denn fünf große Städte geschaffen. Wie man mittlerweile weiß, ist daran so gut wie kein Wort wahr.

Nikolajew galt bereits fünf Jahre nach seiner Gründung als Rußlands modernste Stadt. Dnjepropetrowsk ist heute eines der wichtigsten russischen Industriezentren, Cherson ein Handels- und Kriegshafen, Sewastopol die Heimatbasis der im Mittelmeer operierenden sowjetischen Marineeskadren, Odessa unter anderem ein Mekka für ukrainische Literaten, Musiker und Theaterleute.

Zur Zeit der Taurischen Reise träumte Potjomkin noch davon, am Schwarzen Meer ein eigenes Reich für sich selbst zu schaffen und darin als russischer Vasallenkönig zu herrschen. Für dieses Vorhaben wollte Katharina auch Josef einspannen. Österreich und Rußland, so meinte sie, müßten doch gemeinsam in der Lage sein, das als morsch geltende Osmanische Imperium zu zerschlagen. Der Habsburg gab ihr keine bindende Zusage.

Als jedoch im August 1787 der Sultan Katharina den Krieg erklärte, ließ Josef seine Armee ebenfalls mobilisieren und übernahm sogar selbst das Oberkommando. Leider erwies sich jedoch auch an ihm die Richtigkeit jenes alten Verdachtes, das Erzhaus vermöge keine guten Feldherren hervorzubringen. Die hochgerüstete österreichische Armee operierte, als ob es im Krieg darum gehe, sich an das Exerzierreglement zu halten. Statt, wie einst Prinz Eugen, den Gegner zur Zersplitterung der Kräfte zu zwingen und ihm dann mit geballten Vorstößen zuzusetzen, ließ Josef seine eigenen Streitkräfte so weit auseinanderziehen, daß sie schließlich eine Front decken mußten, welche von der Adria bis an den Dnjestr reichte. Die Türken hingegen drangen von Sofia aus nach Südungarn vor, zwangen Habsburgs Truppen zum Rückzug und hätten den Kaiser einmal fast gefangengenommen. Dann brach im österreichischen Lager auch noch eine Seuche aus. Josef selbst begann, Blut zu spucken. Seine Ärzte diagnostizierten »Lungenschwindsucht«. Völlig geschwächt kam er am 5. Dezember 1788 in Wien an, wo sein erster Weg in die Kapelle der Hofburg führte. »Vor dem hier gegenwärtigen Gotte« beteuerte der Kranke, alles, was er in seiner neunjährigen Regierungszeit unternommen habe, sei nur in der Absicht geschehen, »das Wohl meiner Untertanen zu befördern«.

Die Szene mutet vertraut an: Erneut bereitete ein Habsburg sich auf den Tod vor, und dazu gehörte auch für den gewiß nicht kirchenfrommen Josef nun einmal die Rechtfertigung vor dem Himmel. Wieder etwas zu Kräften gekommen, zeigte der Kaiser sich dann nachgiebiger und weniger unduldsam als früher. Die katholische Kirche etwa bekam einen Teil ihrer ehemaligen Privilegien zurück, lediglich das »Toleranzpatent«, das den Protestanten Gleichberechtigung gewährte, widerrief Josef nicht. Und von der türkischen Front trafen auf einmal Erfolgsmeldungen ein.

Gideon von Laudon – seither von österreichischen Soldaten mit dem Fluchwort »Fixlaudon« geehrt – überschritt die Save und eroberte Belgrad zum dritten Mal; ein russisch-habsburgisches Heer schlug die Osmanen am Sereth, einem Nebenfluß der unteren Donau; dem Feldmarschalleutnant Josias von Koburg gelang es, die Fürstentümer Moldau und Walachei samt Bukarest zu besetzen. Der Kaiser in Wien hätte sich eigentlich sagen können, daß er nun doch als ein Mehrer seines Reiches in die Geschichte eingehen werde. Indessen dürfte er andere Sorgen gehabt haben. Preußens leitender Minister, Ewald von Hertzberg, versuchte, auf den Spuren Friedrichs II. wandelnd, Josef die Beute aus der Polnischen Teilung wieder abzunehmen, bemühte sich mit großem Erfolg, die Ungarn gegen Habsburg aufzuwiegeln, und schloß mit Sultan Selim III. ein gegen Wien gerichtetes Schutz- und Trutzbündnis ab. Schon hatte es den Anschein, als werde Preußen Österreich den Krieg erklären, solange dessen Truppen noch an der unteren Donau stünden, da geschah etwas, das alle europäischen Kabinette aufhorchen ließ und viele ihrer Pläne entwertete: Am 14. Juli 1789 stürmte eine aufgebrachte Menge die Pariser Bastille. In ganz Frankreich brachen daraufhin Bauernaufstände aus, und ein großer Teil des Adels begann, in aller Hast das Land zu verlassen.

Josef aber fand nicht einmal die Zeit, sich ernsthaft um seine Schwester Marie Antoinette zu sorgen, denn wenig später brach auch in einem seiner eigenen Länder die Revolution aus: Belgien erklärte sich zum unabhängigen Staat. Es war ein Schlag, der den Habsburg härter traf als die meisten seiner früheren Mißerfolge. Zu Charles Josef de Ligne, dem Sproß einer der ältesten und reichsten Familien Flanderns, sagte er: »Ihr Land hat mich umgebracht; die Räumung Brüssels ist mein Tod.« Josefs Lungenleiden hatte sich zu dieser Zeit wieder verschlimmert, er wußte, daß er wirklich nicht mehr lange leben würde. Auf seinem Grab, verfügte er, solle die Inschrift stehen: »Hier liegt ein Fürst, dessen Absichten rein waren, der aber das Unglück hatte, daß alle seine Pläne gescheitert sind.« Alle?

Josef II. machte sich mit dieser Formel wohl doch etwas kleiner, als er in Wirklichkeit war. Zwar kam auf die Nachricht hin, er sei am 20. Februar 1790 gestorben, in den habsburgischen Landen kein Gefühl tiefer Trauer auf, doch später erwies es sich, daß er, wie sein Widersacher aus Preußen, zu den wenigen Monarchen der Neuzeit gehörte, um die sich noch Legenden ranken. Rückblickend bezeichnete man ihn als »den barmherzigen Samariter auf dem Thron« und kolportierte eine Reihe von Aussprüchen, welche er getan haben mag (oder auch nicht).

Als Josef 1776 den Wiener Prater, bis dahin ein Tierpark des Hofes, für das Publikum freigegeben hatte und von einer Adelsdelegation bedrängt worden war, diese Entscheidung rückgängig zu machen, weil man sich ja nur unter Personen seines eigenen Standes wohl fühlen könne, soll er erwidert haben: »Wenn ich immer unter meinesgleichen sein wollte, müßte ich in die kaiserliche Gruft steigen und darin meine Tage verbringen.« Es klingt immerhin sehr habsburgisch.

Ein anderes Mal, erzählte man sich, sei er von einem Jungen, der ihn nicht erkannte, um einen Gulden gebeten worden. Gefragt, wofür er das Geld brauche, habe der Junge erzählt, seine Mutter liege todkrank im Bett, er wolle einen Arzt für sie besorgen. Der Kaiser sei daraufhin selbst zu der Frau gegangen, habe ihr etwas Geschriebenes in die Hand gedrückt und erklärt, dies sei ein Rezept. Als der Junge später mit dem Arzt kam, ließ dieser sich die vermeintliche Verschreibung zeigen, las sie und sagte: »Solche Rezepte kann nur ein Mann in Wien ausstellen, der Kaiser. Er läßt Ihnen fünfzig Gulden aus seiner Kasse anweisen.«

Vielleicht wäre Josef lieber als Held und großer Staatsreformer in die Geschichte eingegangen, aber es sollte nun einmal so sein, daß man ihn statt dessen vor allem an seinem Wahlspruch maß: »Virtute et exemplo« (Mit Tugend und Beispiel).

Den Staat, den er von Grund auf hatte erneuern wollen, ließ Josef in eher zerrüttetem Zustand zurück. Sein Nachfolger, der aus der Toskana zurückgerufene Großherzog Leopold, hatte alle Hände voll zu tun, die einschneidendsten Maßnahmen des Bruders zurückzunehmen und die – wegen dessen Germanisierungspolitik – aufgebrachten Ungarn und Tschechen zu besänftigen. Er gab auch alle den Türken entrissenen Gebiete, einschließlich Belgrads, wieder heraus und einigte sich, über Kaunitz' Kopf hinweg, mit Preußen. Die »Reichenbacher Konvention« von 1790 verhinderte nicht nur den drohenden Krieg, sie beendete sogar – für kurze Zeit – die Feindseligkeit zwischen beiden Staaten. Schließlich holte Josefs Nachfolger in einem unblutigen Feldzug auch Belgien noch einmal zurück.

Der zweite habsburgische Kaiser, der den Namen Leopold trug, war – im Gegensatz zu seinem älteren Bruder – ein durchaus erfolgreicher Reformer. Sein italienisches Fürstentum hatte er mit behutsamen

Schritten zu einem von ganz Europa beneideten Musterland gemacht. In Österreich-Ungarn konnte Leopold nur deshalb nicht ähnlich tätig werden, weil er seine Aufmerksamkeit immer mehr auf die Vorgänge in Frankreich konzentrieren mußte. Was dort vonstatten ging, faszinierte ihn freilich mehr, als es ihn erschreckt hätte. Auch er war für die Abschaffung der »fürstlichen Despotie«, auch er strebte insgeheim eine konstitutionelle Monarchie an. Den Tod seiner Schwester Marie Antoinette sollte Leopold nicht mehr erleben. Er starb, ein halbes Jahr bevor sie auf die Guillotine geführt wurde.

IX.

Ein schwacher Kaiser, eine stolze Frau

Die »Festa della Sensa« war ein Ereignis, das man miterlebt haben mußte. Venedig ertrank in Brokat, Purpur und Seide. Mannshohe Kandelaber aus schierem Gold wurden durch die Straßen getragen. Die Luft erbebte vom Gesang der Chöre und dem Dröhnen der Glocken. Als das Prunkschiff des Dogen sich vom Kai löste, fiel die Menge aufs Knie, und der Gesang mündete in ein brausendes Tedeum. Umgeben von Schwärmen anderer Schiffe, fuhr der »Bucintoro« auf die Lagune hinaus, um eine uralte Zeremonie zu vollziehen: Venedigs Oberhaupt vermählte sich mit dem Meer. Das geschah seit Hunderten von Jahren an jedem Himmelfahrtstag. Und die Stadt barst von Gästen aus aller Welt.

Am 25. Mai 1775 waren auch vier Habsburgs dabeigewesen: Josef, als Graf Falkenstein von Wien herübergekommen, Leopold aus Florenz, Ferdinand und Maximilian Franz aus Mailand angereist. Maria Theresias Söhne hatten eine der seltenen Möglichkeiten genutzt, fern vom Hof beieinander zu sein. Durch ihre Aufgabe, das Erzhaus zu repräsentieren, waren sie längst auseinandergerissen worden. Der Kaiser übte sie vorerst noch aus, indem er sein eigenes Reich und auch die Nachbarländer erkundete, »Poldl« war Großherzog der Toskana, Ferdinand Karl Anton designierter Statthalter der Lombardei und Maximilian Franz künftiger Hochmeister des Deutschritterordens. Für Maria Theresias jüngstes Kind gehörte der Besuch in Venedig zur Ausbildung – es absolvierte gerade seine »Kavalierstour«.

Worüber die vier sich während der Festa unterhielten, hat niemand überliefert. Es wäre jedoch denkbar, daß sie ganz gut miteinander zurechtkamen. Alle verabscheuten das steife Zeremoniell, dem sie von Jugend an unterworfen gewesen waren, alle waren viel zu gescheit, um nicht zu wissen, daß die Welt, in der sie lebten, gründlich verändert werden müsse, jeder von ihnen besaß, was man mittlerweile »soziales

Bewußtsein« nennt. Sie hatten begriffen oder ahnten wenigstens, daß die eigenen Privilegien auf höchst fragwürdigen Fundamenten ruhten, und erkannten die Ansprüche des Volkes auf besseres Fortkommen und Auskommen an. Ein wenig glichen sie sogar jenen Kindern aus besserem Haus, die nicht übel Lust verspürten, aus ihren Kreisen auszubrechen und sich auf der Straße schmutzig zu machen. Dies erklärt vielleicht auch, warum keiner von ihnen im damals heraufdämmernden Zeitalter der Revolution zum reinen Reaktionär wurde, sondern den Ereignissen mit einer seltsamen Mischung aus Resignation und Faszination begegnete.

In dem Blitz, der sich vierzehn Jahre später über Paris entladen sollte und ganz Europa in ein blendendhelles Licht tauchte, wirkten die alten Adelsbauten, auch jener, der Habsburg beherbergte, vorübergehend wie groteske, vom Zerfall bedrohte Gespensterburgen. Noch deutlicher traten deren bröckelnde Fassaden zutage, als die Revolution sich später in einem einzigen Mann verkörperte. Vor der durchdringenden, mitleidlosen Intelligenz Napoleons vermochte der größte Teil dessen, was in Jahrhunderten gewachsen und gewuchert war, einfach nicht mehr zu bestehen.

Obwohl die vier in Venedig sensibel genug gewesen sein dürften, die sich anbahnende Erschütterung wenigstens in ihren Nervenenden zu spüren, mögen sie die Tage in der Serenissima dennoch genossen haben: die Ausfahrt des großen goldenen Schiffes, den Schall der Posaunen, den Anblick der Bahnen aus purpurnem Stoff, die lässig im Wasser nachschleiften, und anschließend den Reigen der Bälle und Bankette. Auch Venedig war freilich schon nicht mehr ganz von dieser Welt; es glich bereits einem geschminkten Leichnam.

Nach der Festa zerstreuten die Brüder sich wieder; jeder ging an den Ort zurück, von dem er gekommen war. Nur der neunzehnjährige Maximilian Franz reiste nach Süden, um ein anderes Mitglied der Familie zu besuchen.

Maria Karolina, achte überlebende Tochter Maria Theresias, drei Jahre älter als Marie Antoinette, hatte für ihre Mutter einst einen ähnlichen Stellenwert besessen wie die Armeen in Schlesien oder an der türkischen Militärgrenze. Sie sollte die alten Ansprüche des Erzhauses auf Spanien und das spanische Erbe sichern helfen, denen die Kaiserin trotz all ihrer anderen Sorgen nie völlig abschwören wollte. Bereits

Leopold war, um den Traum Karls VI. nicht verblassen zu lassen, mit einer Tochter des in Madrid regierenden Bourbonen Karl III. verheiratet worden. Aus dem gleichen Grund hatte Karolinas ältere Schwester Maria Amalia den bourbonischen Herzog von Parma zum Mann und Erzherzog Ferdinand die Erbin des Herzogtums Modena zur Frau bekommen. Karolina selbst hatte eine Zeitlang gehofft, der kaiserlichen Mutter doch nicht als Figur auf dem Schachbrett dienen zu müssen, denn eigentlich waren zwei ihrer Schwestern dafür bestimmt gewesen, den Anspruch auf das Juwel im spanischen Erbe zu wahren: das ehemalige habsburgische Königreich beider Sizilien. Zunächst hatte Johanna sich für diese Aufgabe vorbereitet, dann, als sie starb, die Nächstältere, Erzherzogin Josefa. Unglücklicherweise überlebte jedoch auch Josefa nicht lange genug, um nach Neapel geschickt zu werden, und so fiel das Los auf Karolina. Über das, was ihr bevorstand, konnte sie sich nicht einmal Illusionen erlauben.

Ferdinando IV. von Neapel-Sizilien war in ganz Europa als »re nasone« bekannt, als König Zwergnase. Er galt als eines der häßlichsten und dekadentesten Geschöpfe, die je einen Thron eingenommen hatten. Der spanische Bourbone, so erzählte man sich, sei kaum des Lesens und Schreibens kundig, lehne jede Art von Körperpflege ab und benehme sich wie ein Gassenjunge. Daß er vom Geschäft des Regierens nichts wissen wollte und von Madrid aus am langen Zügel geführt werden mußte, verstand sich angesichts dessen fast von selbst. Als Maria Karolina ihren Mann – sie war ihm bereits in Wien per procurationem angetraut worden – zum ersten Mal sah, wollte sie denn auch auf der Stelle kehrtmachen und davonlaufen. Mit sanfter Gewalt mußte man sie ihm in die Arme drücken; der Rest war brutale Routine. Als Ferdinando am nächsten Morgen das eheliche Schlafzimmer verließ und von einem britischen Diplomaten gefragt wurde, wie es der Königin gehe, erwiderte er: »Sie schläft wie eine Tote und schwitzt wie ein Schwein.« Neapel hatte gewiß ein heißes Klima, aber die Ehe war vollzogen worden. Sie wurde auch während der nächsten fünfundzwanzig Jahre mit derartiger Regelmäßigkeit konsumiert, daß Maria Karolina fast pausenlos schwanger war und einmal sogar innerhalb von elf Monaten zweimal niederkam. Insgesamt brachte sie in zweiundzwanzig Ehejahren achtzehn Kinder auf die Welt, von denen aber nur sieben überlebten.

Maximilian Franz, der im Herbst 1775 in Neapel ankam, gewann den Eindruck, daß seine Schwester dennoch nicht völlig unglücklich sei. Sie hatte mittlerweile erkannt, wie es um das Königreich beider Sizilien stand, nämlich in jeder Hinsicht schlecht, und bemühte sich mit Zähigkeit und Geschick, das Staatsruder in die Hand zu bekommen. Die Schülerin von Sonnenfels glaubte ohnehin zu wissen, wie ein darniederliegendes Land in die Höhe gebracht und einem darbenden Volk geholfen werden könne. Auch als Außenpolitikerin bewies Maria Karolina kein schlechtes Gespür. Auf Großbritannien setzend, die stärkste Seemacht Europas, versuchte sie, das Land von der spanischen Vormundschaft zu befreien, was unter anderem dazu führte, daß die Habsburgerin in eine der großen Affären des Jahrhunderts hineinverstrickt wurde. Es war jene, die zunächst zwischen der Abenteurerin Emma Lyon und dem englischen Gesandten Sir William Hamilton, später zwischen der nunmehrigen Lady Emma Hamilton und dem einäugigen Seehelden Lord Nelson spielte.

Über alle diese Dinge freilich kann Maximilian Franz nur ansatzweise berichtet haben, als er auf der Rückkehr von Neapel in Florenz Station machte. Immerhin wurde ihm von Leopold bescheinigt, daß er ein ausgezeichnetes Gedächtnis habe und alle Vorgänge gründlich zu erfassen wisse. Josef, der 1784 nach Neapel reiste, fand ebenfalls, sein kleiner Bruder habe die Zustände dort unten zutreffend beschrieben, und meinte, wie er, Maria Karolina sei durchaus in der Lage, damit zurechtzukommen. Dieser Ansicht war er auch noch, als 1789 die Französische Revolution ausbrach. Maria Karolina hingegen deutete das Zeichen vollkommen anders.

Mit noch größerer Energie als früher schon kümmerte sie sich um die Armen in ihrem Reich, rief Sammlungen und Stiftungen aller Art ins Leben und verlangte von Ferdinando, er solle Klöster schließen und Kirchengüter beschlagnahmen, um ihre Aktionen zu finanzieren. Nicht nur klare Illusionslosigkeit war es, was die Habsburgerin dabei beflügelte, sondern auch – Liebe. Anders als Josef bangte Maria Karolina vom Tag des Bastillesturms an um Marie Antoinette in Paris. Und es scheint, daß gerade diese Angst ihren Blick für die kommenden Dinge schärfte. Darin glich sie auch dem jüngsten ihrer vier Brüder.

Maximilian Franz hatte sich während des Baierischen Erbfolgekrieges als schlechter Soldat erwiesen und wurde deshalb von seiner Mutter zu einem geistlichen Amt bestimmt. In zähem Intrigenspiel gegen Preußen gelang es Maria Theresia, ihm die Anwartschaft auf den

Stuhl des Erzbischofs und Kurfürsten von Köln zu verschaffen; als Hochmeister des Deutschritterordens amtierte er damals schon lange. 1784 zog der Habsburg in seine neue Residenz ein, das prunkvolle Barockschloß von Bonn. Ein barocker Herrscher im Stil der Wittelsbacher Josef Clemens und Clemens August allerdings wollte er niemals sein; er hielt es einfach für unzeitgemäß. Statt dessen widmete sich Maximilian Franz der Volksgesundheit, der Volkserziehung, gründete Schulen, rief die erste Bonner Universität ins Leben und errichtete als einziges einigermaßen repräsentatives Gebäude in seinem Ländchen die Godesberger Redoute – Kursaal eines Heilbades.

Was dann in Paris geschah, spornte den ehemaligen Erzherzog vor allem an, seine fürsorgliche Politik noch energischer voranzutreiben. Der harte Windstoß aus dem Westen traf ihn ohnehin früher als seinen in Wien regierenden Bruder Josef. Im ersten Revolutionsjahr suchte die vertriebene Statthalterin der Niederlande, Marie Christine, bei Maximilian Franz Zuflucht und Hilfe. Zwei Jahre später, während der kurzen Regierungszeit Leopolds II., konnte sie zwar vorübergehend nach Schloß Laeken bei Brüssel zurückkehren, aber dafür hing nun das Schicksal Marie Antoinettes am seidenen Faden.

Für das, was in Paris geschah, besaß niemand in Europa einen zureichenden Maßstab, und die, die ihn zu haben glaubten, erlagen einer Täuschung, selbst die klugen habsburgischen Brüder. Josef hatte bis zuletzt gemeint, alles sei vorauszusehen gewesen, es handle sich deshalb um einen zumindest erklärbaren Vorgang. Leopold war überzeugt, den Franzosen käme es nur darauf an, ihrem und allen anderen Souveränen eine verdiente Lehre zu erteilen, weshalb er sich zunächst mit gekreuzten Armen zurücklehnte, um abzuwarten, wie es weiterginge. In dieser Haltung verharrte er auch noch, als Ludwig XVI. samt seiner Familie 1791 bei einem Fluchtversuch abgefangen und unter Arrest gestellt wurde. Den Gedanken, seinem Schwager militärisch zu Hilfe zu kommen, wies er ebenso wie Kaunitz kategorisch zurück.

Etwas nachdenklicher wurde Leopold erst, als Friedrich Wilhelm II. von Preußen bei ihm andeuten ließ, es gebe doch so etwas wie eine fürstliche Solidarität gegenüber dem königlichen Bruder in Paris; man könne ihn nicht einfach im Stich lassen. Da diese Mahnung auch mit dem Vorschlag einherging, die »Reichenbacher Konvention« zu einem preußisch-österreichischen Bündnis auszuweiten, blieb Leopold sogar nichts anderes übrig, als den fettleibigen Neffen Friedrichs des Großen wenigstens anzuhören. In Pillnitz bei Dresden trafen die beiden zusammen und einigten sich über ein paar allgemeine Grundsätze. Sie forderten die Wiedereinsetzung einer königlichen Regierung in Paris, kündigten auch an, notfalls mit Waffengewalt dafür eintreten zu wollen – vorausgesetzt, alle anderen europäischen Mächte seien damit einverstanden. Die Kautel hatte ihren guten Grund: Der Kaiser traute dem König nicht ganz, beide zusammen aber mißtrauten der russischen Zarin. Katharina hielt ihren begehrlichen Blick noch immer auf Polen gerichtet. Der Verdacht, sie wolle die beiden deutschen Mächte im Westen binden, um im Osten freie Hand zu haben, lag schon deshalb nahe, weil sie das Pillnitzer Treffen mit angeregt hatte. Doch das wiederum interessierte die Franzosen nicht. Sie empfanden das österreichisch-preußische Papier als einen Schlag ins Gesicht. So mußte selbst der aufgeklärte Leopold plötzlich erkennen: Die Lage war weitaus komplexer, als er es sich eingestehen wollte.

Leopold hatte für eine Art von sozialer Unruhe gehalten, was in Frankreich um sich griff, hatte damit aber nur die vordergründigen Ursachen der Revolution definiert. Mittlerweile war jenseits des Rheins längst eine Art von denkerischer und emotionaler Kettenreaktion angelaufen, in deren Verlauf hinter jedem erkannten Übel ein anderes, noch ursächlicheres entdeckt und ans Tageslicht gezerrt wurde. Schon war man dabei, bis zu den Fundamenten eines jahrhundertealten Gesellschafts- und Ordnungssystems vorzudringen, und drohte, auch sie zu zerstören. Der König, was war er denn, wenn man die Herkunft seiner Familie genau ins Auge faßte? Ein gewöhnlicher Bürger Capet war er. Der Adel, wie hatte er seine Macht über das Land einst errichten können? Durch Krieg, Raub und Unterdrückung, und zwar seit den Tagen der germanischen Franken. Das Volk selbst aber, mußte es denn den Namen der Invasoren von damals tragen? Im Grunde stammte es doch von den alten Galliern ab. Zurück also auch zu ihnen: Gallia hieß das Land, nicht La France, und seine Nachbarn waren Bataver, Helvetier, Römer, Iberer, alle unterdrückt von fremden Eindringlingen und christlichen Missionaren. Überhaupt die Kirche! Mit ihren Ritualen, Festen, Feiertagen, sogar mit ihrem Kalender hatte sie doch nur versucht, die Adelsherrschaft zu festigen. Weg deshalb auch mit den nach Heiligen benannten Wochentagen, dem Sonntag, der Sieben-Tage-Woche überhaupt. Statt dessen eine klare Zeiteinteilung im

Dezimalsystem, vom Primedi, Duodi, Tridi bis hin zum Décadi, dem zehnten Tag, der dann auch arbeitsfrei sein mochte. Und anstelle derart unverständlicher Bezeichnungen wie Januar, Februar, März sinnvolle Namen wie etwa Brumaire für den Monat, in dem es meistens neblig ist, Pluviose für die regnerische Zeit, Floréal für die Tage, in denen die Blumen blühen, Thermidor für die wärmsten Wochen des Jahres.

Wahrlich einem Ereignis, das Protuberanzen wie diese freisetzte, himmelhoch emporgeschleuderte Glutmassen aus archaischen Vorstellungen, poetischer Energie, intellektueller Gewalt, konnte längst nicht mehr mit Begriffen begegnet werden, wie ein habsburgischer »Ajo« sie lernwilligen jungen Erzherzögen beibringen mochte. Nicht einmal die Schriften über Staatslehre und Philosophie, die alle Söhne Maria Theresias hatten durchackern müssen, boten ausreichendes Rüstzeug für die Konfrontation mit einem Naturereignis gleich der Französischen Revolution. Und die Schmuddelkinder, mit denen der kleine Josef oder auch der junge Leopold vielleicht gerne einmal gespielt hätten, erwiesen sich plötzlich als Blutsäufer wie Marat, als glühende Hasser wie Danton oder als eiskalte, verklemmte, über Leichen schreitende Dogmatiker wie Robespierre. Ihnen war nicht in weißen Seidenhosen und mit Verständnisbereitschaft im Herzen zu begegnen. Sie stammten von einem völlig anderen Gestirn als dem langsam erkaltenden Planeten, auf dem Habsburg zu Hause war. Im weiteren Verlauf der Dinge hätte dies nicht klarer hervortreten können.

Franz hieß der nächste Sproß des Erzhauses, der auf den Thron gelangte. Er wäre gut versehen gewesen, wenn das Schicksal ihm erlaubt hätte, bei seinen Büchern zu bleiben, seiner Porträtsammlung, seinen Herbarien, abends im Kreise der Familie zu sitzen und ab und an ein Hauskonzert zu geben (er selbst spielte sehr gut Violine). Statt dessen sollte es so sein, daß Leopolds Sohn schon mit vierundzwanzig Jahren König und Kaiser werden und, weitaus schlimmer noch, daß er in diesem Amt mehr als ein halbes Jahrhundert lang ausharren mußte. Der Beiname, den man ihm nachreichte, kennzeichnet sein Leben und Wirken beinahe besser denn alle über ihn gefällten kritischen Urteile. Als »der gute Kaiser Franz« ging er in die Überlieferung ein – und lebte doch zu einer Zeit, da mit kaum etwas weniger erreicht werden konnte als mit Gutartigkeit. Im übrigen ist er auch der letzte Habsburg gewesen, der die Krone Karls des Großen trug.

Franz war noch nicht zum Kaiser gewählt, als er schon eine Kriegserklärung in der Hand hielt, ausgestellt vom Mann seiner Tante Marie Antoinette, verfaßt jedoch von Robespierre. Im September 1792 hatte in Frankreich die »l'ère vulgaire« begonnen, die »gewöhnliche Ära«, das Jahr 1 der Republik. Und bei Herbstanfang um Mitternacht trat auch der neue Kalender in Kraft – es hatte den Vorteil, daß er mit dem Vendémiaire, dem Weinmonat, beginnen konnte. Österreich, so schien es, mußte nichts befürchten.

Die Monarchie verfügte über ein Heer von vierhundertfünfzigtausend Mann und über Generale, die ihre Lektion zum Teil noch im Siebenjährigen Krieg gelernt hatten. Friedrich zu Hohenlohe-Kirchberg hieß einer von ihnen, Veteran mehrerer Feldzüge, von Wunden gezeichnet und sechzig Jahre alt. Zusammen mit dem einstmals schneidigen, mittlerweile aber achtundsechzig gewordenen Husarenführer Dagobert von Wurmser aus Straßburg bezog er am Oberrhein Stellung, während in den Niederlanden ein veritabler Erzherzog als Brigadier stand. Karl, Kaiser Leopolds dritter Sohn, litt zwar an Epilepsie, galt aber als einer der wenigen Habsburgs von militärischem Talent.

Zu den österreichischen Generalen und ihren Heeren stießen sofort bei Kriegsausbruch zweihundertfünfzigtausend Preußen, darunter Friedrich Ludwig zu Hohenlohe-Ingelfingen, der im Siebenjährigen Krieg auch gegen seinen Vetter Kirchberg gefochten hatte. Das Oberkommando über die Truppen beider Mächte übernahm ein anderer friederizianischer Held, der siebenundfünfzigjährige Herzog Karl Wilhelm Ferdinand von Braunschweig. Welche Armee hatte jemals ein größeres Potential an strategischer Erfahrung zu ihrer Verfügung gehabt! Es sollte doch wirklich ein Kinderspiel sein, die zusammengewürfelte Sansculotten-Armee damit vom Feld zu fegen. Der Pariser Konvent hatte nicht mehr als dreihunderttausend Kämpfer auf die Beine gebracht.

Und in der Tat, wo immer die wohlgedrillten deutschen Regimenter mit den Franzosen zusammentrafen, behielten sie die Oberhand – am Anfang wenigstens. Ein Vorstoß der Revolutionsarmee auf Belgien wurde abgeschlagen, die französischen Festungen Longwy und Verdun fielen. Der Braunschweig drang in die Argonnen vor, seine gewaltige Streitmacht marschierte auf den kleinen Ort Valmy zu. Da begann es zu regnen. Es regnete volle acht Wochen lang nahezu ununterbrochen.

Die preußischen und österreichischen Truppen, die sich ohnehin nur sehr langsam bewegt hatten, kamen auf einmal fast gar nicht mehr voran. In den aufgeweichten Kalkböden versank jedes Gespann, das die Straße verließ, bis an die Radnaben. Und es nützte gar nichts, daß der preußische König seine Feldherren geradezu anflehte, sich um die steckengebliebenen Einheiten nicht zu kümmern, sondern – koste es, was es wolle – auf Paris zu marschieren. Der Herzog von Braunschweig wollte kein Risiko eingehen, schließlich hatte er seine Lektionen gelernt.

Als ihm vor Valmy gemeldet wurde, der Ort sei von den Reitern eines gewissen Generals Kellermann besetzt und diesem eile der französische Oberbefehlshaber Dumouriez zu Hilfe, entschied der Braunschweig sich erneut für jene Methode, die das Lehrbuch empfahl. Er ließ abprotzen und eröffnete die wohl berühmteste Kanonade der europäischen Geschichte. Sie war nicht nur so laut, daß der mehr als vierzig Kilometer abseits stehende Hohenlohe-Kirchberg den Lärm noch deutlich vernahm, sie war auch erfolgreich. Drei oder vier französische Pulverwagen flogen in die Luft, Kellermanns Leute begannen, die Nerven zu verlieren. Angreifen! verlangte der König. Mit stoischer Gelassenheit wies Braunschweig das Ansinnen ab. Die Geschütze brüllten weiter, aber mit nur dreihundert Mann Verlusten hatte der Elsässer auf der anderen Seite sich längst zurückgezogen.

Goethe, der neben seinem Herzog Karl August im Regen stand und das Schauspiel beobachtete, erfaßte besser als die Militärs, was vor Valmy geschah. »Von hier und heute«, sagte er zu einer Gruppe preußischer Offiziere, »geht eine neue Epoche der Weltgeschichte aus, und ihr könnt sagen, ihr seid dabei gewesen.«

So war es auch. Am Morgen des 21. September erklärte der Braunschweig seinem König, man müsse sich zurückziehen, die Artilleriemunition sei aufgebraucht, weiterer Nachschub könne nicht herangebracht werden. Nun gingen die Franzosen zum Angriff über. Und im Lager der Verbündeten brachen sofort die alten Gegensätze wieder auf.

Ehe Österreich und Preußen sich zusammengetan hatten, um nach Paris zu spazieren und König Ludwig zu befreien, hatten sie ausführlich darüber verhandelt, auf welche Weise jedes der beiden Länder für das kostspielige Abenteuer entschädigt werden sollte. Berlin hatte erneut Anspruch auf Jülich und Berg erhoben, aber auch angedeutet, daß es seine Beute aus der Ersten Polnischen Teilung gerne »abrunden«

würde. Die Wiener auf der anderen Seite wollten sich dafür am Oberrhein und in den Niederlanden vergrößern. Sie machten auch noch einmal den Vorschlag, Baiern gegen Belgien einzutauschen, und forderten, als die Preußen dies ablehnten, die hohenzollernschen Markgrafschaften Ansbach und Bayreuth. Nach Valmy nahm dieses Gezerre noch schärfere Formen an, zumal es jetzt auch mit gegenseitigen Schuldzuweisungen unterfüttert werden konnte. Wer hatte, als die Kampagne im Regen ersoff, wen im Stich gelassen, Hohenlohe-Kirchberg den Braunschweig oder dieser ihn? Da derlei Streitereien gewöhnlich nie zu einem Ergebnis führen, wandte Preußen sich schließlich einem erfolgversprechenderen Unternehmen zu. Um wenigstens etwas zu haben, einigte Friedrich Wilhelm sich mit Katharina von Rußland über eine Zweite Polnische Teilung. Im Januar 1793 besetzte er die Städte Danzig und Thorn sowie die Provinzen Posen und Kalisch, ein Territorium, das fortan Südpreußen genannt wurde. Die Zarin nahm Litauen, das westukrainische Podolien und Wolhynien. Österreich ging leer aus.

Zu dieser Zeit wehte auf den Türmen von Speyer, Worms und Mainz schon längst die Trikolore, waren Nizza und Savoyen von Revolutionstruppen überflutet und die Österreicher aus dem größten Teil Belgiens vertrieben worden.

Im großen Festsaal von Caserta, dem Prunkschloß der Könige von Neapel und Sizilien, brannten die riesigen Kronleuchter, dirigierte der Hoftanzmeister heitere Menuette, klirrten die Gläser, sangen die Geigen. Achthundert Gäste hatte der österreichische Gesandte geladen. Auch Maria Karolina war anwesend und strahlte Gelassenheit aus. Das Leben in Neapel schien doch noch eine bessere Wendung zu nehmen, als sie während der zurückliegenden Jahre geglaubt hatte.

Marie Therese, ihre älteste Tochter, war seit dem 17. September 1790 mit niemand anderem als Franz II. von Österreich-Ungarn verehelicht, ihrem eigenen Vetter, Ludovika, Karolinas Zweitälteste, seit demselben Tag mit dessen Bruder Ferdinand, dem künftigen Großherzog der Toskana. Und auch der erst dreizehnjährige Thronfolger Francesco hatte Aussicht, in das Erzhaus einzuheiraten; ihm war Klementine versprochen, eine Tochter Leopolds II. Habsburg gab sich seiner Lieblingsbeschäftigung hin, die Verbindung zwischen den eigenen Familienmitgliedern noch enger zu knüpfen. Die Franzosen schienen vorerst keine akute Gefahr zu verkörpern. Ein paar Schiffe mit Sansculotten an Bord waren in der Bucht von Neapel aufgekreuzt – um wieder abzudrehen, ohne einen Schuß abgefeuert zu haben. Aus diesem Grund vor allem feierte man im Schloß von Caserta. Das Fest sollte indessen ein grausiges Ende nehmen.

Die letzten Gäste trafen noch ein, da verstummte die Musik. Ein vor Schreck versteinerter König erklärte mit stockender Stimme, soeben habe er erfahren, daß am 21. Januar 1793 sein Schwager, König Ludwig XVI., auf der Place de la Révolution (heute: de la Concorde) enthauptet worden sei. Jäh begriff Maria Karolina, daß die Zeit des Schreckens doch noch nicht vorüber war, sagte sich vielmehr, daß sie vermutlich jetzt erst beginne. Ihre Schwester saß bereits in der Conciergerie, einem feuchten Loch unter der ehemaligen Residenz der französischen Könige auf der Île de la Cité von Paris. Fast von einem Tag auf den anderen nahm die Habsburgerin den Kampf gegen das dräuende Schicksal wieder auf. Und da sie nun einmal ziemlich realistisch dachte, dürfte ihr die Schwäche der eigenen Position sogar besser bewußt gewesen sein als den Staatsmännern in Wien.

Wer Augen hatte, zu sehen, begriff ja auch wirklich, was derzeit geschah. Aus dem Dunkel waren Männer hervorgetreten, die ihren Zeitgenossen demonstrierten, daß alle Gesetze, an die sie noch glaubten, längst überholt waren. Generale wie der Herzog von Braunschweig, die beiden Fürsten Hohenlohe oder Graf Wurmser hatten gemeint, ihr Wissen um die Regeln der Kriegskunst berechtigte sie quasi, die Schlachten zu gewinnen. Sie hatten studiert, geplant, alle Möglichkeiten durchdacht und die eigenen Armeen den eigenen Erkenntnissen perfekt angepaßt. Der Krieg war ihr erlerntes Metier, der Sieg die Belohnung für redliches Bemühen; er stand ihnen einfach zu. Aber dann kamen obskure Figuren wie Kellermann, wie Dumouriez daher und warfen alle Regeln über den Haufen, hielten sich nicht an die erprobten Stratageme, sondern gehorchten ihren Instinkten, ersetzten Taktik durch Elan und herkömmliches Verhalten durch kühne Improvisation. Daß sie sich damit wenig anders verhielten als seinerzeit Prinz Eugen oder Friedrich der Große, hatten die betreßten älteren Herren in ihren Zopfperücken bereits wieder vergessen. Sie waren Militärs, keine Soldaten, waren deswegen von Anfang an zum Untergang verurteilt.

Das gleiche galt für die Diplomaten. Während in Frankreich die Nation sich brüllend erhob, ein bis dahin unbekanntes, tausendköpfiges Ungeheuer, betrieben sie Politik noch immer wie ein Puzzlespiel: diese Grafschaft für mich, jenes Herzogtum für dich. Die Ansprüche und Vorstellungen Dritter, wie etwa der Polen, wurden dabei achtlos zur Seite gewischt. Doch jetzt – und dies nicht zu sehen war am Beginn der Revolutionszeit ein geradezu tödlicher Fehler – erlangten plötzlich auch geistige Vorstellungen Macht und Gewicht: Lebensrecht, Menschenrecht, Moral. Auf dergleichen Prinzipien konnten die alten Mächte sich nun wirklich nicht berufen, vor allem nicht auf Moral.

Selbst Maria Karolina bekam zu spüren, daß die Welt sich häutete. Die neuen Herren in Paris wandten nicht nur Ideen als weitreichende Waffen an, sondern ebenso die Propaganda. Aus einer damals weitverbreiteten Schrift erfuhr die Habsburgerin, sie sei »eine Messalina«, sei »ohne Scham den verächtlichsten Männern der allgemeinsten Herkunft hingegeben ... eine Furie, eine Megäre, die [Österreich] in seiner Wut auf uns ausgespieen hat«. Sie konnte es nur ignorieren.

In der politischen Praxis hingegen blieb Maria Karolina nichts anderes übrig, als sich an das alte Rezept zu halten, das die europäischen Mächte immer angewandt hatten, wenn französische Machthaber zu einem Rundumschlag ausholten: Man bemühte sich, das Land einzukreisen, was ohne England nicht möglich war. Als Großbritannien 1793 der mittlerweile fast alle Staaten des Erdteils umfassenden antirevolutionären sogenannten »Ersten Koalition« beitrat, konnte die Habsburgerin in Neapel schon lange auf ein gutes Verhältnis zu London zurückblicken. Jetzt tauchte zwischen Capri und Sorrent das Flaggschiff Horatio Nelsons auf. Das Königspaar begrüßte den Admiral, kaum daß er von Bord gegangen war. In der Menge am Kai stand auch Emma, geborene Lyon, damals schon Lady Hamilton. Mit Maria Karolina zusammen sollten der Seeheld und sie später ein wunderliches Trio bilden.

Aber dann trafen aus Paris und Wien die nächsten Meldungen ein, teils schlimme, teils gute. Am 16. Oktober 1793 war Marie Antoinette, genannt »der Schandfleck der Menschheit und ihres Geschlechts, die Witwe Capet«, auf das Schafott geführt worden. In den Monaten zuvor hatte das von den Österreichern zurückgewonnene Belgien ein zweites Mal den Besitzer gewechselt; Holland fiel und wurde zur »Batavischen Republik« erklärt (für England ein Anlaß, seine Kolonien auf Ceylon und in Südafrika zu besetzen); vor Mainz erlebte ein zwölfjähriger Fahnenträger namens Carl von Clausewitz seine Feuertaufe, kurz bevor die französische Besatzung der Stadt kapitulierte; Hohenlohe-Ingelfingen schlug die Franzosen bei Kaiserslautern und vertrieb sie aus der Pfalz.

An allen Fronten herrschte dennoch heilloses Durcheinander – eindeutig war nur, was in Paris geschah. Ein gewisser Lazare Nikolas Carnot erfand die »levée en masse«, die Aushebung aller waffenfähigen Männer einer Nation, und damit etwas, was es bis dahin noch nicht gegeben hatte: das Volksheer. Um Offizier zu werden, mußte man in Frankreich fortan nicht mehr adelig sein oder hohe Gönner haben. »Jeder gemeine Soldat trug den Marschallstab im Tornister.« Und plötzlich gab es Generale in der Revolutionsarmee, die fast alle ihre zeitgenössischen Kollegen in den Schatten stellten: Hoche, Jourdan, Pichegru; ein Michel Ney aus Saarlouis hatte sich auch schon die ersten Streifen verdient. Ende 1794 war das ganze linke Rheinufer in französischer Hand; im Oktober hatte Kurfürst Maximilian Franz von Habsburg-Lothringen seine Bonner Residenz fluchtartig verlassen müssen.

Hohenlohe-Kirchberg schrieb damals in sein Tagebuch: »Alles, was seit Valmy geschehen, ist die Folge von einem einzigen, unverdauten, dummen Projekt, gerade nach Paris zu gehen, um den König und seine Familie zu retten.« Hohenlohe-Ingelfingen, sein Vetter in preußischer Uniform, wurde zur gleichen Zeit mit zwanzigtausend Mann nach Polen abkommandiert. Friedrich Wilhelm II. gab den »Ersten Koalitionskrieg« verloren. Jetzt galt es für ihn, wenigstens die Zweite Polnische Teilung mit militärischen Mitteln zu vollenden und die Dritte vorzubereiten. Vollstreckt wurde sie 1795, auf dem Höhepunkt des Kampfes gegen Frankreich; auch Österreich war diesmal wieder mit von der Partie. Es nahm unter anderem Krakau und verleibte sich rund eine Million neuer Untertanen ein.

Preußen schloß noch im selben Jahr mit Frankreich den »Frieden von Basel«, während der Nachfolger des Staatskanzlers Kaunitz, Johann Amadeus von Thugut, mit den Henkern Marie Antoinettes wenigstens heimlich Verbindung aufnahm. Die Koalition freilich konnte Österreich fürs erste noch nicht verlassen. An der Südgrenze des Habsburgerreiches, in Oberitalien, war ein neuer, bis dahin weitgehend unbekannter französischer Heerführer aufgetaucht und fegte wie ein

Wirbelsturm über das Land. Der Schrecken, der ihm vorauseilte, riß auch Maria Karolina aus ihrer trügerischen Ruhe. Admiral Nelson teilte der Freundin seiner Freundin Emma mit, er müsse Neapel leider verlassen, denn Spanien habe Großbritannien den Krieg erklärt. Der Franzose, der über Mantua auf Rom vorstieß, hieß – Napoleon Bonaparte.

Um Napoleon auf seine wichtigste Eigenschaft zu reduzieren, müßte man banalerweise sagen: Er konnte denken, und zwar völlig voraussetzungsfrei. In den Jahren seines Aufstiegs frappierte er durch die Fähigkeit, jede sich bietende Situation mit illusionsloser Klarheit zu erfassen und auf logisch anmutende Weise mit ihr fertig zu werden. Das galt zunächst im relativ Kleinen, später auch im Großen. Selbst Könige waren für ihn nur Männer, denen der Purpur zustand, solange sie ihn verteidigen konnten. Entsprechend dachte er über staatliche Einrichtungen. Man konnte sie fast jedem Zweck und jeder Vorstellung anpassen, wenn Wille und Macht dazu ausreichten. Daß in Politik und Geschichte organische Gesetze walten, glaubte Napoleon nicht; es ließ sich ja nirgendwo nachweisen. Ganz Europa war offensichtlich ein künstlich zusammengestückeltes Gebilde, geprägt von Willkür, erstarrt in Formen, die jeder Daseinsberechtigung entbehrten. Mit den Methoden, denen es seine gegenwärtige Gestalt verdankte, konnte man es ergo auch auseinandernehmen und neu zusammenfügen. Institutionen wie das Haus Habsburg mochten ehrwürdig anmuten, doch das hatte ebenso für das Haus Bourbon gegolten, bis seine Ehrwürdigkeit sich plötzlich als reine Patina entpuppte. Binnen kürzester Frist war sie abgeplatzt, ohne nennenswerte Spuren zu hinterlassen.

Aus dem Dunst und Rauch der Revolution emporgetaucht, betrat Napoleon die Welt wie ein zweiter Adam – keineswegs nackt allerdings, sondern in Waffen. Die alten Mächte vermochten ihm nichts entgegenzustellen, was ihn aufhalten konnte. Sie hätten es selbst dann nicht vermocht, wenn ihnen Generale zur Verfügung gestanden wären, die den »kleinen Korporal« als Feldherrn übertroffen hätten. Und ein Mann wie der gute Kaiser Franz (oder sein wenigstens militärisch begabter Bruder Karl) sollten dazu in der Lage sein?

Mit dem Auftritt Napoleons in Italien begann für Habsburg eine Zeit der Niederlagen und Demütigungen, wie das Erzhaus sie noch nie in seiner knapp sechshundertjährigen Geschichte erlebt hatte. Ferdi-

Verlor die deutsche Kaiserkrone: Franz II. (I.)

Man nannte ihn »den Gütigen«: Kaiser Ferdinand I.

Österreichs heimlicher Herrscher: Fürst Metternich

Das Goldene Vlies, Zeichen seiner Auserwähltheit: Kaiser Franz Josef I.

Heimatlos im eigenen Reich: Kaiserin Elisabeth

An Habsburg gescheitert: Kronprinz Rudolf

Der ungeliebte Thronfolger: Franz Ferdinand

Verzichtete nie auf ihre Titel: Kaiserin Zita

nand Karl Anton wurde aus der Lombardei vertrieben, um nie mehr dorthin zurückzukehren. Franz sah sich gezwungen, mit dem Korsen in Campoformio bei Udine einen Frieden zu schließen, der ihn Belgien, Mailand, Mantua und den Breisgau kostete, dafür aber Venedig einbrachte. Drei Jahre später, 1799, mußte Maria Karolina von Sizilien aus mit ansehen, wie ihr Besitz auf dem Stiefel zur Parthenopäischen Republik von Frankreichs Gnaden erklärt wurde – Neapel hatte in griechischer Zeit einmal Parthenope geheißen. Und das war erst der Anfang des Schreckens. Auf die denkbar ungeeignetste Weise versuchte ihm Kaiser Franz zu begegnen. Er zog sich hinter seine Akten zurück, obwohl er kein Aktenfuchs war, hoffend, der Himmel werde bürokratische Ordentlichkeit am Ende vielleicht belohnen. Indes, der Himmel war nicht mehr auf Österreichs Seite, auch wenn es gelegentlich noch so auszusehen schien.

Im Mai 1799 erhoben sich neapolitanische Bürger gegen die französischen Besatzer und jagten sie davon. Maria Karolina konnte in die Stadt am Vesuv zurückkehren, wurde dessen aber nicht recht froh. Horatio Nelson, mittlerweile wieder an ihrer Seite, war nach London befohlen worden, um dort zu erklären, wie er es mit seiner Ehre als Gentleman vereinbare, sich in aller Öffentlichkeit an der Seite von Lady Hamilton zu zeigen, als ob sie beide rechtmäßig zusammengehörten. Der Admiral zog es vor, statt dessen Maria Karolina und seine Geliebte nach Wien zu bringen. Von Napoleon drohte momentan keine Gefahr: Er stand von aller Welt völlig abgeschnitten mit einer Expeditionsarmee in Syrien. Nelson selbst hatte die Flotte des Korsen vor dem ägyptischen Hafenstädtchen Abukir vernichtet.

Trotz all der Unruhen war der Besuch in Wien ein fröhliches Ereignis. Sämtliche noch lebenden Kinder und Enkel Maria Theresias hatten sich eingefunden: Marie Christine aus den Niederlanden; Karolinas andere Schwester Maria Elisabeth, genannt die »kropferte Liesl«; Karolinas Tochter Ludovika mit ihrem aus der Toskana vertriebenen Mann; schließlich Maximilian Franz aus Bonn, der ungeheuer dick geworden war und seiner Fettleibigkeit auch wenig später erliegen sollte. Die Königin von Neapel bildete, sehr zum Ärger ihres Schwiegersohnes, den Mittelpunkt des ganzen Zirkels. Sie hatte sich mittlerweile in den Gedanken verrannt, Napoleon sei ein Erzfeind der Menschheit und müsse mit allen Mitteln bekämpft werden. Es nütze nichts, sagte sie, ihm gegenüber nur »Maulaffen feilzuhalten«. Gewiß war es kaum die Sprache, in der ein unsicherer, auf seine Würde bedachter junger Mann wie Kaiser Franz angeredet werden wollte, doch ließ sich nicht bestreiten, daß Karolina die Lage immer noch zutreffender beurteilte als die meisten Wiener Hofräte. Sobald sich eine neue antifranzösische Koalition herauszubilden begann, bestehend aus Rußland, Österreich, Großbritannien, Portugal und sogar dem Osmanischen Reich, machte die Königin ihr Wort: »Ich werde ihn bekämpfen bis zuletzt« auch wahr und trat dem Bündnis auf der Stelle bei.

Im Oktober 1799 kam Napoleon dann völlig überraschend aus Ägypten zurück. Am 11. Brumaire, dem 9. November, stürzte er die in Paris herrschende Direktorialregierung und ernannte sich selbst zum alleinherrschenden Konsul auf zehn Jahre. Der sogenannte »Zweite Koalitionskrieg«, der damals bereits im Gang war, nahm jäh einen völlig anderen Verlauf.

Erzherzog Karl und der russische General Suworow hatten im Frühjahr und Sommer 1799 einige beachtliche Erfolge erzielt. Nun machte Napoleon, kaum auf dem Schlachtfeld erschienen, sie alle zunichte. Bereits sein Sieg über ein österreichisches Aufgebot bei Marengo in der Po-Ebene zwang Habsburgs Diplomaten wieder an den Verhandlungstisch zurück. 1801, im Frieden von Lunéville, mußten sie die Bedingungen des Friedens von Campoformio noch einmal ausdrücklich bestätigen. Das alleingelassene England kämpfte noch ein Jahr lang weiter. Neapel blieb unangetastet – fürs erste.

Drei Jahre lang herrschte daraufhin erneut trügerische Ruhe in Europa. Napoleon versammelte seine Kräfte bei Boulogne, um nach England überzusetzen. Erzherzog Karl, von Franz zum Präsidenten des Hofkriegsrates ernannt, wollte die Atempause nutzen, um Österreichs Armee von Grund auf zu reformieren, aber die Brüder kamen nicht gut miteinander aus. Der Jüngere beanspruchte auch politische Kompetenz. Für den Kaiser kam dies einem Anschlag auf seine eifersüchtig gewahrte Vorrangstellung gleich. Immerhin: Auch eine »Dritte Koalition« gegen Frankreich wurde zustande gebracht. Wieder waren Rußland, Neapel und Großbritannien dabei, diesmal außerdem noch Schweden. Man schrieb 1805.

Zwei Jahre zuvor hatte Franz II. die vielleicht schwerste seiner vielen Niederlagen hinnehmen müssen. Das Heilige Römische Reich Deutscher Nation nahm praktisch Abschied von seinem Oberhaupt.

Im Dezember 1797, unmittelbar nach dem Ende des Ersten Koalitionskrieges, hatte der Habsburg die wichtigsten Vertreter der Reichsstände ins Schloß des Türkenlouis nach Rastatt geladen, um sie in den Frieden von Campoformio mit einzubeziehen. Als Abgesandter Frankreichs nahm auch Napoleon kurze Zeit an diesem Kongreß teil; es kann ihn in seinem Verdacht, diese alte Adelswelt, vor allem Deutschland, sei zum Untergang bestimmt, nur bestärkt haben. Der Konsul bekam ein unwürdiges Schauspiel geboten.

Die kleineren deutschen Staaten wollten dringend erfahren, was aus ihnen werden solle, wenn Frankreich seine Forderung auf das linke Rheinufer durchsetzte. Sie wußten nicht oder noch nicht, daß sowohl Preußen wie auch Österreich der Abtretung insgeheim und unberechtigterweise bereits zugestimmt hatten. Als die Wahrheit dann durchgesickert war, erklärte zwar Wiens Vertreter, Graf Cobenzl, dies sei nur unter dem Vorbehalt geschehen, daß die Reichsintegrität gewahrt bleibe, löste gerade damit aber ein unbeschreibliches Chaos aus. Alle Fürsten, alle Städte, die jenseits des Rheines Besitz hatten, kannten plötzlich nur noch ein Ziel: Sie wollten, Reichsintegrität hin, Reichsintegrität her, für das, was sie zu verlieren drohten, mit Gebieten auf dem anderen Ufer des Stromes entschädigt werden – und sie machten sich an jeden heran, von dem in dieser Sache möglicherweise Unterstützung zu erlangen war. Natürlich nutzten Frankreichs Abgesandte dieses kopflose Durcheinander geradezu genußvoll aus. Mit Versprechungen und Drohungen splitterten sie die Front der Deutschen derart auf, daß Paris am Ende weit mehr einstreichen konnte, als ihm von Preußen in Basel und von Österreich in Campoformio bereits zugesagt worden war.

Da noch während des Kongresses der Zweite Koalitionskrieg ausbrach, glaubte der kaiserliche Prinzipalkommissar Franz Georg von Metternich schließlich, die Lage mit einem Gewaltstreich bereinigen zu können. (Sein Sohn Klemens Wenzel, der spätere österreichische Staatskanzler, war als Vertreter des westfälischen Grafenkollegiums ebenfalls anwesend.) Metternich senior legte gegen alle bereits gefaßten Beschlüsse das kaiserliche Veto ein und wies die Vertreter Frankreichs aus der Stadt. Diese gehorchten seinem Befehl jedoch erst, als am 28. April 1799 – so lange hatten die Verhandlungen gedauert – österreichische Husaren vor der Stadt erschienen. Nur einer der drei französischen Delegationsleiter kam lebend nach Paris zurück.

In anbrechender Dunkelheit, bei strömendem Regen, der die Fakkeln auslöschte, wurden ihre Wagen am Rheinauer Tor von Bewaffneten umringt und die herausgezerrten Diplomaten mit Säbeln niedergeschlagen. Zwei von ihnen starben, der dritte konnte sich in einen Graben retten. Die düstere Affäre, als »Rastatter Gesandtenmord« bekannt geworden, war das unrühmliche Ende einer würdelosen Veranstaltung. Und der Verdacht, Österreichs Staatskanzler habe den Überfall inszeniert, um Papiere in die Hand zu bekommen, die den baierischen Kurfürsten als Agenten Frankreichs entlarven sollten, wurde nie völlig ausgeräumt. Johann Amadeus Thugut jedenfalls mußte noch im selben Jahr den Dienst quittieren.

Das in Rastatt begonnene Gerangel aber war mit dem Ende des Kongresses noch keineswegs abgeschlossen. Eine Reichsdeputation sollte nun festlegen, wie die auf dem linken Rheinufer geschädigten Stände anderweitig entschädigt werden sollten. Es lief von Anfang an auf eine brutale, wenn auch dringend notwendige politische Flurbereinigung in Deutschland hinaus.

Geistliche Fürstentümer wurden säkularisiert, also aufgehoben, kleinere Grafschaften, Stadtstaaten, Rittertümer mediatisiert, ihrer Selbständigkeit beraubt und mächtigeren Landesherren unterstellt. Das ganze Unternehmen war ein Raubzug der Starken gegen die Schwächeren. Preußen brachte er das Fünffache dessen ein, was es verloren hatte, Württemberg das Vier- und Baden gar das Siebenfache. Gleichzeitig kam die Aktion einem Schlag gegen Habsburg gleich, denn sie veränderte auch die konfessionellen Verhältnisse in den Reichsorganen. Sowohl im Fürstenrat als auch im Kurkollegium überwogen von nun an die nichtkatholischen Stimmen, was vor allem dem stärksten protestantischen Staat in Deutschland zugute kommen mußte: Preußen. Georg Friedrich von Waldecks »Großes Dessein« schien sich plötzlich als so etwas wie ein politisches Naturgesetz zu erweisen: in fast organischer Weise nahm es Gestalt an.

Wie reagierte Kaiser Franz auf den sogenannten »Reichsdeputationshauptschluß«, das letzte jemals beschlossene Grundgesetz des alten Reiches? Er protestierte, ließ auch durch den Papst protestieren und legte sich, am 11. August 1804, vorsorglich den Titel eines Kaisers von Österreich zu. Der Habsburg glaubte, so handeln zu sollen, weil das Reich offensichtlich von ihm Abschied nahm – und weil Napoleon sich zwei Monate früher zum erblichen Kaiser der Franzosen hatte ausrufen lassen. Wenn es statt eines Imperators und Augustus auf einmal mehrere gab, mußte man sich wohl an dieser Inflationierung der Begriffe beteiligen, um zu retten, was zu retten war.

Wenig später konnte Franz seinen neuen Amtsbruder dann persönlich begrüßen. Es geschah unter wenig rühmlichen Umständen. Napoleon hatte auch die Streitmacht einer Dritten Koalition beinahe mühelos zerschlagen. Am 2. Dezember 1805 besiegte er das russisch-österreichische Heer in der wohl glanzvollsten Schlacht seines Lebens, jener von Austerlitz, dem tschechischen Slavkov u Brna. Da dem Korsen zwei Kaiser gegenübergestanden hatten, Alexander I. von Rußland und Franz II. von Deutschland, bot es sich an, das Treffen später die »Dreikaiserschlacht« zu nennen. Ihr eigentlicher Verlierer, der Habsburg, traf am 4. Dezember bei dem Dorf Nasiedlowitz auf freiem Feld mit Napoleon zusammen. Man wärmte sich an einem Biwakfeuer und schloß Waffenstillstand. Dann ging Napoleon in sein Quartier zurück, das Schloß Schönbrunn. Er wohnte dort schon seit dem 13. November. Der ausquartierte Franz mußte mit dem Schloß von Preßburg vorliebnehmen. Die ungarischen Magnaten jedoch hatten sich auf ihre Güter zurückgezogen. Kein »Vitam nostram consecramus« mehr für Maria Theresias Enkel.

Der dann noch vor Jahresende in der slowakischen Stadt abgeschlossene Friedensvertrag beraubte den Habsburg seines einzigen Gewinns aus dem Ersten Koalitionskrieg. Er mußte Venedig wieder herausgeben, dazu Tirol, Vorarlberg und andere Landesteile, insgesamt ein Fünftel seines alten Hausbesitzes. Das deutsche Reich wurde ein weiteres Mal umgestaltet, diesmal von dem neuen Herrn Europas.

Napoleons Druck nachgebend, schlossen sich Baiern, Württemberg, Baden sowie dreizehn andere kleinere Landesherren zu einer »besonderen Konföderation unter dem Namen ›Rheinische Bundesstaaten‹« zusammen und bekundeten damit, daß sie sich »auf ewig von dem Territorium des deutschen Reiches getrennt« hätten. Der Münchner und der Stuttgarter Kurfürst nahmen den Königstitel an, der Badener den eines Großherzogs, der Kurfürst von Mainz wurde »Fürst Primas« des neuen Bundes. In jedem kommenden Krieg, das legte die »Rheinbundakte« ausdrücklich fest, würden die Konföderierten an der Seite Frankreichs kämpfen.

Ein paar Wochen später, am 1. August 1806, erläuterten sie dann dem Reichstag die Gründe für ihr Verhalten. Es war ein erstaunlich nüchternes, gleichzeitig aber zutiefst melancholisches Plädoyer. »Die Begebenheiten der drei letzten Kriege«, heißt es darin, »haben die traurige Wahrheit in das hellste Licht gesetzt, dass das Band, welches bisher die verschiedenen Glieder des deutschen Staatskörpers miteinander vereinigen sollte, für diesen Zweck nicht mehr hinreiche, oder vielmehr, dass es in der That schon aufgelöst sei; das Gefühl dieser Wahrheit ist schon seit langer Zeit in dem Herzen jedes Deutschen; und so drükkend auch die Erfahrung der letzten Jahre war, so hat sie doch im Grunde nur die Hinfälligkeit einer in ihrem Ursprung ehrwürdigen, aber durch den, allen menschlichen Anordnungen anklebenden Unbestand fehlerhaft gewordenen Verfassung bestätigt.«

Das in Regensburg abgefaßte Papier ist die Sterbeurkunde des Heiligen Römischen Reiches Deutscher Nation, eines, wie der Franzose Charles Maurice de Talleyrand anmerkte, wahrhaft »uralten Imperiums«. Seit 919 hatte es, nach allgemeiner Überlieferung, bestanden, nun war es, beinahe unauffällig, in sich zusammengesunken; die Welt nahm nur beiläufig davon Notiz.

Kaiser Franz aber, dem praktisch vor die Tür gesetzten verfassungsmäßigen Oberhaupt des Reiches, blieb nichts anderes übrig, als einen bürokratischen »Vorgang« auf bürokratische Weise zu bestätigen und seinerseits die notwendige Konsequenz zu ziehen. Schon am 6. August 1806 ging von Wien ein Schreiben hinaus, das den Satz enthielt: »Wir erklären ... dass Wir das Band, welches Uns bis jetzt an den Staatskörper des deutschen Reiches gebunden hat, als gelöst ansehen, dass Wir das reichsoberhauptliche Amt und Würde durch die Vereinigung der conföderirten rheinischen Stände als erloschen und Uns dadurch von allen übernommenen Pflichten gegen das deutsche Reich losgezahlt betrachten, und die von wegen desselben bis jetzt getragene Kaiserkrone und geführte kaiserl. Regierung, wie hiemit geschieht, niederlegen.« Franz, nunmehr Franz I. von Österreich, war der sechzehnte Habsburg gewesen, der die aus den Zeiten Ottos des Großen und der Staufer stammenden Reichsinsignien getragen hatte. Sein Schreiben mutet fast an, als habe er sie nun mit einem Seufzer der Erleichterung abgelegt.

Maria Karolina, die Tante des zurückgetretenen römisch-deutschen Herrschers, war schon Monate früher abgesetzt worden. Am 1. Februar 1806 hatte Napoleon in sein Amtsblatt »Moniteur« die Mitteilung einrücken lassen: »Das Haus Neapel hat aufgehört zu regieren, seine Existenz ist unvereinbar mit der Ruhe in Europa und mit der Ehre meiner Krone.«

Das war die Sprache der neuen Zeit: knapp, klar, brutal. Aber in ihr spiegelte sich die Wirklichkeit.

Napoleons neuer Staat mutete an, als sei er mit wenigen sicheren Federstrichen entworfen und in römischem Marmor erschaffen worden: ein Kaiser, ein Senat, eine Abstimmungsmaschine, genannt »Corps legislatif«, die Schar der kaiserlichen Prinzen und sechs unabsetzbare Großwürdenträger – das war die Grundstruktur. Bei näherem Hinsehen entpuppte sie sich jedoch als reine Kopie – nicht etwa des alten Rom, sondern des eben untergegangenen Heiligen Römischen Reiches Deutscher Nation. Der Korse hatte sich jenes von ihm geschaffenen Trümmerfeldes auf der anderen Rheinseite bedient, als sei es ein Steinbruch. Natürlich nahm er nur, was ihm gefiel und was seinen eigenen Vorstellungen von kaiserlicher Größe entsprach – als erstes den Namen: »Empire«, wie sein Staat künftig hieß, und »Reich« schienen ja identisch zu sein. Dann griff er die alten Titel auf, die alle mit der Vorsilbe »Erz« begannen und schon den damaligen Emporkömmling Habsburg zur Schöpfung der Bezeichnung »Erzherzog« angeregt hatten. Napoleon setzte einen Erzkanzler ein, den l'archicancelier, einen Erzstaatskanzler, den l'archicancelier d'état, und einen Erzschatzkanzler, den l'architrésorier. Schließlich usurpierte er auch noch die Bezeichnung Kurfürst: Ein Grand electeur wurde beauftragt, die Wahlkörper der Departements einzuberufen.

Napleons sechzehn Marschälle, zu denen längst schon der Böttchersohn Michel Ney aus Saarlouis gehörte, entsprachen den zwölf Paladinen Karls des Großen, und das bei den fränkischen Merowingern so beliebte Schmucktier, die Zikade, nahm er als Biene in sein Wappen auf. Wo war die Zeit geblieben, in der man französische Adelige aufs Schafott geschickt hatte, weil sie Abkömmlinge ebendieser Merowinger seien? Sie lag erst ein paar Jahre zurück. Der März hieß noch immer Germinal, aber Napoleon pflasterte bereits eine Straße, die wieder in die Vergangenheit zurückführte. Und auf geradezu verblüffende Weise wurde dabei zuweilen deutlich, welche Landmarke ihm eigentlich den Weg wies.

Während seiner ersten Jahre auf dem Thron beauftragte der Kaiser einen Juwelier, auch das ehrwürdigste Signum des Erzhauses für seine

Zwecke abzuwandeln, den Orden vom Goldenen Vlies; allerdings sollte der Widder, welcher ihn ziert, zwei Köpfe haben. Es dürfte dann Talleyrand gewesen sein, Napoleons wichtigster Berater in Dingen der Etikette, der das Schmuckstück geschmacklos fand und ihn bewog, keinen Gebrauch davon zu machen. Im übrigen gehörte Talleyrand jedoch zu denjenigen, die des Korsen phantastische Bemühungen unterstützten; zuweilen mag es ihm eine leicht zynisch eingefärbte Genugtuung bereitet haben. Auch Ludwig XIV. war ja schon der Versuchung erlegen, Habsburg zu imitieren und zu übertrumpfen. Nun tat der Neue es ihm nach, denn nichts anderes beflügelte ihn im Grunde als der Wunsch, sich mit dem Erzhaus auf eine Stufe zu stellen. 1809 gab er seinem Verlangen dann auf die denkbar unverblümteste Weise Ausdruck. Der Gegner von gestern erfuhr, Napoleon begehre eine Habsburgerin zur Frau. Es war ein bißchen nach dem Motto gehandelt: Kannst du sie nicht aus der Welt schaffen, verbinde dich mit ihnen. Abgesehen davon entsprach es vollkommen den Vorstellungen des Korsen von Welt und Geschichte: Ein Sieger bediente sich stets aus der über die Walstatt verstreuten Beute. Und am Rande war es sogar eine Reverenz an die Wiener Dynastie – vielleicht sogar die bedeutendste, die man ihr je erwiesen hatte. Europas Herr bekundete, daß Habsburg eigentlich der Inbegriff Europas sei.

Wie sollte das Erzhaus darauf reagieren? So schmeichelhaft Napoleons Forderung im Rückblick erscheinen mag, damals, im Jahr des Geschehens, hätte sie zunächst vor allem unverschämt anmuten müssen. Ein Mann aus der sogenannten »Hefe des Volkes«, Geselle zudem der Henker Marie Antoinettes, besaß die Stirn, das Kostbarste zu fordern, was die alte Welt zu vergeben hatte: eine Erzherzogin! Konnte man da etwas anderes tun, als sich hinter seiner in Jahrhunderten gewachsenen Würde verschanzen und das Ansinnen mit hochgezogenen Augenbrauen zurückweisen? Alexander I. von Rußland hatte sich so oder so ähnlich verhalten, als Napoleon die Hand einer Romanowa gewinnen wollte. Doch freilich: Der Zar saß weit vom Schuß – niemals würde der Korse es wagen, gegen ihn zu marschieren. Wien hingegen hatte er im Jahre 1809 schon zweimal besetzt gehabt.

Noch ein weiterer Blickpunkt wäre zu berücksichtigen gewesen, jener Maria Karolinas. Die abgesetzte neapolitanische Königin glaubte nicht einen Augenblick, Napoleon könne sich lange halten. Sein Empire, davon war sie überzeugt, mußte eines Tages ebenso rasch wieder zusammenbrechen, wie es zustande gekommen war. Wie aber würde man dastehen, wenn dieser Tag eintrat und eine im Schwachmut dahingegebene Habsburgerin sich an seiner Seite befand? Wäre das Erzhaus dann nicht vor aller Welt entblößt und gedemütigt?

Tatsächlich hat man Habsburg kaum je so nackt gesehen wie in den Tagen, da Napoleon sich Kaiser Franz als Schwiegersohn aufdrängte. Militärisch und politisch lag die Monarchie am Boden; wohin man auch blickte, überall wehten die Standarten mit dem französischen Adler. Nirgendwo Verbündete, auf die man noch rechnen konnte, und sämtliche Pfeiler der alten Ordnung zerborsten. Gab es in dieser Situation überhaupt eine andere Möglichkeit, als sich auf die Seite des Siegers zu schlagen, um wenigstens die eigene Existenz zu retten? Auch Preußen hatte ja bereits erlebt, was es hieß, sich dem Korsen noch einmal in den Weg zu stellen.

Im August 1806 hatte der durch den Reichsdeputationshauptschluß seines Ländchens beraubte Hohenlohe-Ingelfingen einem französischen General übers Champagnerglas hinweg gesagt, er hoffe, Napoleon bald »vis-à-vis« zu stehen, »pour le combattre«, um ihn zu bekämpfen. Kurz darauf, im September, war der »Vierte Koalitionskrieg« zwischen Preußen, Sachsen und Rußland einerseits, Frankreich andererseits ausgebrochen. Und am 14. Oktober stand der Hohenlohe mit einem Teil der preußischen Armee bei Jena, wo er binnen weniger Stunden vom Feld gefegt wurde, während zur gleichen Zeit der Herzog von Braunschweig nahe Auerstedt einen Kopfschuß erhielt, der ihm das Augenlicht raubte. Am 28. Oktober ergab sich der Fürst aus Franken mit dem Rest seiner durchaus noch intakten Kräfte bei Prenzlau in Brandenburg. Im Juli 1807 schließlich mußte sein König, Friedrich Wilhelm III., den schmählichen Frieden von Tilsit schließen und ein stark reduziertes Preußen französischen Besatzungsoffizieren unterstellen. (Der österreichische Hohenlohe war damals schon lange tot.)

Dies alles hatten die Berater von Kaiser Franz nun ebenfalls ins Kalkül zu ziehen, als sie über Napoleons Hochzeitsofferte berieten. War es aber wirklich eine so schwere Entscheidung? Schließlich gehörte es von jeher zu den Gepflogenheiten des Hauses Habsburg, die eigenen Töchter als Mittel der Politik einzusetzen, wenn keine anderen Mittel zur Verfügung standen.

Der Mann, der dies, mit gewählteren Worten natürlich, vortrug, hieß Klemens Wenzel Nepomuk Lothar von Metternich-Winneburg-

Beilstein. Sein Blick ruhte dabei auf dem ältesten Kind des guten Kaisers Franz, Maria Ludovica, später Marie Louise genannt. Die achtzehnjährige Erzherzogin war zwar bereits in eine heftige Liebesaffäre mit einem anderen Habsburg verstrickt, aber das hatte für die Staatsmänner nichts zu bedeuten. Metternich neigte kaum zu Sentimentalitäten – und er war damals der kommende Mann in Wien.

Graf Metternich aus Koblenz verdankte seinen bisherigen Aufstieg vor allem auch den Frauen. Als er in Wien eintraf, war der Sohn des damaligen habsburgischen Vertreters beim Reichstag praktisch einer der vielen von den Franzosen aus ihrer Heimat vertriebenen deutschen Adeligen gewesen, die vom Kaiser Entschädigung für ihren verlorenen Besitz erwarteten. Seine Mutter, Maria Beatrix, deren Charme bereits Maria Theresia beeindruckt hatte, verschaffte Klemens Wenzel jedoch sehr rasch Zutritt zu den führenden Salons der österreichischen Hauptstadt. Vor allem verhalf sie ihm zur Ehe mit Eleonore von Kaunitz, der Enkelin des damals noch lebenden und regierenden Staatskanzlers. Es war ein erster wichtiger Schritt auf dem Weg nach oben. Trotzdem ging es zunächst nur langsam voran.

An den Schalthebeln der Macht saß seit 1805 ein anderer Rheinländer: der aus Mainz stammende Johann Philipp von Stadion. Und er verfolgte eine Politik, die jener Art von Taktieren, wie Metternich sie später bevorzugen sollte, nicht im geringsten entsprach. Im Jahr der Napoleonischen Heiratsofferte war Stadion freilich bereits über ebendiese Politik gestürzt.

Auf Reform hatte der Mainzer zu Beginn seiner Amtszeit gesetzt, auf Reorganisation des Heeres, Schaffung von Landwehrkadern, die auch in Österreich eine Art von »levée en masse« ermöglichen sollten, ferner auf Erziehungsförderung und patriotische Propaganda in den habsburgischen wie auch den außerhabsburgischen Landen. Kurzum, er versuchte, aus den in der Vergangenheit gemachten Fehlern zu lernen, bezog bei seinen Überlegungen aber auch die Umstände mit ein, welche die Franzosen so stark machten. Stadions Programm war ungemein nüchtern und ehrlich, denn was konnte man nach einer Niederlage wie der von 1805 anderes tun, als alle Kräfte anspannen, um die Schmach wieder wettzumachen? Auch zwei Brüder des Kaisers standen rückhaltlos auf seiner Seite: die Erzherzöge Karl und Johann.

Der ältere der beiden begann, von Stadion unterstützt, das Heer zu reformieren. Der jüngere, einer der volkstümlichsten Habsburgs, die es jemals geben sollte, widmete sich der Aufgabe, das Volk zu mobilisieren – auch die Tiroler, obwohl sie seit dem Preßburger Frieden baierische Untertanen waren. So gehörte Andreas Hofer, der Gastwirt aus dem Passeiertal, der schon 1796 auf der Alpensüdseite gegen die Franzosen gefochten hatte, zu den Freunden des Erzherzogs. Bei heimlichen Treffen diskutierten sie, wie man in den Bergen einen überlegenen Gegner durch Partisanen-Aktionen erfolgreich bekämpfen könne. Was Johann vor Augen stand, war ein allgemeiner Volksaufstand als flankierende Maßnahme für die von seinem Bruder vorbereiteten größeren Operationen. Ferdinand Karl d'Este schließlich, ein Vetter der beiden, hatte den Auftrag erhalten, Böhmen und Mähren für den Tag zu rüsten, an dem man mit vereinten Kräften losschlagen wollte.

Wie sich dann sehr schnell erwies, war das Quartett, bestehend aus den drei Erzherzögen und Graf Stadion, erfolgreicher, als es ihm eigentlich lieb sein konnte. Der Publizist Friedrich Gentz, der bereits in Preußen gegen die Französische Revolution gepredigt hate, warb jetzt von Wien aus für die Wiederherstellung eines mächtigen Deutschland unter österreichischer Führung; der Tiroler Josef Hormayr beschwor die glorreiche Vergangenheit des Reiches, und ungezählte andere taten es ihm gleich, in Gedichten, Liedern, Theaterstücken, Flugschriften und Zeitschriften. Zusammen entfachten diese Literaten und Propagandisten einen wahren Sturm der nationalen Leidenschaften und des romantischen Aufbegehrens. Träume blühten empor, mächtig, schön und schillernd, von allerlei Reminiszenzen gesprenkelt, aber durchfaucht von wütendem Aufbegehren und verletztem Stolz. Das Volk schien sich wahrhaft um den Thron zu scharen; der gerupfte Doppeladler Habsburgs versuchte noch einmal, die Schwingen zu entfalten.

»Deutsche!« hämmerte Gentz. »Unsere Sache ist die Sache Deutschlands. Mit Österreich war Deutschland glücklich und selbständig. Deutsche! Nehmt die Hilfe an, die wir euch bieten! Wirkt mit zu unserer Rettung!« Und Erzherzog Karl fügte hinzu: »Die Freiheit Europas hat sich unter eure Fahnen geflüchtet; eure Siege werden ihre Fesseln lösen.« Solche Worte schlugen selbst jenseits der habsburgischen Grenzen wie Blitze ein. Unvermeidlich, daß auch Napoleon sie hörte. Sofort eilte er nach Ludwigsburg, um die Württemberger und seine anderen Verbündeten aus dem Rheinbund an ihre beschworene Pflicht zu erinnern.

Karl, der mittlerweile eine halbe Million Soldaten auf die Beine bringen konnte, und Johann, dessen Landsturmverbände ebenfalls Gewehr bei Fuß standen, hätten am liebsten wieder gebremst, als sie von Napoleons Aktivitäten erfuhren, nicht aus Verzagtheit freilich. Es war wirklich alles viel zu schnell gegangen. Im Frühjahr 1809 hätte man noch gut ein paar Monate Vorbereitungszeit brauchen können. Aber da schlug schon Andreas Hofer los. Am 12. April warf er die wittelsbachischen Truppen aus Innsbruck hinaus. Karl mußte jetzt einfach nachsetzen. Er überschritt den Inn und besetzte München, dann zog er seine Streitmacht auseinander, um möglichst ganz Baiern in den Griff zu bekommen. Napoleon hingegen, der ihm mit vierhundertachtzigtausend Mann entgegenrückte, hielt die eigenen Kräfte nicht nur eisern zusammen, er marschierte mit ihnen auch unbeirrt seinem einmal ins Auge gefaßten Ziel entgegen: Schon am 21. Mai stand er bei dem Dorf Aspern auf dem linken Donauufer. Jenseits des Stromes lag Wien.

Doch siehe: Erzherzog Karl verstand zu siegen. Bei Aspern erlitt Napoleon die erste schwere Niederlage seines Lebens. Er verlor fünfzehntausend Mann und mußte in einem Nachen vom Schlachtfeld flüchten. Seine Marschälle fürchteten schon, er wolle sich das Leben nehmen. Der Schwächeanfall ging vorüber. Während Karl nicht recht zu wissen schien, was er tun sollte, sammelte der Kaiser der Franzosen seine Kräfte auf dem Marchfeld, jener Flußniederung, in der Habsburgs Aufstieg vor über einem halben Jahrtausend begonnen hatte. Deutsch-Wagram lag dort; nahe diesem Dorf wäre Napoleon fast ein zweites Mal geschlagen worden. Am 5. Juli scheiterten seine Eliteregimenter bei dem Versuch, die österreichischen Linien zu durchbrechen, am 6. waren sie schon so gut wie umklammert. Da tauchte in letzter Minute die baierische Division Wrede auf und zerschmetterte Karls linken Flügel. Um zwei Uhr mittags gab der Erzherzog die Schlacht verloren. Am 12. Juli unterzeichnete er im böhmischen Znaim, wohin auch der Kaiser geflüchtet war, einen vorläufigen Waffenstillstand. Und wieder nahm Napoleon zu Schönbrunn Quartier.

An seinem Fluchtort bestürmten währenddessen Erzherzog Johann und Graf Stadion einen zutiefst verzagten Franz, sich nicht auf Friedensgespräche einzulassen, sondern mit dem durchaus noch intakten Heer weiterzukämpfen. Ein dritter anwesender Berater schätzte die Lage und die Stimmung des Kaisers realistischer ein: Metternich. Der damalige Botschafter in Paris verwies auf eine Niederlage, die die Briten erlitten, als sie an der holländischen Küste landen wollten, und auf die Haltung des preußischen Königs, der erklärt hatte, er sei bereit, in den Kampf gegen Napoleon einzutreten – wenn Österreich noch so einen Sieg wie den bei Aspern erringe.

Die Nerven des Kaisers hielten diese Anspannung nicht aus. Er ließ Stadion fallen und willigte wenig später in alles ein, was Napoleon als Preis für den Frieden forderte. Westgalizien mußte Österreich hergeben, Teile Ostgaliziens, das eben erst gegen Tirol eingetauschte Salzburg, das Innviertel, Istrien mit Triest und Krain sowie den Villacher Kreis. Außerdem wurde eine hohe Kriegsentschädigung fällig und eine Reduzierung des Heeres auf einhundertfünfzigtausend Mann vereinbart. Österreich war nach dem »Frieden von Schönbrunn« nur noch eine Macht zweiten Ranges. Daran konnte auch der Naumburger Pfarrersohn Friedrich Stapß nichts mehr ändern, der Napoleon in seinem Quartier hatte ermorden wollen. Stapß wurde hingerichtet, Andreas Hofer am 20. Februar 1810 in Mantua erschossen.

Der einzige am Wiener Hof, der von der Niederlage profitierte, war Klemens Wenzel von Metternich. Er hatte im entscheidenden Moment die Zügel ergriffen, um sie volle achtunddreißig Jahre lang nicht mehr aus der Hand zu geben. Seit dem 8. Oktober 1809 saß der Mann der Eleonore von Kaunitz auf dem Stuhl, den auch deren Großvater einst innegehabt hatte: Er war österreichischer Außenminister. Und er betrieb eine ähnliche Politik wie damals der Vertraute Maria Theresias. Annäherung an Frankreich lautete seine Devise; es gab keine andere Möglichkeit mehr.

Metternichs mit rheinischer Eloquenz vorgetragenen Argumenten hatte sich – als gehorsame Tochter des Hauses Habsburg – am Ende auch Marie Louise zu beugen. Schon wenige Monate nach dem Abschluß des Friedens von Schönbrunn wurde sie in Wien mit dem Kaiser der Franzosen verehelicht. Napoleon selbst hatte sich gar nicht erst die Mühe gemacht, den Termin persönlich wahrzunehmen; Erzherzog Karl, sein Gegner von gestern, mußte ihn vor dem Priester vertreten. Wahrscheinlich betrachtete er die Erzherzogin ohnehin als einen Teil seiner Siegesbeute – und bei Licht betrachtet, war sie das auch.

Maria Karolina, längst wieder in Palermo lebend, soll vor Schmerz aufgeschrien haben, als sie erfuhr, der verhaßte Korse habe ihre Großnichte geheiratet. Der damals Achtundfünfzigjährigen ging es sehr schlecht auf der Insel, die nun ihren ganzen Besitz ausmachte. Horatio Nelson war 1805 in der Seeschlacht von Trafalgar gefallen; Emma Hamilton trieb sich mit rasch wechselnden Liebhabern irgendwo in der Welt herum; die Briten hätten ihr Sizilien am liebsten weggenommen. Trotzdem lehnte Maria Karolina es standhaft ab, sich mit Napoleon zu versöhnen – was diesem sogar Respekt abnötigte. »Ich gestehe«, räumte er in einem Brief an sie ein, »daß ich so starken Leidenschaften [wie den Ihren] eine gewisse Hochachtung zollen würde, wenn nicht die einfachsten Überlegungen der Vernunft bewiesen, daß Sie leichtsinnig handeln ... Nur bei einer charaktervollen Persönlichkeit, die so hoch über dem Durchschnitt steht [wie Sie], mache ich mir die Mühe, derart offen zu schreiben.« Es war der Salut für eine stolze Habsburgerin.

X.
Metternichs eiserner Sargdeckel

Auf den Champs-Élysées kampierten Kosaken. Wenn ihnen das Essen aus den umliegenden Gasthäusern nicht schnell genug herausgereicht wurde, riefen sie, ohne vom Pferd zu steigen: »Bistrò, bistrò!«, was »Schnell, schnell!« hieß. Die Pariser nahmen sich ihre Aufforderung zu Herzen. Das erste Bistro wurde kurz nach Napoleons großer Niederlage eröffnet.

Am 1. März 1814 waren der Zar von Rußland, Alexander I., und König Friedrich Wilhelm III. von Preußen an der Spitze ihrer Garden in die französische Hauptstadt eingezogen. Kaiser Franz I. hatte sich von seinem Feldmarschall Karl Philipp von Schwarzenberg vertreten lassen. Napoelon saß zu dieser Zeit im wenige Kilometer entfernten Fontainebleau. Seine Frau Marie Louise und ihr dreijähriger Sohn, der König von Rom, waren bereits nicht mehr bei ihm.

Ein paar trügerische Tage lang hatte der Korse noch Zeit, seine Lage zu überdenken, verzweifelte Pläne zu fassen und sich vielleicht auch die Frage vorzulegen, wo er gestolpert und vom Weg abgekommen war. Eben noch der Herr Europas und in Gedanken schon auf dem Marsch über Rußland hinaus nach Indien, dann binnen knappen zwei Jahren der Sturz in den Abgrund. Wann hatte sein glasklarer Verstand ihn zum ersten Mal im Stich gelassen? Als er das Zarenreich angriff? Oder früher schon, als er glaubte, die Welt nach seinen Vorstellungen umbauen zu können? Der Feldzug in Rußland, soviel stand fest, hatte seinen Untergang heraufbeschworen. Es war eine Katastrophe gewesen, mit der sich kaum eine andere in der Geschichte vergleichen ließ. Vor allem galt dies für den Rückzug aus dem brennenden Moskau und den anschließenden qualvollen Marsch durch Schnee und Kälte.

Ein württembergischer Soldat aus Ellwangen, dessen Einheit zum Korps des auf dem Schlachtfeld zum Fürsten von der Moskwa erhobenen Saarländers Michel Ney gehört hatte, berichtet vom Übergang über die Beresina, die primitiv zusammengenagelte Brücke wäre erst begehbar gewesen, nachdem sie mit Leichen gepflastert gewesen sei. Vorher hätten sich die lose aufgelegten Bohlen immer wieder auseinandergeschoben und Hunderte von Pferden seien über die Lücken gestolpert, ihre Reiter in das eiskalte Wasser schleudernd. Und über den Verlust seines Vorgesetzten in der Nähe von Wilna notierte er: »Es war nur zu gewiss zu denken, das er erfrohren war, wahrscheinlich wurde es bei ihm der Fall gewesen sein, das er vor Kälte seine abgezogenen Hosen nicht mehr hatte anziehen können, zudem war es hundertfältig dazugekommen, wen sich einer aus Schwäche oder Nothdurft wegen hinsetzte, ihm [andere] die Kleider unnachsichtlich ausrissen, und so er sich nicht genug wehren konnte Nackent erfrohr.«

Michel Ney selbst, der Küfermeisterssohn aus Saarlouis, nunmehr Marschall und auch Herzog von Elchingen, war am 14. Dezember 1812 verschmutzt, verschmiert und halb erfroren, die Muskete in der Hand, als letzter Soldat Napoleons über den Grenzfluß Njemen zurückgegangen. Der erste französische Offizier, auf den er traf, ein Militärarzt, fragte die in Lumpen gehüllte Erscheinung, wer er sei, und bekam die Antwort: »Ich bin die Nachhut der Großen Armee. Ich bin Marschall Ney.«

Nun befand auch Ney sich bei dem geschlagenen Kaiser in Fontainebleau, zusammen mit Pierre Lefebvre aus Rufach im Elsaß und Jeannot Moncey aus Besançon, zwei Männern, die, wie er, vom ersten Tag der Revolutionskriege an gekämpft und unter Napoleon schwindelerregende Karrieren gemacht hatten. Es waren die letzten Marschälle, die noch zu dem Kaiser hielten. Napoleons Schwager, Joachim Murat, seit 1808 König des Maria Karolina entrissenen Neapels, hatte sich längst schon von ihm abgewandt und verhandelte insgeheim mit dem Wiener Hof, um seine Krone zu retten. Die meisten der übrigen »Paladine« hielten sich ebenfalls sorgsam bedeckt. Würde Napoleon mit der kleinen Schar seiner Getreuen die Franzosen noch einmal aufrütteln und die in Paris tagenden Sieger aus der Hauptstadt hinauswerfen können?

Von Tag zu Tag schwand seine Hoffnung mehr dahin. Alexander, Friedrich Wilhelm und Schwarzenberg, zunächst noch unsicher, wie sie dem geschlagenen Herrscher begegnen sollten, hatten sich mittlerweile geeinigt, ihn nicht mehr als Kaiser zu betrachten, sondern einfach als einen gestürzten Usurpator. Talleyrand, bis 1807 Napoleons Großkämmerer, stand längst mit den vertriebenen Bourbonen in Verbindung. Und Marie Louise? Schon mehrmals hatte Napoleon gebeten, sie noch einmal sehen zu dürfen, hatte auch angeboten, zugunsten ihres gemeinsamen Sohnes zurückzutreten. Aber nichts war von ihr zu hören, obwohl sie sich in Paris befand. Österreichische Berater, von Kaiser Franz geschickt, ermahnten die Habsburgerin dringend, den Ehemann aus ihrem Gedächtnis zu streichen und so zu tun, als gebe es ihn bereits nicht mehr. Marie Louise gehorchte, wie sie immer gehorcht hatte, mag es ihren Neigungen auch zutiefst widerstrebt haben. Es war ja kein schlechtes Leben gewesen, das sie an der Seite des Korsen geführt hatte, und es gab für sie auch keinen Grund, sich über ihn zu beklagen. Dennoch: Sie schwieg, sie stellte sich tot, kämpfte auch nicht für den kleinen Napoleon Franz Karl Josef, den kindlichen König von Rom. Marie Louise mochte viele Vorzüge haben, aber eines besaß sie nicht: Willenskraft. Sie war immer nur Wachs in den Händen anderer gewesen.

Das mußte im Lauf der ersten Apriltage auch Napoleon einsehen. Alles übrige erfuhr er aus dem Mund des Mannes, den er einst als »Tapfersten aller Tapferen« bezeichnet hatte. Als er die drei Marschälle noch einmal überreden wollte, mit den verbliebenen Truppen gegen Paris zu marschieren, brüllte Ney ihn an: »Die Armee gehorcht nur noch ihren Generälen.« Das hieß, auch die Armee war von ihm abgefallen. Am Morgen nach dieser Auseinandersetzung, dem 6. April 1814, erklärte Napoleon seine bedingungslose Abdankung. Fünf Tage später erkannten die Sieger ihm den Kaisertitel wieder zu und übertrugen ihm als souveränes Fürstentum die Insel Elba. Marie Louise war um diese Zeit schon auf dem Weg nach Österreich. Sie würde Napoleon nicht ins Exil begleiten, sondern heimkehren in den Schoß der Familie.

War es aber wirklich der wahnwitzige Versuch gewesen, Rußland zu überrennen, der Napoleons Untergang heraufbeschworen hatte? Oder hatte ihn in Wahrheit die Hybris gefällt, jene tödliche Selbstüberhebung, vor der, nach griechischer Erkenntnis, kaum ein Mächtiger dieser Welt gefeit ist?

Der Wiener Kulturhistoriker Egon Friedell meint, die Laufbahn des Korsen sei einfach ein perfektes Drama gewesen: Exposition, Steigerung, Höhepunkt, Peripetie, also Schicksalsumschwung, darauf die Katastrophe. Und er schreibt: »Das Jahr seines Höhepunktes war zugleich das seiner Peripetie, die darin bestand, daß er Josephine, seine ›Mascotte‹, verstieß und die Mesalliance mit dem Haus Habsburg schloß, die Mesalliance der Progression mit der Erstarrung, des Genies mit der Konvention. Und nun folgt die ›fallende Handlung‹.«

Das Erzhaus wäre demnach Napoleons Verderben gewesen, sein Bestreben, sich mit der ersten Familie Europas zu verschwägern, und die Bereitschaft, ihr auch Josephine Beauharnais zu opfern, die Gefährtin seiner besseren Jahre. Von ihr hatte er sich scheiden lassen, um Marie Louise heiraten zu können.

Wenn es wirklich so gewesen sein sollte, könnte man freilich auch sagen, Metternich habe Napoleon gestürzt.

Während der zurückliegenden fünf Jahre hatte Österreichs Außenminister das Land auf fast akrobatisch anmutende Weise an allen drohenden Klippen vorbeizusteuern versucht. Und zuweilen hatte er dabei kaum noch Wasser unter dem Kiel gehabt. Nach dem Frieden von Schönbrunn war das Land zunächst wirtschaftlich derart geschwächt gewesen, daß es 1811 den Staatsbankrott erklären mußte. Alle öffentlichen Anleihepapiere wurden zuerst auf ein Fünftel ihres Nennwertes herab-, später ganz außer Kurs gesetzt; für viele Sparer, die glaubten, ihr Geld sicher angelegt zu haben, der Ruin. Da diese Maßnahme aber auch noch mit einer verheerenden Mißernte zusammenfiel, ließ der Kaiser schon Truppen zusammenziehen, um mögliche Aufstände niederschlagen zu können. Das Heer selbst wurde von der Krise ebenfalls betroffen. Wie hartnäckig Erzherzog Karl auch verlangen mochte, die dezimierten Streitkräfte wieder aufzurüsten, Finanzminister Graf Wallis entgegnete ungerührt, dafür habe er kein Geld.

In dieser Situation bedurfte es entweder einer geradezu übernatürlichen Seelenruhe, um nicht den Mut zu verlieren, oder der unausrottbaren Überzeugung, es gebe immer eine Möglichkeit, die Lage zu bereinigen. Über die Seelenruhe verfügte Franz, die Bereitschaft, sich notfalls durch jede Hintertür zu schlängeln, brachte Metternich mit. Des Kaisers Gelassenheit in allen Lebenslagen beruhte freilich zum Teil auf schierer Geistesträgheit. Den Grafen Cobenzl begrüßte er einmal mit der Bemerkung: »Wenn ich Sie hereinkommen sehe, bekomme ich Angst bei dem Gedanken an die viele Arbeit, die Sie mitbringen.« Und strittige Fragen löste Franz in der Regel nach dem Rat desjenigen, mit dem er zuletzt über die Angelegenheit gesprochen hatte. Ein Bild des

Malers Friedrich Amerling zeigt Maria Theresias Enkel mit der habsburgischen Hauskrone auf dem Kopf, in seinem Thronsessel mehr hängend als sitzend, einen freudlosen, mürrischen Ausdruck im leicht geröteten Gesicht, die stark entwickelte Unterlippe mißbilligend vorgeschoben. Wer ihn zu nehmen wußte, kam gut mit diesem Herrscher zurecht; Metternich vermochte ihn zu nehmen.

Der Rheinländer tat alles, um Österreich aus einem nächsten Krieg herauszuhalten und vor allem Frankreich nicht zu ärgern. Patriotische Lieder, Bücher oder andere Schriften ließ er aus diesem Grund von der Zensur unterdrücken, sogar eine Aufführung des »Wilhelm Tell« wurde verboten, weil sie nationale Aufwallungen hätte entfesseln können. Eine starke Armee aber wollte Metternich trotz allem haben, nicht als Mittel einer selbständigen Politik, sondern um Napoleon wenigstens ein Expeditionskorps zur Verfügung stellen zu können, wenn dieser, was 1811 bereits vorauszusehen war, demnächst gegen Rußland marschierte; selbstverständlich ging Metternich davon aus, daß Napoleon den Zaren schlagen würde. Mit dem Zaren brechen wollte er deswegen jedoch keineswegs. Als der Wiener Gesandte in Paris bereits über ein Bündnis mit Frankreich verhandelte, ließ Metternich Alexander I. insgeheim wissen, nur Österreichs mißliche Lage zwinge ihn, sich Napoleon anzunähern. Sollte aber dereinst ein österreichisches Korps an der Seite des Korsen in Rußland einmarschieren, dann werde es nur so tun »als ob« – in Wirklichkeit habe der Zar von den Soldaten des Kaisers nichts zu befürchten.

Im März 1812 kam das Bündnis dann zustande. Und immerhin hatte Metternich es durchgesetzt, daß die von Napoleon geforderte österreichische Hilfsmacht, anders als die preußische, nicht unter französischem Befehl stehen würde, sondern, unter einem österreichischen General, relativ selbständig operieren konnte.

So geschah es dann auch. Karl Philipp von Schwarzenberg deckte mit dreißigtausend Mann die südöstliche Flanke der Großen Armee, wich aber allen größeren Treffen aus und führte, als auf dem Rückmarsch von Moskau die Katastrophe ausbrach, sein kaum dezimiertes Korps geschlossen über die galizische Grenze zurück.

Während daraufhin aber preußische Offiziere ihren König praktisch zwangen, mit Rußland ein antifranzösisches Bündnis zu schließen, um den angeschlagenen Napoleon vollends zu erledigen, verfolgte Metternich schon wieder ein völlig anderes Projekt: Er schlug dem Kaiser der Franzosen vor, gemeinsam mit Österreich eine bonapartistisch-habsburgische Dynastie in Europa zu errichten und sie durch zwei Throne zu stützen, den in Paris und den in Wien; Napoleon soll dazu nur mit den Achseln gezuckt haben. Klemens Wenzel fuhr trotzdem fort, für sein Vorhaben zu werben, auch im eigenen Land. Er kämpfte mit allen Mitteln: Als Metternich erfuhr, Erzherzog Johann plane in Tirol einen Volksaufstand gegen die Besatzungsmacht, ließ er ihn sofort vom Hof verbannen. Dann, wenig später, als Napoleon seine Gegner zweimal schlug und siegreich in Dresden einzog, schien sich zu erweisen, daß er wieder einmal richtig gehandelt hatte. Trotzdem forderte Metternich jetzt, auch Österreich müsse mobilisieren – er wollte bessere Karten für die nächste Verhandlung mit dem Korsen haben. Seine Fühler streckte er dennoch nach beiden Seiten aus.

Von den Preußen und Russen forderte Metternich – für den Fall, daß sie siegen würden – die Herausgabe aller österreichischen Gebiete, welche die Franzosen seit 1801 annektiert hatten, und eine Rückkehr der Rheinbundstaaten ins Reich. Von Napoleon erwartete er, wenn dieser gewänne, daß Österreich wieder ein Stück Polens erhalte und seine ehemals rechtsrheinischen Besitzungen sowie die sogenannten »illyrischen Provinzen« zwischen Villach und Triest zurückbekomme. Was er zunächst erreichte, war ein Waffenstillstand der kriegführenden Mächte. Zu einem endgültigen Frieden unter Österreichs Vermittlung konnte Napoleon sich jedoch nicht entschließen. Als Metternich ihn in Dresden ein letztes Mal dazu überreden wollte, soll er gefaucht haben: »Herr, Sie waren nie Soldat. Sie haben nie gelernt, das eigene Leben und das Leben anderer zu verachten.« Der österreichische Außenminister will daraufhin gesagt haben: »Öffnen wir die Türen und Fenster, damit Europa diese Worte hören kann.«

Von Sachsen wieder zurück, schlug Metternich Kaiser Franz dann vor, sich auf eine sogenannte »bewaffnete Mediation« vorzubereiten, eine Art sehr nachdrücklicher Friedensvermittlung. Eines nämlich hatte er durch sein hinhaltendes Taktieren immerhin erreicht: In dem fortschwelenden Konflikt war die habsburgische Macht das Zünglein an der Waage geworden. Beide Seiten warben um ihre Bundesgenossenschaft, weil keine stark genug war, den Krieg aus eigener Kraft zu entscheiden. Kaiser Franz erwiderte auf Metternichs Vorschlag: »Z'erscht will i vom Napoleon d'Allianz z'ruck.« Auf dem Papier war er ja noch immer dessen Verbündeter.

Durch die »Reichenbacher Verträge« veränderte sich die Lage dann erneut. England verbündete sich mit Preußen, später noch mit Rußland. Da dies aber auf die Entstehung einer neuen großen Koalition hinauslief, konnte Metternich nun auch gegen Napoleon drohendere Töne anschlagen. Er bat nicht mehr um die Rückgabe ehemaliger habsburgischer Besitzungen, er forderte sie ultimativ. Napoleon versuchte trotzdem, durch Verhandlungen über eine Verlängerung des Waffenstillstandes noch Zeit zu gewinnen. Aber als die dafür vorgesehene Frist abgelaufen war, ohne daß man ein Ergebnis erzielt hatte, ließ Metternich dem französischen Vertreter die österreichische Kriegserklärung übergeben. Den Reichenbacher Verträgen war er bereits vorher beigetreten.

Am 1. August 1813 brachen die Feindseligkeiten aus. Drei Monate lang hatten nur noch die Militärs das Wort. An der Spitze der österreichischen Truppen standen zwei Männer, die sich verblüffend ähnlich sahen. Beide hatten Köpfe, die wie Kanonenkugeln aus den hohen Uniformkragen der damaligen Zeit ragten, und auf diesen Köpfen Matten von wild gekräuseltem Haar. Der eine, Karl Philipp von Schwarzenberg, Befehlshaber über zweihundertzehntausend Österreicher und vierzigtausend Preußen, war nichts weiter als ein fähiger, disziplinierter Offizier, der andere, sein Stabschef, war ein militärisches Genie. Er hieß Johann Josef Wenzel Graf Radetzky von Radetz und stammte aus Böhmen.

Radetzky hatte den allgemeinen Kriegsplan der Verbündeten entworfen. Dessen wichtigste Hauptsätze lauteten: »Offensive gegen die Minderzahl, Defensive gegen die Übermacht« – so einfach pflegte der Böhme sich schon immer auszudrücken. Napoleon, der an der Elbe stand, sollte von drei Heeresgruppen angegangen und nach Möglichkeit umzingelt werden: von der Hauptarmee unter Schwarzenberg, dem schlesischen Heer unter Gebhard Leberecht von Blücher und der Nordarmee unter dem ehemaligen Kampfgenossen des Korsen, Jean Baptiste Bernadotte, nunmehr König von Schweden. Eine halbe Million Mann waren gegen rund vierhundertvierzigtausend Franzosen angetreten.

Nach einem letzten großen Sieg Napoleons nahe Dresden fiel schließlich die Entscheidung in der »Völkerschlacht« von Leipzig. Sie dauerte vom 16. bis zum 19. Oktober 1813 und kostete fast hunderttausend Mann das Leben. Als sie vorüber war, konnte Metternich sich von seinem Diener fragen lassen: »Werden Euer Durchlaucht heute den gleichen Anzug anlegen wie gestern Euer Exzellenz?« Er war von Kaiser Franz zum Fürsten erhoben worden.

Nach Napoleons Rückkehr über den Rhein kreiste die Diskussion in den Hauptquartieren dann noch einmal vor allem um strategische Fragen. Zar Alexander und die preußischen Generale wollten auf dem direktesten Weg nach Paris vorstoßen, Radetzky schlug statt dessen einen Plan vor, der im nachhinein einem umgekehrten Schlieffen-Plan gleicht: Ein starker linker Flügel sollte über die Nordwestschweiz und durch die Champagne gegen die französische Hauptstadt marschieren, ein schwächerer rechter Flügel sollte ihn absichern. Der Plan des Österreichers wurde angenommen und erfolgreich ausgeführt.

Ein Diplomat aus der Umgebung Alexanders I. aber schrieb bereits: »Es gibt einige, die Paris so schnell wie möglich erreichen wollen. Ich will nur so schnell wie möglich zu Verhandlungen kommen.« Das dürfte auch Metternichs Wunsch und Wille gewesen sein.

Bereits galoppierten Kosaken über die Champs-Élysées und riefen: »Bistrò, bistrò!«

Die Sieger gegen Napoleon standen vor einer Aufgabe, die niemand auch nur einigermaßen zufriedenstellend hätte lösen können, schon gar nicht sie. Die Französische Revolution und der kleinwüchsige Mann aus Korsika hatten nicht nur das äußere Erscheinungsbild Europas, sondern auch seine Grundstrukturen zutiefst verändert. So, wie die alte Welt vor dem Jahr 1 der Republik gewesen war, so würde sie nie mehr sein, aber das durfte sich kein Vertreter der kriegführenden und nunmehr friedenschließenden Parteien eingestehen. Die gekrönten Häupter und ihre Berater wurzelten nahezu alle in jener Vergangenheit, von der Talleyrand sagte, wer sie nicht kenne, wisse nicht, wie süß das Leben sein könne. Und fast jeder von ihnen strebte bewußt oder instinktiv dorthin zurück – auf jeweils eigene Weise. Metternich etwa mußte sich von Fürst Hardenberg aus Preußen unterstellen lassen, er warte lediglich auf »den günstigen Augenblick ... wo er ohne zuviel Anstrengung Österreich eine Rolle spielen lassen könnte«.

Einen dieser günstigen Augenblicke war ihm von Napoleon bereits geraubt worden, als dieser sich weigerte, noch während des Vormarsches auf Paris, Frieden zu schließen. Im Interesse seines bonapartistisch-habsburgischen Projektes hatte Metternich den Korsen bis zuletzt vor dem völligen Untergang bewahren wollen. Nun, nachdem dies nicht mehr möglich war, lasteten die Ansprüche von Kaiser Franz schwerer denn je auf seinen Schultern.

Der in Florenz geborene Herrscher wollte vor allem die Toskana und die Lombardei für sein Haus zurückgewinnen, hatte ihr Verlust ihn doch seinerzeit mehr geschmerzt als der Verlust der deutschen Kaiserkrone. Metternich tat, was er konnte, seinen Herrn zu befriedigen, blickte dabei aber prompt einem neuen Gegner ins Auge: Mailänder Bürgern, die den italienischen Nationalstaat forderten. Mit der Macht, über die er momentan verfügte, konnte der Außenminister sie noch einmal zurückweisen. Es sollte sich im späteren Rückblick als einer seiner vielen Pyrrhus-Siege erweisen.

Dann – das geschah immer noch in Paris – tauchte auch das Thema Polen wieder auf. Preußen wollte Teile des von Napoleon geschaffenen Großherzogtums Warschau zurückhaben, Rußland begehrte nach Möglichkeit das ganze Land, Österreich strebte nach einer »Abrundung« in Galizien. Auch die ehemaligen Rheinbundstaaten, in letzter Minute von ihrem Protektor abgefallen, standen schon auf der Schwelle. Natürlich wünschte keiner von ihnen, in seinem Besitzstand geschmälert zu werden. Und nebenbei mußte ja auch mit Frankreich noch Frieden geschlossen werden. Was war es eigentlich, das zerschmetterte Empire? Ein besiegter Staat oder ein befreites Land?

Da der Zar die Meinung vertrat, Frankreich sei gerettet, nicht geschlagen worden, und Talleyrand, als Vertreter der Bourbonen, wie der Angehörige einer Siegermacht auftrat, entschloß man sich schließlich zu »Mäßigung und Großmut«. Man holte Louis Charles, den geflohenen Bruder Ludwigs XVI., aus dem englischen Exil zurück und akzeptierte ihn an der Siegertafel als König Ludwig XVIII. (der mögliche Ludwig XVII. war als Kronprinz in den Revolutionswirren verschollen). Nachdem Frankreichs neuer Herrscher am 30. Mai 1814 den »Ersten Pariser Frieden« unterschrieben hatte, bot sein Land mehr oder weniger wieder das gleiche Bild wie vor der Revolution. In Metternichs Geist aber verdichteten sich die Erfahrungen der zurückliegenden Wochen bereits zu einem neuen, umfassenden Konzept der politischen Ordnung Europas.

Dessen wichtigsten Stichworte lauteten: »Restauration«, Wiederherstellung des Zustandes, der vor 1789 geherrscht hatte; »Legitimität«, Berufung auf die damals geltenden dynastischen Ansprüche und Vorrechte; sowie »Solidarität«, womit im Grunde noch einmal das gleiche gemeint war: die Fürsten sollten sich zusammenschließen – zur Abwehr revolutionärer, also nichtrestaurativer, nichtlegitimistischer Tendenzen.

Als Überschrift für das ganze Programm hätte im Grunde das eine Wort »Zurück« genügt; zurück zu den Tagen, denen nicht nur Talleyrand nachtrauerte, sondern auch der deutsche Graf und nunmehrige österreichische Fürst Klemens Wenzel von Metternich. Daß er vor gar nicht allzu langer Zeit noch auf Napoleon gesetzt und sogar gehofft hatte, an ihm könne Habsburg sich emporranken – vergessen, verdrängt, nie gewesen. Ab jetzt wollte er dafür sorgen, daß in Europa eine sichere, feste Ordnung auf der Basis der alten geschaffen werden würde. Schon hatte Metternich Kaiser Franz bewogen, die Vertreter aller wichtigen Staaten des Erdteils zu einem Friedenskongreß nach Wien einzuladen.

Auch über Maria Karolinas Ansprüche auf Neapel sollte dort beraten werden, denn daß ein ehemaliger napoleonischer General wie Murat das Land nicht länger behalten durfte, lag auf der Hand. Als der Kongreß am 1. November 1814 begann, lag die streitbare Tochter Maria Theresias jedoch, seit gerade sieben Wochen, im Grab.

Kaiser Franz kann sich nicht sehr wohl gefühlt haben in dem Wirbel, der seine Hauptstadt und ihn erfaßte. Er war kein Mann der Bälle, der lauten Feste, der Repräsentation überhaupt, dennoch hielt er sich hervorragend. Mit eiserner Würde empfing der Sechsundvierzigjährige die Gäste, die nach Wien hereindrängten, um Ansprüche anzumelden, Klagen vorzutragen, Forderungen anzumelden oder sich einfach zu amüsieren. Die Oberhäupter von fünf regierenden Dynastien mußte er begrüßen; den Kaiser von Rußland, die Könige von Preußen, Dänemark, Württemberg sowie Max I. Josef, dessen Land sich seit kurzem Bayern (mit Ypsilon) schrieb. Dazu kamen noch Angehörige von zweihundertsechzehn fürstlichen Familien, ehemals selbständige Herrschaften, die durch den Reichsdeputationshauptschluß ihrer Stellung beraubt waren und die nun, da alles so werden sollte, wie es einmal gewesen war, auf späte Wiedergutmachung hofften. Ihnen wiederum folgten Scharen von Diplomaten, Schriftstellern, Parteigängern irgendwelcher politischer Richtungen – von Jacob Grimm, dem Märchensammler und hessischen Legationsrat, bis zu Turnvater Jahn. Und alle diese Fremden wollten nicht nur reden, debattieren oder miterleben, wie Europa geordnet wurde, sondern auch unterhalten sein – auf Kosten des guten Kaisers Franz.

Der eigentlich eher knickerige Habsburg ließ sich diesmal nicht lumpen. Ein Ball jagte den anderen, eine öffentliche Belustigung folgte der nächsten. Beethoven dirigierte sein ursprünglich für einen mechanischen Musikapparat geschriebenes donnerndes Schlachtenstück »Wellingtons Sieg bei Vittoria« sowie den bis dahin erfolglosen »Fidelio«. Für andere Konzerte wurden tausend Musiker auf einmal verpflichtet; die Wiener Theater spielten täglich vor ausverkauften Häusern, und in den engen Straßen der Altstadt drängten sich die Kutschen, die Flaneure, die Ausläufer, die feinen Damen, die Kokotten, die Herren im hochgeschlossenen Frack und die Herren in der frackähnlichen Uniform. Charles Josef de Ligne sprach sein berühmtes Wort: »Le congrés ne marche pas, il danse« (Der Kongreß bewegt sich nicht, er tanzt). Kaiser Franz gab täglich 300000 Franc aus. Alle genossen die Tage, die Nächte und ihre eigene Wichtigkeit. Nur Metternich hatte sich getäuscht, als er meinte, »ganz Europa« werde sich in seinem Vorzimmer versammeln. Es versammelte sich viel lieber in den Räumen von Charles Maurice de Talleyrand.

Der seit seiner Kindheit hinkende Herzog, Sproß eines uralten Adelsgeschlechtes, Bischof zur Zeit Ludwigs XVI., Gesandter der ersten Revolutionsregierung, Großkämmerer Napoleons und nun wieder bourbonischer Minister, dieser abgebrühte Zyniker, dem es Spaß machte, sich gelegentlich wie ein Jakobiner zu geben, beherrschte den Kongreß von Anfang an, obwohl die Veranstalter einen Vertreter Frankreichs eigentlich gar nicht hatten zulassen wollen. Wenn er sich nach Tisch ein Schüsselchen bringen ließ und das Wasser daraus geräuschvoll durch die Nase einsog, um es gurgelnd wieder auszuspeien, staunte man ihn an wie ein seltsames Tier im Zoo. Wenn er aber den Mund aufmachte, um zu reden, hörte man ihn schon deshalb an, weil er überwiegend Bonmots von sich gab. Seine spitzen Bemerkungen indessen trafen auch und bewirkten, was sie bewirken sollten. Es war nicht einmal schwer, unter den Verhandlungspartnern Unfrieden heraufzubeschwören.

Rußland wollte immer noch ganz Polen haben, Preußen beanspruchte Sachsen; beides erschreckte Metternich und ärgerte Kaiser Franz. Da aber auch sie »Wiedergutmachung« verlangten, etwa für

Belgien, das Österreich fahrenlassen mußte, konnten der Kaiser und sein Minister zwar Einspruch gegen derlei Forderungen einlegen, gelegentlich konnten sie sogar drohen, doch bis zum Äußersten gehen durften sie nie. Die Kompromisse, die auf diese Weise zustande kamen, wurden immer komplizierter, erinnerten vor allem an das bei den Potentaten alter Schule so beliebte Puzzlespiel aus vorrevolutionären Tagen. Alexander I. erhielt schließlich doch fast alles, was er haben wollte, mußte dafür aber den Preußen drei Fünftel Sachsens, das Gouvernement Posen und Schwedisch-Pommern, die Rheinprovinz mit Köln und Jülich-Berg sowie Westfalen zugestehen. Von den drei großen Rheinbundstaaten konnte nur Bayern sich vergrößern, während der König von Württemberg und der Großherzog von Baden im wesentlichen behielten, was sie besaßen. England dagegen bekam Helgoland, die Kapkolonie, Ceylon, Malta und seinen ehemaligen hannoverschen Besitz. Holland und Belgien wurden zum »Königreich der Niederlande« zusammengefügt, Piemont, Genua und Nizza an den König von Sardinien übertragen. Maria Karolinas Mann erhielt Neapel mit Sizilien zurück – und heiratete wenig später seine langjährige Geliebte Lucia Migliaccio e Borgia. Frankreich schließlich – gemessen am vorrevolutionären Stand – verlor nichts, gewann auch nichts, sah sich aber im Westen einem Wall aus »mittleren Staaten« gegenüber. Der größte von ihnen war Preußen, das jetzt, kein reiner »Herausgebau« mehr, tief in das ehemalige Reich hineinragte. Österreich-Ungarn hingegen besaß nach wie vor mehr nichtdeutsche als deutschsprachige Einwohner. Insgesamt jedoch profitierte es von der zu Wien beschlossenen Neuordnung Europas am meisten.

Seit Anfang 1815 wehte Habsburgs schwarz-gelbe Flagge über den ehemaligen Stadtrepubliken Venedig und Ragusa (dem heutigen Dubrovnik), über Mailand und Mantua, Krakau und dem bukowinischen Czernowitz, seine Soldaten standen am Po und am Bug, an der Salzach und an der Save. Sein Landbesitz konnte in Mitteleuropa allenfalls mit dem Frankreichs und Spaniens verglichen werden. In Wirklichkeit besaß das Erzhaus noch weitaus mehr.

Ferdinand, der jüngere Bruder von Kaiser Franz, Ehemann einer Tochter von Maria Karolina, durfte auf Grund der Wiener Beschlüsse in seine Geburtsstadt Florenz zurückkehren. Von dort war er 1799 durch französische Truppen vertrieben worden, hatte dann für kurze Zeit das Bistum Salzburg als weltlicher Kurfürst übernommen, um danach, als Großherzog von Frankreichs Gnaden, sieben Jahre lang in Würzburg zu residieren. Nach dem Sturz des Korsen hatte Ferdinand sofort seinen alten Anspruch auf den väterlichen Besitz Toskana erhoben. Da er ein Habsburg war, konnte man gar nicht anders, als ihn zu befriedigen – wie hätte Metternich sonst seinem Kaiser wieder unter die Augen treten sollen?

Ein weiterer Rückkehrer nach Italien war Franz, der Sohn Ferdinand Karl Antons, des ehemaligen Generalgouverneurs der Lombardei. Seine Mutter Maria Beatrix d'Este, Mitglied einer Adelsfamilie, deren Wurzeln bis in die Zeit der Karolinger zurückreichten, hatte ihm das Herzogtum Modena und das ungeheure Vermögen ihres Hauses vermacht. Nach dem Wiener Kongreß konnte er zum ersten Mal den Palazzo Ducale der oberitalienischen Stadt mit seinem prachtvollen barocken Ehrenhof betreten; vorher hatte er dazu noch keine Gelegenheit gehabt. Der Habsburg etablierte sich als Herzog Franz IV. und verwischte rigoros alle Spuren des verflossenen französischen Regimes. Zusammen mit seiner jüngsten Schwester Maria Ludovica, die den zum zweiten Mal verwitweten Kaiser Franz geheiratet hatte, gehörte Franz dem neuen habsburgischen Familienzweig Österreich-Este an. Der mächtige und bereits ziemlich unübersichtliche Stammbaum setzte also noch immer Äste an. In seinem Schatten aber konnte, mit Zustimmung des Wiener Kongresses, auch Marie Louise sich bergen. Sie erhielt ebenfalls ein Stück Italien, das ehemals habsburgische, später bourbonische Herzogtum Parma, Piacenza und Guastalla – samt einem vom Vater ihr zugeteilten Begleiter.

Adam Adalbert Graf Neipperg hieß der Mann, den Kaiser Franz für seine Tochter ausgesucht hatte. Er war ein von vielen Feldzügen gezeichneter Haudegen. Und noch zu Lebzeiten Napoleons, des angetrauten Ehemanns von Marie Louise, wurde den beiden eine Tochter geboren, die jedoch nicht lange überlebte. Das zweite Kind des etwas ungewöhnlichen Paares, ein Junge, wuchs zwar zum Mann heran, erfuhr aber auch erst nach dem Tod des Vaters, wer ihn gezeugt hatte. Dem Wiener Hof war das ausschweifende Liebesleben der Ex-Kaiserin ein bißchen peinlich. Trotzdem ließ Habsburg nicht einmal die Frucht dieses zweiten Seitentriebs an seinem Stammbaum völlig fallen. Marie Louises Sprößling wurde später zum Fürsten Montenuovo erhoben – man hatte Neipperg einfach als »Neuer Berg« gedeutet und den Namen ins Italienische übertragen.

Gab es eigentlich ein Familienmitglied, das jetzt noch nicht versorgt war? Kaiser Franz konnte guten Gewissens um sich blicken – er sah keines. Sein bei Wagram gescheiterter Bruder, Erzherzog Karl, verfügte über weite Ländereien in Ungarn, Böhmen und Galizien; Josef, der Nächstjüngere, war Palatin von Ungarn und mit einer Schwester Alexanders von Rußland verheiratet; Erzherzogin Klementine hatte den Erbprinzen von Neapel zum Mann bekommen und würde bald die Krone beider Sizilien tragen; Erzherzog Rainer bereitete sich darauf vor, die Lombardei und Venetien als Vizekönig zu übernehmen; Rudolf schließlich war zum Kardinal und Fürsterzbischof von Olmütz bestimmt. Nur Erzherzog Johann tanzte, von Metternich mißtrauisch beobachtet, weiterhin aus der Reihe. Als gewöhnlicher Forstwirt, Weinbauer und Grubenbesitzer lebte er in der Steiermark, hatte auch schon mehrmals darum gebeten, eine Ausseer Postmeisterstochter namens Anna Plochl heiraten zu dürfen. Etwas unkonventionell, dieser Habsburg, aber wer weiß – vielleicht würde es eines Tages ganz nützlich sein, einen Erzherzog vorweisen zu können, der so volkstümlich war, daß man sogar einen Jodler nach ihm benannt hatte.

Auch mit seinen Kindern konnte Franz überwiegend zufrieden sein. Ferdinand, der Älteste, gewiß, er litt an Epilepsie und zeigte auch andere Degenerationserscheinungen, aber das schloß noch nicht aus, daß er eines Tages Kaiser werden konnte; um Tochter Leopoldina warb Kaiser Pedro I. von Brasilien; Maria Klementine sollte, wie ihre gleichnamige Tante, nach Neapel gehen, Erzherzogin Karolina nach Sachsen. Sechs der insgesamt dreizehn Sprößlinge des Kaisers waren zur Zeit des Wiener Kongresses schon tot.

Blieb einzig jener Enkel, der den Titel »König von Rom« trug. Er war erst vier Jahre alt, lebte, getrennt von Marie Louise, in Schönbrunn, ein hübsches, aufgewecktes Kind. Würde Europa es aber dulden, daß er, wenn es soweit war, seiner Mutter auf den Herzogsstuhl von Parma nachfolgte oder seinem Vater auf den Thron von Elba? Metternich wurde jedesmal von Unbehagen befallen, wenn er an den kleinen Jungen dachte, der halb ein Habsburg war und halb ein Bonaparte. Ihm hatte es schon nicht gefallen, daß man dem Korsen eine Insel als Exil zuwies, die so dicht vor der Küste Frankreichs lag. Seine Befürchtungen sollten sich unerwartet rasch bestätigen.

Am 6. März 1815 gegen acht Uhr abends läßt der Außenminister sich dringend bei Kaiser Franz melden. Er legt ihm eine Depesche des

Konsuls in Genua vor: »Napoleon von Elba verschwunden.« Um zehn Uhr geht der Befehl an die verschiedenen Armeekorps der Alliierten hinaus, sich in Alarmbereitschaft zu halten. Und in Schönbrunn, wo der kleine Napoleon Franz Karl Josef lebt, werden die Wachen verstärkt.

»Père violette«, Veilchen-Papa, hatten die französischen Soldaten ihren Kaiser genannt. Mit den Veilchen war er zurückgekommen. Am 1. März landete sein Schiff zwischen Fréjus und Antibes. Alles Weitere konnte man den Zeitungen entnehmen.

Nachdem bekanntgeworden war, daß Napoleon nicht mehr in seinem Exil weilte, hatten die Blätter geschrieben: »Der Korse« aus Elba entwichen. Bei seiner Ankunft in Frankreich hieß es: »Bonaparte« ist gelandet. Am 4. März bemächtigte sich bereits »General Bonaparte« der Stadt Grenoble. Am 11. März hielt »Napoleon« Einzug in Lyon. Am 18. wurde in Fontainebleau »der Kaiser« begrüßt. Am 20. feierte das ganze Land »den Geburtstag seiner Majestät des Königs von Rom« (der in Schönbrunn nichts davon erfuhr), und zwei Tage später übernahmen »Seine kaiserliche Majestät« in den Tuilerien wieder die Regierungsgewalt. In diesem Tempo sollte es weitergehen, bis die »Herrschaft der hundert Tage« vorüber war. Zu denen, die das Nachspiel zu Napoleons Lebensdrama nicht überlebten, gehörte Michel Ney. Es war innerhalb der großen Tragödie ein Trauerspiel für sich.

Sobald der neuernannte Pair von Frankreich erfährt, daß der Korse in Grenoble ist, eilt er zu König Ludwig XVIII., um ihn seiner Ergebenheit zu versichern. Schon wenige Tage später steht er jedoch in der Stadt Lons-le-Saulnier vor seinen Einheiten und liest einen selbstverfaßten Aufruf vor, der mit den Worten beginnt: »Offiziere, Unteroffiziere, Soldaten! Die Sache der Bourbonen ist für immer verloren.« Ein einziger Brief Napoleons hatte Neys ehrlichen Entschluß, für Ludwig XVIII. zu kämpfen, zunichte gemacht und ihn in das Lager seines alten Abgottes zurückgeschleudert. Am Nachmittag des 18. Juni 1815 führt er bei Waterloo in Belgien seine Einheiten gegen die Truppen des Herzogs von Wellington. Am Abend treffen die Preußen unter Blücher auf dem Schlachtfeld ein und packen die Franzosen im Rücken. Bei einbrechender Nacht irrt Ney mit zerbrochenem Degen zwischen den Toten und Verwundeten umher, die Kugel suchend, die ihn aus seinen Gewissensnöten erlösen soll. Am 7. Dezember steht er, als Hochverräter verurteilt, in Paris vor einem Erschießungspeloton. Den Feuerbefehl gibt er selbst.

Um diese Zeit sitzt Napoleon längst auf der Insel St. Helena. Daß er vorher noch seinen Sohn »unter dem Titel Napoleon II.« zum Kaiser ausgerufen hat, wird dem kleinen Jungen in Schönbrunn ebenfalls vorenthalten. Auch als künftiger Herzog von Parma ist der »König von Rom« bereits nicht mehr im Gespräch. Aber läßt Habsburg einen der Seinen wirklich jemals im Stich? Kaiser Franz kümmert sich um das aufgepfropfte Reis so fürsorglich wie um alle anderen Angehörigen des Erzhauses. 1817 wird er Marie Louises Sohn zum Herzog von Reichstadt erheben und ihm den dazugehörenden böhmischen Besitz übertragen.

Der Wiener Kongreß ist noch im Jahr der »Hundert-Tage-Herrschaft« zu Ende gegangen. Daß er überhaupt zu einem Abschluß kam, war vor allem der Rückkehr Napoleons von Elba zu verdanken gewesen. Hätte dieses Ereignis nicht stattgefunden, die veranstaltenden Herren wären möglicherweise im Streit auseinandergelaufen. Der Schreck, den der Korse ihnen einflößte, hatte sich als heilsamer Schock erwiesen.

Ein sauberes Konferenzergebnis lag mittlerweile vor, geschrieben auf geduldiges Kanzleipapier, unterteilt in hunderteinundzwanzig Artikel. Hundertsieben davon ordneten die Neuverteilung der europäischen Länder, auch eine vierte Teilung Polens, vierzehn Artikel betrafen die politische Gestaltung Deutschlands. Sie wurden insgesamt als »Deutsche Bundesakte« bekannt.

Der »Deutsche Bund«, gegründet am 9. Juni 1815, was war das eigentlich? Es war ein Gebilde, das die herrschenden Zustände auf recht ordentliche Weise spiegelte. Einundvierzig Gemeinwesen hatten sich »zur Erhaltung der äußeren und inneren Sicherheit Deutschlands« zusammengeschlossen und bildeten eine Konföderation. Preußen gehörte ihr an, wenn auch ohne Posen und Ostpreußen, Österreich gehörte ihr an, aber nur bis zur Leitha, also ohne Ungarn, Königreiche wie Bayern und Württemberg gehörten ihr an, ferner Stadtstaaten wie Hamburg, Herzogtümer wie Nassau, der König von England für Hannover, der König von Dänemark für Holstein und der König der Niederlande für Luxemburg. Die oberste (und einzige) Behörde der Vereinigung hieß »Bundestag«, ihr Sitz war Frankfurt, das Präsidium stand Österreich zu. Über wichtige Fragen konnte nur mit Zweidrittelmehrheit entschieden werden, Streitigkeiten der Bundesglieder untereinander sollte ein Ausschuß behandeln, der den Namen »Austrägalgericht« trug, aber kein ordentliches Gericht war. Was wollte man mehr? Was hätte vor allem Metternich sich Besseres wünschen können? Sein Name stand als erster und gewichtigster unter der Bundesakte. Er hatte erreicht, was er wollte, und verhindert, was er nicht wollte.

Nicht gewollt hatte Metternich ein neues Reich unter einem habsburgischen Kaiser; das hätte zu viele Verpflichtungen nach sich gezogen. Nicht gewollt hatte er eine Nation, weil ihn schon dieser Name allein an die Französische Revolution erinnerte. Nicht gewollt hatte er – natürlich – eine Vorrangstellung Preußens, aber die war ja nun, auf dem Papier zumindest, der Präsidialmacht Österreich zugefallen. Und nicht gewollt hatte er vor allem den Artikel XIII der Akte in seiner Urfassung. Diese lautete: »In allen Bundesstaaten soll eine landständische Verfassung stattfinden.« Metternich strich das Wort »soll« in letzter Minute durch und ersetzte es durch »wird«. Wird, das war ein offener Wechsel, den man einlösen konnte oder auch nicht, mit »wird« hielt man sich alle Möglichkeiten offen.

Gewollt aber hatte Metternich alles, was sich ohne das Nichtgewollte bewirken ließ: Der Bund war ein ohnmächtiges Gebilde, mit dem man nach Belieben würde verfahren können – und sollte es auch bleiben. Außerdem hatte er gewollt, daß die gesellschaftliche Struktur dieser Vereinigung sich nicht über Gebühr veränderte. Die mediatisierten »fürstlichen und gräflichen Häuser« mußten auch »fortan nichtsdestoweniger zu dem hohen Adel in Deutschland gerechnet werden ... Sie und ihre Familien bilden die privilegirteste Klasse in demselben.« So stand es im Artikel XIV der Bundesakte. Es entsprach auch, wie dieser indirekt zu verstehen gab, den Vorstellungen von Kaiser Franz.

In einer Ansprache vor österreichischen Gymnasialprofessoren sagte der Habsburg: »Halten Sie sich an das Alte, denn dieses ist gut, und unsere Vorfahren haben sich dabei gut befunden; warum sollten wir es nicht? Ich brauche keine Gelehrten, sondern brave Bürger. Wer mir dient, muß lehren, was ich befehle. Wer das nicht kann oder mir mit neuen Ideen kommt, der kann gehen, oder ich werde ihn entfernen.« Es war der vollendete Ausdruck dessen, was den Namen »Restauration« trug. Um seine Drohung wahr zu machen, hätte Franz freilich ganz Österreich-Ungarn in einen Polizeistaat verwandeln müssen; darüber hinaus auch alle Nachbarstaaten, ja ganz Europa, denn Ideen kennen nun einmal keine Grenzen. Sehr bald sollte der gute Kaiser auch zu spüren bekommen, daß es so war. Welchen Ratschlag erteilte ihm der kluge Metternich? Eben jenen: Überwachen, zupacken, einsperren.

Symbol dieser Art von Politik wurde konsequenterweise ein österreichisches Gefängnis, nämlich die Burg von Brünn, der berüchtigte Spielberg. Seine feuchten, lichtlosen Kasematten füllten sich in den Jahren der Restauration zunächst mit denen, die als erste gegen die habsburgische Macht im eigenen Land rebelliert hatten: den lombardischen Liberalen. Je lautstärker sie eine freie »Republik Ausonia« forderten, ein geeintes Italien, je effektiver sie sich in den Geheimlogen der »Carbonari« zusammenschlossen, der Köhler, die »den Wald von Wölfen reinigen« wollten, um so zielstrebiger knüpften die österreichischen Behörden an geheimen Bespitzelungsnetzen und öffentlichen Kontrollsystemen. Sie erwiesen sich als Meister ihres Faches. Wer ihnen in die Hände fiel, landete, wenn er nicht zum Tod verurteilt wurde, in den Kerkern von Laibach oder eben – in den Kasematten des Spielbergs. Angehörige der ältesten Familien des Landes fanden sich dort zusammen, und jeder, der aus irgendeinem Grund nicht zu schwerer Arbeit herangezogen werden konnte, mußte, auf persönlichen Befehl von Franz, wenigstens Strümpfe stricken. Der gute Kaiser schien genau zu wissen, wie man Männer demütigen kann.

Metternich andererseits erkannte, daß es wirklich nicht genügte, nur einzelne revolutionäre Brandherde auszutreten; die Repression mußte vielmehr allumfasssend sein. Um diesem Zustand näherzukommen, bediente er sich unter anderem einer Idee, die Alexander I. von Rußland ausgebrütet hatte.

Der Zar, auf dem Wiener Kongreß noch als »heimlicher Jakobiner« verspottet, wollte mittlerweile die Welt nach religiösen Grundsätzen reformieren. Zu diesem Zweck schlug er Europas Monarchen eine »Heilige Allianz« vor, deren Mitglieder ihre gegenseitigen Beziehungen »auf jene erhabenen Wahrheiten« gründen sollten, welche »die unvergängliche Religion des göttlichen Erlösers lehrt«. Selbst für den in die Tradition vernarrten Metternich war das zunächst etwas starker Tobak. Nachdem er aber den Programmentwurf des Russen überarbeitet hatte, war daraus ein Instrument geworden, mit dem sich durchaus reale Politik betreiben ließ.

Die Betonung lag zwar nach wie vor auf Liebe, Gott und dem »Wort des Lebens«, doch wurde jetzt noch angedeutet, daß jegliche revolutionären Prinzipien falsch seien und der christliche Geist sich auf Erden allein in einer geordneten Regierung und dem gesetzten Recht manifestiere. Dieser Version konnten auch Franz und Friedrich Wilhelm III. zustimmen. Die »Heilige Allianz« war 1815 in Paris geschlossen worden, eine Grundlage, auf der sich weiterbauen ließ.

1818 fand, von Metternich angeregt, in Aachen ein Monarchenkongreß zur Sicherung des Friedens statt. Das Treffen ging, was die außenpolitischen Fragen betraf, reibungslos über die Bühne. Doch dann, gegen Ende hin, meldete sich der Zar noch mit einem anderen Problem zu Wort. Sein Staatsrat, Alexander von Stourdza, legte den versammelten Staatsoberhäuptern und Gesandten ein geheimes Memorandum über gefährliche politische Umtriebe an deutschen Universitäten vor. Er wies darauf hin, daß die dort ausgebrüteten demokratischen Ideen bereits unter russischen Soldaten kursierten, was deren Disziplin außerordentlich abträglich sei. Stourdzas Vortrag rief bei Metternich nur Befriedigung wach. So umgehend, als sei er darauf vorbereitet gewesen, reichte sein Sekretär zwei Denkschriften über den Tisch, die bereits ziemlich ausgefeilte Grundsätze über das Vorgehen gegen alle »Neuerer« an Hochschulen und in Turnvereinen enthielten. Österreichs oberster Diplomat, so schien es, hatte derlei dubiose Elemente schon lange im Visier gehabt, nach seinem Dafürhalten sogar aus gutem Grund.

In Jena war, noch während der Kongreß zu Aachen tagte, die »Allgemeine deutsche Burschenschaft« gegründet worden, ein Zusammenschluß von Landsmannschaften, wie es sie an allen Universitäten gab. Seine Mitglieder, alte Herren im Professorenrang und junge Leute, die aus Sympathie mit dem geteilten Polen gelegentlich auch die verschnürten Röcke der Schlachtschitzen trugen, wollten den Geist der »Befreiungskriege« gegen Napoleon in neue Schläuche füllen. Sie verehrten die »Ritter vom eisernen Kreuze«, Hermann den Cherusker, Hutten und Luther, sie wollten weniger den Staat als vielmehr »die Nation«. Dafür, so bekundete einer von ihnen, müsse auch »eine allgemeine Teilnahme bei der Masse erweckt werden«. Reinrassige Revolutionäre waren die meisten Burschenschafter dennoch nicht. Aber das hielt Metternich keineswegs davon ab, in ihnen ebenso verkappte Jakobiner zu sehen, wie er alle für Jakobiner gehalten hätte, die sich seinen Vorstellungen von Ordnung und Ruhe nicht bedingungslos unterwarfen. Verständnisbereitschaft brachte Klemens Wenzel nur seinesgleichen entgegen.

Zwei Ereignisse schienen die Verdächte, die er hegte, dann zu bestätigen. Am 23. März 1819 drang der (nach damaligen Begriffen) linksradikale Burschenschafter Karl Ludwig Sand in die Wohnung des russischen Staatsrates August von Kotzebue ein und erdolchte ihn. Es sollte ein Fanal sein, ist aber kaum mehr als ein Verkehrsunfall der Geschichte gewesen. Kotzebue kam aus der Welt des Theaters und hatte ein Leben lang intrigiert, als Bühnenautor gegen Schiller und Goethe, als politischer Pamphletist für jeden, der willens war, ihn dafür zu entlohnen (etwa den Zaren). Die Burschenschafter hatten Kotzebues Bedeutung bei weitem überschätzt. Sand wurde öffentlich hingerichtet, während sein Gesinnungsgenosse, der Apotheker Löning, Selbstmord beging, ehe die Polizei ihn verhaften konnte. Löning hatte versucht, den nassauischen Regierungspräsidenten Karl Friedrich Ibell zu erstechen. Metternich ließ schweres Geschütz auffahren.

Im August 1819 rief er die Vertreter der größten deutschen Bundesstaaten nach Karlsbad und schlug ihnen eine Reihe geharnischter Maßnahmen vor. Die Universitäten sollten streng überwacht, die Burschenschaften verboten, eine Pressezensur eingeführt und eine »Zentraluntersuchungskommission« für die »Aufklärung revolutionärer Umtriebe und demagogischer Verbindungen« errichtet werden. Diese sogenannten »Karlsbader Beschlüsse« wurden ohne wesentliche Abstriche angenommen und zwei Jahre später für den ganzen Deutschen Bund zum Grundgesetz erhoben. Wer dagegen aufbegehrte, flog aus dem Staatsdienst, wie Ernst Moritz Arndt, der Dichter der Befreiungskriege, oder sah sich verfolgt, wie Turnvater Jahn und der antinapoleonische Publizist Johann Josef Görres. Auf Deutschland senkte sich ein riesiger eiserner Sargdeckel herab, ebenso auf Österreich-Ungarn.

Franz Grillparzer, Wiens am meisten gefeierter Dramatiker, war 1825 aufgefordert worden, für die Krönung der vierten Gattin von Franz I., die Wittelsbacherin Karolina Augusta, ein Festspiel zu schreiben. Er kam jedoch in der kurzen Zeit mit diesem Auftrag nicht zurecht und legte erst Monate später das Trauerspiel »Ein treuer Diener seines Herrn« vor. Das Stück handelt von einem ungarischen Reichsverweser aus frühmittelalterlicher Zeit, der in heroischer Pflichttreue bis an den Rand der Selbstverleugnung geht, ohne seine Gesinnung aber je zu verraten.

Kein Mensch hätte aus dem Werk eine Verunglimpfung des Staates oder etwa antimonarchische Tendenzen herauslesen können – der Kaiser konnte es. Otto von Meran, einer der fürstlichen Helden des Stückes, war für seinen Geschmack zu unfürstlich geraten; Grillparzers Absage an allzu knechtische Unterwürfigkeit paßte ihm ohnehin nicht ins Konzept. Da Franz aber keinen öffentlichen Skandal um einen berühmten Dichter heraufbeschwören wollte, wurde der Wiener Polizeipräsident Josef Graf Sedlniczki angewiesen, das Trauerspiel aufzukaufen und in aller Stille – es war bereits aufgeführt worden – von der Bühne verschwinden zu lassen.

Sedlniczki nun faßte das Ansinnen unerwarteterweise als Tadel an seiner Amtsführung auf und wollte sich dagegen verwahren, indem er des Kaisers »allergnädigste Aufmerksamkeit« auf etliche andere Stücke lenkte, die bereits unbeanstandet in Szene hatten gehen können. Das bekannteste davon war Schillers einst verbotener, aber immer noch umstrittener »Wilhelm Tell«.

Der Polizeipräsident schrieb: »Bey aufmerksamer Vergleichung ... mit dem Trauerspiel ›Ein treuer Diener seines Herrn‹ ergiebt es sich, daß ... das Schauspiel ›Wilhelm Tell‹ einen durch Verschwörung bewirkten mit dem bezielten Erfolg gekrönten, und in allen seinen Beziehungen sehr günstigen Licht geschilderten Volksaufstand gegen österreichische Herrschaft darstellt, während in dem Trauerspiel ›Ein treuer Diener seines Herrn‹ der durch die Untat des Herzogs von Meran veranlaßte Volksaufstand nicht nur gedämpft, sondern auch auf eine, das monarchische Prinzip in seiner vollen Gewalt darstellende Art bestraft wird.«

Deutlicher, als er es mit diesem hanebüchenen Argument tat, hätte der Briefschreiber kaum demonstrieren können, wie man im Wien Metternichs zu denken gezwungen war. Um Grillparzer zu exkulpieren, mußte einem Friedrich Schiller nachgewiesen werden, daß er, trotz etwas dubioser Gesinnung, aufführungswert war. Aber auch für den von Franz beanstandeten Wiener Klassiker selbst wußte Sedlniczki einige positive Hinweise entsprechender Machart ins Feld zu führen.

»Jener Herzog von Meran«, schrieb er weiter, »dessen Karakter in jenem Theaterstück in so grellem und nachtheiligen Licht gehalten ist, gehörte weder nach seiner Familie, noch durch Verwandtschaft dem durchlauchtigsten Regentenstamme Eurer Majestät an.« Wäre er jedoch ein Habsburger, und sei's nur ein angeheirateter, gewesen, hätte kein literarisches Argument ausgereicht, seine Darstellung zu rechtfertigen; das sah selbst Sedlniczki so. Er gab noch eines zu bedenken: In Wien war das Stück bereits aufgeführt worden; fiele es jetzt der Zensur zum Opfer, so würden auch die Ungarn »Ein treuer Diener seines Herrn« nicht zu sehen bekommen und dies »als einen Beweis des allerhöchsten Mistrauens schmerzlich empfinden«. Um solcher Eventualität vorzubeugen, wagte Sedlniczki schließlich, »Allerhöchst Ihrem weisesten Ermessen ehrfurchtsvoll anheimzustellen, ob und inwiefern Allerhöchst dieselben hierüber etwa noch den königlich ungarischen ersten Hof-Vicekanzler ... einzuvernehmen geruhen wollen«. Als andere Möglichkeit bot er dann noch an, den Autor einfach »in der freien Disposition mit dem von ihm verfassten Trauerspiele« zu belassen. So geschah es schließlich auch.

Franz, der nichts mehr verabscheute als politische Verwicklungen, die mit Arbeit verbunden waren, schrieb zurück: »Ich ermächtige Sie, den Franz Grillparzer ... auf die von Ihnen angetragene Art zu bescheiden.« Die seltsame Groteske war damit zu Ende. Wovon sie eigentlich handelte, ist trotzdem nicht ohne weiteres zu erkennen. Hatte ein listiger Literaturfreund im Beamtenrock seinen Kaiser durch wahrhaft absurde Argumente letzten Endes ausmanövriert und Grillparzers Stück vor dem Vermodern in einer Archivablage bewahrt? Oder war Franz einfach zu geizig gewesen, um es aufzukaufen? Schließlich hatte Grillparzer gemeint, die Absetzung von »Ein treuer Diener seines Herrn« für immer und ewig müsse dem Hof schon 3000 Gulden wert sein.

So oder so, den Geist, der Österreich von Habsburg verordnet werden sollte, konnte kaum etwas deutlicher kennzeichnen als die Affäre um ein zwar wenig aufregendes, aber überaus formvollendetes Werk der deutschen Literatur. Jene, die diesen Geist heraufbeschworen hatten, waren Opfer der eigenen Gespensterfurcht geworden. Metternich hetzte längst von einem Kongreß zum anderen, um ein System zu stabilisieren, das schon wieder zu zerbröckeln begann. Daran, daß es so war, trug indessen nicht einmal der 1821 zum Haus-, Hof- und Staatskanzler ernannte Rheinländer die alleinige Schuld.

Die Politik Metternichs basiert auf der durchaus richtigen Erkenntnis, daß alle nach Napoleons Sturz neu erstarkten Mächte nur bestehen konnten, wenn sie ihre Interessen so vollkommen wie möglich aufeinander abstimmten. Keine von ihnen durfte gegen eine andere unbillige Forderungen erheben, jede sollte in dem Rahmen verharren, der auf dem »Wiener Kongreß« für sie gezogen worden war. Kriegerische Auseinandersetzungen zwischen den etablierten Staaten schloß das System von vornherein aus. Alle Konflikte sollten auf Diplomaten- oder Monarchenkongressen bereinigt werden. Es hat sogar funktioniert: Metternich verhalf Europa zu einer der längsten Friedensepochen seiner bisherigen Geschichte – die Akten weisen es aus.

Versteht man unter Krieg jedoch nicht nur den ordentlich angemeldeten Zusammenprall ordentlich aufmarschierter Heere, dann bietet die Epoche Metternichs keinen so friedvollen Eindruck mehr. Nationale Erhebungen, Revolten und Revolutionen hat es auch zur Zeit seiner Dominanz durchaus gegeben. In Spanien brach 1820 ein Bürgerkrieg zwischen Monarchisten und Liberalen aus; Portugiesen und Neapolitaner forderten gewaltsam eine Verfassung; serbische »Hajduken« führten erbitterte Kleinkriege gegen ihre osmanischen Oberherren; griechische und moldauische Patrioten kämpften für nationale Selbständigkeit. In diese Wirren wurden, ob sie es wollten oder nicht, auch einige der Staaten aus dem von Metternich konzipierten »Europäischen Konzert« hineingezogen: England auf der Iberischen Halbinsel, Rußland und Frankreich am Schwarzen Meer und in der Ägäis. Für Östereichs Staatskanzler kam es einer Verletzung aller beschworenen Grundsätze gleich.

Er wollte die bestehende Ordnung schlechthin garantiert wissen, gleichgültig, von wem sie jeweils repräsentiert wurde – sei es der christliche Kaiser in Wien als Mitglied der Heiligen Allianz, sei es der muslimische Sultan in Konstantinopel, der christliche Völker unterdrückte. Damit, daß Metternich so reagierte, offenbarte er den entscheidenden Konstruktionsfehler seines Sytems. Die von ihm konzipierte Ordnung war ein rein statisches Gebilde; sie besaß nicht einmal Sicherheitsventile für aufgestaute emotionale oder geistige Energien, wie sie sich im Organismus jeder lebendigen Gesellschaft herausbilden. Zur Absicherung der bestehenden Verhältnisse gab es nur ein einziges Mittel: die staatliche Gewalt. Das Metternichsche System ruhte letztendlich auf Bajonetten, aber letztendlich war auch Klemens Wenzel nur ein treuer Diener seines Herrn.

Für die Dynastie Habsburg hätte der Rheinländer gar kein anderes als das von ihm entworfene Schutzgehäuse errichten können. Der scheinbar mächtige Familienbaum mußte längst gegen jeden kalten Lufthauch abgeschirmt werden, wenn er nicht eingehen sollte. Dessen dürfte auch Kaiser Franz sich zumindest instinktiv bewußt gewesen sein. Er verließ sich völlig auf sein Mißtrauen gegen alle Neuerungen. Im übrigen baute er darauf, daß das Erzhaus wie eh und je Männer anziehe, welche ihm auf die jeweils geforderte Art und Weise zu dienen vermochten. In der langen Reihe solcher Nothelfer – Wallenstein hatte zu ihnen gehört, auch Prinz Eugen – war Metternich der vorläufig letzte. Er tat seine Pflicht, und er wurde fürstlich dafür entlohnt. Schloß Johannisburg im Rheingau war ihm bereits zugefallen, dazu kamen ausgedehnte Ländereien in Böhmen, Mähren und Schwaben. Er durfte sich Herzog von Portella (auf Sizilien) nennen und Grande von Spanien. Über das Risiko, das er einging, hätte Metternich sich freilich ebenfalls im klaren sein müssen. Das Haus Österreich besaß Übung darin, seine Diener fallenzulassen, wenn sie ihren Aufgaben nicht mehr gerecht wurden. Zum Scheitern aber war Metternich schon deshalb verurteilt, weil er für eine unzeitgemäße Dynastie unzeitgemäße Politik machte.

Nicht einmal ein Meisterdiplomat gleich ihm konnte auf Dauer damit davonkommen, daß er einfach ignorierte, was seinen Vorstellungen von Welt und Wirklichkeit widersprach. Das erwies sich ziemlich früh auf einem Gebiet, von dem er sowenig verstand wie vom lebendigen Leben. »Das Leben« nämlich, schreibt selbst der überaus konservative österreichische Historiker Max Straganz, »ist Bewegung und bedarf nicht erst wie die Welle des bewegenden Luftzuges, der ja auch nur Regung vorhandener Kraft ist«. Straganz bezieht sich auf die Wirtschaft. Mit ihr stand es schlecht im Österreich Metternichs. Wie alle anderen Lebensbereiche auch war sie eingeschnürt von einem Korsett aus obrigkeitlichen Richtlinien, Vorschriften, Verordnungen, deren jede fugenlos in die andere griff, zumindest auf dem Papier. Da aber in Wirklichkeit nicht einmal die Staatsbürokratie einwandfrei funktionierte, bewirkte jegliche »Regung vorhandener Kraft« bestenfalls einen Bruchteil dessen, was sie unter günstigeren Verhältnissen hätte bewirken können. Am Beginn des mit Riesenschritten heraufziehenden Industriezeitalters kam dieser Zustand einer existenzgefährdenden Bedrohung gleich.

Das Reich, das Kaiser Franz beherrschte, war zufolge dem schulamtlich zugelassenen »Leitfaden der Handels- und Verkehrsgeographie« eines der »gesegnetsten Länder Europas«. Das ist nicht übertrieben: Österreich-Ungarn besaß in Kroatien, Slawonien, Böhmen, Mähren und Galizien wahre Kornkammern. Wein wuchs fast überall, Flachs gedieh in seinen Nordwestprovinzen, Hanf in Ungarn, Tabak in der Bukowina, der beste Hopfen der Welt bei Saaz, Wälder voll schlagbarem Holz bedeckten fast ein Drittel des staatlichen Areals, und die Pferde-, Rinder-, Schweinezucht blühte von Szeged bis in den salzburgischen Pinzgau. An Bodenschätzen kam beinahe alles hinzu, was eine aufstrebende Industrie benötigte: Steinkohle, Braunkohle, Eisenerz, Blei, Gold, Silber, Porzellanerde, Quecksilber, Graphit, riesige Mengen von Erdöl (in Galizien) und sogar – aber davon nahm noch niemand Notiz – Bauxit, das Ausgangsmaterial für die Herstellung von Aluminium. Männer schließlich, die befähigt waren, solche Potentiale zu nutzen, sei es als Techniker, sei es als Unternehmer, standen Österreich ebenfalls in reichem Maße zur Verfügung.

Karl von Brück gründete vier Jahre vor dem Entstehen der britischen Cunard-Linie den »Österreichischen Lloyd«, die älteste Seedampfergesellschaft der Welt. Und ausgerechnet ein kaiserlicher Forstintendant namens Josef Ressel erfand 1826 die Schiffsschraube. Der Plan, die Einzugsgebiete der Donau und der Elbe durch eine Eisenbahnlinie zu verbinden, lag den kaiserlichen Hofräten schon 1807 vor, wurde aber damals nicht sonderlich beachtet. Dennoch gehörte im letzten Lebensjahr von Kaiser Franz das österreichische Schienennetz zu den ausgedehntesten in Europa. Auf deutschem Boden konnte man damals gerade sechs Kilometer weit mit dem Zug fahren (von Nürnberg nach Fürth), in Frankreich hunderteinundvierzig, in der Donaumonarchie dagegen zweihundertvierundfünfzig.

Von allen diesen Entwicklungen hätte der Staat noch weit mehr profitieren können, wenn seine Träger nicht von der Furcht vor jeder Neuerung schlechthin besessen gewesen wären. Ressels Entwicklungsarbeit wurde polizeilich unterbunden, als in dem ersten Schiff, das jemals durch eine Schraube angetrieben wurde, der Dampfkessel explodierte. Unternehmer, die Erleichterungen im grenzüberschreitenden Handel forderten, rannten sich die Köpfe an einer ganz Österreich-Ungarn umschließenden Zollmauer ein. Und wenn sogar ein Metternich oder dessen Vorgänger im Außenamt, der nunmehrige

Finanzminister Stadion, einmal für Verkehrserleichterungen plädierten, wies Kaiser Franz sie ungnädig zurück.

Auch Friedrich List, der für den Deutschen Bund ein einheitliches Wirtschaftssystem forderte, wurde von Schönbrunn ignoriert, nachdem Franz sich mit seinem Bruder Ludwig beraten hatte, dem einzigen Erzherzog, der für wirtschaftliche Fragen Interesse zeigte. Es war einer der schwersten Fehler, die dem Chef des Hauses Habsburg unterliefen, denn List gründete 1819 jenen Handels- und Gewerbeverein, aus dem sich der Deutsche Zollverein entwickelte, ein Instrument, welches wiederum Preußen später benutzte, um seinen habsburgischen Rivalen matt zu setzen. Österreich hatte sich freiwillig und aus reinem Ruhebedürfnis von einer Entwicklung abgekoppelt, die zur Entstehung des nächsten deutschen Reiches führen sollte. Überhaupt hielten die Staatsmänner der Donaumonarchie das von Metternich geschaffene Gehege für weitaus sicherer, als es eigentlich noch angebracht gewesen wäre.

Während Preußen sich langsam und zäh aus der finanziellen Misere herausarbeitete, in die es durch die Napoleonischen Kriege gestürzt worden war, lavierte das nicht minder stark angeschlagene Österreich auch in den Jahren nach dem kostspieligen Wiener Kongreß noch ständig am Rande des Staatsbankrotts. Graf Stadion gelang es zwar, die Währung durch rigorose Maßnahmen einigermaßen stabil zu halten, doch mußte er, um den Verwaltungsapparat in Betrieb zu halten, von Jahr zu Jahr immer größere Schulden machen. In seinen letzten Amtsjahren zahlte die kaiserliche Regierung Zinsen für rund eine Viertelmilliarde Gulden; es war für damalige Begriffe eine astronomisch hohe Summe.

Selbst Stadions Sparmaßnahmen schadeten indessen mehr, als sie genützt hätten. Das Heer wurde kräftig reduziert, die Offiziersstellen wurden beschnitten, der riesige Militärverwaltungsapparat hingegen kaum verkleinert. Da diese Regelungen auch dem allgemein vorherrschenden Geist der Stagnation entsprachen, erstarrte die habsburgische Wehrmacht – wie schon einmal – in ödem Formalismus, wurde das Exerzierreglement überbetont, die felddienstmäßige Ausbildung sträflich vernachlässigt. Sommermanöver gab es schließlich überhaupt nur noch in Oberitalien, wo Radetzky kommandierte. Diesem mittlerweile über fünfzigjährigen Praktiker wagte nicht einmal der Kaiser selber dreinzureden. Radetzky, soviel wußte er, war seit dem Frankreich-

Feldzug, neben Metternich, der zweite lebende Nothelfer des Hauses Habsburg.

Und schon ließ sich absehen, daß demnächst der eine der beiden für den anderen würde geradestehen müssen; der Soldat für den Diplomaten.

Franz, einstmals als zweiter seines Namens deutscher Kaiser, zuletzt Franz I. von Österreich, starb am 2. März 1835 im Alter von siebenundsechzig Jahren. Ein Zeitgenosse, der ungarische Dichter Janos Mailâth von Székhely, rief ihm nach, er habe die Chance gehabt, zu den größten Herrschern des Jahrhunderts gezählt zu werden, wenn es ihm in zwanzig Friedensjahren gelungen wäre, die europäische Bewegung nicht aufzuhalten, sondern in geregelte Bahnen zu lenken. Da er sich aber nur ängstlich an das Alte geklammert habe, werde die Nachwelt diesem Habsburg keine Kränze flechten.

Das Urteil des Magyaren, der sich später im Starnberger See ertränkte, wäre vielleicht etwas milder ausgefallen, wenn er berücksichtigt hätte, daß das Erzhaus zur Zeit von Franz einfach nicht mehr in der Lage war, große Herrscherpersönlichkeiten hervorzubringen. Es befand sich auch biologisch auf der letzten Stufe seiner Entwicklung.

Die damals lebenden Erzherzöge verkörperten einen derart unverwechselbaren Typus, daß es irgendwelcher Abzeichen oder Uniformen gar nicht mehr bedurft hätte, um sie als Habsburger auszuweisen. Nahezu alle hatten sie einen schmalen, langen Schädel mit einer teilweise überhohen Stirn und meist dünnen, blonden Haaren. Das galt für den toten Kaiser selbst, aber auch für seine Brüder Ferdinand Anton Karl, Josef und Rainer, und ganz besonders galt es für Johann, den Steirer; er dürfte damals, zumindest äußerlich, der geradezu klassische Repräsentant seines Hauses gewesen sein. Nicht einmal der kleine Herzog von Reichstadt trug den eher runden Kopf seines Vaters Napoleon auf den Schultern, die habsburgische Form prägte sogar ihn. Am stärksten freilich prägte sie Ferdinand, den ältesten Sohn von Franz, Österreichs nächsten Herrscher. Die Stirn dieses Epileptikers war derart überhoch, daß selbst respektvolle Diener des Erzhauses nicht umhinkonnten, bei ihrem Anblick von einem Wasserkopf zu sprechen.

Franz hätte Ferdinand von der Thronfolge womöglich ausgeschlossen, wäre nicht Metternich gewesen, zu dessen eisern verfochtenen

Prinzipien ja auch die »Legitimität« gehörte. Alle überkommenen dynastischen Regelungen, trug er vor, müßten um jeden Preis gewahrt werden, selbst auf die Gefahr hin, daß ein regierungsunfähiger Erzherzog an die Macht komme. In dem System des Haus-, Hof- und Staatskanzlers hatte sich völlig unverhüllt ein Element offenbart, das zwar von Anfang an zu seinen Bestandteilen gehörte, aber bisher meist übersehen worden war; jenes der schieren Absurdität.

XI.
Habsburgs letzte Hausmeier

Das erlösende Wort fiel auf dem Höhepunkt der Krise. »Wahrlich«, sagte Frantisek Palacký, »wenn der österreichische Kaiserstaat nicht schon lange existierte, man müßte sich beeilen, ihn zu schaffen.« Dem amtlich bestallten Landeshistoriographen von Böhmen blies 1848 der kalte Wind der Ernüchterung ins Gesicht.

Metternichs eiserner Sargdeckel war mit einem einzigen Schlag weggesprengt worden; man konnte nicht einmal genau sagen, wer den Funken gezündet hatte. Kam er aus Paris, wo schon im Februar der letzte Bourbonenkönig seinen Hut hatte nehmen müssen? War er von Frankreich zuerst nach Berlin übergesprungen, wo Friedrich Wilhelm IV. zwei Stunden lang den toten Barrikadenkämpfern des Märzaufstandes die letzte Ehre erweisen mußte? Oder hatte er früher noch Italien, Ungarn, Böhmen, Wien erreicht? Fest stand nur eines: Der überall angehäufte Sprengstoff explodierte, die bestehende Ordnung wurde in ihren Grundfesten erschüttert.

Zunächst klangen die zum Himmel aufsteigenden Schreie der Revolutionäre noch einigermaßen gleich. Pressefreiheit wurde gefordert, Versammlungsfreiheit, eine Verfassung, ein Parlament, Gleichstellung aller Bürger vor dem Gesetz – es waren langgehegte Wünsche der europäischen Völker, formuliert, diskutiert und immer wieder vorgetragen seit den Tagen der Französischen Revolution. Sie fanden auch sofort Gehör; keiner der regierenden Machthaber konnte ja behaupten, er habe derlei Forderungen noch nie vernommen. Für Frankreich galt dies ebenso wie für Deutschland oder Österreich. Die Pariser bekamen fast alles, was sie verlangten. In der Frankfurter Paulskirche formierte sich eine verfassunggebende Nationalversammlung. In Wien trat schon am ersten Revolutionstag, dem 13. März, der verhaßte Metternich zurück, und ein erschreckter Kaiser beeilte sich, den rebellierenden Studenten zu gewähren, was immer sie haben wollten:

Volksvertretung, »Preßfreiheit«, Freiheit des Lehrens, Lernens, Glaubens.

Aber während die Revolution noch brodelte und kochte, zeichnete sich hinter dem Schleier aus vordergründigen Ereignissen bereits ein anderes, weitaus gefährlicheres Bild ab. Die von ihrem eigenen Elan mitgerissenen »Volksmassen« waren fast ebenso verunsichert wie die Männer auf dem Thron oder in den hohen Ämtern. Aus dem Schatten uralter Bäume hervortretend, glichen sie Rudeln, die zum ersten Mal ins Freie geraten sind und nun Witterung aufnehmen müssen, um sich zurechtzufinden. Was aber gab mehr Zuversicht und bot mehr Geborgenheit als der Duft eben derjenigen, mit denen man sich zusammengerottet hatte? Vertraut war der Nebenmann, die Art, wie er sich verhielt und wie er sprach, sein Verhalten, seine Gewohnheiten, sein Auftreten. Also blickte man auf ihn (wie er selbst auf alle anderen), nahm ihn (nicht anders als er die übrigen) zum Maßstab, zum Beziehungspunkt und schließlich zum Vorbild.

Nahezu sämtliche auf den Barrikaden verfochtenen Ideale wurden binnen kurzem von dem neuen berauschenden Gefühl der Zusammengehörigkeit und dem daraus erwachsenen Glauben an das Rudel, die Gemeinschaft, das Volk hinweggefegt. Wie alle Eroberer neuer Räume oder Freiräume, versuchten auch die Revolutionäre des Achtundvierzigerjahres sich selbst zu adeln. Das geschah durch die Annahme des nationalistischen Wappens.

Nun könnte man den Stolz auf die eigene Heimat und das eigene Volk gewiß zu den edleren menschlichen Regungen zählen, wenn er seiner Natur nach selbstgenügsam wäre. In der Regel befriedigt es Nationalisten jedoch nicht, sich selbst zu erhöhen; sie müssen sich – sei es auch nur, um einen Maßstab für die eigene angemaßte Größe zu gewinnen – über andere erheben. Alle nationalistischen Wallungen bergen den Keim des Chauvinismus in sich, der Fremdenfeindlichkeit, des Fremdenhasses. Wer seinen Nachbarn oder seine nicht mit dem vertrauten Stallgeruch behafteten Mitmenschen verachtet, erliegt – falls er entsprechende Macht gewinnen sollte – der Versuchung, ihn zu unterdrücken. Genau diese Erkenntnis war es, die Palacký zu seinem berühmten Wort inspirierte. An Anschauungsmaterial mangelte es ihm in der ersten Hälfte des Jahres 1848 gewiß nicht.

In Ungarn hatte sich Lajos Kossuth, ein Slowake und geborener Volkstribun, zum Anführer der unzähligen Kleinadeligen aufgeschwungen, die außer ihren stolzen Namen nahezu nichts besaßen. Die Forderung des Revolutionärs: eine Verfassung für die ganze Monarchie. Was sich dahinter jedoch verbarg, begriff kaum jemand besser als der geschichtserfahrene böhmische Landeshistoriograph. Die Magyaren hielten sich von jeher für ein Herrenvolk, das von Gott über alle anderen Völker im Reich der Stephanskrone gesetzt sei, über Slowaken also, Kroaten, slawonische Serben, Banater Deutsche, Siebenbürger Sachsen. Von den Angehörigen dieser Minderheiten war in ungarischen Augen nahezu jeder »nember ember«, niemals ein Mensch; der Slowake ein »diznó« (Schwein), der Deutsche ein »Hinausgeworfener«, der Serbe ein Wilder. Und ihre jeweiligen Sprachen waren für magyarische Ohren eine Beleidigung. Immerhin konnten jedoch alle diese Nichtmenschen wenigstens tätige Reue üben, indem sie Ungarisch erlernten. Kossuth selbst hatte sich dieser ziemlich schwierigen Prozedur unterworfen, ebenso sein slowakischer Landsmann Sandor Petöfi, der große Sänger der Achtundvierziger Revolution in Budapest. Und jetzt schmetterten diese beiden ihr »Auf, Magyare!« von den Barrikaden. Was sie anstrebten, war zunächst nur die Selbständigkeit ihres Landes innerhalb der Monarchie, aber schon bald auch die Vorrangstellung der Ungarn gegenüber allen anderen östlich der Leitha lebenden Völkern.

Wie, fragte Palacký sich, würden die Dinge aber weiter gedeihen, wenn die übrigen großen Volksgruppen des Reiches ihre Banner ebenfalls mit solchen Parolen bestickten? Schon sah es ja so aus, als sollte eben dies geschehen.

Die deutschsprachigen Bürger Wiens, die zunächst den Kaiser nur vor »seinen Feinden«, in erster Linie vor Metternich, schützen wollten und außerdem Pressefreiheit begehrt hatten, verlangten schon im Mai auch noch den »Anschluß an Deutschland«. Anschluß wessen? Nur den der Regionen zwischen Vorarlberg und Krain? Oder sahen auch sie sich bereits, vereint mit Bayern, Schwaben, Sachsen, als Herrenvolk in der multinationalen Monarchie? Und wie endlich war es in Palackýs eigener Heimat, in Böhmen? Die Entwicklung verlief dort um kein Haar anders als in der Hauptstadt oder in Budapest.

Begonnen hatte der Prager Aufstand etwa zur gleichen Zeit wie der in Wien und auf ganz ähnliche Weise wie dort: Versammlung im »Wenzelsbad«, einem populären Konzertcafé, Formulierung der ersten Forderungen nach Bürgerfreiheit und Verfassung, schließlich

Gründung eines »Nationalkomitees«. Von alledem jedoch sprach mittlerweile schon niemand mehr. Wien hatte die »böhmische Landespetition« in aller Eile gebilligt, hatte nahezu jegliches gewährt, was während der ersten Märztage verlangt worden war – um gleich darauf zu erfahren, daß es bei weitem nicht genüge. Die »Länder der heiligen Wenzelskrone« sollten nun »unter einer Zentralverwaltung in Prag und unter einem gemeinschaftlichen Landtage« vereinigt werden. Es lief bereits auf das hinaus, was Kossuth auch für Ungarn forderte: die Selbständigkeit Böhmens im Reichsverband. Aber wer, mußten Männer wie Palacký sich weiter fragen, sollte denn in ihrer Heimat das Herrenvolk bilden? Die Tschechen und die Mähren etwa? Es gab noch andere im Land. Der Rest Österreichisch-Schlesiens gehörte zur Wenzelskrone, und allein von den hundertdreiunddreißigtausend Bewohnern Prags waren mehr als die Hälfte Deutsche. Erneut wehte die Antwort von Budapest herüber. »Slawisch« und »Slawentum« waren plötzlich die großen Modewörter. In der »altberühmten Slawenstadt Prag« würden künftig jene den Ton angeben, die die Sprache von Jan Hus beherrschten – ungarische Zustände auch in Böhmen.

Frantisek Palacký, Tscheche von Geburt und einer der geistigen Väter der späteren Tschechoslowakei, fand diese Vision nicht ganz so berauschend wie viele seiner Landsleute. Da er über Böhmens Hain und Flur hinauszublicken vermochte, wurde ihm klar, was dem gesamten Donauraum bevorstand, wenn sich allerorten neue, von Nationalisten dominierte Machtzentren herausbildeten. Es würde das Ende einer Ordnung bedeuten, die vielleicht kein Übermaß an Freiheit und Entfaltungsmöglichkeiten geboten, aber immerhin ein einigermaßen friedliches Zusammenleben der verschiedenartigsten Völker gewährleistet hatte. Und weil diese Ordnung ausschließlich von Habsburg verkörpert wurde, kam Palacký zu dem Schluß, es grenze an Dummheit, die Existenz des Erzhauses zu gefährden. Sinnvoll sei es allein, das herrschende System vorsichtig zu reformieren und dadurch sein weiteres Fortbestehen zu sichern. Das wiederum, glaubte er, könne geschehen, indem man dem Reich eine föderative Verfassung gab und ihm so eine neue, stabile Struktur verschaffte.

Als ihn aus Frankfurt die Einladung erreichte, an der verfassunggebenden Nationalversammlung als Delegierter des alten Reichslandes Böhmen teilzunehmen, schrieb Palacký zurück, er sei kein Deutscher, sondern »ein Böhme slawischen Stammes«, schon deshalb könne er dem Paulskirchenparlament nicht beitreten. Dann fuhr der Mann, der seine wichtigsten Arbeiten in deutscher Sprache verfaßt hatte, fort: Nach allem, was er gehört habe, ziele man am Main darauf ab, »Österreich als selbständigen Kaiserstaat zu schwächen, ja ihn unmöglich zu machen«. Dem könne er niemals beistimmen, denn dieser Staat sei ein Gemeinwesen, »dessen Erhaltung, Integrität und Kräftigung eine hohe und wichtige Angelegenheit nicht meines Volkes allein, sondern ganz Europas, ja der Humanität und Civilisation selbst ist und sein muß«. Am Ende fügte Palacký noch ohne jeden Spott hinzu, es habe einen »ungleich besser begründeten Sinn«, Österreich nicht in Deutschland aufgehen zu lassen, sondern Deutschland an Österreich anzuschließen.

Die Kurzfassung dieser Epistel – wenn der Kaiserstaat nicht schon existierte, müßte er schleunigst geschaffen werden – schien in einer heillos wirren Situation wirklich das erlösende Wort zu sein. Es konnte nur deshalb nicht erlösend wirken, weil es um Jahrzehnte zu spät kam. Das Habsburgerreich war längst für grundlegende Reformen zu alt.

Was etwa hätte es, selbst mit bestem Vorsatz, seinen italienischen Bürgern anbieten können?

Auf dem Stiefel hatte sich der Brand vom Süden her ausgebreitet. Ferdinando II., König beider Sizilien, Enkel Maria Karolinas, Sohn Klementines, der Tochter Leopolds II., war schon vor dem Ausbruch der Pariser Februarrevolution gezwungen worden, seinem Staat eine Verfassung zu geben. Zu den nächsten, die den Gluthauch der heranwogenden Feuerwand verspürten, gehörten ebenfalls Verwandte des Erzhauses. Großherzog Leopold II. mußte seinen Toskanern Pressefreiheit, das Recht, Bürgerwehren zu bilden, und eine parlamentarische Verfassung gewähren. Carlo Alberto, König von Sardinien-Piemont, und Pius IX., dem Herrn des Kirchenstaates, ging es nicht anders. Im Februar schließlich, als die Nachricht von dem französischen Aufstand Mailand und Venedig erreichte, brachen auch dort offene Unruhen aus. Der österreichische Kommandant in der ehemaligen Seerepublik wurde zur Kapitulation gezwungen; Radetzky mußte nach mehrtägigen Straßenkämpfen die lombardische Hauptstadt räumen; die habsburgischen Herzöge von Parma und Modena suchten das Weite. Ganz Oberitalien war von der Monarchie abgefallen. Als jedoch Radetzky durch die milanesische Porta Romana hinausritt, soll er sich noch einmal umgewendet und gemurmelt haben: »Ich komme wieder.« Zunächst allerdings konnte er nichts anderes tun, als sich hinter den strategisch so wichtigen Mincio, einen Abfluß des Gardasees, zurückzuziehen.

Die italienischen Revolutionäre verfochten keine wesentlich anderen Ziele als ihre Gesinnungsgenossen in Wien oder Prag und waren mindestens ebenso glühende Nationalisten wie die Ungarn. Nicht nur für einen unabhängigen, geeinten und liberalen Staat wollten sie kämpfen, einige ihrer Anführer glaubten auch an den »Primato morale e civile degli Italiani«, den moralisch-kulturellen Vorrang ihres Volkes gegenüber allen anderen Völkern Europas. Und schon im März war aus dem Aufstand eine »Guerra Santa« geworden. Carlo Alberto nahm sich höchstpersönlich dieses heiligen Krieges an, machte ihn zu seiner Sache und mobilisierte die eigene Armee. Ferdinando stellte ebenfalls Truppen, und am Ende mußte selbst der Habsburg in Florenz sich am Kampf gegen das Wiener Haus beteiligen, wenn er seinen Thron nicht verlieren wollte. Die erste größere Schlacht zwischen Österreichern und Italienern fand bei Goito unweit Veronas statt – die Österreicher verloren. Es konnte nur noch eine Frage von Wochen sein, bis das Habsburgerreich zerfiel. Wer aber sollte in dem von allen Seiten heranbrandenden Sturm das Ruder führen und das schlingernde Staatsschiff auf Kurs halten? Etwa der arme Sohn von Franz I., den man, um ihn von dem »guten Kaiser« zu unterscheiden, Ferdinand »den Gütigen« nannte?

Ferdinand war längst daran gewöhnt, aus der Wiener Residenz gelegentlich vertrieben zu werden. 1805 hatte man den Zwölfjährigen vor Napoleons Truppen in Sicherheit bringen müssen; 1809 war der Thronfolger ebenfalls aus Angst, er könne den Franzosen in die Hände fallen, nach Ungarn gebracht worden. Jetzt, im Mai 1848, als die Unruhen in Wien ihren Höhepunkt erreichten, floh er nach Innsbruck; es schien ein völlig überflüssiges Manöver zu sein. Ferdinand wurde vom Volk, selbst von den Aufständischen, durchaus geschätzt. Während der ersten Revolutionstage hatte er sich bei einer Ausfahrt den Demonstranten gezeigt und war von ihnen regelrecht gefeiert worden.

Gerade derlei Vorgänge indessen scheinen die Lage, in der Habsburg sich befand, erst richtig zu illustrieren. Die Bürger, das war offensichtlich, liebten ihre Herrscher, zumindest sahen sie in ihnen die Verkörperungen des Gemeinwesens. Der Kaiser, der schweren Hauptes durch die Straßen fuhr und freundlich nach allen Seiten grüßte, erfüllte jedoch, bei Licht betrachtet, nur noch eine ähnliche Funktion wie jene geheiligten merowingischen Könige, die zu Beginn des karolingischen Zeitalters öffentlich vorgezeigt wurden, um zu bekräftigen, daß der Segen des Himmels noch auf dem Land ruhe. Wenn ihre Aufgabe erfüllt war, durften sie die Szene verlassen und tatkräftigen Hausmeiern die Zügel der Regierung wieder in die Hand legen. Das Haus Habsburg zählte die Merowinger zu seinen frühen Ahnen. Jetzt sah es so aus, als näherte es sich einem Stadium, welches auch dieses Geschlecht zwei oder drei Generationen vor seinem Erlöschen erreicht gehabt hatte. Verklärt von einer inzwischen über sechshundertjährigen Tradition, waren die Angehörigen des Erzhauses irdische Schutzpatrone ihrer Völker geworden; allein durch gelegentliches Erscheinen bezeugten sie, daß die Welt noch nicht völlig aus den Fugen sei. Und wenn der Kaiser winkend die Hand hob, war es schon fast so, als erteilte er den Segen. Wo aber blieben in Ferdinands Fall die Hausmeier, die sich mit den realen Widrigkeiten befaßten? Metternich, der dafür zuletzt zuständig gewesen war, hatte wie ein Dieb aus seinem Palais flüchten müssen und saß nun im englischen Exil. Gab es einen anderen Politiker, der an seiner Stelle das Staatsruder übernehmen konnte?

Es gab zumindest mehrere fähige und harte hohe Offiziere. Einer von ihnen war Alfred Fürst zu Windischgrätz, aus ältestem Adel stammend, seit acht Jahren Militärbefehlshaber in Böhmen. Gehorsam den kaiserlichen Befehlen, die ihn aus dem »Hoflager« von Innsbruck erreichten, hatte er bis zum 12. Mai 1848, dem Pfingstmontag, alles geschehen lassen, was zu Füßen des Prager Hradschins geschah. Er hatte weder die Bildung des »Nationalkomitees« verhindert noch das Zustandekommen des Slawenkongresses. Als aber an ebendiesem Pfingstmontag der Gouverneur von Böhmen, Graf Thun, während einer Verhandlung mit den Revolutionären gefangengenommen und eingesperrt wurde, platzte dem Fürsten sozusagen der Kragen. Er mobilisierte die Burgbesatzung, er drohte, die Stadt mit Kanonen zu beschießen. Die Aufständischen erwiderten darauf mit Gewehrfeuer, eine verirrte Kugel traf die Frau des Fürsten, Windischgrätz ließ anblasen. Am dritten Tag der Kämpfe brüllten droben auf dem Hradschin auch noch Geschütze los. Achtundvierzig Stunden lang wurde Prag bombardiert, dann war der Aufstand niedergeschlagen, zumindest schien es so. In Wirklichkeit hatten slawische Nationalisten nun ihre ersten Märtyrer, und etwas Schlechteres hätte Habsburg kaum widerfahren können. Das von Soldatenstiefeln ausgetretene Feuer glomm unter der Asche weiter, die Tschechisierung Böhmens ließ sich nicht mehr aufhalten. Schon fünfzehn Jahre später bildeten die Deutschen in Prag nur noch eine Minderheit – selbst Palacký übersetzte sein Hauptwerk, die auf deutsch geschriebene »Geschichte Böhmens«, nun in die Sprache des Jan Hus.

Alfred Windischgrätz war dennoch zunächst einmal der Mann der Stunde. Ferdinand ernannte ihn zum Befehlshaber aller kaiserlichen Truppen, außer jenen, die in Italien standen. Der Feldmarschall aus Böhmen solle die Revolution überall, auch in Ungarn und Wien, zurückdrängen. Windischgrätz entwickelte einen Plan, der politische Raffinesse bewies.

Gegen Budapest etwa, wo Kossuth bereits wie der Chef eines selbständigen Landes agierte, wollte der Böhme keinen böhmischen oder deutschen General vorschicken; diese Aufgabe sollten ungarische Staatsbürger übernehmen. Windischgrätz' Blick fiel auf Josef Jellachich von Bužim, den amtierenden Banus (Vizekönig) von Kroatien; es war keine schlechte Wahl. Jellachich muße ja ebenso wie seine übrigen Landsleute befürchten, in der eigenen Heimat zum Staatsangehörigen zweiter Klasse herabzusinken, wenn die magyarischen Nationalisten sich mit ihren Forderungen durchsetzten. Außerdem galt er als fähiger, kaisertreuer Offizier, aufgewachsen im harten Dienst an der Militärgrenze zur Türkei. Am 11. September überschritt Jellachich mit sechsunddreißigtausend Mann, alles Kroaten, die ungarische Grenze. Er war beauftragt, fürs erste nicht militärisch vorzugehen, sondern mit dem Finger am Abzug zu verhandeln. Der Kaiser hatte nach den Prager Ereignissen alle früher gemachten Zugeständnisse zurückgenommen; auch die Ungarn wurden aufgefordert, sich wieder der alten Ordnung zu unterwerfen. Nicht um Fingersbreite wichen sie jedoch von ihren alten Forderungen ab; schließlich ermordeten sie sogar einen von Jellachich abgesandten Unterhändler. Für den Kroaten war dies das Angriffssignal; er wollte nur noch auf Verstärkung aus der Hauptstadt warten. Da mußte er selber kehrtmachen und nach Wien marschieren.

Dort hatten nach Ungarn abkommandierte Garnisonstruppen sich geweigert, ihre Transportzüge zu besteigen, hatten Studenten und Nationalgardisten für die Meuterer Partei ergriffen, war Kriegsminister Latour an einem Laternenpfahl aufgeknüpft und das Zeughaus gestürmt worden, Kaiser Ferdinand, inzwischen wieder nach Schönbrunn zurückgekehrt, floh zum vierten Mal in seinem Leben, jetzt gleich bis nach Olmütz. Windischgrätz handelte. Er war es, der Jellachich zurückbefohlen hatte, und er übernahm auch das Kommando: Am 26. Oktober begann der Angriff gegen Wien. Es wurde ein Blutbad. Systematisch eroberten die Soldaten in den weißen Uniformen eine Vorstadt nach der anderen, erbarmungslos machten sie von all ihren Waffen Gebrauch, auch dem Gewehr, der Lanze, dem Säbel.

Der Weg, den Windischgrätz sich in die Innenstadt bahnte, war mit Leichen gesäumt. Und als am 31. Oktober der letzte Widerstand zusammenbrach, begannen sofort die Standgerichte zu tagen. Zwanzig Widerstandskämpfer wurden auf der Stelle erschossen, unter ihnen Robert Blum, ein Abgeordneter des Paulskirchenparlamentes, der nach Wien gekommen war, um mit Gesinnungsfreunden zu beraten, dann aber, als die Kämpfe ausbrachen, zum Gewehr gegriffen hatte. Während dies alles zu Füßen des Kahlenbergs geschah, schlug Jellachich eine herannahende ungarische Entsatzarmee zurück. Der Sieg der Kaiserlichen hätte vollständiger nicht sein können.

Auch von Italien trafen schon längst wieder günstige Nachrichten ein. Am 25. Juli hatte Radetzky bei Custozza, südöstlich des Gardasees, einen der glänzendsten Siege seiner Laufbahn errungen und wenig später die beim Auszug aus Mailand gemurmelte Drohung wahr machen können: Er war in die lombardische Hauptstadt zurückgekehrt.

Alle diese Erfolge verdankte der Kaiser drei Männern in Uniform: Windischgrätz, Radetzky und Jellachich. Was er jetzt noch gebraucht hätte, wäre eigentlich ein weiterer Hausmeier gewesen, der das, was die Militärs zustande gebracht hatten, in Politik umsetzen konnte. Tatsächlich stand dieser vierte, eingeführt von seinem Schwager Windischgrätz, schon in den Kulissen. Es war Felix Fürst zu Schwarzenberg, Abkömmling eines uralten, ehemals fränkischen Geschlechts, Held ungezählter Liebesaffären, gelernter Diplomat, erfahrener Soldat, Reiter, Jäger, Literaturkenner, zeitweilig fromm und dennoch Menschenverächter, begabt mit schneidend scharfem Verstand, der Fähigkeit, absolut rücksichtslos zu sein, und dem Ehrgeiz, zu herrschen.

Am 21. November 1848 wurde Schwarzenberg von Ferdinand an die Spitze eines neugebildeten österreichischen Kabinetts berufen. Eine seiner ersten Forderungen lautete, Ferdinand müsse zurücktreten. Es gab niemand, der ihm widersprochen hätte – ganz im Gegenteil. Daß man »dem Gütigen« die Staatsgeschäfte aus der Hand nehmen mußte, stand längst außer Frage. Vor allem Erzherzogin Sophie hatte diese Meinung schon immer vertreten. Ihr Mann Franz Karl, einziger Bruder von Ferdinand, war in der Thronfolge der nächste.

Sophie, Tochter König Maximilians I. von Bayern, war 1824 nach Wien gekommen, um mit einem Erzherzog verheiratet zu werden, den von Ferdinand nur wenig unterschied. Auch Franz Karl zeichnete sich vor allem durch geistige und körperliche Mängel aus, ein kränkelnder Ast am Stamm des Hauses Habsburg. Die Wittelsbacherin konnte wenig mehr tun, als ihn zu pflegen und zu hegen, so gut es eben ging, und im übrigen die vorgeschriebenen dynastischen Pflichten erfüllen. 1830 kam ihr erstes Kind zur Welt, ein Sohn. Was Sophie an romantischen Bedürfnissen hatte, befriedigte sie auf andere Weise und mit einem anderen Mann, ohne dabei jedoch die strengen Regeln katholischer Sittlichkeit jemals zu verletzen.

Der Herzog von Reichstadt war nicht nur sechs Jahre jünger als sie, sondern zu der Zeit, da sie ihn kennenlernte, auch schon sterbenskrank. Napoleons Sohn hatte seinen böhmischen Besitz kaum je zu sehen bekommen; er lebte nach wie vor überwiegend in Schönbrunn, von Kaiser Franz zum Major ernannt, in Träume versponnen, die ihn als Sohn seines Vaters ausweisen mochten. Der Kriegswissenschaft galt sein ganzes Interesse, den großen Schlachten der Weltgeschichte. Da er aber auch Haupt der Familie Bonaparte war und sein jüngerer Vetter Charles Louis, der spätere Napoleon III., in Frankreich schon politische Anhänger um sich scharte, betrachtete Metternich ihn vor allem als ein politisches Faustpfand. Es war der eigentliche Grund, aus dem man den Herzog von Österreichs Gnaden in Schönbrunn festhielt.

Sophie fand dann heraus, daß der junge Mann nur vorgab, ausschließlich militärische Interessen zu haben, in Wahrheit aber, wie sie, das Theater liebte, die Musik und Gedichte. Auf dieser Basis fanden die beiden zusammen; es dürfte ein eher lyrisches Verhältnis gewesen sein. Zwei Menschen, die ohne eigenes Zutun in das habsburgische Versailles verschlagen worden waren, halfen einander, das Leben einigermaßen zu bestehen. Als es mit dem Napoleoniden schließlich zu Ende ging – er litt an Schwindsucht –, saß Sophie häufiger an seinem Bett denn Marie Louise. 1832 ist der Herzog von Reichstadt gestorben.

In Wien herrschten damals noch angenehme Zeiten und annehmbare Zustände, aber das änderte sich ja sechzehn Jahre später fast über Nacht. Die Wittelsbacherin stellte fest, daß sie den Umbruch eigentlich schon immer hatte kommen sehen. Bereits beim Regierungsantritt Ferdinands war ihr das Wort entschlüpft, Metternich lasse sich auf eine völlig »unmögliche Sache« ein: »Die Monarchie ohne Kaiser führen und mit einem Trottel als Repräsentanten der Krone.« So ist es nicht unverständlich, daß sie zu den ersten gehörte, die mit dem Daumen nach unten zeigten, als das Volk am 13. März 1848 den Rücktritt des Kanzlers verlangte: Metternich mußte gehen, seine eigentliche Nachfolgerin hieß Erzherzogin Sophie.

Aus der verträumten, etwas sentimentalen Frau war plötzlich eine Politikerin geworden, und zwar eine vom harten Schlag. Insgeheim nannte man sie schon »den einzigen Mann« am Wiener Hof. Fragte sich freilich, ob die Wittelsbacherin auch wußte, was getan werden mußte, um den völligen Zusammenbruch des Habsburgerreiches zu verhindern. Sie wußte es.

Weg mit den alten Männern, die noch Metternichs überholten Vorstellungen verhaftet waren, lautete Sophies erste Forderung, vor allem aber weg mit dem »Trottel« Kaiser Ferdinand. Der zweite Schritt, der ihrer Meinung nach getan werden mußte, mutete etwas komplizierter an. Nicht ihr eigener Mann, der ja ebenso unfähig war wie sein Bruder, sollte den Thron als nächster besteigen, sondern Sophies ältester Sohn, der damals achtzehnjährige Franz Josef. Auch dieser Vorschlag entsprang weniger ihrer Mutterliebe und dem Stolz auf den wohlgeratenen Erstgeborenen als vielmehr einer weiteren, höchst einleuchtenden Überlegung. Franz Josef trug keine Schuld an dem, was Habsburg unbeliebt gemacht hatte. Von den Sünden der Vergangenheit kaum belastet, konnte er die Macht übernehmen, um danach Reformpläne vorzutragen, welche man seinem Onkel nicht einmal geglaubt hätte. Damit aber dieses Potential an Unschuld nicht vorzeitig aufgezehrt würde, verlangte Sophie außerdem: Auch das Blut, das bei der Niederschlagung der Revolution noch vergossen werden müsse, dürfe ihn keineswegs beflecken. Für die letzten »notwendigen Grausamkeiten« sollte Ferdinand geradestehen, um dann – mit Fluch beladen – abzutreten und einem neuen, strahlenden Hoffnungsträger Platz zu machen.

Einer der ersten, mit denen Sophie dieses Vorhaben diskutierte, war Windischgrätz; der Böhme stimmte ihr in allen Punkten zu. Kurz nach dem Ausbruch der Revolution schlug er vor, den jungen Erzherzog zu Radetzky nach Italien zu schicken, zum einen, damit er sich dort als Soldat bewähre (dafür, daß ihm nichts geschah, würde der alte Feldmarschall schon sorgen), zum anderen, so drückte Windischgrätz sich aus, damit er später nie zu denen gehört haben würde, die im Augenblick noch den Aufständischen gegenüber nachgiebig sein mußten. Ganz so fortschrittlich wie Sophie dachte der Mann, der später Prag bombardieren sollte, also nicht, aber das beeinträchtigte ihr Verständnis füreinander kaum. Franz Josef ging nach Italien und bewies bei Radetzkys erstem siegreichen Gefecht nach der Niederlage von Goito, daß er zumindest die Nerven hatte, auf einem unter Beschuß liegenden Feldherrnhügel auszuharren, ohne mit der Wimper zu zucken.

Doch dann kam Schwarzenberg und präsentierte seine Forderung: Ein neues Staatsoberhaupt müsse her, noch bevor die Revolution völlig niedergeschlagen sei. Er wollte jemanden hinter sich wissen, der auch harte Maßnahmen billigen würde. Der relativ geringen Mühe, Ferdinand davon zu überzeugen, daß er abtreten müsse, unterzog der Ministerpräsident sich selbst. Die schwerere Aufgabe, dem eigenen Mann beizubringen, er werde niemals Kaiser sein, fiel Sophie zu. Sie mußte lange mit dem hartnäckig auf sein Nachfolgerecht pochenden Franz Karl ringen, aber am Ende konnte sie mit tränenerstickter Stimme mitteilen, er habe nachgegeben. Franz Josef hielt sich um diese Zeit schon bei seinem Onkel in der alten, mächtigen Festung Olmütz auf. Dort ging der Thronwechsel auch vonstatten. Es war eine rührend einfache Zeremonie.

Der fünfundfünfzigjährige kranke Kaiser las mit zitternder Stimme die Abdankungsurkunde vor, erklärte seinen »geliebten Neffen« für großjährig, legte ihm dann die Hände auf den Kopf und flüsterte: »Gott segne dich, bleib brav, Gott wird dich schützen.«

Aber schon tauchte ein neues Problem auf: Wie sollen künftig die Staatspapiere unterschrieben werden? Mit dem Namen Franz Josef etwa? Noch kein regierender Habsburg hat so geheißen. Also vielleicht Josef III. oder Franz II.? Um Gottes willen, sagt Schwarzenberg, der eine Name erinnere an einen zu freisinnigen Kaiser, der andere an einen zu rückschrittlichen. Franz Josef hingegen sei neu und deshalb auch geeignet, einen Neuanfang zu symbolisieren. Es war bereits auch so etwas wie sein Regierungsprogramm.

Damit es verwirklicht werden konnte, mußte der junge Mann seine

Hände dann allerdings doch mit Blut beflecken, mit weit mehr Blut sogar, als Revolutionäre und Militärs bis jetzt schon vergossen hatten. Die Ungarn erkannten Franz Josef nicht an; sie forderten die Loslösung ihres Landes vom habsburgischen Reich. Ehe die Magyaren aber nicht zur Räson gezwungen waren, konnte von einem Neuanfang nicht die Rede sein – zumindest war dies die Meinung Schwarzenbergs und mehr noch jene von Windischgrätz. Daß die beiden miteinander verschwägerten Böhmen einander bereits mit scheelen Augen betrachteten, wußte damals noch kaum jemand.

Windischgrätz hatte sich bereit erklärt, in Ungarn die Rolle des Bluthundes zu übernehmen, hatte aber damit schon zuviel versprochen. Sein Geschäft als Soldat war es, Krieg zu führen und Revolutionäre notfalls aufknüpfen zu lassen. Jenseits der Leitha mußte der alte Aristokrat jedoch feststellen, daß er nicht gegen ein fremdes Volk und auch keineswegs nur gegen Menschen kämpfte, die in seinen Augen gesetzloses Gesindel waren, sondern gegen eigene Leute. Ungarische Offiziere, vor die Wahl gestellt, ob sie sich zu ihrer Nation bekennen wollten oder als Angehörige der österreichischen Armee auf Ungarn schießen sollten, hatten in hellen Scharen für die letzte Möglichkeit optiert.

Windischgrätz und seine Männer sahen sich Feinden gegenüber, die teilweise noch die gleiche Uniform trugen wie sie selbst und von denen viele vor kurzem mit ihnen an einem Tisch gegessen hatten. Die Ungarn selbst befanden sich in einer ähnlich zwiespältigen Lage. Jetzt blieb ihnen nur mehr übrig, ihre Haut so teuer wie möglich zu verkaufen, während Windischgrätz sich eigentlich hätte sagen müssen, daß der Kampf gegen Meuterer jede Art von Grausamkeit und Brutalität rechtfertigt. Aber dazu hatte er nicht das Herz, und so mußte seine Mission scheitern, obwohl er Budapest besetzen konnte.

Kossuth war mit dem ungarischen Reichstag nach Debrecen in der nördlichen Theißebene ausgewichen, rief dort die Republik aus und warf sich zu ihrem Diktator auf. Die Lage spitzte sich zu: Einige Unterbefehlshaber von Windischgrätz, unter ihnen auch Jellachich, wurden von ehemals kaiserlichen Offizieren geschlagen. Windischgrätz war ratlos: Wen sollte der böhmische Edelmann in der eroberten Hauptstadt köpfen, hängen, erschießen lassen? Schwager Schwarzenberg löste das Problem auf die für ihn selbst günstigste Weise. Er bewog Franz Josef, Windischgrätz seines Amtes zu entheben. Allerdings zwang ihn dieses Manöver auch, einen Schritt zu tun, den er lieber vermieden hätte.

Um Ungarn zurückzugewinnen, blieben nur noch zwei Möglichkeiten übrig: Italien aufgeben und Radetzky mit seiner Armee heranholen, oder . . .? Noch immer gab es die »Heilige Allianz«.

Als Nikolaj I. 1825 den Zarenthron bestieg, hatten in Petersburg ähnliche Zustände geherrscht wie bei Franz Josefs Regierungsantritt in Österreich – allerdings nur acht Stunden lang. Dann war der »Dekabristenaufstand«, ein Militärputsch, niedergeschlagen – und in Rußland herrschte wieder Ruhe. Nikolaj führte seither ein hartes, keineswegs rein despotisches Regiment, er war durchaus vom Willen zur Reform beseelt. Lediglich an einem ließ Katharinas Enkel niemals rütteln: seinem Recht auf Selbstherrschaft. Da er aber dieses Prinzip für den Pfeiler jeglicher Ordnung schlechthin hielt, suchte er es auch seinen Amtsbrüdern im Westen nahezubringen; es trug ihm den Beinamen »Gendarm Europas« ein. Im Revolutionsjahr 1848 hatte Nikolaj sowohl Friedrich Wilhelm IV. wie auch Kaiser Ferdinand Militärhilfe angeboten. Der Preuße hatte abgewinkt, der Österreicher gezögert. Jetzt griff Schwarzenberg, zur größten Freude des Zaren, nach der immer noch ausgestreckten Hand. Niemand nahm die von seinem Bruder Alexander I. begründete »Heilige Allianz« so ernst wie Nikolaj. Binnen kurzem stand eine Armee von zweihunderttausend Mann an der galizisch-ungarischen Grenze, während sich hinter der Raab kaiserliche Truppen unter dem von Italien herbeigerufenen Feldzugmeister Julius von Haynau sammelten, noch einmal hundertfünfundzwanzigtausend Soldaten. Die Ungarn verfügten zwar über einen ungemein fähigen Anführer, den aus der kaiserlichen Pionierschule kommenden Artur Görgey, doch darüber, wie die Dinge sich weiterentwickeln würden, konnte kein Zweifel bestehen.

Haynaus weiß uniformierte Einheiten trieben die »Honvéds«, die ungarischen »Vaterlandsverteidiger«, gegen die Mauer der im Osten aufmarschierten, überwiegend grün gekleideten Russen unter Iwan Paskéwitsch-Eriwanski. Zwischen den Backen dieser Zange wurden sie binnen zweieinhalb Monaten zerquetscht. Als Kossuth abdankte und floh, war Görgey einen Tag lang Staatsoberhaupt. Dann, am 13. August 1849, ergab er sich bei Világos (im heutigen Rumänien) einem russischen General. Paskéwitsch meldete nach Petersburg: »Ungarn liegt

Eurer Kaiserlichen Majestät zu Füßen.« Es war genau das, was Schwarzenberg nicht gewünscht, aber dennoch bewußt heraufbeschworen hatte. Zar Nikolaj, dem selbst die Preußen längst als Bedrohung empfanden, war die beherrschende Gestalt in Europa geworden und konnte nicht nur Anspruch auf Dankbarkeit erheben, sondern auch darauf pochen, daß seine politischen Vorstellungen von Anfang an die richtigen gewesen waren. Aus dieser bedrohlich anmutenden Situation rettete sich Österreichs Regierungschef mit einem zynisch anmutenden Manöver.

Nikolaj trat den Ungarn gegenüber für Milde und Vergebung ein. Doch Schwarzenberg soll, als ihm davon berichtet wurde, erwidert haben: »Das ist ganz gut, aber zuerst wollen wir ein bißchen hängen.« Er gab Haynau den Auftrag, gegen alle Rebellen, besonders jene, die einmal österreichische Uniform getragen hatten, erbarmungslos vorzugehen. Haynau war ein Mann, dem man so etwas nicht zweimal zu sagen brauchte. Bereits in Italien hatte er sich den Beinamen »Hyäne von Brescia« erworben; die Mordlust, die Windischgrätz abging, lag ihm im Blut. Dreizehn Generale und den von Kossuth entmachteten ehemaligen Ministerpräsidenten Lajos Batthyány ließ der illegitime Sohn des hessischen Kurfürsten bereits im Oktober hinrichten. Zweihunderteinundachtzig weitere Honvéd-Offiziere wurden von seinen Kriegsgerichten zum Tode verurteilt, unter ihnen auch ein gewisser Gyula Andrássy, ehemals Major in der Revolutionsarmee, zur Zeit, da Haynau den Bluthund spielte, Vertreter des Kossuth-Regimes in Konstantinopel. Andrássy wurde nur »in effigie« gehängt, die übrigen Todeskandidaten später zu mehrjährigen Haftstrafen verurteilt. Daß Andrássy 1871 österreichischer Außenminister sein sollte, ließ sich im Jahr 1849 wahrlich noch nicht absehen. Damals schien Haynau den weißen Waffenrock der kaiserlichen Armee mit dem Blut erschlagener Magyaren umfärben zu wollen; Schwarzenberg ließ ihn gewähren. Erst als die Beschwerden über sein Vorgehen nicht mehr zu überhören waren, berief er »den Schlächter« von einem Tag auf den anderen ab und schickte ihn in diplomatischer Mission nach England. Hatte er wirklich nur ein Exempel statuieren wollen, oder lagen seinem Vorgehen noch andere Überlegungen zugrunde?

Franz Josefs Ministerpräsident soll auch gesagt haben: »Österreich wird die Welt durch die Größe seiner Undankbarkeit noch in Erstaunen setzen.« Tatsächlich dürfte in diesem Wort sein eigentliches Motiv verborgen gewesen sein. Dem Zaren sollte signalisiert werden, daß man ihm zwar gestattet habe, seine Pflicht gegenüber einem Mitglied der »Heiligen Allianz« zu erfüllen, daß man aber nicht daran denke, ihn dafür mit Gesinnungsgenossenschaft zu honorieren. Verachtungsvoll fast zog Nikolaj seine Truppen ab. Schwarzenberg mag geradezu hörbar aufgeatmet haben, als der letzte russische Soldat über den Dnjestr zurückgegangen war. Mit einer waghalsigen Operation hatte er erreicht, was er erreichen wollte, und dafür nicht einmal einen nennenswerten Preis entrichtet. Ungarn gehörte wieder dem Haus Habsburg, er selbst war der mächtigste Mann im Reich. Zu den wenigen, die seine Leistung würdigen konnten, schien der noch relativ unbekannte Otto von Bismarck zu gehören. Indes verstand nicht einmal er Schwarzenbergs eigentliche Gedanken. In einem Brief des damaligen preußischen Landtagsabgeordneten an seine über die Vorgänge in Ungarn empörte Schwiegermutter heißt es: »Das weichliche Mitleid mit dem Leibe des Verbrechers trägt die größte Blutschuld der letzten sechzig Jahre.« Das entsprach dem Denken der äußersten konservativen Rechten. Aber ist Schwarzenberg in diesem Sinne überhaupt konservativ gewesen?

Die Revolution in Ungarn war gerade niedergeschlagen, da berief der Böhme einen Mann in sein Kabinett, der noch im März 1848 zu den Wortführern der Wiener Aufständischen gehört hatte: den durchaus jakobinisch gesinnten Rechtsanwalt Alexander Freiherr von Bach. Aber freilich: An die Macht gekommene Jakobiner, wie pflegen sie in der Regel einen Staat zu reformieren? Durch Gleichschaltung und Bürokratie.

Auf der neu geschaffenen Tabula rasa errichtete Bach seinen großösterreichischen Einheitsstaat. Wie schon von Josef II. geplant, wurde das Land, ohne Rücksicht auf die Ansprüche der verschiedenen Nationalitäten, in etwa gleichgewichtige Verwaltungsgebiete aufgeteilt. Ihrer bemächtigte sich ein Heer von überwiegend deutschsprachigen Beamten, fähige, unbestechliche Männer zumeist, alle in den gleichen Schnürrock gekleidet und deswegen »Bach-Husaren« genannt. Fingerspitzengefühl jedoch oder Gespür für die Eigenheiten der jeweiligen Volksgruppen besaßen nur die wenigsten von ihnen. Als ein Kroate sich über ihr mechanisches Verhalten beschwerte, gab ein Magyar ihm zur Antwort: »Was wir als Strafe bekommen haben, habt ihr zur Belohnung erhalten.«

Dem jungen Franz Josef aber muß sich schon damals der Eindruck aufgedrängt haben, es gebe überhaupt nur zwei Säulen, auf denen die Monarchie ruhe: das Beamtentum und das Heer.

In Wien spielten zu jener Zeit alle »Werklmänner« auf ihren Leierkästen den gleichen Schlager. Aus einer heiteren Melodie war das Trappeln von Pferdehufen herauszuhören, das Klirren von Wehrgehängen, das Echo verwehter Angriffssignale. Johann Strauß (Vater) hatte das populäre Stück komponiert und am 15. August 1848 zum ersten Mal öffentlich vorgetragen: den Radetzkymarsch. Er schien ein Abgesang auf die schon halb vergessene Revolution zu sein, aber gleichzeitig auch eine Hymne auf das Erzhaus in seiner neuen Erscheinung. Der alte gütige Kaiser war verschwunden, ersetzt durch einen jungen, feschen Mann in weißem Waffenrock. Das mutete an wie Frühling im Prater, wie der vorausgeworfene Schimmer einer neuen, angenehmeren Zeit. Gesiegt hatte man ohnehin an allen Fronten, auch in Italien. Eben von dorther hatten sich aber dieses Gefühl der Erleichterung und jener frische patriotische Stolz ausgebreitet, den der alternde Grillparzer damals beschwor: »In Deinem Lager ist Österreich.« Gemeint war natürlich das Lager Radetzkys, des Mannes, der, nach den Epochen Prinz Eugens und Erzherzog Karls, das »Dritte Österreichische Heldenzeitalter« verkörperte.

Im Frühjahr 1849 hatte Radetzky einen zweiten Versuch Carlo Albertos von Sardinien-Piemont vereitelt, den Habsburgs ihren oberitalienischen Besitz zu entreißen. Novara war der Ort seines letzten großen Sieges gewesen. Jetzt gehörte auch Venedig wieder zu Österreich, und in Turin regierte anstelle des geschlagenen Königs dessen Bruder, ein bärtiger, unschöner Mann, der dazu neigte, sich wie ein Bauer auszudrücken: Vittorio Emanuele, zwölf Jahre später König von ganz Italien.

Indes, wer hätte damals schon so weit vorausblicken können – und vor allem: Wer hätte Anlaß dazu gehabt? Das Habsburgerreich schimmerte in einem völlig neuen Glanz. Und niemand störte sich daran, daß dieser Glanz vor allem von Uniformen herrührte. Ein prächtigeres Heer als jenes, das von den ungarischen und italienischen Schlachtfeldern zurückkehrte, hat es vermutlich nie wieder gegeben. Vergessen die frackähnlichen Waffenröcke mit ihren überhohen Kragen und den darunter getragenen Westen. Statt ihrer: elegant geschnittene, langschößige Jacken in Farben, wie sie zum Teil nicht einmal auf der Palette des Regenbogens vorkommen. Dazu jeweils kontrastierende oder passende Hosen: Grau paarte sich mit Meergrün, Rot mit Weiß, Dunkelblau mit Braun. Man hätte die Schöpfer dieser Uniformen hahnenhafter Prahlerei bezichtigen können, wären die aufgeputzten Soldaten nicht der deutlichste Ausdruck des seit dem Regierungsantritt Franz Josefs vorherrschenden Geistes gewesen. Von den beiden Säulen seines Reiches traute der junge Herrscher nur einer voll und ganz: dem Heer. Auf die Armee konzentrierte er deshalb, stärker noch als selbst Maria Theresia, sein ganzes Interesse. In ihr erkannte Franz Josef das Band, das seine vielen Völker zusammenhielt; er dachte dabei keineswegs nur an die Macht der Bajonette. Das Heer war vielmehr die sinnfälligste Verkörperung des habsburgischen Staatswesens und gleichzeitig die einzige Institution, in der Kroaten, Böhmen, Magyaren, Polen, Ukrainer zu bewußten Dienern des Erzhauses geformt werden konnten. Nur als Soldaten vermochten junge Männer wirklich zu erfahren, daß es für sie neben ihren Heimatdörfern und -städten noch eine größere Heimat gab, die ihnen allein der Kaiser gewährte. Er tat es allerdings nicht eben mit zarter Hand.

»Damals«, schrieb Ernst Graf Wurmbrand, ein deutsch-ungarischer Offizier, »war die Prügelstrafe beim Militär noch üblich. Jeder Hauptmann hatte das Recht, fünfundzwanzig Stockhiebe aufhauen zu lassen, wann und wie er wollte, und je mehr er aufhauen ließ, desto angesehener war er.« Auch Offiziersanwärter waren von solch drakonischen Strafen nicht ausgeschlossen. Wurmbrand selbst verbrachte einen beträchtlichen Teil seines frühen Kasernenlebens im Kittchen, manchmal mit einer schweren Kette am Fuß- und am Armgelenk, zuweilen auch »kurzgeschlossen«. »Das heißt«, berichtet er, »dem Delinquenten wurden am linken Fußgelenk und am rechten Armgelenk Eisenschellen angeschnallt und diese waren mit einer ganz kurzen Kette miteinander verbunden, so daß der Delinquent in ganz zusammengehockter Stellung verharren mußte«, mit geschultertem Tornister und oft mehr als vierzehn Nächte hintereinander.

Trotz der Erwähnung solcher Details ist Wurmbrands Lebensbericht keine Anklageschrift, sondern ein einziger Lobgesang auf die kaiserliche Armee, ein wahrer Hymnus an das leichtsinnige Leben in Uniform, an Ritte, Duelle, Manöver, waghalsige Glücksspiele, rasch wechselnde Liebschaften, ausufernde Saufgelage, vor allem aber an eine

Lebenshaltung, die ebenso ritterlich wie juvenil anmutet, so roh wie graziös. Geadelt wurde sie letztlich nur durch eine geradezu abgöttische Verehrung des Kaisers und die Bereitschaft, jederzeit für ihn zu sterben. Auch Wurmbrand sollte später mehrmals beweisen, daß ihm in bedrohlichen Situationen Leben und Gesundheit unwichtig waren.

Franz Josefs Instinkt trog deshalb wirklich nicht, wenn er vor allem auf seine farbenprächtige Streitmacht setzte. Sie schützte nicht nur das Erzhaus, sie verkörperte es auch. Ob das in gleichem Maß für seinen wichtigsten Berater galt, war hingegen schon wieder eine andere Frage.

Felix zu Schwarzenberg mußte gewiß jedem Außenstehenden als der Inbegriff eines österreichischen Edelmannes erscheinen. Er sah blendend aus und verfügte über jene verbindliche Art, die nicht erkennen läßt, daß in der eleganten Scheide auch ein Dolch steckt. Für einen Mann, der vor jedem Angehörigen der Familie Habsburg strammstand, durfte man ihn jedoch keineswegs halten. Das erfuhr unter anderem ein Großonkel von Franz Josef.

In den wirren Märzwochen des Jahres 1848, als Wiener Bürger auf die Barrikaden gingen und auch in anderen Städten Unruhen ausbrachen, hatte sich Erzherzog Johann für das Haus Habsburg als höchst brauchbare Geheimwaffe erwiesen. Er war es gewesen, der durch sein bloßes Erscheinen die rebellierenden Einwohner von Graz beruhigte, er eröffnete auch den von Ferdinand I. genehmigten Reichstag. Am 24. Juli erreichte den Steirer dann ein Ruf aus Frankfurt. Die verfassunggebende Nationalversammlung hatte ihn zum Reichsverweser gewählt; Johann nahm an. Was ihm dabei vor Augen stand, ließ sich mühelos erraten. Er meinte, den Verzicht seines Bruders, des damaligen Franz II., auf die Karlskrone rückgängig machen zu können, hoffte insgeheim, Deutschland und Österreich unter seinem Patronat wieder zu vereinigen. Daß die Paulskirche dann nicht ihn als neuen Kaiser auserkor, sondern Friedrich Wilhelm IV. von Preußen, traf Johann ins Herz, bewog ihn aber keineswegs, sein Amt als Reichsverweser aufzugeben. Der Hohenzoller wies das Angebot ja mit schnöden Worten zurück, also blieb doch noch ein Rest von Hoffnung auf das Zustandekommen der sogenannten »großdeutschen« Lösung, die Aufnahme des ganzen Habsburgerstaates in ein neu zu schaffendes Reich.

Dieses Ziel strebte im Grunde auch Schwarzenberg an, ja, sogar der romantische Preuße Friedrich Wilhelm hätte damals am liebsten als oberster und erblicher Feldherr unter einem Mitglied des Erzhauses gedient. Nach der Niederschlagung der Revolution in Wien sah jedoch alles wieder ganz anders aus. Die deutschen Fürsten gingen nun in der Pfalz, in Baden, in Sachsen ebenfalls mit Truppen gegen die Aufständischen vor; der württembergische König ließ die nach Stuttgart verlegte Nationalversammlung auflösen. Und wie schon öfter in ähnlichen Lagen, war plötzlich erneut das »Große Dessein« des Georg Friedrich von Waldeck aktuell; auch Friedrich der Große, Schöpfer des antihabsburgischen »Fürstenbundes«, ließ von ferne grüßen. In Berlin wurde eine »Union«, bestehend zunächst aus Preußen, Sachsen und Hannover, konzipiert. Schwarzenberg ging sofort in Ausfallposition.

Elf Monate lang lieferte er dem unentschlossenen, zaghaften Preußenkönig ein brillantes diplomatisches Gefecht nach dem anderen, verwirrte, bedrohte, schmeichelte, umgarnte ihn nach allen Regeln der Kunst – und konnte schließlich einen ersten Erfolg verbuchen: Habsburg und Hohenzollern einigten sich darauf, die Zentralgewalt im Deutschen Bund, der ja noch immer bestand, zwei von ihnen gestellten Bevollmächtigten zu übertragen – nein, nicht Erzherzog Johann wurde von seinem Land für diesen Posten nominiert. Schwarzenberg glaubte, mit Querdenkern von seiner Art nicht viel anfangen zu können, und auch Franz Josef legte für den Großonkel kein gutes Wort ein. Enttäuscht legte Johann sein Amt als Reichsverweser nieder und kehrte in die geliebte Steiermark zurück.

Der Kampf um die Macht über Deutschland aber ging weiter, Schwarzenberg blieb weiterhin der Angreifende; seinem Elan, seinen taktischen Vorstößen und strategischen Umgehungsmanövern schien niemand gewachsen zu sein. Die Mühe, ausgefeilte Konzepte vorzulegen, machte er sich nur selten; das hieß aber keineswegs, daß ihm nicht ein klares Ziel vor Augen gestanden wäre. Er wollte das »Kaiserreich der siebzig Millionen«, eine zentraleuropäische Macht, die, in welcher Weise auch immer, vom Doppeladler überragt sein würde. Um diese Vision zu verwirklichen, scheute er nicht einmal vor offenem Krieg zurück.

Zunächst einmal steckte der Böhme sich hinter die Königreiche Württemberg und Bayern. Dann bewog er Sachsen dazu, sich diesen beiden Staaten anzuschließen, und lud daraufhin die Vertreter aller deutschen Regierungen auf den 26. April 1850 nach Frankfurt ein, damit der alte Bundestag wieder konstituiert werden könne. Um auch das noch immer widerstrebende Preußen kirre zu machen, brachte er schließlich, man möchte beinahe sagen, »die Frechheit« auf, selbst den Mann wieder für sich einzuspannen, den er vor kurzem vor den Kopf gestoßen hatte: Nikolaj I. Der Russe spielte sogar mit. Preußen wurde gezwungen, die Herzogtümer Schleswig und Holstein, die es 1848 den Dänen abgenommen hatte, zurückzugeben, Schwarzenbergs übrige Pläne erhielten ebenfalls den Segen des Zaren. Schon nahm, unter dem Vorsitz des Österreichers Leo Graf Thun, der Bundestag seine Arbeit auf. Da brach der sogenannte »Hessische Verfassungsstreit« aus.

Kurfürst Friedrich Wilhelm I. von Hessen-Kassel hatte den Ständen seines Landes einen gefälschten Staatshaushalt vorgelegt und war daraufhin von empörten Bürgern aus seinem Kasseler Schloß vertrieben worden. Beim Bundestag in Frankfurt suchte er Hilfe. Man war dort sogar hoch erfreut, die eigene Macht endlich zeigen zu können. Nun gehörte aber Hessen-Kassel sowohl der von Preußen dominierten Vereinigung an, die sich mittlerweile »Erfurter Union« nannte, wie auch dem Deutschen Bund. Welche von beiden Institutionen war also berechtigt, dem Kurfürsten gegen seine Untertanen zu Hilfe zu eilen? Die Preußen meinten, daß sie es seien; Österreich, Bayern und Württemberg legten dagegen Verwahrung ein. Und da ihm der Rücken noch immer von Nikolaj gedeckt wurde, sah Schwarzenberg sich im Vorteil; er ließ mobilisieren. Radetzky marschierte von der einen, die Preußen von der anderen Seite her auf Hessen zu.

Bei Bronnzell, einem kleinen Ort südlich von Fulda, begannen die Vorhuten der beiden Mächte einander zu beschießen. Es sollte keine größere Schlacht werden. Als die Preußen Befehl erhielten, sich zurückzuziehen, weil Berlin inzwischen beschlossen hatte nachzugeben, lagen nur sechs Leichen auf der Walstatt: fünf österreichische Jäger und das Pferd eines preußischen Trompeters. Wirklich, es schien ein völlig bedeutungsloses Ereignis gewesen zu sein. In Wahrheit ist es jedoch ein großer Sieg gewesen – für Schwarzenberg. Der Österreicher hatte seine Gegenspieler mit geringstem Aufwand ausmanövriert und sie vor aller Welt blamiert. Habsburg war wieder die beherrschende Macht in Deutschland. Was stand dem »Kaiserreich der siebzig Millionen« eigentlich noch im Wege?

Um seinen Erfolg endgültig abzusichern, reiste Schwarzenberg nach Olmütz. Er kämpfte auch dort mit harten Bandagen. Als sein Gegenspieler, Otto Theodor von Manteuffel, den Tagungsraum im »Hotel zur Krone« verließ, war er ein geschlagener Mann. Preußen hatte in allen strittigen Punkten nachgeben müssen. Zufolge der »Olmützer Punktation« sollte die »Erfurter Union« aufgelöst, eine künftige Ordnung in Deutschland auf Ministerebene unter österreichischer Leitung erarbeitet werden. Schwarzenberg konnte ein nagendes Gefühl des Zweifels trotzdem nicht ganz unterdrücken. »Krieg«, sagte er später, »wäre vielleicht besser gewesen und hätte einen fünfzigjährigen Frieden gebracht – vielleicht. Wenn man doch nur kein Gewissen hätte!«

Wie recht er hatte, wurde den Österreichern sechzehn Jahre später vor Augen geführt – durch den einzigen Mann, der sich in diesem Jahrhundert mit Schwarzenberg vergleichen ließ. Bismarck glaubte nicht, daß die deutsche Frage anders als durch Waffen gelöst werden könne, und provozierte deshalb ganz bewußt den Krieg, vor dem sein Vorgänger auf der anderen Seite noch zurückgeschreckt war – wenn auch keineswegs ganz freiwillig. Nach dem Gefecht von Bronnzell hatte die preußische Königin mit ihrer Schwester, Erzherzogin Sophie, Kontakt aufgenommen, und diese wiederum hatte Franz Josef bewogen, seinen Ministerpräsidenten nach Olmütz zu schicken, damit er den Streit im Verhandlungsweg beilege. Sophie verfocht eine Annäherung Österreichs an Deutschland, vor allem durch Eheverbindungen. Wäre sie in dieses Projekt nicht so vernarrt gewesen, würden unsere Geschichtsbücher vielleicht doch eine »Schlacht« von Bronnzell verzeichnen, aber gewiß keine Schlacht von Königgrätz. Österreichs Weg in die Katastrophe hatte eigentlich bei dem kleinen Ort südlich von Fulda begonnen.

Auch eine weitere Variante ist noch denkbar: Felix zu Schwarzenberg erreicht das normale Lebensalter eines gesunden Mannes, und Bismarck muß sich von dem Tag an, da er Außenminister wird, mit ihm herumschlagen. Kann man sich vorstellen, daß er den Böhmen auf ähnliche Weise ausmanövriert hätte, wie es ihm mit dessen Nachfolgern gelang? Es ist eine rein rhetorische Frage. Schwarzenberg starb mit zweiundfünfzig Jahren; er war so alt geworden wie sein Jahrhundert. Für Habsburg traf damit eine Situation ähnlich jener ein, die Karl VI. zu der verzweifelten Frage bewegt hatte: »Ist denn mit Eugens Tod der Glücksstern völlig von uns gewichen?«

Habsburgs Stern begann in der Tat zu sinken, während – und weil – gleichzeitig die Sterne dreier anderer Männer emporstiegen, raketenhaft der eine, leicht und schnell der zweite, etwas langsamer der dritte. Die Rede ist von Napoleon III., di Cavour und eben Bismarck.

Der Vetter des Herzogs von Reichstadt, Sohn des Bruders von Napoleon I., war ein politischer Abenteurer von genialischem Zuschnitt. In der Februarrevolution von 1848 an die Macht gekommen, vier Jahre später schon Kaiser der Franzosen, brillierte er mit der Virtuosität eines Teufelsgeigers auf allen Feldern der Politik: Wirtschaft, Soziales, Kolonialwesen, nichts war ihm fremd. Um Frankreichs Position in Europa zu stärken, versuchte er sich vor allem der nationalistischen Bewegungen zu bedienen. Eben dies brachte ihn mit Cavour in Verbindung. Es geschah auf überaus spektakuläre Weise.

Am 14. Januar 1858 warf der italienische Revolutionär Felice Orsini eine Bombe in Napoleons Wagen. Die Explosion tötete zehn Menschen, nur den Kaiser nicht. Orsini wurde verhaftet und zum Tode verurteilt, doch schickte er seinem erwählten Opfer vor der Hinrichtung noch einen Brief. Gerüchten zufolge wurde Napoleon darin an den Carbonari-Eid erinnert, den er als junger Mann im Exil abgelegt hatte und der ihn unter Androhung der gräßlichsten Strafen verpflichtete, sich für die Einheit Italiens einzusetzen. Den Adressaten soll das Schreiben aus der Todeszelle zutiefst verstört haben. Das erfuhr Camillo di Cavour.

Der liberale, antiklerikale Politiker aus Turin, Zeitungsherausgeber und, seit 1852, Ministerpräsident von Sardinien-Piemont, machte sich an den Franzosen heran und gewann ihn für die Sache des »Risorgimento«, der »Wiedererhebung« seiner Landsleute gegen die österreichische Vormacht in Italien. Er profitierte dabei auch von einem Fehler, den der noch von Schwarzenberg eingesetzte österreichische Außenminister Buol-Schauenstein drei Jahre zuvor begangen hatte.

Nikolaj I. unternahm damals den Versuch, die von ihm als »kranker Mann am Bosporus« bezeichnete Türkei um einen Teil ihres außeranatolischen Besitzes zu erleichtern. Wie einst Katharina II. zählte er selbstverständlich auf den Beistand Österreichs. Als sich gegen sein Vorhaben jedoch Napoleon und England erhoben, erklärte Buol-Schauenstein im Einvernehmen mit Preußen, Österreich wolle sich aus der Sache heraushalten. Auf diese Weise ersparte er es zwar der prächtigen habsburgischen Armee, an einem sinnlosen Gemetzel teilnehmen zu müssen, das später den Namen »Krimkrieg« bekam, doch hatte er sich auch zwischen alle Stühle in Europa gesetzt. Noch schlimmer sollte es sich für Österreich auswirken, daß Franz Josef im Jahr 1854 dem türkischen Sultan zusicherte, seine Truppen würden die zum Osmanischen Reich gehörenden Donaufürstentümer Moldau und Walachei besetzen, wenn die Russen dort einzurücken versuchten. »Apostolischer Kaiser, erlaubt Dir das Dein Gewissen?« donnerte Nikolaj den Habsburg an. Der junge Kaiser stellte sich taub, die von dem Zaren so eifrig gepflegte Freundschaft mit der Donaumonarchie war dahin. In den Augen der anderen kriegsteilnehmenden Mächte aber galt Österreich fortan als unsicherer Kantonist. Das kleine Sardinien-Piemont hingegen hatte am Krimkrieg teilgenommen – aus keinem anderen Grund als dem, in Europa politisch kreditfähig zu werden. Am Ende der Auseinandersetzung konnte Cavour den erhofften Zins einstreichen; Napoleon schloß mit ihm ein gegen Österreich gerichtetes Bündnis. Im April 1859 brach der Krieg um Oberitalien aus. Sieben Monate zuvor war Radetzky gestorben.

»Wir hatten Hunger, aber den vergaß man, nur der Durst war furchtbar. Die Zunge klebte einem im Munde an, und nirgends war Wasser, es war so, daß sich die Leute mit Gier auf die Pfützen stürzten und aus den Kotlachen die Flüssigkeit einsaugten, ja sie tranken sogar den Urin von den Pferden.« Dies berichtet Ernst Wurmbrand über die Schlacht bei Solferino, einem kleinen Ort südlich des Gardasees. Es war das zweite entscheidende Treffen, das die Österreicher verloren. Drei Wochen zuvor hatten die verbündeten Italiener und Franzosen sie schon bei Magenta, westlich von Mailand, geschlagen. Der Grund für diese mehr als schmählichen Niederlagen einer stolzen Streitmacht? »Da war«, stellt Leutnant Wurmbrand fest, »wieder der alte Schlendrian«; außerdem gab es »ein großes Wirrwarr unter den hohen Generälen und Korpskommandanten«. Allein mit diesen beiden Beobachtungen traf der Deutsch-Ungar den Nagel auf den Kopf. General Gyulai, dem Nachfolger Radetzkys an der italienischen Front, fehlte nicht nur dessen Format, er war schlicht und einfach unfähig. Als aber Franz Josef dies erkannte und aus Wien Heinrich von Heß, den einundsiebzigjährigen Generalstabschef des großen Alten, herbeizitierte, ließ sich bereits nichts mehr retten. Franz Josef, der nominell die Schlacht von Solferino leitete, vermochte den Karren keineswegs mehr herumzureißen, ebensowenig Ludwig August von Benedek, einziger kommandierender General, dessen Einheiten erfolgreich operierten.

Habsburg, das stand nach dem kurzen Feldzug von 1859 fest, hatte die Lombardei endgültig verloren und mußte froh sein, wenigstens Venetien noch behalten zu dürfen. Erleichtert hingegen war Napoleon, weil er so rasch zu einem bedeutenden Sieg gekommen war; er tauschte die an ihn übertragene Lombardei später gegen Savoyen und Nizza ein. Lediglich Cavour zeigte sich darüber enttäuscht, daß die Einigung ganz Italiens noch immer nicht erreicht war. Aber das wiederum störte Vittorio Emanuele nicht – es wies ihn als den weitsichtigeren von beiden aus. Eine toskanische Nationalversammlung setzte kurz nach Friedensschluß den in Florenz regierenden Großherzog Leopold II. ab; die Bürger von Modena und Este taten mit ihren Herzögen das gleiche. Dem Papst wurde die Emilia, der nördliche Teil des Kirchenstaates, aberkannt, und Giuseppe Garibaldi vertrieb Francesco II., einen Urenkel Maria Karolinas, aus Neapel. Als sich der Rauch über dem Stiefel wieder verzogen hatte, konnte Vittorio Emanuele den Titel eines Königs von Italien annehmen. Das geschah 1861, wenige Wochen vor dem Tod Cavours.

Was blieb dem mittlerweile einunddreißigjährigen Kaiser von Österreich? Ein immer noch mächtiger Staat und eine bedeutende Stellung in Deutschland. Aber nun stieg der dritte Stern nach jenen von Napoleon und Cavour empor. 1862 wurde Otto von Bismarck preußischer Ministerpräsident.

Der neue Mann in Berlin könnte ein Schüler Schwarzenbergs gewesen sein, so exakt spielte er dessen Züge auf dem politischen Schachbrett nach, wenn auch mit umgekehrter Stoßrichtung. Der Böhme hatte sich einst Rußlands bedient, um Preußen in die Enge zu treiben, jetzt verband Bismarck sich, aus dem entsprechenden Grund, mit Alexander II., dem Nachfolger Nikolajs. Schwarzenberg hatte Preußen unter blamablen Umständen in den Deutschen Bund zurückgezwungen. Nun veranlaßte Bismarck seinen König zu einer Brüskierung Franz Josefs, die diese Blamage wieder ausglich.

Auf den 17. August 1863 hatte der Kaiser alle deutschen Fürsten nach Frankfurt eingeladen, um ihnen den Entwurf einer neuen Bundesverfassung vorzulegen. Sie sah eine Art Parlament aus Delegierten der einzelnen Landtage vor und ein fünfköpfiges Direktorium unter österreichischem Präsidium. Da aber Wilhelm I. – auf Bismarcks Drängen hin – zu der feierlichen Versammlung gar nicht erst erschien, nützte es wenig, daß Franz Josefs Papier angenommen wurde – ein Bund ohne oder gegen Preußen war nicht lebensfähig. Außerdem konnte der Hohenzollernstaat sich längst auf eine Vereinigung von völlig anderer Art stützen, aus der keines ihrer Mitglieder ohne Not wieder ausgetreten wäre. Der 1834 gegründete »Deutsche Zollverein«, für den Friedrich List vierzig Jahre zuvor bei Kaiser Franz geworben hatte, repräsentierte einen von den Alpen bis zur Nordsee reichenden geschlossenen Wirtschaftsraum und war bereits so etwas wie der ökonomische Korpus des späteren Deutschen Reiches. Österreich gehörte ihm nicht an, was Bismarcks Position zusätzlich stärkte.

Ein Jahr nach dem verunglückten Kongreß in Frankfurt folgte dann sein nächster Retourschlag. Schwarzenberg hatte Preußen einst gezwungen, das eroberte Schleswig-Holstein an Dänemark zurückzugeben. Nun, da die Kopenhagener Regierung das nördliche der beiden Herzogtümer erneut annektieren und von dem südlichen abtrennen wollte, obwohl ein Dänenkönig einst gelobt hatte, beide »up ewig ungedeelt« zu lassen, zwang Bismarck die Österreicher, gemeinsam mit Preußen dieses schwärende Problem gewaltsam zu lösen. Er tat es jedoch nur, um, nach dem Ende des erfolgreichen Feldzuges, sofort neuen Zwist heraufzubeschwören. Wer sollte das eroberte Kondominium verwalten? Zu Bad Gastein wurden Wilhelm I. von Preußen und Franz Josef sich im August 1865 einig – auf dem Papier. Holstein fiel an Österreich, Schleswig an Preußen – gewonnen war damit so gut wie nichts. Über den Grenzfluß Eider hinweg befehdeten beide Statthalter einander mit verbalen Attacken und gegenseitigen Belästigungen. Als die Krise sich schließlich immer mehr zuspitzte, beschloß Österreich, den Bundestag als Schiedsrichter anzurufen. Es war genau die Reaktion, auf welche Bismarck gewartet hatte, denn sie konnte auch als Bruch der in Gastein geschlossenen Konvention ausgelegt werden. Sein Spiel war somit aufgegangen, er hatte, was er brauchte; den Casus belli.

Preußen ließ Holstein besetzen und trat aus dem Deutschen Bund aus, nachdem dieser sich geweigert hatte, Österreich auszuschließen. Der Bund erklärte Preußen daraufhin den Krieg, die dreizehn größeren Staaten des ehemaligen Reiches, unter ihnen Bayern, Württemberg, Baden, Hannover und Sachsen, schlossen sich an.

Wie ein Blick auf die Landkarte auszuweisen scheint, hatte Bismarck seinen König damit in eine ziemlich ungleiche Partie hineinmanövriert. Aber das wollte man nicht einmal in Wien so richtig glauben.

XII.
Der Glücksstern weicht

»Wir beginnen zuerst im Trab, dann Galopp. Die Trompeten schmettern, die Standarte ist hoch erhoben, mitten in der Regimentsfront, von allen zu sehen, und voraus weht der grüne Federbusch des Brigadiers, um ihn herum seine Suite in weißen fliegenden Mänteln und goldenen Offiziershelmen.«

Es ist fürwahr ein prächtiges Bild, das der Dragonerleutnant Ernst Graf Wurmbrand zeichnet. Ort der Handlung: das Dörfchen Chlum, an der Straße, die Gitschin, einen ehemaligen Herrensitz Wallensteins, mit dem ebenfalls uralten Hradec Kŕalové verbindet. Gegen Norden hin kann man an schönen Tagen den Umriß des Riesengebirges erkennen, heute regnet es. Im Rücken der Österreicher zieht sich die Elbe hin. An der Straße liegt auch das Örtchen Sadowa. Man schreibt den 3. Juli 1866. Und Hradec Kŕalové heißt auf deutsch Königgrätz.

Vor dreizehn Tagen, am 21. Juni, haben preußische Parlamentäre den österreichischen Vorposten bei Oświęcim die Kriegserklärung übergeben. Oświęcim ist eine Stadt in der polnischen Woiwodschaft Krakau, damals zu Österreich gehörend (in Deutschland sollte sie später unter dem Namen Auschwitz bekannt werden). Zu den vielen Titeln Franz Josefs gehörte auch der eines Herzogs von Auschwitz.

Als es der kaiserlichen Regierung klargeworden war, daß am Krieg mit Preußen kein Weg mehr vorbeiführte, hatte Ludwig von Benedek, der »Held von San Martino« (bei Solferino), nunmehr Befehlshaber der österreichischen Nordarmee, einen Verteidigungsplan entwickelt. Er wollte seine Truppen so aufstellen, daß sie sich auf die starke Festung Olmütz, etwa hundert Kilometer südöstlich von Königgrätz, stützen konnten. Olmütz liegt an der March, jenem Fluß, in dessen Mündungsgebiet Rudolf II. das Land Österreich für Habsburg gewonnen und Erzherzog Karl die Schlacht von Wagram verloren hatte. Das Erzhaus stellte sich den Preußen also in seinem ureigensten Revier.

Aber welcher von den vielen schon damals geschichtsträchtigen Ortsnamen war jetzt das richtige Omen?

Österreich kämpfte auch gegen das mit Preußen verbündete Italien. Albrecht, ältester Sohn des bereits legendenverklärten Erzherzogs Karl, sammelte seine Truppen bei Custozza, wo Radetzky 1848 Carlo Alberto geschlagen hatte. Und siehe, hier unten schien die alte Magie noch zu wirken. Am 24. Juli, ehe es in Böhmen richtig ernst geworden war, fegten Albrechts Truppen die Italiener vom Feld. Wien, das, dank des Telegraphen, die Siegesnachricht noch am selben Tag erhielt, gab sich einem wahren Freudentaumel hin – um sofort neuen Zweifeln zu erliegen.

Hätte nicht Albrecht eigentlich in Böhmen und Benedek an seiner Stelle in Italien stehen sollen? Mehr als einmal hatte der Held von San Martino gesagt, »dort unten« kenne er jeden Baum, hier oben sei er »nur ein Esel«. Trotzdem hatte man ihn gezwungen, die Nordarmee zu übernehmen. Benedek war bei den bayerischen und sächsischen Bundesgenossen beliebter als der konservative Erzherzog. Er galt als liberal, seine Soldaten vergötterten ihn. Daß Benedek den Preußen nicht entgegenziehen, sondern sie, gestützt auf Olmütz, in gebirgigem Gelände bekämpfen wollte, sprach außerdem für seine Intelligenz. Österreichs stärkste Waffe war die Artillerie, ein Mittel der Verteidigung; die Preußen hingegen verließen sich vor allem auf ihr modernes Zündnadelgewehr, mit dem sie fünfmal schneller schießen konnten als die noch auf Vorderlader angewiesenen Soldaten des Kaisers. Außerdem dürfte Benedek gewußt haben, daß ihm auf der anderen Seite Helmuth von Moltke gegenüberstand, ein Mann, dessen Stärke die präzise Planung des Bewegungskrieges war.

Um alle diese Chancen und Risiken bestmöglich gegeneinander auszugleichen, wollte der Österreicher die Preußen an einer elastischen Verteidigungsfront auflaufen lassen. Erst die Abwehrschläge seiner vorgezogenen massierten Batterien, dann die Anwendung der »Sturm- und Stoßtaktik«: rascher Gegenangriff mit aufgepflanztem Bajonett, flankiert von Kavallerieattacken. Es hätte durchaus gutgehen können. Aber da tauchten, ausgerechnet nach dem Sieg von Custozza, diese Zweifel auf. Franz Josef erinnerte sich plötzlich des Zögerers Gyulai, der durch seine Unbeweglichkeit bei Solferino alles verpatzt hatte. Er befahl Benedek, die Olmützer Stellung zu verlassen und statt dessen Vereinigung mit den an der mittleren Elbe stehenden Sachsen zu suchen. Möglicherweise glaubte er sogar, Moltke mit dessen eigenen Methoden schlagen zu können.

Die berühmte Maxime des »Schweigers« lautete: »Getrennt marschieren, vereint schlagen.« Preußens Streitmacht war in drei Armeen aufgeteilt, von denen eine über Sachsen, die beiden anderen über die schlesische Grenze nach Böhmen eindringen sollten. Warum nicht jeden dieser Zähne einzeln ziehen?

Sollte Franz Josef wirklich eine derartige Vorstellung gehabt haben, müßte man ihn krasser Selbstüberschätzung zeihen. Die österreichischen Truppen waren nicht annähernd so beweglich wie die preußischen. Als Benedek sie dennoch in Marsch setzte, gab er nahezu alle seine guten Karten aus der Hand. In den entscheidenden Momenten erwies es sich fast stets, daß die notwendigen Eingreifreserven irgendwo steckengeblieben waren. So mußten die kaiserlichen Einheiten an fünf aufeinanderfolgenden Tagen sieben schwere Niederlagen einstekken. Nur einmal zwischen dem 26. und 30. Juni konnten sie beweisen, daß es sehr wohl möglich war, das feindliche Schützenfeuer im Bajonettangriff zu unterlaufen. Bei Trautenau, zu Füßen der Schneekoppe, warfen sie ein preußisches Korps in seine Ausgangsstellung zurück, wenn auch unter erheblichen Verlusten.

Drei Tage später reisten Moltke, Bismarck und König Wilhelm I. in aller Gemächlichkeit an die Front. Um diese Zeit hatte Benedek bereits fünfunddreißigtausend Mann verloren. Der Plan, die drei angreifenden Armeen einzeln zu schlagen, war so gut wie mißlungen. Verzweifelt telegraphierte der Generalfeldzeugmeister an Franz Josef: »Bitte Eure Majestät dringend, um jeden Preis Frieden zu schließen. Katastrophe der Armee unvermeidlich.« Noch am selben Tag hielt er die Antwort in den Händen: »Einen Frieden zu schließen unmöglich. Wenn Rückzug nötig, ist derselbe anzutreten. Hat eine Schlacht stattgefunden?« Der Fragesatz war vom Generaladjutanten des Kaisers angefügt worden, aber das konnte Benedek nicht wissen. So folgerte er aus dem Text, sein oberster Kriegsherr wünsche eine Schlacht, und beschloß – gehorsamer Soldat –, sie, wie man damals sagte, zu »liefern«. Der Moment, in dem die Österreicher sich auf die Straße Gitschin–Königgrätz zurückzogen, war gekommen. Kolin, wo Feldmarschall Daun die Preußen einhundertneun Jahre zuvor geschlagen hatte, lag nahebei. Ein gutes Omen?

Benedek besaß zumindest noch die Chance, aus seiner Lage das

Beste zu machen. Vor dem Höhenzug, auf dem er seine Truppen postierte, lag eine sumpfige Niederung. Der Artillerie bot sich ein gutes Schußfeld. Nur mit den Rückzugsmöglichkeiten sah es schlecht aus; wenn sie geschlagen wurden, mußten acht Armeekorps im feindlichen Feuer über die Elbe gehen. Aber noch standen ihnen nur zwei preußische Angriffskeile gegenüber. Die dritte Einheit unter Kronprinz Friedrich quälte sich erst über vom Regen aufgeweichte Straßen dem Schlachtfeld entgegen.

Als Moltke, Bismarck und der König an diesem 3. Juli gegen acht Uhr morgens auf der Höhe von Dub, ihrem erwählten Feldherrnhügel, ankommen, tobt der Kampf schon auf der ganzen Linie, vor allem bei dem Dörfchen Sadowa. Zur Mittagszeit sieht es so aus, als bleibe der preußische Angriff im österreichischen Artilleriefeuer stecken. Erst weitere fünf Stunden später kommt es zu der berühmt gewordenen Szene zwischen dem Kanzler und dem General.

Bismarck hält Moltke sein Zigarrenetui hin. Dieser sucht sorgsam das beste Stück aus und raucht es nach allen Regeln der Kunst an. Bismarck, der nur herausfinden wollte, wie es um die Nervenruhe des »Schweigers« bestellt sei, atmet erleichtert auf. Moltke hat auch guten Grund, gelassen zu sein. Kurz zuvor ist ihm gemeldet worden, die Dritte Armee unter Kronprinz Friedrich sei angekommen und habe in den Kampf eingegriffen. Der zierliche Mann mit dem Gelehrtenkopf wendet sich an den König: »Eure Majestät haben nicht nur die Schlacht, sondern den Feldzug gewonnen« – eine um diese Zeit noch etwas kühne, aber zutreffende Lagebeurteilung.

Wie es auf der anderen Seite aussieht, schildert Leutnant Wurmbrand: »Da ritt an unserer Front der Armeekommandant Feldzeugmeister Benedek mit seinem ganzen Generalstab und mehreren Generälen vorüber. Benedek sah sehr gedrückt und finster vor sich hin.« Auch seine Stimmung war begründet. Der Kronprinz attackierte mit zunehmender Wucht bei Chlum. Auf die angetretenen Dragoner deutend, sagte schließlich einer der österreichischen Stabsoffiziere: »Zeigt, was ihr könnt.«

So trabten sie an, die Reiter in den weißen Waffenröcken. Der grüne Federbusch wehte, die Trompeten schmetterten, »die Kugeln flogen nur so herum, und das Erdreich, Holz und Steine spritzten auf, daß es einem schwarz vor Augen wurde«. Irgendwo stand ein Photograph und nahm genau in dem Moment, da das Dragonerregiment »Windischgrätz Nr. 2« auf den ebenfalls berittenen Gegner prallte, die Kappe vom Objektiv. Seine Aufnahme illustriert, was Wurmbrand schildert: Getümmel aus ineinander verkeilten Pferden und Menschen; Säbel vorgereckt, erhoben, niedersausend; Verwundete stürzen aus dem Sattel, Tote liegen schon am Boden. Wurmbrand selbst findet sich am Abend mit durchstochenem Hals und zerschmettertem Fuß in preußischer Gefangenschaft wieder. Die stürmische Kavallerieattacke hat nichts mehr bewirkt. Chlum ist genommen, Sadowa zerstört.

Zum Glück für Benedek erkennt jedoch nicht einmal Moltke das Ausmaß des von den Preußen errungenen Sieges. So bleibt den Österreichern ein fluchtartiger Rückzug über die Elbe erspart. Trotzdem trifft zu, was die Extrablätter in Wien am selben Tag melden: »Unsere Nordarmee existiert nicht mehr.« Benedek hat über vierzigtausend Mann eingebüßt, zwei Drittel davon verwundet oder gefallen, der Rest gefangengenommen.

Und schon hängen allerorten Aufrufe an die »Einwohner des glorreichen Königtums Böhmen: Sollte unsere gerechte Sache obsiegen, dann dürfte sich auch den Böhnen und Mährern der Augenblick darbieten, in dem sie ihre nationalen Wünsche gleich den Ungarn verwirklichen können.« Gezeichnet: »Das Preußische Ober-Commando.«

Es ist der Dolchstoß gegen die verwundbarste Stelle an Habsburgs Leib.

Kaiser Franz Josef ist an diesem 3. Juli 1866 noch fünfunddreißig Jahre alt; er wird erst am 18. August sechsunddreißig werden. Sein bisher halbes Leben lang trägt er bereits die Krone, aber in wenigen Tagen mag es geschehen, daß er, wie seine beiden Vorgänger, die eigene Hauptstadt fluchtartig verlassen muß. Die Preußen, so scheint es, machen Anstalt, das Habsburgerreich zu zerschlagen. Geschähe dies, bliebe nur wenig, dessen er sich rückblickend zu rühmen vermöchte.

Angeleitet noch von Schwarzenberg und später von dem aus England zurückgekehrten Metternich beraten, hatte Franz Josef zunächst versucht, seine Länder wie ein absolutistischer Herrscher zu regieren. Die von ihm selbst 1849 erlassene Verfassung wurde aufgehoben, der durch Ferdinand I. eingesetzte Reichstag aufgelöst, ins Gefängnis geworfen alle Führer der demokratischen Bewegungen. Militärdiktatur in Ungarn, Polizeidiktatur in Italien. Bach, der Ex-Revolutionär, baut seinen automatenhaft arbeitenden Verwaltungsapparat auf und aus.

Doch die ersten Warnzeichen lassen nicht lange auf sich warten. Ein junger Ungar namens Janos Libényi fällt den Kaiser an, als er auf einer Wiener Bastei spazierengeht, versucht ihn zu erstechen und ruft, nachdem er von dessen Adjutanten überwältigt worden ist: »Éljen Kossuth!« Die Italiener schütteln 1859 die österreichische Gewaltherrschaft ab. Erst dieses zweite Signal zeigt bei dem jungen Autokraten Wirkung. Zunächst einmal muß Alexander von Bach gehen.

Im Jahr darauf erläßt Franz Josef das »Oktoberdiplom«, einen Verfassungsentwurf, der in wenigen Wochen zusammengeschustert wurde und Landtage wie auch einen neuen Reichsrat vorsieht. Monate später ist es nicht einmal mehr das damit bedruckte Papier wert. Der verantwortliche Minister erhält den Abschied. Ein nächster, er heißt Schmerling, verfaßt jetzt das »Februarpatent«. Wieder gibt es einen Reichsrat, sogar mit Ober- und Unterhaus, aber wieder nimmt kaum jemand ernsthaft Notiz davon. Die deutschsprachigen Liberalen tun es nicht, weil das Quasi-Parlament keineswegs vom Volk gewählt werden soll, die Ungarn, weil ihnen alles, was nicht ihren noch von Kossuth formulierten Maximalforderungen entspricht, zu wenig ist. Nur der Kaiser meint, er habe seine Völker endgültig auf den Weg des Konstitutionalismus geführt, gibt aber gleichzeitig zu verstehen, wie er seine Verfassung zu handhaben gedenkt.

Er fordert die Minister auf, »den Thron gegen Abnötigung weiterer Zugeständnisse« zu verteidigen und den Wirkungskreis des Reichsrates auf das Notwendigste einzuschränken: »Keine Einmischung dieses Körpers in die Führung der auswärtigen sowie der Armeeangelegenheiten.« Franz Josef sah sich letzten Endes als einen Herrscher, der seine Völker mit der bewaffneten Macht in Schach hält. Selbst die treuesten seiner Ratgeber behandelte er kaum anders als abkommandierte Patrouillengänger. Das führte schon früh dazu, daß auch Leichen den Weg des jungen Herrschers säumten.

Als nach der Niederlage von 1859 in Italien ein Sündenbock gebraucht worden war, hatte sich Generalquartiermeister Eynatten bezichtigen lassen müssen, im Versorgungswesen der Armee Unterschleif und Korruption geduldet zu haben. Der Angeschuldigte legte keinen Widerspruch ein und beging in der Zelle Selbstmord. Karl Ludwig von Bruck, einer der tüchtigsten Finanzminister, die das Habsburgerreich je besaß, wurde ähnlicher Verfehlungen angeklagt, konnte sich vor Gericht jedoch reinwaschen – und erhielt trotzdem seine

Entlassungspapiere. Er schnitt sich mit einem Rasiermesser die Kehle durch. Stephan Széchenyi, Franz Josefs letzter Gefolgsmann in Ungarn, wurde verrückt, weil Wien alle seine Versuche, seine Landsleute mit dem Erzhaus auszusöhnen, durchkreuzte. Er nahm sich in einer Nervenheilanstalt das Leben.

Der Kaiser war stets erschüttert, wenn ihm solche Todesnachrichten überbracht wurden, verschanzte sich aber mehr und mehr hinter einer Front der Unnahbarkeit und eisig anmutender Verschlossenheit. Berater wie Schwarzenberg, den er fast gefürchtet, und Metternich, den er sehr respektiert hatte – er starb 1859 –, sollte Franz Josef nie wieder finden. Seine Entscheidungen traf er schließlich nur noch wie der Befehlshaber einer belagerten Stadt. Er schickte Späher hinaus, mochten sie auch Minister heißen, ließ sich berichten und verfuhr dann, wie er es für angemessen hielt. Nur mit Ungarn machte er eine Ausnahme.

Die Magyaren hatten, seit die Bach-Husaren ihr Land in den Griff nahmen, jeden tätlichen Widerstand eingestellt; sie kämpften nicht mehr, sie verweigerten sich einfach. Was immer die österreichische Verwaltung ihnen an Fortschritt bringen mochte, keiner aus der tonangebenden Schicht des Kleinadels nahm es zur Kenntnis. Die Befreiung der Bauern von Grundlasten nütze nur dem Staat, das stark verbesserte neue Schulwesen diene, so sagten sie, vor allem der Germanisierung ihres Landes. Anführer dieser passiven Widerstandskämpfer war der ehemalige Komitatsbeamte, Parlamentsabgeordnete und Justizminister in der ersten Revolutionsregierung, Ferencz Déak. Einen bauernschlaueren, gerisseneren Politiker als ihn hat Ungarn kaum je wieder gehabt, auch keinen klügeren und gemäßigteren. Von seinen Landsleuten wurde Déak bald der »Weise des Vaterlandes« genannt. Wenn er in Budapest empfing, versammelten sich, mit Ausnahme der armen Pußtabewohner, Frauen und Männer aus allen Ständen zu seinen Füßen und lauschten den Ratschlägen, die er, bedächtig formulierend, zu allen möglichen Problemen abgab. Mehr als Ratschläge erteilte er nie, aber auf ähnliche Weise hatte Déak schon Kossuth zur Verzweiflung getrieben. Jetzt hielt er damit Kossuths Sendboten aus England, Amerika, Italien, den verschiedenen Zufluchtsorten des Emigrierten, in Schach und lehrte die Statthalter Kaiser Franz Josefs das Fürchten.

Déak wollte, was auch die Revolutionäre des Achtundvierzigerjahres gewollt hatten, ein möglichst selbständiges Ungarn, das im eigenen Haus und mit allen Völkern der Stephanskrone verfahren konnte, wie es ihm richtig erschien. Doch strebte er keineswegs die volle Unabhängigkeit des Landes von Österreich an. Beide Länder sollten vielmehr in einer dualistischen Ordnung die Monarchie verkörpern und sie gemeinsam beherrschen. Das Schlagwort, unter dem diese Forderung propagiert wurde, lautete »Ausgleich«. Der Mann, der sie nach Déaks Willen durchsetzen sollte, war Gyula Andrássy, genannt »le beau pendu«, der schöne Gehängte, weil Haynau ihn einst »in effigie« hatte hinrichten lassen.

1861 kehrte Andrássy aus seinem Pariser Exil zurück, trat wieder in den ungarischen Reichstag ein und bewog, zusammen mit Déak, die Abgeordneten, auf eine derart konziliante Weise zu Schmerlings Februarpatent Stellung zu nehmen, daß der Kaiser ihre ablehnende »Adresse« nicht als Zurückweisung, sondern als Aufforderung zu weiteren Verhandlungen verstehen konnte. Da Franz Josef damals gerade von Bismarck die ersten schweren Nackenschläge einstecken mußte, wirkte sich das Budapester Papier auch just so aus. Der junge Herrscher brauchte Erfolg und Selbstbestätigung. Anfang 1865 fuhr er in die ungarische Hauptstadt, um sich Déak und Adrássy genauer anzusehen. Der Besuch wurde ein Erfolg – für die Ungarn.

Mit einem Kopf voll ungebärdiger Locken, halb Herrenreiter, halb Zigeunerprimas, trat Andrássy dem Habsburg entgegen. Bescheiden, schlicht und würdig hielt Déak sich im Hintergrund. Beide zusammen vermittelten Franz Josef das Gefühl, er habe die Magyaren eigentlich noch gar nicht richtig entdeckt.

Als er sich wieder von ihnen trennte, war deshalb auch die Zeit des Anton Ritter von Schmerling und seines Februarpatents vorbei. An seine Stelle trat noch im Mai 1865 der mährische Graf Richard von Belcredi; er hob die Verfassung seines Vorgängers auf. Franz Josef sollte wieder absolutistisch regieren, so lange, bis das Reich eine Ordnung bekommen hatte, in die auch die Ungarn sich einfügen konnten. Der »Ausgleich« stand vor der Tür, und möglicherweise wäre er binnen kürzester Zeit verwirklicht worden, wenn nicht 1866 die Preußen über Österreich hergefallen wären.

Nun standen ihre siegreichen Truppen wenige Kilometer vor Wien.

Der letzte Kampf um das Schicksal der habsburgischen Monarchie wurde nicht auf dem Schlachtfeld ausgefochten, sondern am Verhandlungstisch. Es geschah in dem mährischen Städtchen Nikolsburg.

Dort agierte, als Franz Josefs bester Verbündeter – Bismarck. Kein Streit hatte ihn je soviel Kraft gekostet wie der, den er während der fünf Tage zwischen dem 22. und 26. Juli 1866 bestehen mußte. Er hatte gegen sich den eigenen König, der Preußens kriegerischen Anstrengungen durch entsprechende Beute belohnt und Österreich zumindest um Nordböhmen und seinen schlesischen Besitz verkleinert sehen wollte. Er mußte den französischen Gesandten Benedetti auf Distanz halten, der sich in die Friedensvermittlung einzuschalten versuchte und dafür entsprechende Kompensationen forderte. Sogar Moltke und der Kronprinz feindeten ihn an, weil Bismarck es ablehnte, das mit Österreich verbündete Sachsen zu annektieren. Das kleinste Problem des Kanzlers stellte eigentlich Wiens Vertreter Graf Károlyi dar.

Daß der einstmalige Bewunderer Schwarzenbergs sich am Ende dennoch durchsetzte, lag nicht nur an der intellektuellen Wucht seines Vortrags, der Leidenschaft und Hartnäckigkeit, mit denen er seine Argumente verfocht, sondern auch daran, daß er die Logik der preußischen Geschichte auf seiner Seite hatte, daß er dies wußte und daß er es darzulegen verstand. Die von ihm vertretene Traditionslinie reichte über Friedrich den Großen bis hin zu Georg Friedrich von Waldeck, ja bei Licht betrachtet noch viel weiter in die Vergangenheit zurück. Schon die Reformation war auch ein Aufstand der Deutschen gegen die habsburgische Vormacht im Reich gewesen. Aus ihr war der Dreißigjährige Krieg geboren worden, und während seiner letzten Jahre hatten Männer wie der hessische Adelige, aber nicht nur er, eine neue Ordnung für den Raum zwischen Nordsee und Alpen entworfen, in der das Erzhaus nicht mehr vorkam. Dieses Projekt war in der einen oder anderen Form immer wieder aktuell gewesen, wenn Auseinandersetzungen – wie die zwischen Österreich und Frankreich – Phantasie und Kraft der Menschen gerade einmal nicht beanspruchten.

Sogar ein Leitmotiv hätte man es nennen können, bald stärker aufklingend, bald wieder verhallend im nur scheinbar kakophonischen Getöse der deutschen Geschichte. Jetzt signalisierten preußische Hörner den lange herbeigesehnten Aufstieg der neuen, überwiegend protestantisch geprägten Macht. Deren Bastion lag, von Wien aus gesehen, zwar ziemlich weit im Norden, doch zu ihrem Glacis gehörte bereits ganz Süddeutschland. Österreich sollte von einer Welt, zu der es einst gehörte, ausgeschlossen werden. Auf nichts anderes zielte Bismarck ab, als Vollstrecker so vieler früherer Willenserklärungen.

Zerstören oder auch nur wesentlich verkleinern wollte er das Habsburgerreich indessen nicht, denn er sah voraus, daß Preußen (und das unter preußische Kuratel genommene restliche Deutschland) Gegner genug bekommen mußte, wenn es weiterhin die von ihm vorgezeichnete Politik verfolgte. Einen Staat, der nur darauf aus sein würde, sich zu rächen, weil er zerstückelt worden war, konnte der Kanzler da nicht auch noch brauchen. Das alles jedoch einem König klarzumachen, der noch genauso dachte wie die fürstlichen Puzzlespieler der vergangenen Epoche, war eine unmenschlich schwere Arbeit. Daß Bismarck sie bewältigte, grenzte fast an ein Wunder, aber bewältigt hat er sie.

Durch den Vorfriedensvertrag, den der Preuße noch in Nikolsburg unter Dach und Fach brachte, wurde Habsburgs Besitz so gut wie gar nicht angetastet. Lediglich Venetien mußte der Kaiser herausrücken, 20 Millionen Taler Kriegsentschädigung zahlen und – Bismarcks wichtigster Punkt – aus dem Deutschen Bund ausscheiden. Das ehemalige Altreich war fortan sein Revier; dort wollte er ohne Einmischung aus Wien eigene Pläne verfolgen können.

Im »Frieden von Prag« wurden schon am 28. August alle diese Vereinbarungen und noch einige weitere Punkte verbrieft und gesiegelt. Bismarck hatte guten Grund für solche Eile gehabt. Die Franzosen interpretierten Preußens Sieg bei Königgrätz bereits als Niederlage Napoleons III. und verlangten »Rache für Sadowa«. Franz Josef ging das nichts mehr an.

Er war geschlagen worden, er hatte überlebt. Jetzt mußten Sündenböcke für die Niederlage gefunden werden. Schweigend nahm Benedek alle Schuld an den mißglückten Operationen in Böhmen auf sich und akzeptierte die »ungnädige Entlassung«. Wenig später folgte Belcredi ihm nach. Franz Josef holte seinen nächsten Ministerpräsidenten aus Dresden – dabei war auch etwas Rachsucht im Spiel. Friedrich Ferdinand von Beust galt als erbitterter Gegner Bismarcks. Abgesehen davon war er ein überaus eloquenter und gewandter Politiker.

Dem Sachsen wollte der Kaiser eine Aufgabe anvertrauen, durch deren Lösung er sich endlich auch die Sympathie seiner geliebten »Sisi« zu erringen hoffte.

Franz Josef verdankte seine Frau der energischen Erzherzogin Sophie. Getreu ihrem Grundsatz, Habsburg in Deutschland zu verankern, hatte die Wittelsbacherin zunächst eine Hohenzollernprinzessin für den jungen Kaiser begehrt. Als Berlin jedoch abwinkte, richtete sie den Blick auf die eigene Verwandtschaft. Sophies Schwester Maria Ludowika, verheiratet mit Herzog Max in Bayern, war Mutter von fünf Töchtern. Helene, die älteste, eben neunzehn geworden, ein hübsches, intelligentes Mädchen, hielt Sophie für geeignet, als vierte Wittelsbacherin in diesem Jahrhundert, der Familie Habsburg beizutreten. Auch Franz Josef hatte nichts dagegen einzuwenden – im Gegenteil.

Der damals zweiundzwanzigjährige Herrscher liebte die Frauen, wurde von ihnen auch angeschwärmt, konnte eigenen Neigungen aber, zumindest in der Öffentlichkeit, nie nachgeben. Selbst bei den Hofbällen mußte er die von seiner Stellung geforderte Zurückhaltung üben, dabei tanzte er nicht nur gut, sondern auch leidenschaftlich gern. Sich endlich zu verheiraten war einer seiner dringendsten Wünsche. Sophie lud deshalb Ludowika und drei ihrer Töchter auf den 16. August 1853 in die königliche Sommerresidenz Bad Ischl ein. Am 18. hatte Franz Josef ja Geburtstag.

Und da geschah sie dann, jene jähe Liebesgeschichte, die heute noch ungezählte Kinobesucher anrührt. Ein schlanker, recht gut aussehender junger Mann, mit glattrasiertem Gesicht und blauen Augen, trifft auf das vermutlich schönste Mädchen, das er je gesehen hat. In einem von üppiger Haarpracht umrahmten Gesicht sieht er strahlende Augen, eine makellos gerade Nase, Lippen, wie sie die Dichter besingen, ein trotziges, eigenwilliges Kinn, von der Figur – gewöhnlich wird sie biegsam genannt – ganz zu schweigen. Nicht auf Helene ruht indessen Franz Josefs Blick, sondern auf ihrer sechzehnjährigen Schwester Elisabeth, die sich selbst hartnäckig »Sisi« nennt. Helene ist vom ersten Augenblick an vergessen, und schon am Morgen des nächsten Tages gibt Franz Josef seiner Mutter vorsichtig zu verstehen, was ihm widerfahren ist. Er läßt sich auch nicht mehr davon abbringen, Sisi heiraten zu wollen.

Elisabeth, nachdem sie von Franz Josefs Interesse an ihr erfahren hat, reagiert, als halte sie bereits das spätere Drehbuch in der Hand. »Ich bin ja so jung, so unbedeutend«, sagt sie zunächst. Dann: »Ja, ich habe den Kaiser schon lieb. Wenn er nur kein Kaiser wär'.« Der junge Herrscher hält sich für den glücklichsten Menschen der Welt – er weiß nicht, was er sich in Wahrheit angetan hat.

Seine junge Braut war nicht nur schön, sie besaß überdies einen unverbildeten, wenn auch von leichter Schwermut überschatteten Sinn für die Wirklichkeit. Elisabeth hatte keine übermäßig strenge oder gründliche Erziehung genossen, aber sie konnte denken und sehen; darin glich sie ihrem Vater.

Herzog Max in Bayern, auf Schloß Possenhofen am Starnberger See lebend, galt als Kauz und Sonderling. Er benutzte diesen Ruf in erster Linie, um Neigungen zu frönen, wie sie einem Fürsten eigentlich nicht anstehen. Ein Hang zur Ironie war bei ihm unverkennbar, Lust an Spott und Kritik kam hinzu, außerdem konnte er hervorragend Zither spielen, trat auch als »Schnellkompositeur« hervor. Die höfische Welt, der er als eine Art geduldeter Zaungast angehörte, mutete Max leise absurd an. Nun sollte seine durchaus nach ihm geratene Lieblingstochter an einen Hof verschlagen werden, der sich gegen die existierende Wirklichkeit geradezu hermetisch abgeschottet hatte und in eisigem Hochmut die Fiktion aufrechterhielt, Habsburgs große Vergangenheit und seine Gegenwart seien identisch.

Elisabeth, ein Kind noch, als sie 1854 verheiratet wurde, erfuhr wie in einem Alptraum, was Habsburg war. Sie hat sich von dem Schock nie mehr völlig erholt.

Statt der Wälder und Wiesen am Starnberger See, in denen sie sich völlig frei bewegt hatte, mit einem Mal die endlosen, überladenen Zimmerfluchten von Schönbrunn. Nicht eine Sekunde ist man allein; Hofdamen mit strengen, faltigen Gesichtern, die ebensogut Insassinnen eines Klosters sein könnten, schreiben jeden Schritt vor. Sie bestimmen den Tagesablauf der jungen Kaiserin nach der Uhr des Zeremoniells, ordnen an, was sie bei welcher Gelegenheit zu tragen, was in wessen Gegenwart zu sagen und wen sie mit welcher Art von gnädigem Entgegenkommen zu bedenken hat. Elisabeth erfährt auch, daß für einen Angehörigen des Erzhauses selbst der Weg in die Ewigkeit aufs kleinste festgelegt ist. Ihr Herz wird eines Tages in der Augustinerkirche beigesetzt werden, ihre Eingeweide werden im Stephansdom verbleiben, ihr einbalsamierter Körper in der Kapuzinergruft ruhen, dem habsburgischen Erbbegräbnis seit rund zweihundertfünfzig Jahren (daß Franz Josefs Vater der letzte aus der Familie sein sollte, der so beerdigt wurde, kann sie noch nicht wissen). Zum Inbegriff allen Schreckens aber wird für die junge Sisi ihre eigene Tante und Schwiegermutter, Erzherzogin Sophie. Mit gnadenloser Strenge sucht die längst starrsinnig gewordene Frau, sie ihren Vorstellungen von einer habsburgischen Kaiserin anzupassen. Der Kirche hat sie zu dienen, dem Staat, dem Erzhaus. Was soll es da bedeuten, daß ein Mädchen ihres Alters und ihrer Zeit vom Vorgang der Zeugung nicht das mindeste weiß? Das gibt sich, damit wird man schweigend fertig. Was sich indessen ergab, war bei Elisabeth ein ausgesprochener Widerwille gegen die körperliche Liebe und deren natürliche Folgen. Ihr erstes Kind muß sie praktisch vor den Augen des ganzen Hofstaates zur Welt bringen, ebenso ihr zweites, beides Töchter. Erst 1858, im vierten Jahr ihrer Ehe, gebiert sie den lange erwarteten Sohn und Erben. Er erhält den Namen des ersten habsburgischen Königs: Rudolf. Und er wird ihr, nicht anders als seine Schwestern, von Sophie weggenommen, kaum daß er einigermaßen entwöhnt ist.

Zu dieser Zeit beginnt Sisi bereits, sich eine eigene Welt und Zufluchtsstätte aufzubauen. Sie frönt ihrer Lust im Sattel und soll bald zu den besten Reiterinnen ihrer Zeit gehören. Sie berauscht sich an den Gedichten und der mit Flötentönen vorgetragenen Ironie Heinrich Heines. Endlich wird sie sich auch ihrer einzigartigen Schönheit bewußt und entwickelt ausgesprochen narzißtische Neigungen. Die junge Frau erhebt sich zum Idol ihrer selbst, pflegt auf immer besessenere Weise den eigenen Körper, läßt Turngeräte in ihren Räumen aufstellen, lebt auf geradezu selbstzerstörerische Weise diät, verbringt Stunden damit, die prachtvolle lange Mähne strähnen zu lassen, und weint über jedes einzelne Haar, das im Kamm hängenbleibt. Weder den Hofdamen noch ihrem eigenen Mann dürfte es klargeworden sein, daß Sisi ernsthaft gefährdet war, daß ihr Geist rebellierte. Und wer hätte schon anzudeuten gewagt, dies entspringe möglicherweise der Unfähigkeit, sich Illusionen zu machen, sei eigentlich auf eine Art von angeborener Hellsichtigkeit zurückzuführen? Sisi sah einfach besser als die in ihre eigenen Vorstellungen eingesponnenen Höflinge und Familienmitglieder, wie es um Habsburg wirklich stand. Sie spürte die Schatten, die auf dem Erzhaus lagen, hörte die wispernden Stimmen, die seinen Untergang ankündigten.

Die Trauer darüber und über ihr eigenes Schicksal machten sie krank. Man könnte sogar sagen, Habsburg habe dieses sensible Geschöpf zerstört. Doch daran, daß es so war, ging auch ihr Mann innerlich zugrunde.

Franz Josef von Habsburg-Lothringen, Kaiser, König, Erzherzog, Großherzog, Großfürst, mehrfacher Markgraf, mehrfacher Graf, dreimal Freiherr, unterschrieb die Briefe an seine Frau gelegentlich mit »Dein Männeken« oder »Dein armer Kleiner«. Elisabeth nannte er »mein lieber, einziger Engel«, »meine liebe, himmlische Sisi«. Und alles, was zwischen solchen Anreden und Abschiedsworten steht, mutet oft wie ein einziges Betteln um Zuneigung, Zärtlichkeit, Gewogenheit an, ja sogar um Trost.

Man weiß eigentlich nur wenig über die Persönlichkeit des vorletzten gekrönten Habsburgs, so wenig in der Tat, daß man ihm auch unterstellen könnte, er sei schüchtern gewesen, ängstlich sogar, der wahre Sohn seines am Geiste wie am Leibe schwachen Vaters. Als Kind war er natürlich »lieb« gewesen, als Heranwachsender entwickelte er ein Talent zum Zeichnen und übte sich in dem in seinen Jahren angemessenen Jargon: »Es war eine allerkolossalste Hetz.« Gewiß hätte der junge Erzherzog ganz gerne einmal »gedraht« – es bedeutete etwa »einen draufmachen« –, aber ob es dazu jemals kam, läßt sich bereits nicht mehr feststellen. Eher mag schon etwas an dem Gemunkel von den »hygienischen Gräfinnen« sein, die man pubertierenden Leuten seines Standes zuzuführen pflegte. Und sicher ist nur eines: Da war stets und überall die nicht nur dominierende, sondern auch streng katholische Mutter. Sophies Welt besaß einen einzigen Fixpunkt: die Kirche. Nach deren Maßstäben hat sie ihr angenommenes Habsburgertum beurteilt und in kompromißloser Frömmigkeit gewissermaßen verinnerlicht. Franz Josefs habsburgisches Bewußtsein dürfte deshalb ebenfalls nahezu religiöse Qualität gehabt haben, denn alles, was ihn prägte, hatte er von Sophie übernommen. Als äußeres Skelett kam dazu noch die Uniform. Beides zusammen mußte ausreichen, ihn zu halten, zu stützen und zu tragen. Für Elemente dritter Art blieb in seinem Leben so gut wie kein Raum mehr übrig, für Kunst etwa, Literatur, Wissenschaft, das, was man Zeitgeist nennt – kaum irgendwo waberte er heftiger als in Wien.

Dennoch war dieses von Sophie mit besorgtem Blick auf den eigenen Mann herangebildete Geschöpf natürlich kein Monstrum, sondern ein lebender, verletzbarer, mit mehr Schwächen als Stärken behafteter Mensch. Eben der scheint sich wie ein Verschmachtender in die Liebe zu Sisi gestürzt zu haben, berauscht, beseligt, beglückt zunächst – um dann festzustellen, daß er keine Möglichkeit besaß, Elisabeth festzuhalten. Um ihren Vorstellungen von einem lebenswerten Leben entgegenzukommen, hätte er viel von dem aufgeben müssen, was ihn zur Verkörperung des Hauses Habsburg machte. Das konnte er nicht riskieren, denn es hätte ihn seiner Rüstung beraubt und der Welt gegenüber wehrlos gemacht.

Zwar hat Franz Josef den Kampf um die geliebte Frau nie aufgegeben, solange Sisi lebte, doch darüber ist er auch zu dem Mann geworden, als der er in die Überlieferung einging. Er wurde eine disziplinierte Arbeitsmaschine, die kalt, manchmal unbarmherzig, rücksichtslos auch gegen sich selbst, durch ein Meer von Plagen und einen Wust von Akten pflügte. Mit einem Blick, einer Handbewegung, der oft beschriebenen Art, unwirsch mit den Füßen zu scharren, distanzierte er sich vom Rest der Welt, so daß nicht einmal engste Verwandte, Brüder, Schwestern oder die eigenen Kinder ihn noch erreichen konnten. Dazu kam, daß er in seinen weitläufigen Schlössern spartanischer lebte als ein Mönch. Hörnchen und Kaffee, Beinfleisch mit Kren, ein Tafelspitz, ein Bier, an andere Speisen wollte er kaum je seine Phantasie verschwenden. Aus allen diesen Zügen aber setzte sich am Ende doch eine unverwechselbare, in der Geschichte ziemlich einzigartige Persönlichkeit zusammen. Legenden umflatterten Franz Josef noch zu Lebzeiten wie Wotans Raben, Anekdoten bezeugten, daß er milde, väterlich, gerecht sei. Und höchstwahrscheinlich war er sich der Wirkung seiner Erscheinung sagar vollauf bewußt. Er hat sie ja durch gekonnte Selbststilisierung nach Kräften zu fördern gesucht. Diese komplizierte Barttracht, die seine frühe Kahlheit ausglich, der schlichte Uniformrock, den er nie ohne das Zeichen seiner Auserwähltheit trug, den Orden vom Goldenen Vlies – es ergab insgesamt ein lebendes Kunstwerk von geradezu raffinierter Schlichtheit.

Wahrscheinlich wäre Franz Josef jedoch viel lieber ein lebenslustiger, unbeschwerter Leutnant von der Art des Ernst Wurmbrand gewesen: im Morgentau zum Exerzieren ausgerückt, den Abend im Kasino verbracht, bei Kartenspiel und losen Männergesprächen, ständig verschuldet und stets in irgendwelche Ehren- oder Liebeshändel verstrickt. Auf Manövern hat er sich ohnehin am wohlsten gefühlt. Da aber selbst dort die Distanz nicht aufgegeben werden durfte, blieb ihm als einziges wirkliches Äquivalent zu solchem Leben die Jagd, die einsame, mühselige Pirsch im Gebirge um Bad Ischl. Freilich weiß man auch nicht, was Franz Josef zuweilen im nächtlichen Wien unternahm, »mit steifem Hut, ein Stöckchen in der Linken«. Erzherzog Leopold Ferdinand Salvator aus der toskanischen Linie des Hauses Habsburg will ihn so einmal gesehen haben; es muß um 1889 gewesen sein. Da war Sisi ihm schon längst entglitten.

Zweiundzwanzig Jahre früher hatte er noch so getan, als wolle er ihr zuliebe jene Reichsreform einleiten, aus der die k.u.k. Monarchie hervorging.

Sisi war vor der Schlacht von Königgrätz nach Budapest geschickt worden und hatte sich sofort in Ungarn verliebt – ein bißchen wohl auch in den Mann, der das Land wie kein anderer zu verkörpern schien. Was war er nicht alles, dieser Gyula Andrássy? Edelmann und ehemaliger Revolutionär, Großgrundbesitzer, Patriot und nicht zuletzt ein hervorragender Reiter. Der »schöne Gehängte« nahm die Kaiserin derart für sich ein, daß sie mit ungewohnter Heftigkeit nach Wien schrieb, die Zukunft der Monarchie hänge einzig und allein von dem schon so lange geforderten Ausgleich ab. Wenn Franz Josef ihn noch länger hinauszögere, könne sie nur sagen: »Dein Unglück habe ich nicht am Gewissen.« Daß für den Kaiser ohnehin die Zeit gekommen war, das Vorhaben, bei dessen Verwirklichung die Preußen ihn einst gestört hatten, nun endlich in Angriff zu nehmen, schien der Ungar Sisi nicht gesagt zu haben. Dabei wurden die notwendigen Vorbereitungen dafür in Wien bereits getroffen.

Im März 1867 teilte Franz Josef seiner Frau mit, daß er sich zusammen mit ihr in Budapest zum König von Ungarn krönen lassen würde und daß Beust den Auftrag habe, wieder ein Parlament einzuberufen. Das war schon der halbe Ausgleich, denn die Magyaren begehrten eine Doppelmonarchie auf konstitutioneller Basis. Zwei relativ unabhängige Staaten sollte es darin geben, regiert von Franz Josef als Kaiser von Österreich und König von Ungarn. Von einer Trias, in der etwa die Wenzelskrone gleichrangig neben der Stephanskrone gestanden hätte, wollten weder Andrássy noch sein Mentor Déak etwas wissen. Überraschend schnell kam so jenes Gebilde zustande, das Robert Musil später einfachheitshalber »Kakanien« nannte.

Kakanien war das Produkt hitziger Debatten, bei denen unzählige »Similes« hin und her gewendet, zerredet und wieder ergänzt worden waren, eine in der Tat ziemlich unübersichtliche Konstruktion. Zunächst einmal zerfiel es in »Zisleithanien« – das waren alle westlich der Leitha gelegenen »im Reichsrat vertretenen Königreiche und Länder« – und »Transleithanien« – das war Ungarn mit Siebenbürgen, Slawonien und Kroatien. Des weiteren zerfiel es in die Verwaltungsbereiche »k.u.k.«, »k.k.« und »k.ung.«. »Kaiserlich und königlich« waren die Ministerien für Kriegswesen, für auswärtige Angelegenheiten und für Finanzen. Alle übrigen Behörden trugen in Österreich die Bezeichnung »kaiserlich-königlich«, wohingegen sie in Ungarn »königlich ungarisch« hießen. Unter anderem führte dies dazu, daß etwa ein Eisenbahnzug, der von Linz nach Szeged fuhr, bis zur Grenze »k.k.« war, jenseits der Leitha jedoch zu »k.ung.« mutierte – es sei denn, er hätte Militär befördert. In diesem Fall wäre er von der Abfahrtsstation bis zum Zielbahnhof »k.u.k.« gewesen, denn die Streitkräfte waren »kaiserlich und königlich«.

Den wohl treffendsten Kommentar zu diesem von Bürokraten ersonnenen Verwirrspiel hat eben Robert Musil abgegeben. In seinem Roman »Der Mann ohne Eigenschaften« heißt es: »Die Bewohner dieser kaiserlich und königlichen, kaiserlich königlichen Doppelmonarchie fanden sich vor eine schwere Aufgabe gestellt; sie hatten sich als kaiserlich und königlich österreichisch-ungarische Patrioten zu fühlen, zugleich aber auch als königlich ungarische oder kaiserlich königlich österreichische. Ihr begreiflicher Wahlspruch angesichts solcher Schwierigkeiten war ›Mit vereinten Kräften!‹. Das hieß viribus unitis. [Es war der Wahlspruch Kaiser Franz Josefs. Auch ein österreichisches Schlachtschiff wurde so benannt] Die Österreicher brauchten aber dazu weit größere Kräfte als die Ungarn. Denn die Ungarn waren zuerst und zuletzt nur Ungarn und bloß nebenbei galten sie bei anderen Leuten, die ihre Sprache nicht verstanden, auch für Österreich-Ungarn; die Österreicher dagegen waren zuerst und ursprünglich nichts und sollten sich nach Ansicht ihrer Oberen gleich als Österreich-Ungarn oder Österreicher-Ungarn fühlen – es gab nicht einmal ein richtiges Wort dafür. Es gab auch Österreich nicht ... Fragte man darum einen Österreicher, was er sei, so konnte er natürlich nicht antworten: Ich bin einer aus den im Reichsrat vertretenen Königreichen und Ländern, die es nicht gibt – und er zog es schon aus diesem Grunde vor, zu sagen: Ich bin Pole, Tscheche, Italiener, Friauler, Ladiner, Slowene, Kroate, Serbe, Slowake, Ruthene oder Wallache, und das war der sogenannte Nationalismus.«

Die Überschrift des Kapitels, dem diese Passage entstammt, lautet: »Aus einem Staat, der an einem Sprachfehler zugrundegegangen ist«. Robert (Edler von) Musil hat am eigenen Leibe miterlebt, wie es geschah – als Offizier an der Italienfront. Da war Habsburg schon lange am Ende.

Franz Josef, so schien es, bekam das etwas asymmetrische Staatswesen Doppelmonarchie fürs erste erstaunlich gut in den Griff. Er verfügte ja nach wie vor über alle für ihn wichtigen Mittel der Macht, in erster Linie über die Armee. Zur Bewältigung komplizierterer Probleme bediente er sich hingegen seiner alten, längst erprobten Praktiken. Er berief Ministerpräsidenten, übertrug ihnen die gerade anstehenden Aufgaben und ließ sie wieder fallen, wenn ihre Kabinette daran gescheitert waren. Eine geradlinige, konsequente Politik ließ sich auf solche Weise natürlich nicht betreiben, aber auch das kam letzten Endes ihm zugute. Kontinuität wurde einzig und allein vom Kaiser verkörpert; er war der ruhende Pol, um den sich alles zu drehen hatte. Und Franz Josef beharrte mit stur anmutender Beharrlichkeit auf dem wichtigsten Grundprinzip der neuen k.u.k. Monarchie, dem »Dualismus«. Nicht um Fingersbreite wich er davon ab, selbst dann noch nicht, als die böhmischen Länder sich erst enttäuscht, später empört zeigten, weil er darauf verzichtete, auch in Prag gekrönt zu werden. Die Ungarn wollten nun einmal keine weitere Föderalisierung des Landes, und dabei blieb es.

Nach 1867 stand, vor allem um die Bürger der »im Reichsrat vertretenen Königreiche und Länder« zu beschwichtigen, zunächst einmal Liberalisierung auf dem Regierungsprogramm. Beust lockerte die noch von Sophie bewirkte enge Bindung Österreichs an die katholische Kirche und verabschiedete fortschrittliche Schul- und Pressegesetze. Auch eine neue Wahlordnung wurde von ihm geschaffen; die alte, aus Belcredis Zeit, hatte den Deutschen im Parlament ein unangemessenes Übergewicht zugeschanzt. Als 1870 der Deutsch-Französische Krieg ausbrach, versuchte der eingefleischte Preußenhasser, den Kaiser zu einem Bündnis mit Frankreich zu überreden. Nachdem Frankreich geschlagen war, nahm er seinen Abschied. Es entsprach dem gewohnten Gang der Dinge.

Von Beusts Rücktritt profitierte vor allem Gyula Andrássy. Er vertauschte den Stuhl des k.ung. Ministerpräsidenten mit dem des k.u.k. Außenministers, eines von ihm schon lange angestrebten Postens. Um im Rahmen des Ausgleichs noch weitere, vor allem wirtschaftliche Vorteile herauszuschlagen, brauchte Ungarn Frieden. Den wollte er, der Magyare, dadurch sichern, daß er die Politik des Deutschen Beust in ihr völliges Gegenteil verkehrte und Anschluß an das neugegründete Deutsche Reich suchte. Parallel dazu liefen die Bemühungen eines in Prag geborenen k.k. Ministerpräsidenten namens Carlos von Auersperg, den zisleithanischen Teil der Monarchie mit einer festen parlamentarischen Basis zu versehen. Das allerdings mißfiel seinen böhmischen Landsleuten, weil sie ihm unterstellten, er spiele den Deutschösterreichern in die Hand. Immerhin hielt Auersperg sich dennoch bis 1879 auf seinem Posten, dann fiel die Macht in irisch-österreichische Hände.

Ein Vorfahr Eduard von Taaffes, von der Grünen Insel stammend, war während des Dreißigjährigen Krieges in Wallensteins Dienste getreten, ein anderer hatte bei der Befreiung Wiens von den Türken mitgewirkt, er selbst zählte zu den Jugendfreunden Franz Josefs. Das Ministerpräsidentenamt, das er nun innehatte, war eigentlich k.k., doch da ihn dieses Etikett zu sehr behindert hätte, zog er es vor, sich schlichthin »Kaiserlicher Minister« zu nennen. Seine Titelwahl begründete Taaffe mit einem berühmt gewordenen Begriff. »Durchwurschteln«, sagte er, sei das einzige Prinzip, nach dem man in der Doppelmonarchie regieren könne; er hat sich eisern daran gehalten. Taaffe tat für alle etwas, für keinen zuviel. Mit Hilfe des »Eisernen Ringes«, einer Art Interessengemeinschaft aus Slawen und klerikalkonservativen Kräften, hielt er den Rest der zisleithanischen Völker bei der Stange. Die Arbeiter besänftigte er mit Sozialgesetzen, die Demokraten, indem er die Zahl der Wahlberechtigten heraufsetzte, und die Böhmen durch Anerkennung des Tschechischen als Amtssprache im »Äußeren Dienst« (interne Aktenstücke mußten nach wie vor auf deutsch abgefaßt werden).

Unter Taaffes relativ mildem Regime erlebte der k.k. Teil des Reiches die wohl glücklichste Epoche seiner Geschichte. Wien wurde ein Schmelztiegel der zisleithanischen Völker, eine Talentwiege sondergleichen, eine wahrhaft kosmopolitische Stadt. Und der Kaiser tat alles, was in seiner Macht stand, um dieser Entwicklung Ausdruck zu verleihen. Auf dem Glacis der bereits durch Josef I. niedergerissenen Stadtmauern entstand die Ringstraße, ein breiter, von mehrfachen Baumreihen überschatteter Prachtboulevard. Die Oper wurde gebaut, das neue Burgtheater, jener griechische Tempel, in dem fortan Österreichs Parlament zusammentrat, das neugotische Rathaus, die halbrunde Riesenanlage der »Neuen Burg«, ursprünglich als »Kaiserforum« von doppelt so großem Ausmaß gedacht.

Etwas kulissenhaft wirkte das alles, zusammengestellt aus Stilelementen der verschiedensten Jahrhunderte, dennoch monumental und großzügig. Habsburg, so schien die Botschaft zu lauten, ruhte sicherer denn je auf den Fundamenten seiner uralten Tradition. Das Erzhaus trug endlich die ihm angemessene Krone und würde sie auch fürderhin weiterreichen von Generation zu Generation.

In Wirklichkeit hatte die Geschichte der Familie Habsburg längst einen Verlauf genommen, der teilweise an die Inhalte trivial-romantischer Romane im Stil der damaligen Zeit erinnert. Mit dem Schicksal etwa von Erzherzog Ferdinand Maximilian, genannt »Max«, dem jüngeren Bruder Franz Josefs, beschäftigte sich sogar ein gewisser Karl May.

Maximilians große Chance schien gekommen zu sein, als man 1854 den damals Zweiundzwanzigjährigen zum Oberkommandierenden der österreichischen Kriegsmarine ernannte. Die Seestreitkräfte hatten sich in Wien nie großer Beliebtheit erfreut. Man unterhielt sie eben, weil das Reich auch ein Stück Adriaküste verteidigen mußte, und war deshalb um so verblüffter, als im Juli 1866, während alle Welt nach Böhmen hinüberlauschte, die Nachricht eintraf, ein kaiserliches Linienschiffgeschwader habe der überlegenen italienischen Flotte vor der dalmatinischen Insel Lissa (dem heutigen Vis) eine vernichtende Niederlage beigebracht. Der Name des Seehelden Wilhelm von Tegetthoff war in aller Munde. Von Erzherzog Ferdinand Maximilian hingegen sprach in diesem Zusammenhang bereits kein Mensch mehr. Max hatte zuletzt das lombardo-venezianische Königreich von Habsburgs Gnaden regiert und 1859 die Schmach auf sich nehmen müssen, aus Mailand vertrieben worden zu sein.

Aber so ging es ihm eigentlich immer, dem zweitgeborenen Sohn der Erzherzogin Sophie. Jedermann rühmte seine Intelligenz, seine Phantasie, seine liberale Haltung, sagte wohl auch hinter vorgehaltener Hand, er wäre eigentlich der bessere Kaiser gewesen – Max selbst hatte davon nicht das mindeste. Nachdem die oberitalienischen Provinzen verlorengegangen waren, fand Franz Josef keine rechte Verwendung mehr für den Bruder. Der überzählige Erzherzog begab sich deshalb auf Reisen, besuchte das Grab seiner spanischen Vorfahren Ferdinand und Isabella, schon damals romantische Träume hegend, die ihm später zum Verhängnis werden sollten. Er fuhr auch nach Brasilien, um seiner Tante Leopoldine zu gedenken, die dort als Kaiserin geherrscht und in einer brutal geführten Ehe zugrunde gegangen war. Alle bei diesen Unternehmungen gesammelten Eindrücke ließ Max in mehreren Büchern veröffentlichen – unerschöpfliche Quelle für den »Reiseschriftsteller« Karl May.

Ein ähnliches Verhältnis wie zwischen Max und Franz Josef herrschte zwischen ihren Frauen. Die beiden mochten einander nicht, vielleicht weil sie sich so ähnlich waren. Wie Sisi gehörte auch Charlotte, eine Tochter Leopolds I. von Belgien, zu den gefeierten Schönheiten ihrer Zeit, wie die Wittelsbacherin galt sie als belesen, klug, etwas verstiegen, und gleich ihr kam sie aus einem liberalen Elternhaus. Leopold, geborener Herzog von Sachsen-Coburg, war nach Brüssel geholt worden, als 1831 das »Königreich der Niederlande« zerbrach; seither regierte er dort nach streng konstitutionellen Regeln. Die ehrgeizige Tochter versuchte nun, seine Vorstellungen von Rechten und Pflichten dem nicht eben mit einer starken Persönlichkeit ausgestatteten Ferdinand Maximilian nahezubringen; es gelang ihr mühelos. Aber wo sie anwenden, die hohen Ideale der neuen, besseren Zeit? Max und Frau lebten seit 1859 in dem nach ihren Vorstellungen erbauten Schloß Miramare, hoch über dem ewig blauen Golf von Triest unter scheinbar märchenhaften Umständen. Nicht einmal mit Erziehungsproblemen mußten sie sich herumschlagen, denn sie hatten keine Kinder. So geschah es, daß die beiden aus Unzufriedenheit, Verbitterung und schierer Langeweile in ein Abenteuer hineingezogen wurden, das im Rückblick anmutet, als sei es wirklich von einem Verfasser zeitgemäßer phantastischer Romane erdacht worden.

Napoleon III. bot den zwei Königskindern eine Krone an, auf die er kein anderes Recht hatte als allenfalls das eines Gläubigers. Mexiko, seit 1810 von Bügerkriegen zerrissen, schuldete verschiedenen europäischen Mächten, darunter auch Frankreich, eine riesige Summe Geldes. Um sich den Anspruch darauf zu sichern und gleichzeitig – in solchen verwegenen Begriffen dachte er – die lateinische Rasse Amerikas unter seiner Vorherrschaft zu einigen, wollte der Franzose auf ehemals spanischem Kolonialboden ein Imperium ins Leben rufen. Max sollte es als Kaiser regieren.

Was sagte der kluge König der Belgier, nachdem seine Tochter ihm davon erzählt hatte? Er machte Bedenken geltend, aber er riet nicht ab. Wie reagierte die Mutter von Max, Erzherzogin Sophie? Sie bat ihren Sohn unter Tränen, die Hände von dem aberwitzigen Vorhaben zu lassen. Und wie verhielt sich Franz Josef? Trocken erklärte der Kaiser, wenn Max das Angebot annehme, müsse er natürlich auf alle seine Rechte als Erzherzog, einschließlich des Anspruchs auf mögliche Thronfolge, verzichten. Max, der bereits ja gesagt hatte, war entsetzt, Charlotte soll vor Empörung außer sich gewesen sein. Franz Josef blieb hart. Erst als der Bruder das Papier unterzeichnet hatte, ließ er ihn ziehen.

Ein zweiunddreißigjähriger Habsburg mit schütterem Vollbart und offenem, etwas verträumten Gesicht fuhr also 1864 in ein Land, das er noch nicht kannte und von dem er viel zuwenig wußte; immerhin hatte es einmal seinem Vorfahren Karl V. gehört. Er war voll der besten Vorsätze, wollte gerecht regieren, doch an seinem Hof sollte selbstverständlich das spanische Zeremoniell gelten. Charlotte saß mit ihm auf dem Achterdeck der österreichischen Fregatte »Novara«. Zwei Kinder laufen so von zu Hause weg und suchen das Reich ihrer Wünsche.

Erst in Mexiko erfuhr der gewesene Erzherzog dann, daß nur eine dünne Schicht eingesessener Notabeln ihn zum Herrscher begehrte, keineswegs, wie ihm suggeriert worden war, das Volk. Er erfuhr auch, daß sein Gegenspieler sowohl ihm wie den paar französischen Truppen, über die er verfügte, haushoch überlegen war: der gewählte Präsident von Mexiko, Benito Juarez, ein zäher indianischer Guerillero. Binnen drei Jahren zerbrachen die wenigen Stützen von Maximilians Thron: sein Heer, vor allem jedoch seine Hoffnung, aus dem in den USA tobenden Sezessionskrieg würden die konservativen Südstaatler siegreich hervorgehen. Als jenseits des Rio Grande der Norden gewonnen hatte, berief Napoleon seine letzten Soldaten ab, um nicht in eine Auseinandersetzung mit den Vereinigten Staaten hineingezogen zu werden. Für Maximilian war es eine Sache der Ehre, dennoch zu bleiben.

Er faßte diesen heroischen Entschluß im März 1867. Drei Monate später war er Gefangener der republikanischen Truppen. Am 19. Juni – Franz Josef verhandelte gerade in Budapest über den Ausgleich – wurde ein, wie es in den Akten heißt, »Maximilian von Habsburg« bei Queretaro standrechtlich erschossen. Kurz zuvor war Charlotte nach Europa gefahren und während eines Aufenthalts beim Papst wahnsinnig geworden. Nun läuft Vizeadmiral Tegetthoff mit der »Novara« aus, um den toten Ex-Kaiser nach Hause zu holen.

Das Kriegsschiff mit Maximilians Sarg ist noch unterwegs, da trifft Franz Josef sich mit dem – wie Adolphe Thiers, sein erbittertster Gegner, Napoleon III. nennt – »wahren Urheber des Verbrechens« in Salzburg. Natürlich sprechen sie auch von dem Toten, aber nicht sehr lange. Sie haben wichtigere Probleme. Und die Gazetten berichten vor allem, daß die beiden schönsten Herrscherinnen Europas an der Salzach promenieren: die Französin Eugénie und Elisabeth.

Neun Jahre später macht der Kaiser einen letzten Versuch, seine Frau zurückzugewinnen. Er gerät auch dabei in eine Situation hinein, wie sie zu jener Zeit die heimlichen Begierden der Romanleser befriedigte.

Im Lainzer Tiergarten, einem Jagdgehege, das damals noch außerhalb der Stadt lag, heute aber zum Weichbild von Wien gehört, hatte Franz Josef seiner Frau ein Refugium schaffen wollen, von dem er hoffte, es sei geeignet, ihr Verlangen nach ungezwungenem Leben, nach Natur, Stille und frischer Luft zu befriedigen. Wildschweine, Rehe, Hirsche und Mufflons bevölkerten den von einer endlos langen Mauer umgebenen Park. An seinem westlichen Rand war in kaiserlichem Auftrag die »Hermes-Villa« entstanden. Der Bauherr hatte sie klein haben wollen, bescheiden, intim, wenn auch mit gedeckter und offener Reitbahn. Am 24. Mai 1886 bekam Elisabeth das Gebäude zum ersten Mal zu sehen. Es sollte eine Überraschung sein.

Sisi kam damals gerade von einer Mittelmeerreise zurück, in Wien wußte kaum noch jemand, wie sie aussah. Seit sich ihr in Ungarn eine neue Welt und eine neue Freiheit offenbart zu haben schien, war sie fast ständig unterwegs, denn keines der entdeckten Paradiese konnte sie lange befriedigen, weder das auf ihr Drängen von Franz Josef erworbene Jagdschloß Gödöllö bei Budapest noch die Berge und Täler um Meran, noch die Herrensitze irischer Lords, mit denen sie halsbrecherische Hetzjagden zu Pferde unternahm. Jetzt hatte sie gerade das Mittelmeer entdeckt, die von Homer besungenen odysseischen Küsten und das üppige Korfu. Des Kaisers neuerbaute Villa sollte allen diesen Eindrücken entgegenwirken. Franz Josef hatte völlig danebengegriffen.

Kein schlichtes, stilvolles Haus war im Lainzer Tiergarten entstanden, sondern ein von allerlei Krimskrams überquellendes Prunkgehäuse. Hans Makart, verantwortlich für die künstlerischen Geschmacklosigkeiten einer ganzen Epoche, hatte die Innendekorationen entworfen. Das Schlafzimmer war in »pompejanischem Stil« gehalten, die Außenfassade aufgeplusterte Neorenaissance. Sisi hob indigniert die Augenbrauen, als sie alles gesehen hatte. Ihre jüngste Tochter Marie Valerie faßte später in Worte, was die Mutter dabei gedacht haben mag: »Dieser marinierte Rokokostil! Ich wollte, wir wären wieder daheim!« Kurz nach dem ersten Besuch in Lainz beendete die Kaiserin dann ihre Ehe auf ebenso entschiedene wie scheinbar unkonventionelle Art. Sisi führte Franz Josef eine Frau zu, die ihm besser konvenierte als sie.

Katharina Schratt, damals einunddreißig Jahre alt, war einer der Lieblinge des Burgtheater-Publikums, ein sogenanntes »echtes Wienerkind«. Der Kaiser hatte sie bereits als »Lorle« aus dem Schwarzwald gesehen und war sehr von ihr angetan gewesen. Auf einem der berühmtesten Wiener Faschingsfeste, dem »Industriellenball«, hatte er sogar schon mit ihr geplaudert. Nun teilt Sisi ihm beiläufig mit, Frau Schratt werde gerade von Heinrich von Angeli, einem berühmten Fürstenporträtisten, gemalt, der Künstler erwarte seinen und ihren Besuch. Franz Josef verstand. Fortan gab es in seinem Leben die »gnädige Frau«. Mit diesem Titel bedachte er die Schratt am Anfang ihrer Beziehung, aber schon an Weihnachten gestand er der »liebsten Freundin«, daß sie »in diesen Zeiten schwerer Sorge« sein einziges Labsal sei. Später pflegte er zweimal täglich ihre Wohnung aufzusuchen, früh am Morgen und nach dem Mittagessen. Wenn Elisabeth in Wien war, besuchte die Schratt auch sie. Die beiden Frauen tauschten dann Beobachtungen über das Wohlbefinden des Kaisers aus. Rauchte er auch nicht zu viele Virginierzigarren? Ging er während der Arbeitspausen wenigstens ab und zu ins Freie? Aber wann war Elisabeth schon noch zu Hause?

In Miramare, dem Schloß Ferdinand Maximilians, hatte sie ihrem Mann die Erlaubnis abgerungen, auf Korfu eine Villa für sich bauen zu lassen. In griechischem Stil sollte sie errichtet, mit griechischen Statuen ausgestattet werden und »Achilleion« heißen. Das Land der Hellenen war Elisabeth zum letzten Zufluchtsort geworden. Als Symbol für diesen Traum wählte sie den Delphin. Von der österreichischen Kaiserkrone überhöht, zierte er fortan ihre Wäsche, ihr Porzellan und ihr Briefpapier. Einen Lehrer, der sie in Neugriechisch unterrichten mußte, nahm Sisi sich auch.

Am 30. Januar 1889 ist die Kaiserin dann gerade wieder einmal in Wien. Am Morgen wird sie von Katharina Schratt besucht. Elisabeth fällt der erschrockenen Frau, kaum daß sie eingetreten ist, um den Hals und stammelt unter Tränen: »Der Rudolf ist tot.«

An Georges Clemenceau, den damaligen Wortführer der französischen Linken, hatte Kronprinz Rudolf, Elisabeths und Franz Josefs einziger Sohn, geschrieben: »Deutschland wird es niemals verstehen, welch ungemeine Bedeutsamkeit und Weisheit es ist, die Deutsche, Slawen, Ungarn, Polen um eine Krone gruppiert. Der Staat der Habsburger hat längst, wenn auch in Miniaturform Victor Hugos Traum der ›Vereinigten Staaten von Europa‹ verwirklicht.« Solche Sätze waren geradezu charakteristisch für Rudolfs Art, die Wirklichkeit zu sehen, waren richtig, falsch und visionär zugleich. Insgesamt freilich zeichneten sie ein etwas unscharfes Bild.

Die Völker der Monarchie – allein in Zisleithanien acht Nationen und fünfzehn Kronländer mit ebenso vielen Landtagen – boten keineswegs ein Gruppenbild mit Krone, zerfielen vielmehr in mindestens zwei große Fraktionen: Ungarn und den übrigen Rest. Eines von fünf einigermaßen real existierenden Königreichen, das des heiligen Stephan, gebärdete sich als der Schwanz, der mit allen anderen Königreichen und Provinzen wedelte. Von Jahr zu Jahr härter kämpfend, holten die Magyaren aus der dualistischen Ordnung heraus, was nur herauszuholen war: eine wirtschaftliche Lastenverteilung von siebzig zu dreißig Prozent, eine Außenpolitik, die sich immer eindeutiger gegen das bei ihnen verhaßte, bei den Tschechen und Südslawen aber um so beliebter werdende Rußland richtete, und amtliche Sprachregelungen, durch die gefördert wurde, was Robert Musil beklagt: Die Staatsbürger sollten sich, egal, welcher Sprachgruppe zugehörend, als Österreich-Ungarn oder »Österreicher-Ungarn« betrachten. Selbst Franz Josefs eisernen Vorbehalt, es dürfe nur eine, die k.u.k. Armee geben, hatten die Magyaren bereits unterlaufen. Längst gab es auch die k.ung. Honvéd und, westlich der Leitha, eine vor allem aus Gründen der Parität geschaffene k.k. Landwehr. Verwirrung also, Zwist und Rivalität, wohin man blickte. Am härtesten waren davon die Deutschen betroffen. Taaffe schien sie allmählich an den Rand drücken zu wollen: im Schulwesen, wo ihre Sprache immer mehr an Bedeutung verlor, in der Staatsverwaltung, wo man ihren Vertretern immer weniger Posten zugestand. Dabei war das von Bismarck geschaffene Deutsche Reich doch seit 1879 Österreichs engster Verbündeter, auf ungarisches Drängen hin im Zweibund mit ihm zusammengespannt. Kein Wunder, daß Turner, Sänger, Studenten, von derlei Ungereimtheiten verstört, sich immer enger zusammenschlossen, daß sich eine »deutsch-nationale« Bewegung herausbildete und daß wieder und wieder Stimmen laut wurden, die den »Anschluß« – das Wort gab es seit 1848 – an Deutschland forderten. Sangen sie nicht auch drüben bereits von der »Etsch bis an den Belt«? War nicht die Melodie des »Liedes der Deutschen« mit jener der österreichischen, von Haydn komponierten Kaiserhymne identisch und das »Deutschland, Deutschland über alles« sogar eine glatte Imitation jenes »Österreich über alles«, das zu Zeiten Leopolds I. der Wirtschaftswissenschaftler Hörnigk als Buchtitel verwendet hatte – allerdings mit der skeptischen Hinzufügung »wenn es nur will«?

Wahrlich, da war kaum etwas, das Kronprinz Rudolf dazu berechtigt hätte, die Doppelmonarchie als »wenn auch in Miniaturform« verwirklichte Utopie zu bezeichnen. Häufiger, als es einem überzeugt konstitutionellen Herrscher hätte lieb sein dürfen, griff Franz Josef auf den Paragraphen 14 der Verfassung zurück, um im ungehemmt tobenden Interessenstreit wenigstens die notwendigsten Maßnahmen treffen zu können. »Der Vierzehner« erlaubte es ihm, mit einer Art von Notverordnungen an den Parlamenten (in Wien und Budapest) vorbeizuregieren. Später sollte er das wichtigste Machtmittel des Kaisers überhaupt werden.

Andererseits war Rudolfs Darstellung so falsch auch wieder nicht – vorausgesetzt, man erkannte dem Atmosphärischen neben dem Faktischen den richtigen Stellenwert zu. Der Staat der Habsburger hatte vielleicht wenig Struktur, aber er hatte Stil. Die Melange aus Sprachen, Verhaltensweisen, Lebens- und selbst Eßgewohnheiten, die sich vor allem in Wien herausbildete, war auf ihre Weise einzigartig in der Welt, bildete einen Spiegel, in dem sich Angehörige der verschiedenartigsten Völker und Kulturen eben doch als Bürger eines Staates erkennen konnten. Ja mehr noch: Für sich allein wären sie Provinzler oder Hinterwäldler gewesen, ihre kakanische Geburtsurkunde – sei das Papier auch irgendwo im dalmatinischen Karst oder im abgelegensten Tal des Böhmerwaldes ausgestellt worden – machte sie den Mitgliedern aller anderen großen Nationen ebenbürtig und kam insofern fast einem Adelsbrief gleich. Dies alles freilich mußte man wissen, um den Wert der Doppelmonarchie richtig würdigen zu können, doch erfuhr es nur, wer sehen, schmecken, riechen, vor allem hören konnte. Das k.u.k. Reich glich eher einer Symphonie als einem festgefügten Bau, war mehr als alles andere ein Gesang über den Wassern, der die Herzen zu zögerndem Gleichtakt verführte. Für seine Lenkung bedurfte es Männer, denen jeder falsche Ton in dem Moment auffiel, da er sich über die anderen Stimmen zu erheben drohte. Nicht Politiker waren in Österreich-Ungarn gefragt, sondern Virtuosen der Staatskunst. Dies alles zugegeben und abgezogen, hatte Rudolf recht, nicht weniger recht zumindest als Palacký zu der Zeit, da er sein berühmtes Wort prägte. Außerdem gilt für beide Männer, daß sie Möglichkeiten den Gegebenheiten überordneten. Ein Staatenbund, streng föderalistisch geordnet, wäre seit 1848 die Möglichkeit gewesen, die Gegebenheit war der ungleichseitige Dualismus. Es ist freilich keineswegs so, daß Rudolf sich dessen nicht bewußt gewesen wäre.

Der Kronprinz glich in fast allen Dingen mehr seiner Mutter als dem Vater; er war hochintelligent, ungemein sensibel, stets etwas kränklich und – man möchte fast sagen: infolgedessen – der geborene Außenseiter. Vor seinen Augen konnte beinahe nichts bestehen, was den Wert des höfischen Lebens ausmachte; weder das spanische Zeremoniell noch der Vorrang der Kirche oder die Bedeutung einer adeligen Geburt. Als junger Mann hatte er sich für Naturwissenschaften interessiert, hatte seinen Freund und Mentor Alfred Brehm bei der Arbeit an »Brehm's Thierleben« unterstützt und selbst über einige Reiseerlebnisse geschrieben. Später mußte er dann natürlich die Uniform anziehen; er redete sich sogar ein, daß ihm das Soldatenleben gefiele. Im Herzen blieb Rudolf jedoch, was er von seiner Anlage her war: ein kritischer Intellektueller mit Neigung zum Journalismus. Und da Franz Josef nie auf den Gedanken kam, ihn mit Staatsangelegenheiten vertraut zu machen, gewöhnte er es sich an, Informationen dort zu suchen, wo sie gehandelt wurden: in Redaktionsstuben und politischen Zirkeln. Moriz Szeps, der Chefredakteur des »Neuen Wiener Tagblattes«, ein Jude, schärfte seinen Blick für die im Land vorherrschenden Stimmungen, die Nationalismen verschiedener Couleur, den vor allem in Wien um sich greifenden Antisemitismus und eben für die Bestrebungen der Ungarn, den Staat auf der Bahn zu halten, auf die sie ihn im Jahr des Ausgleichs gesetzt hatten. Schon bald folgerte der junge Mann in einer Denkschrift, die er, wie seine Zeitungsartikel auch, anonym veröffentlichte: »Daher gibt es in der ganzen Monarchie keine so gefährliche Partei als die extremen Ungarn.« Entgegensetzen wollte er ihren Bestrebungen ein zentralistisch regiertes »Großösterreich«; allerdings vermochte er nur sehr ungenau zu formulieren, wie es im Inneren und Äußeren beschaffen sein müsse.

Immerhin, Rudolfs umfängliche Denkarbeit, sein zunehmendes Wissen, sein Gespür für die realen Zustände hätten es gerechtfertigt, in ihm nicht nur den künftigen Kaiser, sondern auch einen kommenden Mann zu sehen, die Rettung sogar für das morsch gewordene Erzhaus. Diejenigen, die ihn besser kannten, sahen jedoch schon bald, daß es dazu kaum reichen würde. Rudolf konnte nicht einmal sein eigenes Leben bewältigen, weder die Ehe mit Stephanie, der Tochter Leopolds II., des Königs der Belgier, noch die inneren und äußeren Spannungen, denen er sich ausgesetzt sah: von der Mutter kaum beachtet, vom Vater mit zunehmendem Mißtrauen verfolgt, nirgendwo richtig zugehörig, weder bei Hofe noch bei seinem Regiment, noch letztlich auch im bürgerlichen Kreis der Journalisten. Überdies gab es, zumal in Wien, auch das andere Leben, die Separées, die Liebesnester, den Alkohol, die Rauschgifte. Rudolf war keineswegs der einzige Erzherzog, der sich damals auf wahrhaft exzessive Weise austobte.

Gästen des Hotels Sacher war es bereits widerfahren, daß plötzlich ein nackter, betrunkener Mann zwischen ihren Tischen herumtorkelte. Er sei, erzählten sie später, ein Habsburg gewesen. Woran sie dies erkannt hätten? Nun, außer dem Säbel an seiner Seite habe er auch das Goldene Vlies getragen. Tatsächlich ist es Otto Franz Josef gewesen, genannt »Bolla«, ein Neffe des Kaisers, berühmt wegen seiner unzähligen Liebesaffären, später der Syphilis erlegen. Auch Rudolf hatte schwere, von einer Gonorrhöe herrührende Gelenks- und Augenentzündungen; 1888 sprach er zum ersten Mal von Selbstmord. Doch wollte er partout nicht allein in den Tod gehen; seine Geliebte, Mizzi Caspar, eine sehr käufliche Dame, sollte ihn vielmehr begleiten. Mizzi dachte nicht einmal im Traum daran, es zu tun. Anders Baronesse Mary Vetsera. Sie ist die Heldin jenes unfaßbaren Schauerromans, der gewöhnlich mit Überschriften wie »Die Tragödie von Mayerling« versehen wird.

Mayerling, im südlichen Wienerwald gelegen, damals ein Jagdschloß, heute ein Kloster, hatte Rudolf schon oft als Zufluchtsstätte gedient. Am 28. Januar 1889 suchte er, unter allerlei komplizierten

Vorsichtsmaßnahmen, den Ort zum letzten Mal auf. In seiner Begleitung befand sich die siebzehnjährige Mary, ein hübsches, hochromantisches Geschöpf, Tochter aus levantinischer Adelsfamilie. Die Vorstellung, zusammen mit ihrem Geliebten aus der Welt zu scheiden, schien für Mary der Inbegriff höchsten Glücks zu sein, eine Erfüllung des Lebens, der keine andere gleichkam.

Wer die beiden am anderen Morgen zuerst auffand, Rudolfs Freund, Graf Hoyos, der in einem Nebengebäude übernachtete, Rudolfs Leibfiaker Bratfisch oder ein Dritter, scheint bis heute noch nicht ganz geklärt zu sein. So gut wie sicher ist mittlerweile nur eines: Der Kronprinz hatte erst das Mädchen erschossen, dann, mit Hilfe eines Spiegels, den er benötigte, um die Pistole richtig ansetzen zu können, sich selbst. Warum?

In einem seiner letzten Briefe – Adressat unbekannt – heißt es: »Meine Kraft war erlahmt und ich habe nicht mehr den Mut gehabt, den Nimbus meiner Würde nach außen hin so lächerlich zur Schau zu tragen.« Habsburg, so scheint es, war auch für ihn zuviel gewesen.

Elisabeth trug von dem Tag an, da sie der Schratt weinend in die Arme gefallen war, nur noch Schwarz. In Wien sah man die Kaiserin so gut wie überhaupt nicht mehr. Gehetzt von Stimmungen, die ihr Gemüt, Gespenstern gleich, umflattert haben müssen, reiste die »merkwürdige Frau« ruhelos durch halb Europa, zwang ihre Begleitung, kaum daß sie irgendwo angekommen waren, zu stundenlangen, beschwerlichen Wanderungen, aß so wenig, daß sie Hungerödeme entwickelte, spielte auch selbst immer wieder mit dem Gedanken, sich umzubringen.

Die Umstände aber, unter denen sie schließlich zu Tode kam, sind derart, daß man geneigt ist, das damals so gern beschworene »unerforschliche Schicksal« dafür verantwortlich zu machen (zumindest besaß Habsburg im Schicksal keinen Verbündeten mehr). Selbst Franz Josef scheint das so gesehen zu haben. Nachdem er erfahren hatte, seine Frau sei am 9. September 1898 in Genf von dem italienischen Anarchisten Lucheni erstochen worden – aus keinem anderen Grund als dem, daß sie für ihn das verhaßte monarchische Prinzip verkörperte –, sagte der Kaiser: »Mir bleibt auch nichts erspart.«

Aber das war eigentlich nur eine neue Variation des alten habsburgischen Schreckensrufes: »Ist denn der Glücksstern endgültig von uns gewichen?«

XIII.
Vorbereitung auf die letzte Stunde

An seinem siebzigsten Geburtstag, dem 18. August 1900, wurde Franz Josef auch von der Schratt verlassen. Die Schauspielerin hatte es ihm übelgenommen, daß er ihr in einem Streit mit der Burgtheater-Direktion nicht beigestanden war. Fortan dürfte der Kaiser einer der einsamsten Männer im Kreis seiner rund achtundzwanzig Millionen Untertanen gewesen sein, aber das bekamen allenfalls die Mitglieder der engsten Umgebung zu spüren. Nach wie vor erhob Franz Josef sich jeden Tag Punkt vier Uhr morgens von seinem einfachen Eisenbett, saß zwölf bis vierzehn Stunden am Schreibtisch, las jede Akte, die ihm vorgelegt wurde, gab Audienzen, empfing Bittsteller, konferierte mit seinen Ministern und traf Entscheidungen, die nur er, als Staatsoberhaupt, Regierungschef und Oberkommandierender der Streitkräfte, treffen durfte. Auch an Manövern nahm er noch teil, hielt sich straff und aufrecht, entwickelte jedoch Eigenheiten, die man schrullig hätte nennen können.

Als Schmierzettel verwendete Franz Josef mit Vorliebe das von Briefen abgeschnittene unbeschriebene Papier, seine Hausjoppen trug er, bis sie fast zerschlissen waren, das Mittagessen ließ er sich nach wie vor im Arbeitszimmer servieren – wenn er aber ein Staatsbankett geben mußte, hatte das Personal den Auftrag, die üblichen zwölf Gänge binnen einer Stunde auf- und abzutragen, denn Tischgespräche verabscheute der alte Herr. Jetzt war dieses ohnehin recht freudlose Leben auch um jene paar friedlichen Stunden ärmer geworden, die er bisher in der kleinen Biedermeiervilla der Schratt verbracht hatte, wenige Schritte vom Botanischen Garten des Schönbrunner Schloßparks entfernt. Was dem Kaiser noch blieb, waren die Jagd und – so schrieb er der ehemals »lieben, guten Freundin« – Gedanken an eine »traurige, hoffnungslose Zukunft und an den Tod«.

Gedanken an den Tod? Man sieht geradezu, wie Franz Josef diese

Zeile noch einmal überliest, um dann hinzuzufügen: »Das letztere ist nützlich, denn man kann sich auf den letzten Augenblick nicht genügend vorbereiten.«

So sprach nicht der »arme Kleine«, den er auch Katharina Schratt gegenüber gerne hervorgekehrt hatte, so sprach Habsburg durch den Mund seines Familienoberhauptes.

Franz Josef glich zu dieser Zeit dem an das Ruder geketteten Steuermann eines von Sturm und Wellen erbarmungslos gebeutelten Schiffes. Alle anderen konnten von Bord gehen, wenn sie die Orientierung verloren hatten, er nicht. Eduard von Taaffe, der Mann des »Durchwurschtelns«, hatte sein Patent zurückgegeben, als es sich zeigte, daß eine Wahlrechtsreform, die auch minderbemittelte Staatsbürger zur Stimmabgabe berechtigte, den bisher bevorzugten Mittelstand nicht genügend schreckte, um seine zunehmende Lust an der Anarchie zu dämpfen. Deutsche, Tschechen, Slowenen, Polen, Slowaken fuhren auch weiterhin fort, sich im Reichsrat an die Kehle zu gehen, wenn ihre jeweiligen nationalen Interessen auf dem Spiel standen. Hinter der griechischen Fassade des Parlaments ging es mitunter wie im Tollhaus zu. »Eine Handvoll Männer, anständig gekleidet, saß oder stand vor ihren kleinen Pulten. Sie machten einen höllischen Lärm, indem sie mit aller Gewalt ihre Pultdeckel öffneten und schlossen. Andere stießen auf kleinen Kindertrompeten schrille Töne aus ... Man behandelte gerade die Rechte und Privilegien einer der acht offiziell anerkannten Nationalsprachen.« So der Augenzeugenbericht des Journalisten Wolf von Schierbrand. Um Sprachverordnungen wurde in einem fort gestritten. Die Deutschen sahen ihr Erstgeburtsrecht bedroht, wenn Akten auch auf tschechisch abgefaßt werden durften, die Tschechen schrien Mord, sobald Polen oder Ruthenen beanspruchten, sich auf dem Kanzleipapier ebenfalls ihres Idioms zu bedienen.

Und alle diese nationalen Gruppen waren auch noch in sich gespalten, zerfielen etwa in eine »Deutsch-Völkische« und eine »Christlich-Soziale« Bewegung, in habsburgtreue Böhmen und panslawistische »Jung-Tschechen«, in Polen, die auf die Dynastie schworen, und Polen, die sich vom Reich trennen wollten. Nach einer weiteren Reform, der Einführung des allgemeinen Wahlrechts, schien es im Hohen Haus an der Ringstraße dann nur noch zwei große Stimmblöcke zu geben: eine slawische Mehrheit und eine deutsche Minderheit, aber das täuschte ebenfalls. Die gesamte Parlamentarierversammlung zerfiel in nicht weniger als achtundzwanzig verschiedene Fraktionen, deren kaum eine mit den jeweils anderen an einem Strick zog. Und ihre Vertreter befehdeten sich keineswegs nur mit Kindertrompeten und anderen Lärminstrumenten, sondern gelegentlich auch mit der nackten Faust. Nach Taaffes Abgang versuchten in diesen Hexenkessel zunächst der Galizier Graf Badeni als k. k. Ministerpräsident zu bestehen, dann drei Deutsche mit Namen Koerber, Beck und Stürgkh. Der letztere hielt sich jedoch bereits so gut wie ausschließlich an den »Vierzehner«, jene »wunderbare Sache«, mit der man, wie sein Vorgänger gesagt hatte, alles machen könne, »sogar Soldaten aus dem Boden stampfen«.

Was die wechselnden Kabinettschefs mit ihren Cliquen und Anhängern jeweils zu bewirken versuchten, konnte der Kaiser nicht immer ganz nachvollziehen; er legte es auch gar nicht darauf an. Je älter er wurde, desto mehr zählte für ihn nur noch die Erhaltung der Dynastie und die Wahrung ihres Ansehens. Habsburg hieß das Schiff, als dessen Lenker er sich in Wirklichkeit fühlte, nicht Österreich-Ungarn, und die Angehörigen des Erzhauses bildeten seine Besatzung. Aber sogar aus ihren Reihen versuchten einige schon zu desertieren oder mußten von Franz Josef selbst über Bord gestoßen werden.

Die Familie Habsburg hatte sich seit Leopold II. in fünf große Äste verzweigt. Es gab die von seinem Sohn, dem »guten Kaiser« Franz, begründete »Kaiserliche Linie«, der auch Franz Josef angehörte. Ferner gab es, abstammend von Franz' Bruder Ferdinand, die Linie »Toskana«; sie residierte seit ihrer Vertreibung aus Florenz in Salzburg und war finanziell auf Unterstützung aus dem Familienfonds angewiesen. Besser als ihr ging es der »Linie Karl«, denn schon deren Stammvater, der Sieger von Aspern, hatte gut zu wirtschaften verstanden. Die »Ungarische Linie«, zurückgehend auf Josef Anton, einen jüngeren Bruder Karls, stand mit ihren großen Besitzungen im Land der Magyaren auch nicht schlecht da, ebenso die nach Leopolds vierzehntem Kind benannte »Linie Rainer«, deren Güter in Österreich und Oberitalien lagen. Das reichste Haus von allen – außer dem kaiserlichen natürlich –, die »Linie Österreich-Este«, war 1875 ausgestorben. Ihr letzter Vertreter hatte sein riesiges Vermögen Erzherzog Franz Ferdinand vermacht, der sich fortan »von Österreich-Este« nannte und, als ältester Neffe Franz Josefs, nach dem Tod von Rudolf zum vorerst inoffiziellen Thronfolger aufgerückt war. Gerade ihn hätte der Kaiser jedoch viel lieber den anderen Erzherzögen nachgeschickt, die freiwillig oder unfreiwillig das Schiff verlassen hatten und noch immer verließen.

Von Ludwig Salvator aus der Linie Toskana konnte man nicht gerade sagen, er sei desertiert – er war ganz einfach still und leise abgetreten. Nach langen Seereisen mit der Yacht »Nixe« hatte er sich auf Mallorca niedergelassen, ging dort seinen vielfältigen wissenschaftlichen Interessen nach, zeugte ungezählte illegitime Kinder und schrieb und schrieb. Acht Bände umfaßt allein seine Beschreibung der Liparischen Inseln, doch sammelte und veröffentlichte der »gelehrte Erzherzog« auch »Zärtlichkeitsausdrücke und Koseworte in der friulanischen Sprache« oder berichtete über »Das was verschwindet, Trachten aus den Bergen und Inseln der Adria«. Er muß ein liebenswerter, skurriler Mann gewesen sein, über den die Höflinge hinter vorgehaltener Hand lächelten, wenn er einmal nach Wien kam; sein Anzug war nie ganz in Ordnung.

Auch Ludwigs Neffe, Leopold Salvator, bewegte sich keineswegs auf herkömmlichen, erzherzoglichen Bahnen. Zwar trug er Uniform mit den Abzeichen eines Artilleriegenerals, erfand aber so ungewöhnliche Dinge wie den Vierradantrieb für Zugwagen oder den Kardanantrieb für Lastwagen und verdiente damit viel Geld.

Ein Dritter aus der Reihe der Toskaner, Johann Nepomuk Salvator, genannt »Gianni«, gehörte bereits zu denjenigen Erzherzögen, die dem Kaiser Ärger machten. Er war ein Freund Rudolfs gewesen, teilte die meisten Ansichten des Kronprinzen, legte sich aber, anders als dieser, mit jedem an, der sie nicht teilte. Ganz besonders abfällig beurteilte er ein Militärunternehmen, mit dem Franz Josef seinen glühenden Wunsch befriedigte, das Reich um wenigstens eine oder zwei Provinzen zu vergrößern.

1877 hatte Zar Alexander II. den Versuch unternommen, für Rußland wieder einmal die Meerenge zwischen Schwarzem Meer und Mittelmeer zu gewinnen und die orthodoxen »Brudervölker« auf dem Balkan von der islamischen Herrschaft zu befreien. Als im Jahr darauf seine Truppen das vor den Toren Konstantinopels gelegene San Stefano erreicht hatten (der Ort heißt heute Yeşilköy) und dem Sultan einen Frieden aufzwangen, der ihn den größten Teil des bis dahin türkischen Bulgariens kosten sollte, waren Deutschland, England und Österreich aktiv geworden. Bismarck hatte den »Berliner Kongreß«

einberufen und »als ehrlicher Makler« die Verhältnisse auf dem Balkan so geordnet, daß sie für die Westeuropäer erträglich blieben. Er selbst verzichtete dabei auf jeden Gewinn für das Reich, nicht so seine Partner. England begehrte und erhielt Zypern, Österreich das Recht, Bosnien und die Herzegowina besetzen zu dürfen. In Wien glaubte man, das Mandat sei mit einem »militärischen Spaziergang« zu vollstrecken. Johann Salvator, der an dem Unternehmen teilnahm, erfuhr indessen am eigenen Leib, daß der Generalstab und die Politiker sich völlig verrechnet hatten.

Ein Jahr dauerte es, bis der Widerstand der Bosniaken gebrochen war. Drei Armeekorps mußten aufgeboten werden, um Sarajewo, das Prinz Eugen schon einmal genommen gehabt hatte, zu erobern. Nicht daran störte sich jedoch der rebellische Erzherzog.

Wozu, fragte er vielmehr in harschen Artikeln, brauchen wir noch mehr Slawen im Reich? Haben wir denn nicht schon viel zu viele? Und machen sie uns nicht Ärger genug? Was Johann Salvator bestenfalls ahnen konnte, war außerdem dies, daß von dem ebenfalls auf dem Berliner Kongreß aus der Taufe gehobenen Königreich Serbien Bestrebungen ausgehen würden, alle Südslawen um sich zu scharen und auf dem Balkan einen neuen, ethnisch geschlossenen Großstaat namens »Jugoslawien« zu begründen. Der aber mußte notwendigerweise mit der Doppelmonarchie in Konflikt geraten, zum einen, weil es Süd- oder Jugoslawen auch in Österreich-Ungarn gab, zum anderen, weil die beiden habsburgischen Protektorate Belgrad den Weg zur Küste versperrten. Weder Johann Salvators unmittelbare Vorgesetzte noch der Kaiser wollten jedoch von solchen Bedenken etwas hören. Im Oktober 1889 tat der Toskaner deshalb einen bis dahin unerhörten Schritt.

»Bin zu stolz, um einen fürstlichen Müßiggänger abzugeben«, ließ er verlauten und trat, dem Kaiser das Goldene Vlies quasi vor die Füße werfend, aus der Familie Habsburg aus. Nach seinem Schloß bei Gmunden nannte er sich fortan Johann Orth, verzichtete auf eine Apanage, erwarb in Hamburg das Kapitänspatent und kaufte das Frachtschiff »Margherita«. Ein Jahr später brach der Ex-Erzherzog damit zu einer Reise nach Chile auf. Von ihr ist er, ebenso wie seine bürgerliche Frau, nicht mehr zurückgekehrt. Als Todesdatum des Achtunddreißigjährigen gilt der 20. oder 21. Juli 1890. Vermutliche Todesursache: Schiffsuntergang in einem Sturm vor Kap Hoorn.

Schwerer als der Familienaustritt des Toskaners dürfte Franz Josef der »Verlust« eines seiner Neffen getroffen haben, denn durch ihn wurde die »Kaiserliche Linie« selbst dezimiert.

Theoretisch stand Habsburgs Hauptstamm seit dem Tod der Kaiserbrüder Ferdinand Maximilian und Karl Ludwig – Sophies Drittgeborener war 1869 gestorben – sowie dem Selbstmord Rudolfs noch auf acht männlichen Augen, in der Praxis jedoch lediglich auf sechs. Franz Josefs jüngster Bruder, Erzherzog Ludwig Viktor, heimtückisch, dekadent und homophil, galt als schwarzes Schaf der Familie. Er war nach mehreren öffentlichen Skandalen in das Schloß Klesheim bei Salzburg abgeschoben worden, machte aber auch dort so viel Ärger, daß man ihn bald darauf wegen »Geisteskrankheit« entmündigte. Als mögliche Thronfolger blieben somit nur die drei Söhne Karl Ludwigs übrig, und keiner von ihnen war in des Kaisers Augen frei von Fehl, nicht Franz Ferdinand, nicht Otto Franz Josef, den bereits die Syphilis zeichnete, nicht Ferdinand Karl, der als nächster Erzherzog von Bord ging.

Ferdinand Karl hatte es, was für einen Habsburg freilich nicht übermäßig schwer gewesen sein dürfte, schon mit vierunddreißig Jahren zum Generalmajor gebracht. Viel lieber als Offizier wäre er freilich Intendant der Hoftheater gewesen, der »Burg« und der Oper. Nun hätte er möglicherweise auch diesen Posten bekommen können, da trat Berta Czuber in sein Leben. Es geschah auf einem Ball. Berta stammte aus gutem Haus, Tochter eines Professors, doch für Habsburg bei weitem nicht gut genug.

Als Ferdinand Karl den Kaiser um Eheerlaubnis bat, erhielt er eine barsche Abfuhr. Er zog sich daraufhin vom Hof zurück, legte sein Armeekommando nieder und heiratete endlich heimlich in der Schweiz; das geschah 1909. Franz Josef, weit entfernt, sich davon rühren oder an seine eigene Romanze mit Sisi erinnern zu lassen, zückte, kaum daß er davon erfahren hatte, den Donnerkeil. Der Neffe mußte das Erzhaus verlassen, mußte Rang, Titel und Namen aufgeben. Ferdinand Karl nannte sich von da an Ferdinand Burg, erhielt eine angemessene Apanage und zog nach Südtirol. Immerhin kam er solcherart noch weit besser weg als zwei andere Habsburgs, die vor ihm aus dem Familienregister gestrichen worden waren – berechtigterweise, wie man allerdings hinzufügen muß.

Leopold Ferdinand Salvator war, wie sein »toskanischer« Vetter Johann Orth, früh zur Schiffahrt hingezogen worden, doch offensichtlich auch zum Matrosenmilieu. Er flog aus dem Marinedienst, nachdem man entdeckte, daß er seine Freundin, als Seemann verkleidet, an Bord eines Kreuzers geschmuggelt hatte. Von da an ging es rasch bergab mit dem einstmals schmucken Seeoffizier. Er trieb sich in Wiener Zuhälterkreisen herum, wollte eine polizeibekannte Straßendirne heiraten und mußte mehrmals wegen Depressionen und Alkoholproblemen medizinisch behandelt werden. Leopold Salvator war es auch, der den Kaiser eines Abends mit Hut und Stöckchen aus der Dunkelheit hatte auftauchen sehen. Freilich gehörte diese Beobachtung bereits zu einer Chronique scandaleuse, in der er zu begründen suchte, warum ein normaler junger Mann gleich ihm gar nicht anders könne als gegen das Erzhaus aufbegehren.

Das Spanische Hofzeremoniell gleicht in seinen Augen einer Zuchthausordnung, deren Einhaltung vom Kaiser selbst mit der Uhr in der Hand kontrolliert wird. Bei den großen Festlichkeiten, Hofball, Galadiner, Empfang fremder Herrscher, hat jedes Familienmitglied in genau vorgeschriebener Dienstuniform sich zu genau bestimmter Zeit einzufinden und wieder zu verabschieden, der jüngste Erzherzog zuerst, der älteste zuletzt. Die Hofburg oder Schönbrunn selbst werden für alle, die sie betreten, zum Gefängnis, sogar für hohe und höchste Gäste. Auch Auswärtige haben sich an die geltenden Regeln, den herrschenden Stundenplan, zu halten, werden von der Polizei überwacht, von Hofchargen und Dienern, deren es ganze Heerscharen gibt, unauffällig zu den Plätzen gelotst, die sie einnehmen sollen. Und schließlich, meint Leopold Salvator, sei es ganz natürlich, daß Angehörige eines so alten Geschlechts in alle möglichen Laster flüchteten, ja dem Wahnsinn verfielen.

Seine Schwester Luise Antoinette stieß in das gleiche Horn wie er. Beide haben Lebenserinnerungen verfaßt, in denen sie aus bekannten und weniger bekannten Familienhistörchen eine Art habsburgisches Sittengemälde zusammenstoppeln. Freilich atmet es nur den Duft des Klatsches und fügt dem Bild des Erzhauses nichts wesentlich Neues hinzu. Daß die Dynastie nach so vielen Jahrhunderten von der Dekadenz angekränkelt sein könne – wer hätte dies nicht gelegentlich gesehen, von sich aus vermutet gehabt? Sowohl Luise als auch Leopold wollten in erster Linie sich selbst exkulpieren.

Der weibliche Teil des Geschwisterpaares hatte 1891 den Kronprinzen von Sachsen geheiratet, lief ihm aber elf Jahre später mit dem

Sprachlehrer ihrer fünf Kinder davon. Auf der Flucht in die Schweiz wurde Luise von Leopold Salvator begleitet. Kurz darauf hielt der Erzherzog seine Entlassungspapiere in der Hand. Es war ein »Identitäts-Zeugnis«, das ihm kurz und knapp bestätigte, daß »Seine kaiserliche und königliche Apostolische Majestät« dem Inhaber »Allergnädigst zu gestatten geruht haben, die Stellung und den Rang eines Erzherzogs abzulegen und den bürgerlichen Namen Leopold Wölfling anzunehmen«, unter dem er gelegentlich schon gereist war. »Wien, am 3. April 1903.«

1907 traf dasselbe Verdikt auch Luise. Sie heiratete Enrico Toselli, den Komponisten der bekannten »Toselli-Serenade«, wurde später von ihm geschieden und starb 1947 in Brüssel. Wölfling, dem keine Apanage bewilligt worden war, trat nach dem Ersten Weltkrieg als Kommentator für Stummfilme über die Habsburgs auf, war Lebensmittelhändler, Journalist, Schriftsteller, um 1935, völlig verarmt, in Berlin-Kreuzberg zu sterben – auch er am Erzhaus gescheitert.

Was die Fälle Wölfling, Luise, aber auch Orth und Burg bemerkenswert macht, ist vor allem der Umstand, daß sie von der Welt registriert werden konnten und natürlich als Sensation empfunden wurden. Es gab indessen auch noch andere Erzherzoginnen und Erzherzöge, die in dem ihnen aufgezwungenen Leben ebenfalls Schiffbruch erlitten, aber nicht den Mut oder die Torheit besaßen, davon nach außen hin Kunde zu geben. Sie zogen es vor, an Bord der Galeere zu bleiben, eines scheinbar noch immer stolzen Schiffes unter purpurnen Segeln, vom Doppeladler geziert. Gewöhnliche Sterbliche, die es dahingleiten sahen, wären zu Tränen gerührt gewesen, wenn sie erfahren hätten, daß unter seinen Decks gelitten wurde. Andererseits freilich: So etwas gehörte zu jedem Märchen.

Franz Ferdinand von Österreich-Este, des Kaisers ältester Neffe, der vorerst noch inoffizielle Thronfolger, hat durchaus auch gelitten. Doch gehörte er zu jenen Naturen, die davon nicht gebrochen, sondern geformt werden.

Von Franz Ferdinands Vater, Erzherzog Karl Ludwig, sagte Gräfin Larisch, intime Kennerin des Wiener Hofs, er sei ein »fetter, alter Mann mit tierischen Instinkten gewesen« und habe seine vierte Frau, die blutjunge, bildschöne Maria Theresia von Braganza, bis aufs Blut gepeinigt. Nicht die in Deutschland geborene Portugiesin war jedoch Franz

Ferdinands Mutter, sondern Maria Annunziata, seines Vaters zweite Frau, eine Tochter von Ferdinando II., König beider Sizilien – es ist ein Umstand, der möglicherweise hilft, den nunmehrigen Thronfolger besser zu verstehen. Ferdinando, Enkel Maria Karolinas, war von seinen Untertanen »Re Bomba«, der Bombenkönig, genannt worden, weil er einen Aufstand mit Kanonen hatte niederkartätschen lassen; 1859 haben sie ihn dafür ermordet. Der »Este«, wie er allgemein hieß, dürfte also mit Erbanlagen ausgestattet gewesen sein, die es nahelegten, ihn nicht über Gebühr herauszufordern. Kam freilich hinzu, daß seine Mutter nicht nur an Epilepsie, sondern auch an einer Lungenkrankheit gelitten hatte und daß ihm auch davon etwas geblieben war.

Drei Jahre nach Rudolfs Selbstmord mußte sich Franz Ferdinand von der Öffentlichkeit zurückziehen, um, erst an der Adria, später in Ägypten, eine aufklingende Tuberkulose zu bekämpfen. Es hatte zur Folge, daß nun Otto Franz Josef, der tolle »Bolla«, trotz seines schlechten Rufes vor die Front des Korps der Erzherzöge gerufen wurde. Falls sein älterer Bruder Franz Ferdinand sich nicht erholen sollte, wäre er ja der nächste in der Thronfolge gewesen – auch Bolla übrigens ein Kind der kranken Maria Annunziata von Neapel. Der Bürgerschreck vom Sacher erhielt Schloß Augarten jenseits des Donaukanals als Residenz zugewiesen und mußte den Kaiser immer häufiger bei offiziellen Anlässen vertreten; Franz Josef schien es sogar recht zu sein. Über den »schönen Erzherzog« wußte er sicherlich Bescheid, aber Karl, Bollas Ältester, war ihm unter seinen Neffen und Großneffen nun einmal der liebste, und die Vorstellung, den blondlockigen Jungen eines Tages auf dem Thron zu wissen, behagte ihm durchaus. Aber dann verschoben sich die Gewichte plötzlich auf dramatische Weise. Der Este besiegte wider Erwarten seine Tuberkulose – man sagte, es sei durch schiere Willenskraft geschehen –, und Bolla wurde krank. Offiziell sprach man von einem Kehlkopfleiden, aber daran glaubte in Wien so gut wie niemand. Erzherzog Otto hatte wohl seine Stimme verloren, jedoch nicht wegen irgendeiner Krankheit, die man beim Namen nennen konnte, sondern auf Grund seines doch etwas zu ausschweifenden Lebens und weil das Syphilis-Heilmittel »Salvarsan« noch nicht klinisch erprobt war – 1909, drei Jahre nach seinem qualvollen Tod, wäre es soweit gewesen.

Um diese Zeit stand der gesundete Franz Ferdinand schon längst wieder zur »Disposition des Allerhöchsten Oberbefehls«; der Kaiser mochte ihn noch immer nicht. Auch der Este hätte eigentlich dem Erzhaus bestenfalls in nachgeordneter Stellung dienen dürfen, wäre für ihn das gleiche Maß gültig gewesen wie für Orth oder Burg.

In Preßburg lebte damals der unermeßlich reiche Erzherzog Friedrich aus der »Linie Karl«, verheiratet mit Isabella von Croy-Dülmen; das war habsburgische Tradition in Reinkultur. Der Enkel des Siegers von Aspern hatte sich eine Frau genommen, deren Familie schon seit den Tagen Karls V. dem Erzhaus diente. Beiden war eine Tochter mit Namen Gabriele geboren worden, und sie hatte Franz Josef zur Gemahlin Franz Ferdinands bestimmt. In seinen Augen wäre es eine ideale Ehe gewesen: Geld zu Geld, Habsburg zu Habsburg. Dem Este leuchtete des Kaisers Überlegung sogar ein.

Gehorsam fuhr er nach Preßburg – um dort auf ähnliche Weise vom Blitz getroffen zu werden wie einst Franz Josef in Bad Ischl. Nicht Gabriele riß ihn von den Füßen, sondern die Kammerfrau ihrer Mutter, Sophie Gräfin Chotek. Wenig später erfuhr es der Kaiser. Franz Ferdinand erklärte, nur sie und keine andere wolle er heiraten, und zwar um jeden Preis. Rang, Stellung, die erzherzoglichen Rechte gäbe er für sie dahin. Als Privatmann würde er mit Sophie nach Tivoli bei Rom ziehen, in die Villa d'Este, die zu seinem ererbten Besitz gehörte. Für Franz Josef wäre es eigentlich die letzte Chance gewesen, einen ungeliebten Partner im Regierungsgeschäft loszuwerden, doch er nahm sie nicht wahr. Um so deutlicher bekundete der Chef des Hauses Habsburg sein Mißfallen an der angestrebten Mesalliance.

Bei einer feierlichen Sitzung in der Hofburg – auch Wiens Erzbischof war anwesend – gab der Kaiser eine Erklärung ab, welche »für die Monarchie von allergrößter Wichtigkeit und Bedeutung« sei. Die Heirat wurde genehmigt, allerdings mit Einschränkungen. Im Schmuck des Goldenen Vlieses erklärte der siebzigjährige Herrscher: »Die Gräfin ist zwar hoher, adliger Herkunft, aber ihre Familie gehört nicht zu denjenigen, die Wir nach den Sitten unseres Hauses als Unseresgleichen betrachten. Da aber nur Frauen aus gleichen Häusern als ebenbürtig angesehen werden, so ist diese Ehe im Sinne einer morganatischen Ehe zu betrachten, und die Kinder, welche mit Gottes Segen aus ihr entspringen, können nicht die Rechte von Mitgliedern des kaiserlichen Hauses erhalten.« Mit einem feierlichen Eid mußte Franz Ferdinand sich zu dieser Bedingung bekennen. Erst sehr viel später wurde ihm klar, was er sich – oder vielmehr seiner Frau – damit eingebrockt hatte.

Sophie, vom Kaiser zur Fürstin, später zur Herzogin von Hohenberg ernannt (auch die Frau von Stammvater Rudolf I. war eine Hohenberg gewesen), durfte weder in der Kaiserloge der Oper neben ihrem Mann Platz nehmen noch bei Paraden oder dem Fronleichnamsfest mit ihm in einer Kutsche sitzen. Am Hof war sie der jüngsten Erzherzogin nachgeordnet, und wenn Franz Ferdinand einmal vergaß, diese Regel zu beachten, machte ihn Obersthofmeister Montenuovo, ein Nachkomme des weiland Grafen Neipperg (also selbst ein illegitimer Sproß am Stamm des Erzhauses), geradezu genüßlich darauf aufmerksam. Franz Josef aber vergaß es dem Thronfolger nie, daß er die von ihm so eifersüchtig und unbarmherzig gewahrte Würde des Hauses Habsburg verletzt hatte. Franz Ferdinand seinerseits reagierte darauf in der ihm gemäßen Weise, mit dumpfer Wut, mit Intransigenz und Verachtung. Es war eine Haltung, die nicht eben seine besten Züge zur Geltung brachte, doch deren besaß er ohnehin nicht viele.

Wenn dem Este etwas ins Auge gestochen hatte, setzte er Himmel und Hölle in Bewegung, um es zu bekommen. Das konnten Bilder, Statuen, Preziosen sein – oder auch das Schloß Blühnbach, gelegen in der Nähe von Salzburg. Zu diesem Jagdsitz, sagte er, gehöre das beste Revier der Welt, er müsse es haben, um seiner Glückseligkeit wie auch seiner Gesundheit willen. Obwohl die Pächter des Schlosses, Mitglieder eines adeligen Jagdclubs, bis zuletzt hartnäckigen Widerstand leisteten, bekam er es schließlich. Was Franz Ferdinand unter Waidwerk verstand, glich freilich eher einem Krieg gegen die Tiere als normaler Pirsch. Franz Josef hat die zweitausendzweihundert Trophäen, die seine Ischler Villa schmücken, im Lauf des langen Lebens Stück für Stück erbeutet. Der Thronfolger brachte oft bei einer einzigen Treibjagd weit größere Strecken zustande. Das Wild wurde ihm zugetrieben, er saß auf einem bequemen Stuhl, ließ sich Büchse um Büchse reichen und schoß, bis die Läufe glühten. Dieser Mann mit der preußischen Bürstenfrisur, dem leeren Gesicht und den seltsam ausdruckslosen Knopfaugen muß von wahrhaft atavistischen Trieben beherrscht gewesen sein. Zumindest die Lust am Töten hatte er indessen mit seinem guten Freund Wilhelm II. gemein. Auch der deutsche Kaiser fühlte sich wie ein Sieger auf dem Schlachtfeld, wenn nach einer Jagd die Erde mit Hunderten toter Rehe, Wildschweine, Hasen, Fasane bedeckt war.

Mit dem Reich, das er eines Tages übernehmen würde, hatte Franz

Ferdinand bedeutende Dinge vor; daran ließ er keinen Zweifel aufkommen. Wonach ihm eigentlich der Sinn stand, ist allerdings nie so richtig klargeworden. Fest lag nur eines: Budapest mußte entmachtet und die gesamte Monarchie wieder von einem Punkt aus, nämlich von Wien, geleitet werden. Dieses Ziel gedachte der Este zunächst im Bündnis mit den Kroaten zu erreichen. Agram, ihre Hauptstadt, sollte das Zentrum einer Art von südslawischer Union werden, zu der auch Dalmatien, Krain und Istrien gehört hätten. Dann, als die Kroaten ihm einen Korb gegeben hatten, kramte er den alten Plan von der Föderalisierung des Reiches wieder hervor: für jede Volksgruppe eine oder mehrere Provinzen mit eigener Verwaltung. Die im Grunde näherliegende Idee, das Gewicht Budapests auszutarieren, indem man Prag größere Macht und Selbständigkeit zubilligte, lehnte Franz Ferdinand ab. Und Krieg hielt er für kein geeignetes Mittel, die Monarchie zu sichern oder zu vergrößern, obwohl er sich außerordentlich martialisch gab. Doch konnte der Thronfolger politisch ohnehin nichts bewirken, solange Franz Josef noch lebte.

Mit dem Stab, der ihm als »Generalinspektor der gesamten bewaffneten Macht« zustand, hatte Franz Ferdinand sich im Schloß Belvedere verschanzt, während der Kaiser von der Hofburg aus regierte. Zwischen beiden Häusern gab es so gut wie keine Verbindung, ja schlimmer noch, der alte Herrscher und sein designierter Nachfolger arbeiteten häufiger gegeneinander als miteinander. Und zuweilen ließ Franz Josef seinen Neffen auch ins offene Messer laufen, so etwa, wenn dieser sich mit den von ihm durchaus geschätzten Ungarn anlegte.

Das Verhältnis zwischen diesen beiden höchsten Repräsentanten der Krone entsprach indessen weitgehend den Gegebenheiten, die auch auf den tiefer gelegenen Ebenen des Vielvölkerstaates herrschten. Keiner traute dem anderen, jeder intrigierte gegen jeden, Koalitionen wurden geschmiedet, um gleich darauf wieder zu zerbrechen, der Gegner von heute konnte der Verbündete von morgen sein, die jeweiligen politischen Hilfstruppen marschierten ohne Skrupel, sogar mit fliegenden Fahnen, von einem Lager ins andere. Der Kaiser und die wechselnden k.k. Kabinette operierten währenddessen ungerührter denn je mit dem Paragraphen 14 der Verfassung. Dabei herrschte ähnliche Verwirrung wie in Kakanien auch im übrigen Europa.

Sie war sogar der Art, daß Franz Josef, als das Jahr 1908 herankam, sich hätte fragen können, ob selbst die Katastrophe von 1866 nicht doch nur ein mittelschwerer historischer Unfall gewesen sei. »Ich bin ein deutscher Fürst«, hatte er gesagt, bevor Bismarck ihn aus Deutschland hinauszudrängen begann. Nun feierte der Habsburg sein sechzigjähriges Regierungsjubiläum, und die Welt gewann den Eindruck, er sei »der« deutsche Fürst schlechthin.

Aus allen Residenzstädten zwischen München und Berlin kamen sie nach Wien gereist, um ihm zu huldigen, die Könige, die Herzöge, auch die nicht mehr souveränen Träger alter Adelsnamen, an ihrer Spitze Wilhelm II. Habsburg bot ihnen einen Empfang, der alles übertraf, was sie je erlebt hatten. Ein Festzug aus Abordnungen aller Völker der Monarchie, mit Ausnahme der Tschechen, zog durch die Straßen Wiens: Tiroler Schützenkompanien, Ungarn in alter Magnatentracht, Polen mit verschnürten Röcken, Wagen voll buntgekleideter Slowaken und fidelnde Zigeunerbandas, insgesamt zwölftausend Menschen sowie viertausend Pferde. In der Hofburg hatten Detektive, Hausoffiziere und Lakaien das goldene Tafelgeschirr Maria Theresias aus dem Tresor geholt und nach Schönbrunn gebracht. Dort erwartete der Kaiser die fürstlichen Gäste aus Deutschland, umgeben von den Offizieren seiner rot-golden uniformierten »Arcieren-Leibgarde« (unter ihnen ein sechsundsechzigjähriger Vizewachtmeister namens Ernst Graf Wurmbrand), und alle huldigten Franz Josef als dem Inbegriff herrscherlicher Würde, der Verkörperung des Erzhauses, das seinerseits dem alten Reich noch einmal Gestalt verlieh – und den Hohenzoller fast zum Emporkömmling degradierte.

Aber war es denn nicht wirklich so, wie es vor 1866 gewesen war und wie es unter Schwarzenberg noch einmal hätte werden können? Hatte Bismarck sein Spiel zuletzt nicht doch noch verloren? Österreich-Ungarn und Deutschland, im Zweibund vereint, sahen sich auf Grund der politischen Entwicklung in Europa und dank ihrer eigenen Politik mehr denn je zu engstem Schulterschluß gezwungen. Ein Bruch zwischen ihnen wäre für jedes der beiden Gemeinwesen lebensgefährlich gewesen, denn keines verfügte noch über andere Verbündete, auf die es sich in der Not hätte stützen können. Der »Dreibund« von 1882, dem auch Italien angehörte, bestand nur auf dem Papier und galt den österreichischen Militärs so wenig, daß sie sogar mit dem Gedanken an einen Präventivschlag gegen das Nachbarland spielten. Deutschland auf der anderen Seite hatte den von Bismarck ausgehandelten »Rückversicherungsvertrag« gekündigt, mit dem der Kanzler verhindern wollte, daß Rußland im Kriegsfall gegen das Reich aktiv würde. Nun spann sich bereits die von ihm befürchtete Verbindung zwischen Petersburg und Paris an, an der auch England mitstrickte. Wahrlich, wohin man von Berlin aus blicken mochte: Man sah nur noch Wien. Und von Wien aus betrachtet, war es umgekehrt ebenso.

Der Eindruck, daß beide Staaten zusammenwüchsen, trat nicht nur während der Jubiläumsfeier hervor. Auf der »Schmelz«, dem Exerziergelände der Wiener Garnison, paradierten Einheiten der k.u.k. Armee vor ihrem Kaiser. Es waren allerdings nicht mehr die farbenbunten Soldaten von 1866, vielmehr kamen sie in fast demselben einheitlichen Blau daher wie ihre ehemaligen preußischen Gegner. Der alte Hahnenglanz ging allein noch von der Kavallerie aus, den Husaren, den Ulanen und den Dragonern mit ihren blinkenden Griechenhelmen. Selbst Wilhelm II. mußte dies alles vertraut anmuten – bis auf den Marschtritt der Infanterie natürlich: kein knallender Stechschritt wie in Potsdam, sondern ruckartig-rhythmisches Schreiten zu einer Musik, die an heitere oder melancholische Tänze gemahnte. Im übrigen konnte der alte Kaiser seinen jüngeren Amtsbruder so wenig leiden wie Franz Ferdinand. Das ließ er beide noch im Jahr seines Thronjubiläums auch spüren.

Zu Bismarcks Rückversicherungsvertrag mit Rußland hatte der geheime Zusatz gehört, Deutschland werde den Zaren bei künftigen Versuchen, freie Durchfahrt durch die Meerengen zu gewinnen, nicht behindern; Wien hatte davon erst später erfahren und war verärgert gewesen. Jetzt, im Juli 1908, zwangen die sogenannten »Jungtürken« Sultan Abdul Hamid II. eine parlamentarische Verfassung auf. Das hätte bedeuten können, daß auch in den österreichischen Protektoraten Bosnien und Herzegowina Wahlen für das Parlament in Konstantinopel abgehalten werden mußten. Für Rußland tat sich so unerwartet eine neue Möglichkeit zur Forcierung der alten Annexionspläne auf. Der zarische Außenminister Alexander Iswolski fragte beim k.u.k. Außenminister Graf Aehrental an, ob man auf der Basis der neuen Verhältnisse nicht einen Handel abschließen könne. Österreich-Ungarn unterstütze Rußlands Anspruch auf ungehinderte Passage durch die Dardanellen, Rußland biete im Gegenzug Österreich-Ungarn seine Einwilligung zur Eingliederung der beiden Protektorate in das habsburgische Reich. Franz Ferdinand hielt das geplante Unternehmen für ein unnötiges »Kraftstückl« (womit er recht hatte), Franz Josef hingegen instruierte Aehrental, die Offerte Iswolskis anzunehmen (womit er sich einen alten Wunsch erfüllte und, mit Blick auf Berlin, sogar eine diebische Freude bereitete). Per Handschreiben an seinen Außenminister nahm er Bosnien und die Herzegowina in seinen Besitz; das dicke Ende kam sofort nach.

Als Iswolski erfährt, daß der Kaiser ihn beim Wort genommen und solcherart seine Geheimabsprache mit Aehrental publik gemacht hat, als er in London außerdem zu hören bekommt, Briten wie auch Franzosen dächten nicht im Traum daran, russischen Kriegsschiffen den freien Zugang zum Mittelmeer zu erlauben, erklärt er sich von Österreich für »geprellt«. Und sofort beginnt es auf dem Balkan nach Pulver zu riechen. Belgrad setzt seine Armee in Alarmbereitschaft, die Türkei antwortet mit Handelsboykott. Conrad von Hötzendorf, der k.u.k. Generalstabchef, der schon den Präventivkrieg gegen Italien gepredigt hatte, hält die Zeit für gekommen, wenigstens Serbien durch einen raschen Überfall außer Gefecht zu setzen. Was tut der erklärte Kriegsgegner Franz Ferdinand? Er ist bereit, das geplante Unternehmen zu leiten. Wie reagiert Wilhelm II.? Er beschwört seine Treue zum Zweibund. Wie verhält sich Franz Josef? Zusammen mit Aehrental sorgt er dafür, daß der ganze Ärger mit friedlichen Mitteln aus der Welt geräumt wird. Entschädigungszahlung an die Türkei, beschwichtigende Worte an die Italiener, Beendigung des von Ungarn erzwungenen Importverbots für serbische Schweine und Schweineborsten. Nur der Chef des Generalstabs meint, man habe eine große Chance verpaßt, denn das nächste Mal werde die Monarchie nicht so glimpflich davonkommen. Franz Ferdinand, gestern friedenswillig, heute kriegsbereit, stimmt ihm zu – und hat abermals recht.

Wien feiert um diese Zeit noch immer des Kaisers Regierungsjubiläum; in Böhmen schlagen Deutsche und Tschechen heftiger denn je aufeinander ein; Budapest fordert die Einführung der ungarischen Sprache im Armeedienst; und der Kaiser verbietet Franz Ferdinand, seine Frau zu einer offiziellen Veranstaltung des Tiroler Landeskomitees mitzunehmen, weil es mit den »Zeremoniell-Schwierigkeiten schwer vereinbar sei«.

In Österreich-Ungarn, aber auch auf der noch immer prächtig anmutenden Prunkgaleere Habsburg sollte sich fortan nichts Wesentliches mehr ändern. Ein einsamer alter Mann führt das Steuer, streng, unnachsichtig, jedem Rat und jeder Mahnung abhold. Er weiß nun endgültig, daß ihm die Deutschen im Kielwasser folgen. Alles in allem hat er also während der zurückliegenden sechzig Jahre doch gar keine so schlechte Leistung vollbracht. Als er den Thron bestieg, drohte das Reich zu zerbrechen, wurde isoliert, schien dem Abgrund entgegenzustürzen, taumelte weiterhin am Abgrund entlang, fuhr aber trotzdem fort zu bestehen. Wer hielt es zusammen und auf Kurs? Er, der mittlerweile älteste Kaiser der Welt, ein Mann ohne große Gaben, ohne bedeutende Züge, ausgezeichnet allein durch die Fähigkeit, zu leiden, zu überstehen und vor allem zu wissen, wer er sei. Sein Vorgänger auf dem Thron war eine Art Sakralkönig gewesen, den mächtige Hausmeier vorzeigten, um sich selbst zu legitimieren, und den sie dann wieder in den Hintergrund drängten. Er hingegen hatte unzählige Hausmeier überlebt (oder selbst abgeschoben), weil es ihm gelungen war, seine sakrale Würde als das optimale Herrschaftsmittel schlechthin einzusetzen. Darin aber, daß er dies wußte – und deshalb auch die Würde des Erzhauses so gnadenlos verteidigte –, lag Franz Josefs Weisheit. Nicht zuletzt war sie die Frucht einer mittlerweile mehr als sechshundertjährigen Tradition.

Die weitere Geschichte der vom Doppeladler überragten Doppelmonarchie ist nicht mehr die Geschichte des Hauses Habsburg allein, sondern in erster Linie jene der von ihm beherrschten, am Ende nur noch mühsam im Zaum gehaltenen Völker. Somit aber ist sie auch keineswegs mehr nur österreichische, sondern allgemein europäische Geschichte.

Überall auf dem Kontinent war es am Ende des Metternich-Zeitalters ja geschehen, daß die Menschen aus dem Schatten der von ihren Stammbäumen symbolisierten, zum Teil uralten fürstlichen Häuser hervortraten, um sich neu zu orientieren, in München, Stuttgart, Mannheim ebenso wie in Berlin, Wien, Prag, Budapest, schließlich sogar in Petersburg. Von den ehemals regierenden Familien hatten nur ganz wenige die Stürme der Revolution in alter Macht und Herrlichkeit überlebt – genaugenommen waren es lediglich drei: Habsburg, Hohenzollern, Romanow. Jetzt geschah auch an ihnen, was anderen alten Herrschergeschlechtern schon früher widerfahren war, den Bourbonen etwa, den Stuarts in England. Deren Repräsentanten hatte man geköpft, sie hingegen mußten es erleben, daß ihre Magie allmählich an Kraft verlor – und das hieß: langes Siechtum anstelle eines schnellen Todes. Die Völker fühlten sich reif genug, das Leben aus eigener Kraft zu bestehen und ihre eigenen unverzeihlichen Sünden zu begehen.

Rußland, das seine Ansprüche lange Zeit im Namen des byzantinisch-orthodoxen Glaubens verfochten hatte, mußte sich mit einem davon abgeleiteten völkischen Surrogat begnügen, dem Pan-Slawismus. Seine einstmals heiligen Zaren waren nur noch Spielbälle unklarer, aber brutal verfochtener Stimmungen und Emotionen, auch wenn sie sich einredeten, diese Energien auf die eigenen Mühlen leiten zu können. Gleichzeitig hatten die Nationen Österreich-Ungarns damit begonnen, unter dem Dach des gemeinsamen Hauses ihre hitzigen, egoistischen Familienkräche auszutragen, auch sie von Ismen aller Art benebelt und den Blick auf künstliche Olympe gerichtet: hier Walhall, dort, um die mythische Libuša geschart, das hehre Heldengeschlecht der tschechischen Přemysliden oder drüben die mythischen Reiterscharen des Ur-Magyaren König Arpad. »Ariosophen« destillierten aus primitivem Antisemitismus verstiegene esoterische Lehren, das einfache Volk war nie so »tümlich« gewesen, in Wien ließ sich bereits ein junger Mann namens Adolf Hitler vom Duft dieser Sumpfblüten verwirren und berauschen. Den Deutschen schließlich genügte fürs erste noch das überwältigende Bewußtsein, stark, mächtig, geeint und erfolgreich zu sein, bestaunt vom Rest der Welt, aber auch schon bespöttelt und angefeindet und deswegen eine Haltung einnehmend, zu deren korrekter Bezeichnung sie eigens das putzige Wort »trutzig« erfunden zu haben schienen.

Groteskerweise verband sich mit zweien dieser drei Kaiservölker dann noch ein weiteres von ähnlicher Beschaffenheit. Mehmet V., der letzte regierende Vertreter des uralten Hauses Osman, wurde von den Jungtürken gezwungen, sich dem Deutschen Reich und damit auch dessen engstem Partner, seinem ehemaligen Erzfeind Österreich-Ungarn, anzunähern. Rußland hingegen, Habsburgs ehemaliger Verbündeter im Kampf gegen den Halbmond, hatte sich währenddessen auf die andere Seite geschlagen. Es war mit den Westmächten im Bund, was eine nicht minder schiefe Konstruktion ergab.

Man möchte glauben, jeder, der Augen besaß, habe damals die Zeiger der Uhr auf eine letzte Stunde hin vorrücken sehen. Aber natürlich war es nicht so, weil es niemals so ist. Immerhin sagten jedoch scharfsichtige Beobachter schon voraus, die Bombe, die geeignet wäre, alles in Brand zu setzen, würde vermutlich auf dem Balkan hochgehen. So sollte es auch sein. Der serbische König Peter I. vermochte seine nationalistischen Hitzköpfe noch weniger unter Kontrolle zu halten als andere Herrscher die ihren. Gemäß altem, in langen Freiheitskämpfen erprobtem Brauch hatten sie sich im Geheimbund »Schwarze Hand« einen mächtigen Führungskader geschaffen. Und dessen Chef, der Geheimdienstoffizier Dragutin Dimitrijęvic, genannt »Apis«, war schon lange entschlossen, den Este zu ermorden, wenn er demnächst, im Juni 1914, nach Bosnien kommen würde, um ein routinemäßiges Manöver zu leiten. Seine Gründe? Sie waren die des berufsmäßigen Verschwörers schlechthin, entsprachen mehr einem spezifisch balkanischen Stil, als daß sie einem zu Ende gedachten Konzept entsprungen wären. Weil dies aber so war, sollte Habsburg in eben jenem Stil zugrunde gehen: am Ende einer langen, ruhmvollen Geschichte: die Räuberpistole.

Anfang Juni fuhren Franz Ferdinand und seine »Soph« nach Bosnien. Am 26. wurden sie in Sarajewo von Apis' Agenten ermordet.

War dies schon der Beginn des Ersten Weltkrieges? Franz Josef zeigte sich nicht einmal sonderlich erschüttert, als er vom Tod des Thronfolgers erfuhr. Da seine Umgebung jedoch meinte, es müsse etwas Drastisches geschehen, und er nicht widersprach, kam die Lawine ins Rollen. Eine scharfe Note an Belgrad mit harten, ultimativen Forderungen wurde verfaßt, wurde vom deutschen Kaiser sofort, vom ungarischen Ministerpräsidenten Koloman Tisza nach einigem Zögern gebilligt. Die Note ging heraus, ihr demütigendster Bestandteil war die Unterstellung, Serbiens Regierung sei für das Attentat mit verantwortlich. Das sah man nicht nur in Belgrad so, sondern auch in Petersburg und London. Außerdem war die Note auf achtundvierzig Stunden befristet: abgegeben am 23. Juli fünf Uhr nachmittags, anzunehmen also bis zum 25. Juli, gleiche Uhrzeit. Die Antwort kam am gewünschten Tag zwei Minuten nach sechs. Der österreichische Gesandte am serbischen Hof fand sie nicht völlig befriedigend und reiste ab. In Wien sagte Franz Josef: »Also doch.« Und das war der Krieg.

Zu den Erzherzoginnen, die damals in die Tracht einer Krankenschwester schlüpften, gehörte auch Maria Theresia, Witwe des Kaiserbruders

Karl Ludwig, Stiefmutter Franz Ferdinands. Die immer noch schöne sechsundfünfzigjährige Frau hatte nach dem Tod ihres Mannes einige Zeit als mögliche Nachfolgerin Elisabeths an der Seite von Franz Josef gegolten und sich im übrigen hohe Verdienste um die Familie Habsburg erworben. Wer immer von Problemen bedrängt gewesen war, mit denen er nicht fertig wurde: der Thronfolger zur Zeit seiner Krankheit, der verstoßene Ferdinand Burg, selbst Otto »Bolla«, als er sich in einem Haus des Wiener Nobelviertels Cottage dem Tod entgegenquälte – sie hatte Zeit, Rat und Zuspruch für ihn aufgebracht.

Der nunmehrige Thronfolger, ihr Stiefenkel Erzherzog Karl, verdankte Maria Theresia außerdem auch seine Frau. 1911 hatte ihm die ehemalige Prinzessin Braganza Zita von Bourbon-Parma zugeführt. Es sollte die letzte Frau sein, die jemals Österreichs Kaiserkrone trug.

Am 21. November 1916 starb Franz Josef auf seinem einfachen Eisenbett in Schönbrunn. Obwohl der Krieg noch keineswegs verloren gegeben werden mußte, ließ sich dennoch absehen, daß die Doppelmonarchie nach seinem Ende kaum mehr das sein würde, was sie einmal gewesen war, ob Sieger oder Verlierer. Das Erbe des Toten übernahm jener neunundzwanzigjährige Erzherzog, der schon immer sein Liebling gewesen war, von dem sich aber im günstigsten Falle sagen ließe, daß er guten Willens und voll der besten Vorsätze war.

Ob das jedoch ausgereicht hätte, die schon zum Absprung bereiten Völker des Reiches, vor allem Tschechen und Polen, noch einmal an das Erzhaus zu binden, war eine Frage, an die schon während der beiden letzten Kriegsjahre niemand mehr rühren mochte. Wie sich erwies, blieb Karl dann ja ohnehin nur die Aufgabe, das Staatsschiff, als es endgültig leckgeschlagen war, auf Grund zu setzen. Seinem deutschen Verbündeten ging es ebenso. Mit Habsburg sanken auch Hohenzollern und das Haus Osman dahin – Nikolaj II. Alexandrowitsch, der letzte regierende Romanow, lag bereits, von Kugeln durchsiebt, in einem unbekannten Grab. Der Hain aus stolzen Stammbäumen überschattete nicht länger den alten Kontinent, und die Völker standen endgültig im Freien.

Das letzte wichtige Dokument aus der Hand Kaiser Karls I. von Österreich-Ungarn ist seine Abdankungsurkunde, ein ungemein schmuckloses Stück Papier, mit Schreibmaschine geschrieben, datiert vom 11. November 1918. Allerdings: Die Krone des Reiches hat der Verfasser darin nicht ausdrücklich niedergelegt, wie auch anders? Konnte ein Habsburger herausgeben, was, nach seiner Überzeugung, dem Erzhaus gehörte? Zita jedenfalls, die ihren Mann – er starb 1922 – um siebenundsechzig Jahre überlebte, verzichtete nie darauf, sich Kaiserin von Österreich und Königin von Ungarn zu nennen.

Als ihr Leichnam am 1. April 1989 vom Wiener Stephansdom zur Kapuzinergruft übergeführt wurde, wehte deshalb zum letzten Mal der authentische Atem Habsburgs durch die Straßen von Wien. Kilometerlang der Zug, der ihren Sarkophag begleitete, unsicher die Fernsehjournalisten, die das Ereignis zu kommentieren hatten. Da war etwas gewesen, groß, fern, schon von mythischem Glanz überhaucht, mit dem Talmiglanz der Gegenwart auf höchst merkwürdige Weise kontrastierend. Aber was eigentlich? Niemand schien es mehr richtig zu wissen.

Literaturverzeichnis

Allmayer-Beck: »Die K.(u.)K.-Armee 1848–1914«, München o.J.
Aretin, O. von: »Das Reich«, Stuttgart 1988
Ashley, M: »The Age of Absolutism«, o.O. 1974
Atkinson, W. C.: »A History of Spain and Portugal«, Harmondsworth 1960
Becker, C. L.: »History of Modern Europe«, Washington 1944
Behr, H. G.: »Die österreichische Provokation«, Frankfurt 1973
Bentfeld, L.: »Der Deutsche Bund als nationales Band«, Göttingen 1986
Bernier, O.: »Louis The Beloved«, New York 1984
Bogyay, T. von: »Grundzüge der Geschichte Ungarns«, Wiesbaden 1967
Buchner, R.: »Deutsche Geschichte im europäischen Rahmen«, Wiesbaden 1967
Conte Corti, C.: »Die Tragödie eines Kaisers«, Wien 1952
Conte Corti, C.: »Franz Joseph«, Graz 1960
Conte Corti, C.: »Elisabeth von Österreich«, Graz 1975
Crankshaw, E.: »Maria Theresia«, o.O. 1966
Crankshaw, E.: »Der Niedergang des Hauses Habsburg«, Düsseldorf 1967
Crankshaw, E.: »Die Habsburger«, Wien 1967
Cronin, V.: »Der Sonnenkönig«, Frankfurt 1974
Duffy, C.: »Austerlitz«, o.O. 1977
Eickhoff, E.: »Venedig, Wien und die Osmanen«, München 1970
Fischer, A.: »Geschichte des Hauses Hohenlohe«, Stuttgart 1866
Friedell, E.: »Kulturgeschichte der Neuzeit«, München 1928
Gaxotte, P.: »L'histoire de la révolution française«, Paris o.J.
Hamann, B.: »Rudolf«, München 1978
Hamann, B. (Hrsg.): »Die Habsburger«, Wien 1988
Heer, F. (Hrsg.): »Leibniz«, Frankfurt 1958
Heer, F.: »Das Heilige Römische Reich«, München 1977
Henderson, N.: »Prince Eugen of Savoy«, London 1964
Herm, G.: »Matuschka, geliebte Zarin«, München 1984
Huch, R.: »Untergang des Römischen Reiches Deutscher Nation«, Zürich 1949

Illyés, G.: »Pusstavolk«, Stuttgart 1969
Kissinger, H.: »A World Restored«, Boston 1957
Kiszling, R.: »Fürst Felix zu Schwarzenberg«, o. O. 1952
Kreutel, R. F. (Hrsg.): »Kara Mustafa vor Wien«, Graz 1955
Kühner, H.: »Neues Papstlexikon«, Zürich 1956
Leitner, T.: »Habsburgs verkaufte Töchter«, Wien 1987
Lernet-Holenia, A.: »Prinz Eugen«, Wien 1961
Lewis, W. H.: »Louis XIV.«, London 1959
Mailler, H.: »Frau Schratt«, Wien 1947
Mitford, N.: »Madame de Pompadour«, Hamburg 1950
Musil, R.: »Der Mann ohne Eigenschaften«, Hamburg 1952
Musulin, J. von (Hrsg.): »Proklamationen der Freiheit«, Frankfurt 1959
Oldenbourg, Z.: »Catherine de Russie«, Paris 1966
Omodeo, A.: »L'éta del Risorgimento italiano«, Neapel 1949
Palmer, A.: »Metternich«, London 1972
Rhode, G.: »Kleine Geschichte Polens«, Wiesbaden 1965
Rimscha, H. von: »Geschichte Rußlands«, Wiesbaden 1970
Schrott, L.: »Die Herrscher Bayerns«, München 1966
Sieburg, F.: »Napoleon«, Stuttgart 1956
Sieburg, H. O.: »Grundzüge der französischen Geschichte«, Wiesbaden 1973
Springer, O. (Hrsg.): »A German Conscript with Napoleon«, Lawrence 1938
Stadtmüller, G.: »Geschichte der Habsburger Macht«, Stuttgart 1966
Stoye, J.: »The Siege of Vienna«, London 1964
Straganz, M.: »Geschichte der Neuesten Zeit«, Wien 1914
Taylor, E.: »The Fall of the Dynasties«, o. O. 1963
Toscana, L. von: »Mein Leben«, Wien 1988
Venohr, W.: »Fridericus Rex«, Bergisch-Gladbach 1985
Walter, F. (Hrsg.): »Maria Theresia«, Wiesbaden 1968
Wölfling, L.: »Als ich Erzherzog war«, Wien 1988
Wuermeling, H. L.: »Volksaufstand«, München 1980
Wurmbrand, E.: »Ein Leben für Alt-Österreich«, Wien 1988

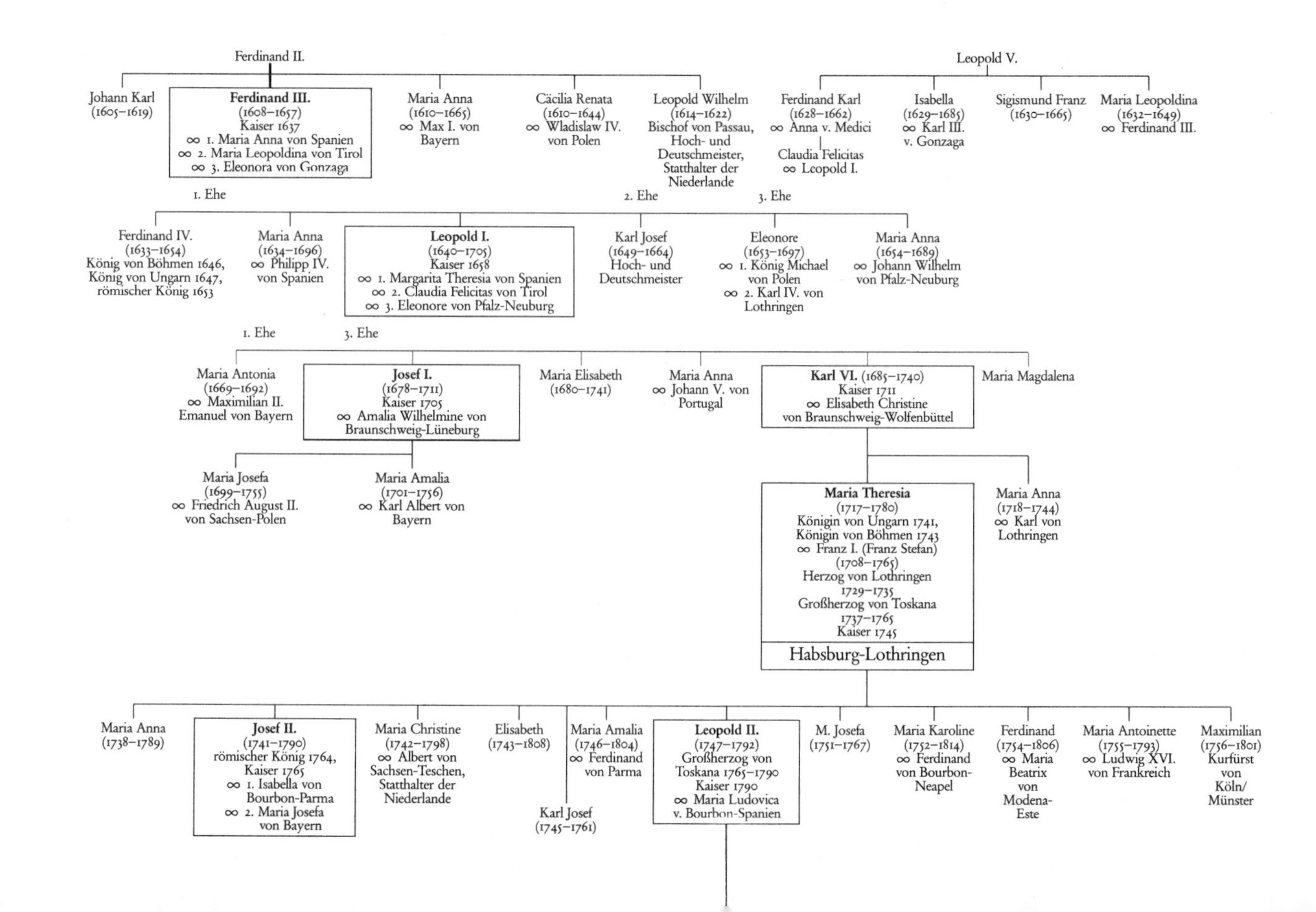

Ferdinand II.
Johann Karl (1605–1619)
Ferdinand III. (1608–1657) Kaiser 1637 ∞ 1. Maria Anna von Spanien ∞ 2. Maria Leopoldina von Tirol ∞ 3. Eleonora von Gonzaga
Maria Anna (1610–1665) ∞ Max I. von Bayern
Cäcilia Renata (1610–1644) ∞ Wladislaw IV. von Polen
Leopold Wilhelm (1614–1622) Bischof von Passau, Hoch- und Deutschmeister, Statthalter der Niederlande
Leopold V.
Ferdinand Karl (1628–1662) ∞ Anna v. Medici
Claudia Felicitas ∞ Leopold I.
Isabella (1629–1685) ∞ Karl III. v. Gonzaga
Sigismund Franz (1630–1665)
Maria Leopoldina (1632–1649) ∞ Ferdinand III.
1. Ehe
2. Ehe
3. Ehe
Ferdinand IV. (1633–1654) König von Böhmen 1646, König von Ungarn 1647, römischer König 1653
Maria Anna (1634–1696) ∞ Philipp IV. von Spanien
Leopold I. (1640–1705) Kaiser 1658 ∞ 1. Margarita Theresia von Spanien ∞ 2. Claudia Felicitas von Tirol ∞ 3. Eleonore von Pfalz-Neuburg
Karl Josef (1649–1664) Hoch- und Deutschmeister
Eleonore (1653–1697) ∞ 1. König Michael von Polen ∞ 2. Karl IV. von Lothringen
Maria Anna (1654–1689) ∞ Johann Wilhelm von Pfalz-Neuburg
1. Ehe
3. Ehe
Maria Antonia (1669–1692) ∞ Maximilian II. Emanuel von Bayern
Josef I. (1678–1711) Kaiser 1705 ∞ Amalia Wilhelmine von Braunschweig-Lüneburg
Maria Elisabeth (1680–1741)
Maria Anna ∞ Johann V. von Portugal
Karl VI. (1685–1740) Kaiser 1711 ∞ Elisabeth Christine von Braunschweig-Wolfenbüttel
Maria Magdalena
Maria Josefa (1699–1755) ∞ Friedrich August II. von Sachsen-Polen
Maria Amalia (1701–1756) ∞ Karl Albert von Bayern
Maria Theresia (1717–1780) Königin von Ungarn 1741, Königin von Böhmen 1743 ∞ Franz I. (Franz Stefan) (1708–1765) Herzog von Lothringen 1729–1735 Großherzog von Toskana 1737–1765 Kaiser 1745
Habsburg-Lothringen
Maria Anna (1718–1744) ∞ Karl von Lothringen
Maria Anna (1738–1789)
Josef II. (1741–1790) römischer König 1764, Kaiser 1765 ∞ 1. Isabella von Bourbon-Parma ∞ 2. Maria Josefa von Bayern
Maria Christine (1742–1798) ∞ Albert von Sachsen-Teschen, Statthalter der Niederlande
Elisabeth (1743–1808)
Maria Amalia (1746–1804) ∞ Ferdinand von Parma
Karl Josef (1745–1761)
Leopold II. (1747–1792) Großherzog von Toskana 1765–1790 Kaiser 1790 ∞ Maria Ludovica v. Bourbon-Spanien
M. Josefa (1751–1767)
Maria Karoline (1752–1814) ∞ Ferdinand von Bourbon-Neapel
Ferdinand (1754–1806) ∞ Maria Beatrix von Modena-Este
Maria Antoinette (1755–1793) ∞ Ludwig XVI. von Frankreich
Maximilian (1756–1801) Kurfürst von Köln/Münster

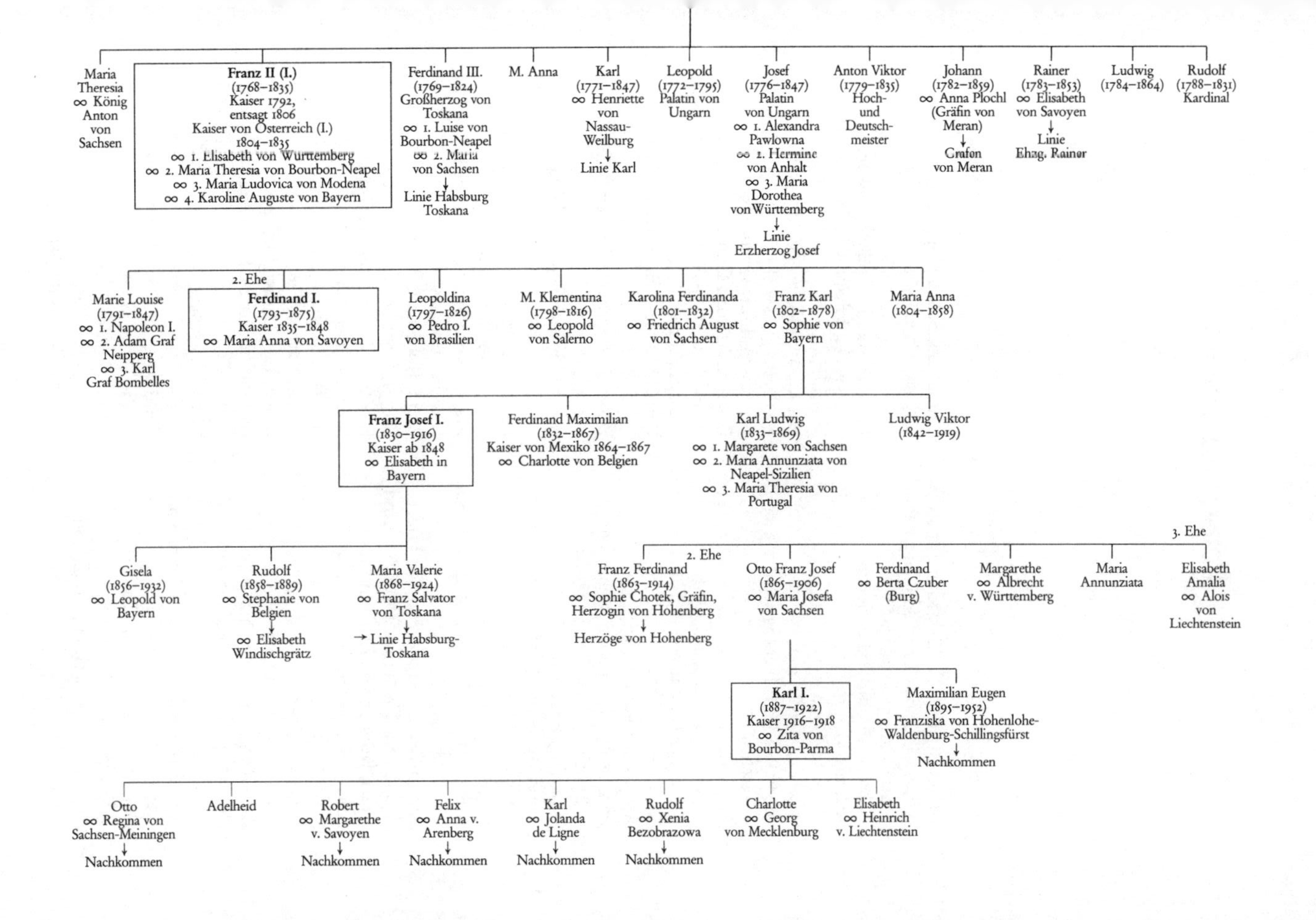

Maria Theresia ∞ König Anton von Sachsen
Franz II (I.) (1768–1835) Kaiser 1792, entsagt 1806 Kaiser von Österreich (I.) 1804–1835
∞ 1. Elisabeth von Württemberg
∞ 2. Maria Theresia von Bourbon-Neapel
∞ 3. Maria Ludovica von Modena
∞ 4. Karoline Auguste von Bayern
Ferdinand III. (1769–1824) Großherzog von Toskana ∞ 1. Luise von Bourbon-Neapel ∞ 2. Maria von Sachsen
Linie Habsburg Toskana
M. Anna
Karl (1771–1847) ∞ Henriette von Nassau-Weilburg
Linie Karl
Leopold (1772–1795) Palatin von Ungarn
Josef (1776–1847) Palatin von Ungarn ∞ 1. Alexandra Pawlowna ∞ 2. Hermine von Anhalt ∞ 3. Maria Dorothea von Württemberg
Linie Erzherzog Josef
Anton Viktor (1779–1835) Hoch- und Deutschmeister
Johann (1782–1859) ∞ Anna Plochl (Gräfin von Meran)
Grafen von Meran
Rainer (1783–1853) ∞ Elisabeth von Savoyen
Linie Ehzg. Rainer
Ludwig (1784–1864)
Rudolf (1788–1831) Kardinal
2. Ehe
Marie Louise (1791–1847) ∞ 1. Napoleon I. ∞ 2. Adam Graf Neipperg ∞ 3. Karl Graf Bombelles
Ferdinand I. (1793–1875) Kaiser 1835–1848 ∞ Maria Anna von Savoyen
Leopoldina (1797–1826) ∞ Pedro I. von Brasilien
M. Klementina (1798–1816) ∞ Leopold von Salerno
Karolina Ferdinanda (1801–1832) ∞ Friedrich August von Sachsen
Franz Karl (1802–1878) ∞ Sophie von Bayern
Maria Anna (1804–1858)
Franz Josef I. (1830–1916) Kaiser ab 1848 ∞ Elisabeth in Bayern
Ferdinand Maximilian (1832–1867) Kaiser von Mexiko 1864–1867 ∞ Charlotte von Belgien
Karl Ludwig (1833–1869) ∞ 1. Margarete von Sachsen ∞ 2. Maria Annunziata von Neapel-Sizilien ∞ 3. Maria Theresia von Portugal
Ludwig Viktor (1842–1919)
Gisela (1856–1932) ∞ Leopold von Bayern
Rudolf (1858–1889) ∞ Stephanie von Belgien
∞ Elisabeth Windischgrätz
Maria Valerie (1868–1924) ∞ Franz Salvator von Toskana
→ Linie Habsburg-Toskana
2. Ehe
3. Ehe
Franz Ferdinand (1863–1914) ∞ Sophie Chotek, Gräfin, Herzogin von Hohenberg
Herzöge von Hohenberg
Otto Franz Josef (1865–1906) ∞ Maria Josefa von Sachsen
Ferdinand ∞ Berta Czuber (Burg)
Margarethe ∞ Albrecht v. Württemberg
Maria Annunziata
Elisabeth Amalia ∞ Alois von Liechtenstein
Karl I. (1887–1922) Kaiser 1916–1918 ∞ Zita von Bourbon-Parma
Maximilian Eugen (1895–1952) ∞ Franziska von Hohenlohe-Waldenburg-Schillingsfürst
Nachkommen
Otto ∞ Regina von Sachsen-Meiningen
Nachkommen
Adelheid
Robert ∞ Margarethe v. Savoyen
Nachkommen
Felix ∞ Anna v. Arenberg
Nachkommen
Karl ∞ Jolanda de Ligne
Nachkommen
Rudolf ∞ Xenia Bezobrazowa
Nachkommen
Charlotte ∞ Georg von Mecklenburg
Elisabeth ∞ Heinrich v. Liechtenstein

Personenregister

Die Habsburger Monarchie vor 1914 - ein Vielvölkerstaat